云图 YUN TU

翻译硕士

百科知识词条狂背

编著 ■ 时代云图考试研究中心

北京理工大学出版社
BEIJING INSTITUTE OF TECHNOLOGY PRESS

图书在版编目（CIP）数据

翻译硕士百科知识词条狂背 / 时代云图考试研究中心编著. —北京：北京理工大学出版社，2021.4

ISBN 978 – 7 – 5682 – 9793 – 6

Ⅰ. ①翻… Ⅱ. ①时… Ⅲ. ①英语 – 翻译 – 硕士生入学考试 – 自学参考资料 Ⅳ. ① H315.9

中国版本图书馆 CIP 数据核字（2021）第 078966 号

出版发行 / 北京理工大学出版社有限责任公司
社　　址 / 北京市海淀区中关村南大街 5 号
邮　　编 / 100081
电　　话 /（010）68914775（总编室）
（010）82562903（教材售后服务热线）
（010）68948351（其他图书服务热线）
网　　址 / http://www.bitpress.com.cn
经　　销 / 全国各地新华书店
印　　刷 / 天津市新科印刷有限公司
开　　本 / 787 毫米 ×1092 毫米 1/16
印　　张 / 17.5
字　　数 / 437 千字
版　　次 / 2021 年 4 月第 1 版　2021 年 4 月第 1 次印刷
定　　价 / 65.80 元

责任编辑 / 时京京
文案编辑 / 时京京
责任校对 / 刘亚男
责任印制 / 李志强

汉语写作与百科知识是所有语种的翻译硕士（MTI）考研初试的一门必考科目。其中，百科知识储备的深度、广度直接关系到译者的翻译能力和翻译效果，在翻译硕士的学习和后续的工作中起着非常重要的作用。本书《翻译硕士百科知识词条狂背》主要针对百科知识中的名词解释和选择题部分，以历年名校真题为题源，收录了 1 700 余条百科知识词条，助力考生用真题锁定考点。

相对于汉语写作部分，百科知识部分考查的内容更加广泛，包罗万象，包括了哲学、文学、历史、地理、政治、经济金融、法律、自然科学、社会文化、翻译、新词、热词等多方面的知识。虽然出题点的分布看似杂乱无章，然而历年真题对于社会文化、文学、历史、政治、经济金融等方面的考查却最为频繁，自然也是备考的重中之重。在了解了侧重点之后，各位考生还应该了解目标院校的出题特点，因为每个院校历年的出题方向还是有迹可循的，比如北京外国语大学 2018—2020 年每年都会考查《红楼梦》中相关人物的名词解释。因此，各位考生可以在复习真题时总结目标院校的出题规律并预测考点，方便日后进行有针对性的复习。

为了让考生对于百科知识部分的复习更有效率、更具针对性，本书将各大高校近几年真题中名词解释和选择题部分考查的知识点按照哲学、文学、历史等类别进行了分类，将部分选择题的干扰选项也做成了词条的形式纳入其中，以扩充知识点。基本上每个词条的标题旁边都备注了考查该词条的学校、年份以及题型，各位考生在看到自己的目标院校考查的词条时可格外留意一些，尤其是近几年考查的知识点。部分词条下面对该词条考查的知识点、答题的得分点以及相关词条扩充进行了补充说明，方便考生掌握一定的答题技巧，明确重点。值得一说的是，记忆百科知识词条时一定要避免死记硬背，要按照关键点、关键字来记忆，这样方能事半功倍。最后预祝各位考生考试顺利，成功考取自己的目标院校！

目录

CONTENTS

第一章　哲学知识

第一节　先秦哲学

1. 无为（2020 西安外国语大学　名词解释）（2017 辽宁大学　名词解释）

“无为”作为老子哲学的重要概念，是对“自然”的保护。没有“无为”就没有“自然”，即人的一切事业都应该建立在顺应自然的基础上，不能强行改变自然的节奏。

该题考查《中国文化读本》第二章中的内容。考生可从出处、定义、释义、启示等方面作答。关于老子的思想，本书介绍了很多，建议考生特别关注老子说过的句子。

2. 道法自然（2019 西安外国语大学　名词解释）（2018 西安外国语大学　名词解释）[1]

出自老子《道德经》第二十五章，意思是“道”反映出来的规律是“自然而然”的。“自然”是老子哲学中最重要的概念之一，它并非指外在的自然物，而是指一种自然而然、顺应世界的态度。“道法自然”生动地展示了道家学派对世界的认识，揭示了整个宇宙的特性，即宇宙间万事万物均效法或遵循“道”的“自然而然”的规律。

该题考查《中国文化读本》第二章中的内容。考生可从出处、释义、意义等方面作答。关于老子的思想，书中的介绍有很多，建议考生重点掌握“道”“无为”“不争”等思想。

3. 民为贵，社稷次之，君为轻（2018 对外经济贸易大学　选择题）

“民为贵，社稷次之，君为轻”出自《孟子·尽心下》。孟子曰：“民为贵，社稷次之，君为轻。是故得乎丘民而为天子，得乎天子为诸侯，得乎诸侯为大夫。”这是孟子的民本思想的体现。

4. 墨子的“不分贵贱等级，反对不义战争”主张（2016 中山大学　选择题）（2019 上海大学　选择题）

墨子是春秋战国时期著名的思想家、教育家、政治家。墨子创立了墨家学派，主张“兼爱”“非攻”，不分贵贱等级，反对不义战争。“兼爱”指平等的、无等级差别的爱；“非攻”指反对以掠夺为目的的不义战争。

5. 礼（2020 上海对外经贸大学　名词解释）

“礼”在中国古代是社会的典章制度和道德规范，由孔子首先提出。作为典章制度，

1　该校该年考查道法自然中的“自然”。

它是社会政治制度的体现，是维护上层建筑以及与之相适应的人与人交往中的礼节仪式。作为道德规范，它是人一切行为的准则。

该题考查孔子的思想，这是历年真题的高频考点，考生复习时需要重点掌握。该题的得分点包括提出人、含义、历史意义及影响等。建议复习仁、中庸、四书五经、孔子等相关词条。

6.“名不正则言不顺”的儒家思想（2019 上海大学 选择题）（2019 扬州大学 选择题）

“名不正则言不顺”出自《论语·子路》，属于儒家思想，原指在名分上用词不当，言语就不能顺理成章；后多指说话要与自己的地位相称，否则道理上就讲不通。

7. 荀子的“水能载舟，亦能覆舟”观点（2018 西北大学 选择题）

“水能载舟，亦能覆舟”出自《荀子·哀公》，是战国末期著名思想家、文学家荀子的主要思想。此外，荀子还提倡性恶论，强调后天环境和教育对人的影响。

8. 阴阳五行（2017 上海理工大学 名词解释）（2019 南京师范大学 名词解释）

阴阳五行是中国传统文化和中国古代朴素唯物主义的重要组成部分。阴阳指世界上万事万物之间对立、统一的两种属性。五行指水、火、木、金、土，都是自然界的构成元素，它们之间存在着相生相克的关系。阴阳五行在传统中医上有着重要的医学价值，备受道教的推崇，显示了中国独特的文化内涵。

该题考查中国传统文化。华南理工大学 2015 年真题就考查了中国古代五行学说，建议考生复习时也要看其他学校的真题。该题的得分点包括阴阳的概念、五行的内容、五行的地位及影响等。建议复习天干地支、相生相克、《周易》、八卦等相关词条。

9. 阴阳（2020 暨南大学 选择题）

在北半球，阳光照射是自南向北，山体将光线挡住了，所以山南为阳，山北为阴；水（江、河）的水平面低于岸边（地面），因此水南是岸的影子，水北直接被光线照射，所以水南为阴，水北为阳，如：华阴（华山之北）、衡阳（衡山之南）、淮阳（淮河之北）、江阴（长江之南）等。

第二节　两汉哲学

1. 天人感应（2020 北京外国语大学 名词解释）（2016 国际关系学院 名词解释）（2016 西南政法大学 名词解释）

天人感应，指天意与人事的交感相应。古人认为天能影响人事、预示灾祥，人的行为也能感应上天。这是中国古代哲学术语，是中国哲学中关于天人关系的一种唯心主义学说。天人感应学说是中国汉朝思想家董仲舒提出的一套神学理论。董仲舒把天人格化，认为天是有意志的，是能够支配一切的最高主宰，而君主是天的代表，受命于天。这成为当时君主获得合法统治的一个依据，同时也是儒生集团制衡君主的一个思想工具。

该题考查哲学名词。考生可从定义、提出人物及时间、目的或意义等方面作答。北京外国语大学基本上每年都会有一道题考查哲学名词，建议以真题为基础进行发散积累。

2. 董仲舒（2017 东华大学 名词解释）（2019 湖南科技大学 名词解释）（2017 上海师范大学 名词解释）

董仲舒，西汉时期著名的今文经学大师、哲学家，于汉景帝时任博士，讲授《公羊春秋》。董仲舒在《举贤良对策》中将儒家思想与社会需要相结合，并融合其他学派的思想，系统地提出了“天人感应”“大一统”学说以及“罢黜百家，独尊儒术”的主张，被汉武帝采用，使儒学成为中国社会的正统思想。其代表作有《天人三策》《春秋繁露》等。

第三节 魏晋玄学

1. 嵇康（2020 武汉大学 选择题）[1]

嵇康，字叔夜，三国时期魏国著名的思想家、音乐家、文学家，与阮籍、山涛、向秀、刘伶、王戎及阮咸并称为“竹林七贤”。其与阮籍等竹林名士共倡玄学新风，主张“越名教而任自然”“审贵贱而通物情”，成为“竹林七贤”的精神领袖。

2. 玄学（2018 四川师范大学 名词解释）（2019 南京理工大学 简答题）

玄学是中国魏晋时期出现的一种崇尚老庄的思潮。魏晋时期的人看重《老子》《庄子》和《周易》，称之为“三玄”，而《老子》《庄子》则被视为“玄宗”。玄学主要探讨宇宙的本原，提出了“有无”“体用”“本末”“一多”“动静”“象意”“名教与自然”等哲学范畴，有较强的思辨性，对魏晋时期的哲学发展有深远的影响。魏晋玄学寻求顺时应变的处事之道，在乱世中保存自己，甚至重建或再创社会秩序。魏晋玄学的主要代表人物有何晏、王弼、阮籍、嵇康、向秀、郭象等。玄学的发展经过四个时期：第一，曹魏正始时期。玄学家以何晏、王弼为代表，以《易经》《老子》为理论论据，盛倡“贵无”，鼓吹“言不尽意”，主张“名教出于自然”。第二，西晋初至元康时期。玄学家以竹林名士阮籍、嵇康为代表，思想上与何王学派对立，主张“越名教而任自然”。第三，晋元康时期。玄学家以裴頠为代表，提倡“崇有论”，反对“贵无论”。第四，晋永嘉时期。玄学家以向秀、郭象为代表，是玄学的综合和完成时期。

1 该校该年考查“越名教而任自然”的提出者。

第四节 隋唐时期的道教、佛教和儒家哲学

1. 玄奘（2019 安徽师范大学 名词解释）（2016 中南大学 名词解释）（2020 东北师范大学 名词解释）

玄奘，本名陈祎，洛州缑氏人，出生于唐代，是中国佛教四大翻译家之一。他游学于天竺各地，学遍了当时的大小乘各种学说，并与一些学者展开辩论。他长期从事翻译佛经的工作，将他西游的亲身经历编写成《大唐西域记》十二卷。玄奘被世界人民誉为中外文化交流的杰出使者，对中外文化交流做出了巨大贡献。

该题考查佛教重要人物，得分点包括玄奘所处的朝代、成就、历史影响等。

2.《大唐西域记》（2018 上海交通大学 名词解释）

《大唐西域记》，又称《西域记》，是我国古代历史地理、中外交通和宗教历史名著，共十二卷，由玄奘口述，弟子辩机笔受完成。全书记载了玄奘从长安出发，西行游历途中的所见所闻，从不同角度、不同深度记载了西域各国、各民族的生活、建筑、丧葬、宗教、音乐等风土人情，是研究中亚、南亚地区古代史、宗教史、中外关系史的重要典籍。《西游记》取材于此书。

第五节 宋明理学

1. 陆王心学中的“陆王”（2019 北京外国语大学 名词解释）（2016 东华大学 名词解释）[1]（2018东华大学 名词解释）[2]（2017重庆大学 名词解释）[3]（2017 南京航空航天大学 选择题）[4]

陆王心学中的“陆王”指陆九渊和王守仁。陆九渊，字子静，抚州金溪人，南宋哲学家，是陆王心学的代表人物。因其讲学于象山书院，世称象山先生，学术界常称其为“陆象山”。陆九渊是心学的创始人，主张“吾心即是宇宙”“明心见性”“心即是理”，重

1 该校该年考查“陆九渊”。

2 该校该年考查“王守仁（王阳明）”。

3 该校该年考查“王守仁（王阳明）”。

4 该校该年考查“王守仁（王阳明）”。

视持敬的内省工夫。王守仁，字伯安，谥文成，明代著名的思想家、哲学家、教育家。王守仁是陆王心学之集大成者，不但精通儒、释、道三教，而且能统军征战。因他曾在会稽山阳明洞居住，自号“阳明子”，后世一般称其为王阳明。王守仁继承了陆九渊强调的“心即是理”的思想，从自己的内心寻找“理”，“理”全在人“心”，提倡“致良知”和“知行合一”。

该题考查哲学方面的知识。考生可从该名词的代表人物以及人物别称、思想等方面作答。

2. 关学（2018 西北大学 名词解释）

关学，又称横渠之学，由北宋儒家学者申颜、侯可、张载创立，是北宋四大理学流派之一。因张载于关中创立关学，关中学子也积极响应，关学之称由此而来。关学主张以气为本，以实用为贵，以涉虚为戒。

该题考查哲学常识。考生可从基本定义与别称、起源与地位、主要思想等方面作答。

3. 理学的代表人物（2018 北京邮电大学 选择题）

程朱理学，亦称程朱道学，是宋明理学的主要派别之一，也是理学各派中对后世影响最大的学派之一，由北宋时期的二程（程颢、程颐）兄弟创立，其间经过弟子杨时，再传罗从彦，三传李侗的传承，到南宋朱熹集为大成。

4. 格物致知（2018 西南政法大学 名词解释）

“格物致知”最早出自《礼记·大学》：“致知在格物。”宋代理学家“二程”（程颢、程颐）提出“格物致知”的认识论，认为“物皆有理”，只有深刻探究事物，才能真正得到其中的“理”。朱熹认为，“物”指天理、人伦、圣言、世故，强调格物才能穷其理。

5. 知行合一（2018 东华大学 名词解释）（2018 贵州财经大学 名词解释）（2016 山东科技大学 名词解释）

“知行合一”是王守仁提出的，认为万事万物之理都在心中，“知”表现于“行”，而不“行”就是不“知”，二者互为表里，不可分离。

第六节 清代至现代哲学

1. 哲学（2017 东华大学 名词解释）

哲学是一门研究普遍而基本的问题的学科，包括存在、认知、价值等领域，是关于世界观和方法论的理论体系。哲学一般被界定为自然科学与社会科学的概括与总结。哲学的分支有中国哲学、西方哲学、伦理学、宗教学、逻辑学等。

2. 冯友兰（2017 四川师范大学 名词解释）

冯友兰，字芝生，中国当代著名哲学家、教育家，曾自拟“三史释古今，六书纪贞元”一联，总结自己的得意之作。三史是《中国哲学史》《中国哲学简史》《中国哲学史新编》三套中国哲学史著作。六书是“贞元六书”，即《新理学》《新世训》《新事论》《新原人》《新原道》《新知言》六本自成体系的哲学著作。通过“贞元六书”，他创制了新理学体系，这使其成为中国当时影响力最大的哲学家。中华人民共和国成立后，冯友兰放弃新理学体系，接受马克思主义，开始以马克思主义为指导研究中国哲学史。

3. 王夫之（2017 湘潭大学 名词解释）

王夫之，字而农，号姜斋，世称船山先生，与顾炎武、黄宗羲并称为明末清初“三大儒”。明朝灭亡后曾举兵抗清，后隐居深山，专事著述。他总结和发展了中国古代唯物论和辩证思想，达到了中国古典哲学的高峰。他认为宇宙是由“气”构成的物质实体，而“理”不过是客观规律；指出“气”变化日新，动静相对；强调“行”是“知”的基础，反对“守其故而不能新”。他的著作有《周易外传》《读通鉴论》等，后被汇编为《船山遗书》。

第七节　外国哲学知识

1. 实证主义（2019 广东外语外贸大学 名词解释）

实证主义是一种以“实际验证”为中心的哲学思想，是强调感觉经验，排斥形而上学传统的西方哲学派别。广义而言，任何种类的哲学体系，只要求知于经验材料，拒绝、排斥先验或形而上学的思辨，都为实证主义。实证主义的创始人是法国哲学家奥古斯特·孔德，其于 1830 年开始陆续出版的 6 卷本《实证哲学教程》是实证主义形成的标志。实证一词可以解释为“发现是真的”。

这是一条文化哲学类名词。答题时的得分点包括概念、代表人物、形成标志等。

2. 亚里士多德（2019 暨南大学 名词解释）（2016 南京大学 名词解释）（2016 四川大学 名词解释）（2018 西安外国语大学 名词解释）

亚里士多德是世界古代史上最伟大的哲学家、科学家和教育家之一。他是柏拉图的学生，亚历山大的老师，与苏格拉底、柏拉图并称为“古希腊三贤”。他在雅典创办了一所名为吕克昂的学校，被称为“逍遥学派”。马克思曾称亚里士多德是古希腊哲学家中最博学的人物，恩格斯称他是“古代的黑格尔”。他的思想对人类产生了深远的影响。他创立了形式逻辑学，丰富和发展了哲学的各个分支学科，对科学做出了巨大的贡献，是最早论证地球是球形的人。

该题考查古希腊哲学著名人物，是历年考查的重点，考生需熟记。该题的得分点包括人物背景、地位、成就、影响等。建议复习“古希腊三贤”、苏格拉底、柏拉图、“逍遥学派”等相关词条。

3. 柏拉图（2019 东北师范大学　名词解释）（2017 河南师范大学　名词解释）（2017 四川师范大学　名词解释）

柏拉图是古希腊伟大的哲学家，也是整个西方文化中最伟大的哲学家和思想家之一。他与苏格拉底、亚里士多德并称为“古希腊三贤”。其著作有《理想国》《法律篇》《斐德若篇》《会饮篇》等。柏拉图是西方客观唯心主义的创始人，认为世界由“现实世界”和“理念世界”组成，从而提出“理念论”。其《理想国》向我们描绘了一幅理想的乌托邦的画面，认为国家应当由哲学家来统治。柏拉图还是西方教育史上第一个提出完整的学前教育思想并建立了完整的教育体系的人。他从理念先于物质而存在的哲学思想出发，在其教育体系中强调理性的训练。柏拉图在《会饮篇》中提到最崇高的爱情——精神之爱。

4. 德国古典哲学的主要代表人物（2019 暨南大学　选择题）

德国古典哲学最著名的代表人物是康德、谢林和黑格尔。康德继承和发展了西方哲学史上关于认识过程的三分法，用“感性”“知性”和“理性”三个环节构成了他的整个认识论的体系。黑格尔创立了西方哲学史上最庞大的哲学体系，第一个系统地、自觉地阐述了辩证法的一般运动形式。谢林也是德国古典哲学的主要代表之一，他的哲学可以分为三个时期，即自然哲学时期、同一哲学时期和启示哲学时期。

5. 马克思主义的理论来源（2019 暨南大学　选择题）

德国古典哲学是马克思主义哲学的直接理论来源。德国古典哲学是指由康德开始，包括费希特、谢林、黑格尔直到费尔巴哈哲学的历史阶段，它是在 18 世纪末至 19 世纪上半叶德国资本主义发展的特殊条件下产生的。其中，黑格尔哲学和费尔巴哈哲学是马克思主义哲学的直接理论来源。

6. 希腊人文主义文化（2020 上海大学　选择题）

公元前 6 世纪到公元前 4 世纪是人类历史发展的奴隶社会时期。古希腊在这一时期产生了早期人文主义思想，对后来的欧洲文明产生了深远的影响。古希腊的人文主义是近代西方人文主义的滥觞。

7. 三权分立的提出者（2019 上海大学　选择题）

孟德斯鸠，法国启蒙时期的思想家、律师，其代表作《论法的精神》既表达了批判法国旧政权的立场，又充实和发展了洛克分权的思想。三权分立学说对反对封建专制制度有一定的进步意义。

8. 人文主义（2018 上海大学　选择题）（2017 四川师范大学　名词解释）（2016 西北大学　名词解释）（2016 河南大学　名词解释）

文艺复兴的核心是人文主义，它支配了文艺复兴时期的文学、艺术、哲学和科学的发展。其思想核心是以“人”为中心，而不是以“神”为中心，肯定人的价值和尊严，认为人是现实生活的创造者和主人，反对基督教的来世观念和禁欲主义，提倡追求自由、幸福和物质享受，鼓励发财致富和冒险精神，崇尚理性和科学，追求知识。人文主义最根本的核心在于“人”。

9. “我思故我在”的提出者（2018 南京航空航天大学 选择题）

“我思故我在”是笛卡尔在《谈谈方法》中的第四部分提到的。“我思故我在”可理解为：当我使用理性来思考的时候，我才真正获得了存在的价值。笛卡尔是唯心主义者，但并不是从此命题看出来的。“我思故我在”并不是唯心命题，而是纯粹认识论的内容。

10. 辩证法（2020 辽宁大学 名词解释）

辩证法，即辩证的方法，西方哲学的专有名词，是思辨与实证相统一的方法。其三种基本形式为古代的朴素辩证法、以黑格尔为代表的唯心辩证法、马克思主义的唯物辩证法。马克思主义的唯物辩证法认为世界是普遍联系和永恒发展的，探讨了联系和发展环节上的逻辑问题，其三大规律为对立统一规律、量变质变规律、否定之否定规律。

该题考查哲学名词。作答时可以参照考研政治复习中哲学部分的内容，对辩证法的类别、特点、范畴、规律等进行解释。

11. 萨特的存在主义（2019 辽宁大学 名词解释）

存在主义是当代西方哲学的主要流派之一，包括有神论的存在主义、无神论的存在主义和人道主义的存在主义三大类别。萨特是法国无神论的存在主义的主要代表人物，其主要作品有《存在与虚无》《恶心》等。他主张以人为中心，尊重人的个性和自由，认为人是在无意义的宇宙中生活，人的存在本身也没有意义。

该题考查西方哲学部分的知识。作答时主要从该流派的起源、主要主张、代表人物、作品等方面入手。

12. 历史唯物主义（2019 辽宁大学 名词解释）

历史唯物主义是哲学中关于人类社会发展一般规律的理论，是马克思主义哲学的重要组成部分，其创立者为德国哲学家马克思和恩格斯。它的研究对象是社会发展的一般规律，任务是为各门具体的社会科学提供历史观和方法论的理论基础。历史唯物主义认为历史是一种客观存在，其发展是有特定规律的，即生产力决定生产关系，生产关系反作用于生产力，生产关系一定要适应生产力的发展。

该题考查哲学部分的知识。考生可以将这部分知识与考研政治的复习联系起来，用政治上学到的知识点进行答题。作答时主要从历史唯物主义的定义、创立者、研究对象、任务、主要观点等方面入手。

13. 爱弥儿（2019 北京航空航天大学 名词解释）

爱弥儿是法国思想家卢梭所创作的一部教育学著作《爱弥儿》中的主人公。《爱弥儿》是一部教育小说，卢梭在这部著作中叙述了爱弥儿从出生到20岁成长和受教育的全过程，从而阐述他自己的“自然教育”思想。其思想对后世许多教育家都有启发和影响。《爱弥儿》在西方教育史上首次系统地提出了新的儿童教育观，在教育史上掀起了一场“哥白尼式的革命”。

14.《理想国》（2016 国际关系学院 名词解释）（2017 重庆大学 名词解释）

《理想国》是古希腊哲学家柏拉图创作的哲学对话体著作，主要论述了他心中理想国的构建、治理和正义。本书是柏拉图对自己此前哲学思想的概括和总结，探讨了哲学、政治、伦理道德、教育、文艺等各方面的问题，以理念论为基础，建立了一个系统的理想国家方案。《理想国》向我们描绘了一幅理想的乌托邦的画面，是世界历史上最具影响力的哲学和政治理论著作之一。

15. 恩格斯（2019 湖南科技大学 名词解释）

恩格斯，德国哲学家、革命家、教育家，全世界无产阶级和劳动人民的伟大导师，马克思主义的创始人之一。他与马克思共同撰写的《共产党宣言》标志着马克思主义的诞生。他还和马克思一起参加了第一国际的领导工作。马克思逝世后，他整理、出版了其未完成的《资本论》，并且领导了国际工人运动。其主要作品有《自然辩证法》《家庭、私有制和国家的起源》《反杜林论》等。

16. 梭罗（2018 四川师范大学 名词解释）

梭罗，美国作家、哲学家、超验主义者和自然主义者，有无政府主义倾向。他一生支持废奴运动，反对美国与墨西哥的战争。他的思想深受爱默生的影响，提倡回归本心，亲近自然，还协助其编辑评价季刊《日晷》。其长篇散文《瓦尔登湖》以其隐居瓦尔登湖畔两年的生活为题材，是超验主义的经典作品，在美国文学中被公认为最受读者欢迎的非虚构作品。其政论《论公民的不服从义务》主要论述的是，如果一个公民认为法律是不公正的，就有义务拒绝服从它。

17. 卢梭（2017 重庆大学 名词解释）（2016 暨南大学 选择题）

卢梭，法国伟大的启蒙思想家、哲学家、教育家、文学家，18世纪法国大革命的思想先驱，杰出的民主政论家和浪漫主义文学流派的开创者，启蒙运动最卓越的代表人物之一，倡导“人民主权”“社会契约论”等。其主要著作有《论人类不平等的起源和基础》《社会契约论》《爱弥儿》《忏悔录》《新爱洛伊丝》等。

18. 因果联接（2019 山东大学 名词解释）

因果联接有两种理解：一种理解是两个时间的作用关系，其中后一事件被看作前一事件的结果，而该事件又可以被称为其他事件的原因；另一种理解是多种因素和一个结果之间的关系，对该事件的结果产生影响的任何事件都可以看作其中的一个因素。自古以来，中西方对于因果联接的哲学研究由来已久，它甚至成了现代哲学的重要专题。

该题考查哲学术语。考生可从定义、发展等方面作答，解释清楚概念即可得分，也可进行适度扩展，结合马克思主义哲学中对因果关系的相关论述作答。

第二章　文学知识

第一节　中国古代文学

1. 王熙凤（2020 北京外国语大学　名词解释）

王熙凤是《红楼梦》中的主要人物，在书中的身份是贾琏的妻子、王夫人的侄女，位列金陵十二钗正册。她深得贾母恩宠和王夫人赏识，是贾家的实际掌权者和财务管理者。王熙凤为人心狠手辣、做事决绝、八面玲珑，在打理府中事务一事上具有惊人的管理能力和治家手段，是作者笔下一个非常生动活泼的人物，也是封建时代大家庭中精明泼辣的主妇的鲜明写照。

该题考查《红楼梦》中的人物。考生可从人物的身份、性格、评价等方面作答。《红楼梦》中的人物几乎是北京外国语大学每年必考的知识点，考生平时要注意积累。

2. 五言律诗（2020 北京外国语大学　名词解释）

五言律诗是中国传统诗歌的一种体裁，简称五律，属于近体诗范畴。此体发源于南朝齐永明时期，至初唐基本定型，成熟于盛唐时期。五言律诗每句五个字，每首四联（首联、颔联、颈联、尾联），总共八句，全诗共四十个字。在押韵方面，第二、四、六、八句须押韵，第一句可押韵可不押韵，第三、五、七句可不押韵。代表作品有李白的《送友人》、杜甫的《春望》、王维的《山居秋暝》等。

该题考查诗歌体裁。考生可从定义、历史发展、特点、代表作等方面作答。律诗分为五言和七言，建议考生自行整理七言律诗的相关知识，这有可能成为今后的考点。

3. 九月九日（原文《九月九日忆山东兄弟》）（2020 北京外国语大学　名词解释）（2017 天津外国语大学）（2018 西南交通大学　名词解释）（2016、2017 湘潭大学　名词解释）（2017 宁夏大学）

九月九日（原文《九月九日忆山东兄弟》）是中国民间的传统节日——重阳节，又称登高节。“九九”谐音“久久”，有长久之意。古时人们在重阳节有登高祈福、秋游赏菊、佩插茱萸、拜神祭祖及饮宴祈寿等习俗。传承至今，又添加了敬老等内涵，于重阳之日享宴高会，感恩敬老。登高赏秋与感恩敬老是当今重阳节活动的两大重要主题。重阳节与除夕、清明节、中元节并称为“中国传统四大祭祖节日”。2006 年，重阳节被列入首批国家级非物质文化遗产名录。

该题考查传统节日。考生可从名称由来、节日习俗、地位等方面作答。此外，建议考生积累其他传统节日的相关介绍，今后有可能再次考查相关知识点。

4. 形声字（2019 北京外国语大学　名词解释）

形声字由两个文或字复合成体，其中的一个文或字表示事物的类别，另一个文或字表示事物的读音。在构形上，形声字的结构很简单，汉字是由表义的“形符”（或称“意符”“义符”）加上表音的“声符”构成的。形声字的“形符”只能表示某种意思的范围或事物的属类，因而它在形声字中只是高度概括的类名，并不能表示这个形声字的具体含义；形声字的“声符”除了标声之外，往往兼有表意的作用。清人段玉裁称形声字“形声兼会意”。

该题考查汉语的造字法。考生可从定义、特点、意义等方面进行作答。北京外国语大学百科考试常考查该知识点，建议考生熟练掌握六大造字法。

5. 韩柳（2019 北京外国语大学　名词解释）（2019 山东科技大学　名词解释）[1]

“韩柳”是唐代大家韩愈、柳宗元的并称，二人均位列唐宋八大家。韩愈、柳宗元是唐朝古文运动的倡导者，故后人将二人并称为“韩柳”。韩愈，唐代文学家、哲学家，字退之，世称韩昌黎，提倡先秦两汉的文章，有《韩昌黎集》传世。柳宗元，唐代著名文学家、思想家，因参加永贞革新失败而被贬为永州司马，作品有《永州八记》等。

该题考查古代文学家。考生可从内容、作家基本情况（字、号、作品、地位）等方面作答。北京外国语大学百科考试喜欢通过一个词语来考查多个知识点。答题时不可仅限于答出基本内容，建议多表述一些相关内容。

6. 晴雯（2019 北京外国语大学　名词解释）

晴雯是中国古典小说《红楼梦》中的主要人物，是服侍故事主人公贾宝玉的几个大丫鬟之一，也是金陵十二钗又副册之首，她首次出场在第五回。她本是赖妈妈家的丫鬟，因得贾母喜爱，故被赐给贾宝玉。她因娇生惯养，养成了得理不饶人的性格，这也造就了她后来得罪王夫人，被撵出府，最后悲惨死去的命运。水蛇腰，削肩膀，眉眼有点像林黛玉。“晴为黛影”，书中暗示她映衬的角色是林黛玉，又称黛副。曹雪芹笔下的晴雯率性坦荡、疾恶如仇。

该题考查《红楼梦》中的人物。考生可从人物身份、有关情节、人物特点、作者思想等方面作答。《红楼梦》中的人物历年来都是北京外国语大学百科考试考查的重点，考生要注意总结和整理主要人物的介绍。

7.《春秋》（2019 北京外国语大学　名词解释）（2020 辽宁大学　名词解释）（2019 山东财经大学　名词解释）（2019 湖南科技大学　名词解释）（2018 长沙理工大学　名词解释）

1　该校该年只考查“韩愈”。

《春秋》，现在通常指唯一留存至今的鲁国《春秋》，是中国现存最早的编年体史书。《春秋》由孔子根据鲁国史官所编的史书重新修订而成，记述从鲁隐公元年到鲁哀公十四年间二百四十二年的历史。后人把书中包括的时代称为“春秋时代”。“春秋三传”，即《左传》《公羊传》《谷梁传》，是对《春秋》所记载的历史进行补充、解释、阐发的书。“春秋笔法”是《春秋》中的一种叙述方法和技巧，特点在于语言简练，故而《春秋》中几乎每个句子都暗含褒贬之意。

该题考查历史传记《春秋》。考生可从地位、内容、撰写人、特点等方面作答。建议考生积累如《左传》《史记》《资治通鉴》等史书的介绍，做到举一反三。

8.《三国志》（2019 北京外国语大学 名词解释）（2018 重庆邮电大学 名词解释）

《三国志》由西晋陈寿所著，是记载中国三国时代历史的断代史，同时也是二十五史中评价最高的“前四史”之一。《三国志》完整地记叙了自汉末至晋初近百年间中国由分裂走向统一的历史全貌。全书原分为四部分：《魏志》三十卷、《蜀志》十五卷、《吴志》二十卷、叙录一卷，后来叙录一卷缺失。北宋时合而为一，改称《三国志》。《三国志》比较特殊，未采用《史记》和《汉书》所确立下来的一般正史的规范，缺乏记载王侯、百官世系的“表”和记载经济、地理、职官、礼乐等的“志”，是二十五史中最特殊的一部。

该题考查历史传记《三国志》。考生可从撰写人、内容、特点等方面作答。考生可将此题和上文的《春秋》整理在一起。

9.《牡丹亭》（2016、2017、2018 北京外国语大学 名词解释）（2020 武汉大学 选择题）（2020 上海大学 名词解释）（2019 东华大学 名词解释）

《牡丹亭》，全称《牡丹亭还魂记》，是明代剧作家汤显祖所创作的传奇（戏剧）。该剧描写了官家千金杜丽娘对梦中书生柳梦梅倾心爱慕，竟伤情而死，人鬼相恋，最后起死回生、永结同心的故事。该剧是中国戏曲史上杰出的作品之一，与《崔莺莺待月西厢记》《桃花扇》《长生殿》合称中国四大古典戏剧。该剧标志着明代传奇发展的最高峰，其浪漫主义的表现方法对后世影响深远。作者将现实社会同阴曹地府统一起来，将人与鬼统一起来，展现了反封建礼教的主题。

该题考查文学名作，是历年真题的高频考点，曾经考查过《崔莺莺待月西厢记》，考生复习时需要重点掌握。该题的得分点包括作者、朝代、主要人物、故事情节、写作特点、主体、历史意义及影响等。（选取 5 ~ 6 点作答，采分点越多越好，每个采分点的字数可以适当少一点。）建议复习《崔莺莺待月西厢记》《桃花扇》《长生殿》等相关词条。

10. 尤三姐（2018 北京外国语大学 名词解释）

尤三姐，《红楼梦》中的人物，尤二姐之妹，尤氏继母的女儿。她性情刚烈，不喜遭人玩弄。后由贾琏说媒，欲许配柳湘莲，但柳湘莲因误听传言，怀疑尤三姐是个不干净的人，要索回定礼鸳鸯剑。尤三姐为表清白，拔剑自刎。柳湘莲追悔莫及，削发出家。

尤三姐在书中并不是一个重要人物，只占了三四回的篇幅，但在曹雪芹的笔下，她那万人不及的绝代风华和倔强刚烈的个性格外耀眼。

该题考查《红楼梦》中的人物。考生可从身份、情节、人物性格等方面作答。北京外国语大学倾向于考查《红楼梦》中的人物，而且考查得比较细致，不仅仅局限于主要人物。建议考生有时间可以通读《红楼梦》这本著作。

11.《文心雕龙》（2018 北京外国语大学　名词解释）（2016 西北大学　名词解释）

《文心雕龙》，又称《文心》，是中国第一部系统文学理论巨著，也是一部理论批评著作，完书于中国南齐（南朝齐）时期，作者为刘勰。《文心雕龙》是中国有史以来最精密的文学批评书籍，“体大而虑周”。全书的重点有两个：一是反对不实用的浮靡文风；二是主张实用的“摛文必在纬军国”之落实文风。刘勰把全部的书都当成文学书来看，所以本书的立论极为广泛。

该题考查文学作品。考生可从地位、作者、时间、特点等方面作答。注意该作品和翻译学密切相关，属于必备知识点，考生需掌握。

12. 会意（2018 北京外国语大学　名词解释）

用两个或几个部件合成一个字，把这些部件的意义合成新字的意义，这种造字法叫会意，是六种造字法之一。会意是为了补救象形和指事的局限而创造出来的造字方法。和象形、指事相比，会意法具有明显的优越性：第一，它可以表示很多抽象的意义；第二，它的造字功能强。《说文解字》收录了会意字 1 167 个，比象形字、指事字多得多。会意造字法体现了中国文字的博大精深。

该题考查造字法。考生可从定义、特点、意义等方面作答。北京外国语大学往年也考查过六种造字法中的其他造字法，建议考生掌握六种造字法的相关知识。

13. 屈原（2017 北京外国语大学　名词解释）（2017 辽宁大学　名词解释）（2019 中南大学　名词解释）（2017 大连理工大学　名词解释）（2017 宁夏大学　名词解释）（2016 四川大学　名词解释）（2016 聊城大学　名词解释）

屈原，名平，字原，战国时期伟大的爱国诗人，中国浪漫主义文学的奠基人。他创立了“楚辞”这种文体，开辟了“香草美人”的传统，被誉为“楚辞之祖”。他运用“楚辞”这种民歌体裁，驰骋其丰富的想象，抒发其爱国情怀，写出了《离骚》《九歌》《九章》《天问》等传世名篇。

14. 张衡（2016、2017 北京外国语大学　名词解释）

张衡，字平子，东汉时期杰出的天文学家、地理学家、数学家、发明家。他对浑天说的宇宙理论结构做了明确说明，认识到大地是一个悬浮于宇宙空间的圆球。他精通天文历法，创制了浑天仪和地动仪，正确解析了月食的成因，成为我国天文学史上的杰出人物。张衡在天文学方面著有《灵宪》《浑仪图注》等。在文学方面，他开创了七言古诗的诗歌体裁，创作了《二京赋》《归田赋》等辞赋名篇，与司马相如、扬雄、班固并称为“汉赋四大家”。

15. 初唐四杰（2017 北京外国语大学 名词解释）（2020 中山大学 名词解释）（2019 国际关系学院 名词解释）（2018 山东科技大学 名词解释）（2018 上海理工大学 名词解释）（2018 武汉大学 选择题）[1]（2020 上海大学 选择题）[2]

“初唐四杰”是中国唐代初年文学家王勃、杨炯、卢照邻、骆宾王的合称，简称“王杨卢骆”。王勃，字子安，擅长五律和五绝，其诗多描写个人生活，抒发个人情志，代表作有《送杜少府之任蜀州》《滕王阁序》等。杨炯，字令明，善写散文，尤擅诗歌，其诗歌成就主要体现在边塞题材方面，代表作有《从军行》等。卢照邻，字升之，号幽忧子，擅长诗歌、骈文，其诗以歌行体为最佳，基调前期激昂、慷慨，后期悲凉，著有《卢照邻集》《幽忧子》等。骆宾王，字观光，其诗作辞采华胆，格律谨严，代表作有《咏鹅》等。

16.《离骚》（2016 北京外国语大学 名词解释）（2018 重庆邮电大学 名词解释）（2016 聊城大学 名词解释）

《离骚》是战国时期伟大的爱国诗人屈原的作品，是我国古代最长的抒情诗。该作品想象丰富，感情激荡，辞采瑰丽，擅用比喻，表现出积极的浪漫主义精神，开创了中国文学史上的“骚体”诗歌形式，对后世产生了深远的影响。《离骚》表现了屈原对祖国忠贞不渝的热爱和对理想的不倦追求。

17.《论语》（2016、2020 广东外语外贸大学 名词解释）（2019 北京第二外国语学院 名词解释）（2019 重庆邮电大学 名词解释）（2017 天津外国语大学 名词解释）（2019 广西师范大学 名词解释）（2016 山东建筑大学 名词解释）

《论语》是一本以记录春秋时期的思想家孔子的言行为主的言论汇编，在古书中又分别以论、语、传、记等字单称。“论”为论纂、编纂的意思；“语”为谈说的意思，合起来指言论的汇编。《论语》为儒家重要经典之一，在《四库全书》中为经部。

这是一条文化类名词。答题时的得分点包括概念、主要内容、地位等。

18. 和而不同（2020 广东外语外贸大学 名词解释）（2020 宁波大学 名词解释）

“和”的意思是“和睦”；“同”的意思是“苟同”。其意思是和睦地相处，但不随便苟同。该成语出自《论语 · 子路》中的“君子和而不同，小人同而不和”。“和而不同”是孔子的一个重要思想，对于我们当代人来说也具有重大意义。在人际交往中，既要善与人同，又要保持自己的独特性。

这是一条文化类名词。答题时的得分点包括成语解释、出处、启示意义等。

19. 七月流火（2019 广东外语外贸大学 名词解释）（2019 辽宁大学 名词解释）

出自《诗经》中的“七月流火，九月授衣。一之日觱发，二之日栗烈。无衣无褐，

---

1 该校该年考查王勃《滕王阁序》中的“闲云潭影日悠悠，物换星移几度秋”。

2 该校该年考查王勃《滕王阁序》中的“落霞与孤鹜齐飞，秋水共长天一色”。

何以卒岁”。该成语的意思是农历七月天气转凉的时节，天刚黑的时候，可以看见大火星从西方落下去，指天气转凉，夏去秋来，寒天将至。“七月流火”常被误认为形容暑热。

该题考查成语解释。作答时一般要写明该成语的出处与典故，并解释成语本身的含义。这部分内容没有明确的复习范围，因此平时要多注意积累。

20. 近者悦，远者来（2020 西安外国语大学 名词解释）

出自先秦孔子的《论语·子路》。原文为“叶公问政。子曰：‘近者说（悦），远者来。’”“近者悦，远者来”的意思是：君主向近处的百姓施惠，使其欢悦，那么远处的百姓也会纷纷前来归附。旧指当权者给人恩惠，以便笼络人心。成语“近悦远来”即由此转化而来。

该题考查《论语》的句子解释。考生可从出处、释义等方面作答。注意《中国文化读本》第一章讲的即是“孔子的天人之学”，只不过本题不是直接出自书本，所以建议考生以书本中的内容为基础，对知识进行扩展。

21.《周易》（2020 西安外国语大学 名词解释）（2019 安徽师范大学 名词解释）（2019 北京第二外国语学院 名词解释）（2019 重庆邮电大学 名词解释）（2019 山东财经大学 名词解释）（2018 辽宁大学 名词解释）（2017 河南师范大学 名词解释）（2017 天津外国语大学 名词解释）

该词可以从广义和狭义两个方面来理解。狭义的《周易》指《易经》；而广义的《周易》除了指《易经》，还包括解释它的《易传》。传说有三位“圣人”参与了《周易》的创作：伏羲、周文王、孔子。《周易》成书以后，被列入儒家五经之一。《周易》的符号系统以阴阳为基础，由阴阳组合成八卦，由八卦叠合成六十四卦，体现了生命永远在运动的道理。

该题考查《中国文化读本》第三章中的内容。考生可从定义、作者、地位、内容、思想等方面作答。此外，鉴于近几年的命题在往细致化方向发展，今后命题老师或许会考查细节，建议考生重视本章的细节内容。

22.《孙子兵法》（2017、2020 西安外国语大学 名词解释）（2019 山东科技大学 名词解释）

《孙子兵法》是记载孙武兵学思想的著作，共 13 篇，约 6 000 字。《孙子兵法》是中国古代兵书中地位最高的经典，《四库全书总目》称其为“百代谈兵之祖”。《孙子兵法》中的主要战略思想有“先计而后战”“知彼知己，百战不殆”“不战而屈人之兵”等。它虽然是一部兵学经典，但并不鼓励当政者好战，反而一再警告当政者要“慎战”。

该题考查《中国文化读本》第四章中的内容。考生可从定义、作者、地位、思想、评价等方面作答。重要文学作品一直是每年考查的重点，考生要有意识地积累相关知识。

23. 饕餮（2020 西安外国语大学 名词解释）

饕餮是中国古代神话传说中的一种神秘怪物，别名叫狍鸮，古书《山海经·北次二经》介绍其特点是“其形状如羊身人面，眼在腋下，虎齿人手”。其名也比喻贪婪之徒，人们一般称贪婪的人为“老饕”。

该题考查参考书之外的知识。考生可从定义、别名、形象、象征意义等方面作答。注意西安外国语大学的题目基本来源于《中国文化读本》和《自然科学史十二讲》这两本参考书，不过有时也会有几题例外。

24. 饮酒孔嘉，维其令仪（2020 西安外国语大学 名词解释）

出自《诗经》，意思是说，饮酒是件好事，但一定要保持形象。

该题考查《中国文化读本》第三十五章中的内容。考生可从出处、汉语意思等方面作答。建议考生关注本书中涉及的古文句子，了解其汉语意思和出处，这是每年考试的命题方向之一。

25. 八卦（2019 西安外国语大学 名词解释）

传说由伏羲创立，是《周易》的基础。八卦由阴阳两个符号组成，阴阳符号组成八个卦象，分别代表八种有形的事物：乾，像天；坤，像地；巽，像风；震，像雷；坎，像水；离，像火；艮，像山；兑，像泽。这些事物是上古时代人类所接触的大自然中的几种重要物象。八卦的卦象和外在的物质世界有效地建立了联系，八卦的卦象成了外在物象的替代物。

该题考查《中国文化读本》第三章中的内容。考生可从起源、内涵、作用等方面作答。“八卦”和“阴阳”是两个密切相关的知识点，建议考生积累“阴阳”的相关知识。

26.《齐民要术》（2019 西安外国语大学 名词解释）（2020 上海大学 名词解释）（2016 山东科技大学 名词解释）

《齐民要术》是中国北朝北魏时期的贾思勰所著的一部综合性农书，也是世界农学史上最早的专著之一，是中国现存的最早的一部完整的农书。书名中的“齐民”指平民百姓；“要术”指谋生方法。《齐民要术》大约成书于北魏末年，系统地总结了在此之前的黄河中下游地区劳动人民的农业科学技术，对中国古代农学的发展产生了重大影响，被誉为“中国古代农业百科全书”。

该题考查中国历史常识，这是单选题的高频考点。该题的得分点包括作者、朝代、主要内容、历史意义及影响等。

27. 忠恕之道的“恕”（2018 西安外国语大学 名词解释）

忠恕之道的“恕”指“己所不欲，勿施于人”。也就是说，我自己不愿别人这样对待我，我也不要这样对待别人。推己及人，由亲及疏，由近及远，由家庭到社会，从而达到“泛爱众而亲仁”的普遍的爱。

该题考查《中国文化读本》第一章中的内容。考生准确解释该词释义即可。需要提醒考生的是，第一章的出题会比较细致，一般《论语》中的句子是考试重点，要重点关注。

28. 百战不殆的"殆"（2018 西安外国语大学 名词解释）

百战不殆的"殆"指危险。百战不殆指经历许多次战役，都没有遇到危险，形容善于用兵。该成语出自《孙子·谋攻》中的"知彼知己者，百战不殆"。

该题考查《中国文化读本》第四章中的内容。考生可从释义、出处等方面作答。和第一章一样，建议考生关注《孙子兵法》中的重要句子并掌握其意思。

29. 生生（2018 西安外国语大学 名词解释）

生指万物生长，创造生命。生生即生而又生，创造又创造，生生不息。孔子以生命创造解释天，认为天的根本意义是"生"，即"天道"。《易经》发展了孔子的思想，"生生之谓易"，意思是天地以"生"为道，以"生"为德。

该题考查《中国文化读本》第七章中的内容。由于该题考点直接出自书中的内容，且书中描述的内容不多，考生只需结合书本内容，准确解释即可。

30. 老子（2016 西安外国语大学 名词解释）（2016 山东建筑大学 名词解释）（2018 山东科技大学 名词解释）（2018 南开大学 名词解释）

老子，姓李名耳，字伯阳，中国古代伟大的哲学家和思想家，春秋末期人，道家学派创始人，被唐皇武后封为太上老君。其著有《道德经》（又称《老子》），主张"无为而治"。其学说对中国哲学的发展具有深刻影响，在道教中老子被尊为"道祖"。

该题考查中国文学常识，是历年真题的高频考点，考生应重点掌握。对于文学历史人物的名词解释，应当包括人物的字和号、所处时代、身份地位、主要成就、主要作品、人物评价等。建议复习孔子、孟子、庄子、墨子、荀子、韩非等相关词条。

31. 四大名著（2020 北京第二外国语学院 名词解释）[1]（2019 安徽师范大学 名词解释）[2]（2019 西南科技大学 名词解释）[3]（2018 广东工业大学 名词解释）[4]（2018 华南理工大学 名词解释）[5]（2018 上海对外经贸大学 名词解释）[6]（2017 重庆大学 名词解释）[7]（2017 上海对外经贸大学 名词解释）（2017 上海理工大学 名词解释）（2017 山东科技大学 名词解释）[8]（2017 天津外国语大学 名词解释）[9]（2016 北京航空航天大学 名词解释）（2016 首都经济贸易大学 名词解释）[10]

1 该校该年考查《三国演义》。
2 该校该年考查《水浒传》。
3 该校该年考查《红楼梦》。
4 该校该年考查《西游记》《水浒传》《红楼梦》《三国演义》。（共四小题）
5 该校该年考查《西游记》。
6 该校该年考查《红楼梦》。
7 该校该年考查《红楼梦》。
8 该校该年考查《三国演义》。
9 该校该年考查《西游记》《水浒传》《三国演义》。
10 该校该年考查《水浒传》。

四大名著，指《西游记》《水浒传》《红楼梦》《三国演义》。《西游记》，作者是明代的吴承恩，是中国古代第一部浪漫主义章回体长篇神魔小说，书中讲述了唐三藏与徒弟孙悟空、猪八戒、沙悟净和白龙马一起前往西天取经的故事。《水浒传》，是元末明初施耐庵以白话文写作的章回体长篇小说，讲述了北宋山东梁山泊以宋江为首的梁山好汉，由被逼落草，发展壮大，直至受到朝廷招安，东征西讨的历程。《红楼梦》，原名《石头记》，是清代曹雪芹所著的章回体长篇小说，以贾、史、王、薛四大家族的兴衰为背景，写贾宝玉与林黛玉的爱情悲剧，总结了中国封建社会的文化制度，对封建社会的各个方面进行了深刻批判，被认为是中国最具文学成就的古典小说及章回体小说的巅峰之作。《三国演义》，是元末明初罗贯中创作的长篇章回体历史演义小说，以三国时期魏、蜀、吴三个政治军事集团之间的离合争斗和兴衰成败为主线，描写了从东汉末年天下大乱到西晋初期江山一统近百年的历史演变，塑造了一批叱咤风云的英雄人物。

32. 荀子（2019 北京第二外国语学院 名词解释）（2017 安徽大学 名词解释）

荀子，名况，战国末期赵国思想家、教育家，儒家学派代表人物，世人尊称其为“荀卿”。荀子曾游学于齐，在齐国的稷下学宫三次被推举为学宫的祭酒。后入楚，被春申君任命为兰陵令。荀子的思想以“礼”为核心，极其重视以礼修身以及礼制的教育。他主张“性恶论”，认为“人之性恶，其善者伪也”。“性”是与生俱来的本能，“伪”则是后天习得的。“明于天人之分”是其唯物主义思想观点，他认为自然界和人类各有自己的规律和职分，反对鬼神、迷信之说，进而提出“制天命而用之”的思想。其所著文字传至西汉末年，经刘向整理成《荀子》一书，共三十二篇。

33. “撒手锏”（2020 南京大学 名词解释）

旧指小说中厮杀时出其不意地用锏投掷敌手的招数，比喻关键时刻使出的最拿手的本领，强调出其不意。中国历史上的将军秦琼（秦叔宝）使双锏，“撒手锏”一词也是源于他的故事。

该题考查中国文学基础常识，得分点包括解析、典故、相关人物等。

34. 箴言（2019 南京大学 名词解释）

本意是形容规谏劝诫的话。该词语出现于东周，最早出自《书・盘庚上》一文中。箴言也是古代以规诫他人或自己为目的的一种文体，原意为格言、道义、劝诫，如西汉扬雄的《冀州箴》、西晋张华的《女史箴》等。

该题考查汉语词语释义，得分点包括释义、来源、代表作等。考生应根据不同语境给出背景解释以作补充。

35. 汤显祖（2017 南京师范大学 名词解释）（2018 对外经济贸易大学 选择题）（2016 上海海事大学 名词解释）（2018 西北大学 名词解释）

汤显祖，字义仍，号海若，明代戏曲家、文学家，以戏曲创作闻名。其戏剧作品《牡丹亭》《紫钗记》《南柯记》《邯郸记》合称为“临川四梦”，闻名于世。“临川四梦”

尤以《牡丹亭》广为人知，该剧文辞典雅秀丽，描写了杜丽娘与柳梦梅凄婉的爱情故事。

该题考查中外文学常识。考生可从作者姓名与主要成就、代表作品与写作特点、作品影响等方面作答。

36. 四书（2018 对外经济贸易大学 选择题）

南宋时，朱熹自注《论语》，又从《礼记》中摘出《大学》《中庸》两篇，分章断句，同时加以注释，再加上《孟子》，合称《四书章句集注》，作为初习儒学的入门读物，这才开始有了“四书”之称。《论语》记载孔子及其学生的言行，文字简约含蓄，语言精练生动，是语录体散文的典范，内容涉及哲学、社会理想、文化教育和为人处世等诸多方面，是孔子精神和风采的集中体现。《孟子》是孟子的讲学语录，由孟子及其学生共同所著，着力阐述仁政理论，强调民心在政治、军事中的决定性作用。《大学》和《中庸》都是《礼记》中的篇章，讲的都是思考宇宙哲理、认识生活现象、培育人格修养和探索社会规律的道理。“四书”蕴含了儒家思想的核心内容，是儒学认识论和方法论的集中体现。

37. 文王拘而演《周易》和仲尼厄而作《春秋》的典故（2018 对外经济贸易大学 选择题）

周文王，姓姬名昌，史称西伯，是商末周族领袖。他广施仁德，礼贤下士，发展生产，深得人民的拥戴。由此引起商纣王（后称殷纣王）的猜忌和不满，纣王将姬昌囚禁于当时的国家监狱——羑里城。姬昌被囚禁 7 年，将伏羲的先天八卦改造成后天八卦。八卦代表世间万物的八种基本性质，而八卦中的每一卦都可以为太极，以本气相推，与八卦相叠，遂成八八六十四卦。他完成的《周易》这部千古不朽的著作被誉为“群经之首”。春秋时代，诸侯挟持天子，大夫放逐诸侯，家臣反叛大夫，“周文”等级森严的礼乐制度此时已经成为美好的回忆。厄，意为困顿窘迫。孔子曾周游列国，宣扬自己的学说而得不到认可，困厄于陈、蔡，穷困不堪，退而著《春秋》。

38. 六艺（2018 对外经济贸易大学 选择题）（2019 上海大学 选择题）（2020 武汉大学 选择题）[1]

六艺指六种技能：礼、乐、射、御、书、数。礼指礼节（类似于今天的德育教育）；乐指音乐；射指射箭技术；御指驾驶马车的技术；书指书法（书写、识字、作文）；数指理数、气数（运用方法时的规律），即阴阳五行生克制化的运动规律。

39. 五音、八音（2018 对外经济贸易大学 选择题）（2019 北京林业大学 名词解释）

五音，即五声音阶，依次为：宫、商、角、徵（zhǐ）、羽。乐器八音原为中国历史上最早的乐器科学分类法，西周时已将当时的乐器按制作材料分为金、石、丝、竹、匏、土、革、木八类。

---

1 该校该年考查六艺中的“御”所指代的意思。

40. 岱宗（2018 对外经济贸易大学 选择题）

岱宗，又称岱山、岱岳、东岳、泰岳等，都是对泰山的尊称。泰山是“五岳之首”（五岳：东岳泰山、西岳华山、南岳衡山、中岳嵩山、北岳恒山），位于山东泰安，被誉为“天下第一山”。泰山之称最早见于《诗经》，“泰”意为“极大、通畅、安宁”。

41. 桐城派（2018 对外经济贸易大学 选择题）（2017 东华大学 名词解释）（2017 上海理工大学 名词解释）

桐城派，也称桐城古文派，是我国清代文坛上最大的散文流派。桐城派以地域命名，主要是因为其早期重要作家皆为江南安庆府桐城人。戴名世、方苞、刘大櫆、姚鼐被尊为桐城派“四祖”。桐城派的文章多宣传儒家思想，尤其是程朱理学，语言则力求简明达意、条理清晰、“清真雅正”。

42.《归去来兮辞·并序》（2018 对外经济贸易大学 选择题）[1]

陶渊明的《归去来兮辞·并序》是一篇抒情小赋。此篇作于陶渊明辞官归乡之初，是陶渊明告别官场、回归自然的宣言，情辞热切，如歌如诉，是中国文化史上赫然卓越的名篇。欧阳修曾盛赞此文，认为“晋无文章，惟陶渊明《归去来兮辞》一篇而已”。

43.《题临安邸》（2018 对外经济贸易大学 选择题）[2]

《题临安邸》是宋代诗人林升创作的一首七绝，是一首杰出的讽喻诗。“山外青山楼外楼”，写出了临安城（今杭州）青山重叠、楼台密集的特点；“西湖歌舞几时休”，用反问的语气指出西湖边无休止的歌舞，体现其对当政者不思收复失地的愤慨，以及对国家命运的担忧；“暖风熏得游人醉”，通过“暖风”“熏”“醉”等词营造了一种奢靡的环境气氛，暗讽当政者沉迷于歌舞，无视国家的前途与命运；“直把杭州作汴州”，直斥南宋当局忘了国恨家仇，简直把临时苟安的杭州当作了故都汴州（今开封），辛辣的讽刺中蕴含着极大的愤怒和无穷的隐忧。

44. 编年体（2018 中山大学 名词解释）（2017 山东大学 名词解释）（2016 南京航空航天大学 选择题）（2019 安徽师范大学 名词解释）

编年体是中国传统史书的一种体裁，一种以年代作为线索，编排、整理有关历史事件的史书体例。编年体史书以时间为中心，按年、月、日的顺序记述史事。编年体史书的特点是以时间为经，以史事为纬，因而比较容易反映出同一历史时期的各个历史事件的联系。著名的编年体史书有《春秋》《左传》《资治通鉴》等。

该题考查中国古代文学的史书部分，得分点包括定义、特点、优点、代表史书等。

---

1 该校该年考查《归去来兮辞·并序》中的“引壶觞以自酌，眄庭柯以怡颜。倚南窗以寄傲，审容膝之易安。园日涉以成趣，门虽设而常关。策扶老以流憩，时矫首而遐观。云无心以出岫，鸟倦飞而知还。景翳翳以将入，抚孤松而盘桓”。

2 该校该年考查《题临安邸》“暖风熏得游人醉，直把杭州作汴州”中的“临安”和“汴州”所指代的地名。

45. 国别体（2018 对外经济贸易大学　选择题）

国别体以国家为单位分别记叙历史事件，如《国语》《战国策》。《国语》是中国第一部分国记事的国别体史记，起自西周穆王，讫于战国初年的鲁悼公，主要来源于春秋时期各国史官的记述，后来经过熟悉历史掌故的人加工润色，大约在战国初年或稍后编纂完成。

46. 纪传体（2018 上海对外经贸大学　名词解释）

纪传体是我国史书的一种体裁，以人物传记为中心叙述当时的史实，是记言、记事的进一步结合。因其以本纪、列传为主，故名为“纪传体”。纪传体首创于司马迁的《史记》。《史记》分为本纪、世家、表、书志、列传五个部分，班固在创作《汉书》的过程中又把这种体例加以调整，分为纪、表、志、传四体。纪传体的出现促进了我国古代史传文学的发展。

该题考查纪传体，得分点包括含义、代表作品、历史意义等。

47. 小说（2017 国际关系学院　名词解释）（2018 广东工业大学　名词解释）

小说是一种文学体裁，以刻画人物形象为中心，通过完整的故事情节和具体的环境描写来反映社会生活。“小说”最早见于《庄子·外物》中的“饰小说以干县令，其于大达亦远矣”，指琐碎的言辞和卑微的小道理。班固在《汉书·艺文志》中定义小说为“街谈巷语，道听涂（通“途”）说者之所造也”。小说三要素是：人物、情节、环境。小说的艺术特征在于：以刻画具有典型意义的人物形象为中心，以一定的故事情节为手段，以相应的环境描写为基础。

48. 扬雄的著作（2018 武汉大学　选择题）

扬雄，字子云，西汉辞赋家，主要作品有《法言》《太玄》等。《法言》是扬雄模仿《论语》的体裁，采用问答形式撰写的哲学著作。全书共十三卷，基本宗旨是用礼义、孔孟之道，批判先秦诸子及谶纬、神仙迷信，维护儒家正统观念；主张文学应当宗经、征圣；强调知识的重要性，反对老庄“学无益”的观点。《太玄》是扬雄模仿《周易》的形式而作的，用来阐述其哲学体系和宇宙论。《太玄》糅合了儒家、道家和阴阳家的学说。

49.《庄子》的主要表现形式（2018 武汉大学　选择题）

庄子自称其创作方法是“以卮言为曼衍，以重言为真，以寓言为广”（《天下》）。卮言即出于无心、自然流露之语言，这种言语层出无穷，散漫流衍地把道理传播开来，并能穷年无尽，永远流传下去。重言即借重长者、尊者、名人的言语，为使自己的道理被他人接受，托己说于长者、尊者之言以自重。寓言即虚拟的寄寓于他人他物的言语。

50. 元曲的主要角色（2018 武汉大学　选择题）

元曲的角色分为旦、末、净、杂。旦包括正旦、外旦、小旦、大旦、老旦、搽旦。末包括正末、小末、冲末、副末。净是地位低下的喜剧性人物。杂是除以上三类外的演员。

51. 刻舟求剑（2018 武汉大学 选择题）

刻舟求剑是一个由寓言故事演化而成的成语，出自战国时期吕不韦的《吕氏春秋·察今》，一般用于比喻人死守教条，拘泥成法，固执而不知变通。

52.《本草纲目》（2018 南开大学 名词解释）（2019 安徽师范大学 名词解释）（2020 大连海事大学 名词解释）

《本草纲目》是由明朝伟大的医药学家李时珍为修改古代医书中的错误而编写的。他以毕生精力，亲历实践，广收博采，对本草学进行了全面的整理和总结。此书历时 20 多年编成，是他 30 余年心血的结晶。《本草纲目》不仅为中国药物学的发展做出了重大贡献，而且对世界医药学、植物学、动物学、矿物学、化学的发展产生了深远的影响。

该题考查中国文学知识，是历年真题的高频考点。该题的得分点包括作者、成书年代、主要内容、影响及评价等。建议复习李时珍、扁鹊、华佗等相关词条。

53.《易经》（2018 辽宁大学 名词解释）（2018 南开大学 名词解释）

《易经》，也称《周易》或《易》，原为古代占筮之书及其解说，后被列入儒家经典，包括《经》《传》两部分。《经》主要是 64 卦和 384 爻。卦、爻各有卦辞、爻辞，为占卜之用。《传》共有 10 篇，内容是对《经》进行解释和论述。《易经》是中国传统思想文化中自然哲学与伦理实践的根源，是古代民族思想、智慧的结晶，被誉为“大道之源”。

该题考查中国古代典籍部分的知识。作答时主要从该典籍的具体内容、评价和地位等方面入手。

54.《四库全书》（2020 东北师范大学 名词解释）（2016 北京航空航天大学 名词解释）（2018 上海海事大学 名词解释）（2019 扬州大学 选择题）

《四库全书》是在乾隆皇帝的支持下，由纪昀等 360 多位高官、学者费时 13 年编撰而成的大型丛书。丛书分经、史、子、集四部，故名“四库”。丛书基本囊括了中国古代的所有图书，故称“全书”。当年，乾隆皇帝命人手抄了七部《四库全书》，下令分别藏于全国各地。《四库全书》是中华传统文化最丰富、最完备的集成之作，覆盖了中国文、史、哲、理、工、农、医几乎所有的学科。

该题考查中国古代重要典籍，得分点包括《四库全书》的作者、撰写朝代、历史意义、覆盖学科及地位等。

55. 六经（2020 东北师范大学 名词解释）（2019 同济大学 名词解释）

“六经”是《诗》《书》《礼》《易》《乐》《春秋》的合称，是指经过孔子整理并传授的六部先秦古籍。这六部经典著作的全名依次为《诗经》《书经》《礼记》《易经》（即《周易》）《乐经》《春秋》。六经是历代中华先王累积遗传下来的文教经典、中华文化早期的六大经典学术，经过周公完善、孔子整理编撰以后，成为中华文明礼教的基础。六经的思想符合当时的政治观，符合当时的宗教追求，同时也是当时的文化纲领。

该题考查中国古代重要典籍，得分点包括六经的具体书目、历史意义、整理人等。

56. 三纲五常（2019 东北师范大学　名词解释）（2016 国际关系学院　名词解释）（2017 外交学院　名词解释）（2019 湖南科技大学　名词解释）（2018 山东科技大学　名词解释）（2017 重庆大学　名词解释）

三纲五常，简称纲常，是封建礼教所提倡的人与人之间的道德标准。三纲指君为臣纲，父为子纲，夫为妻纲；五常指仁、义、礼、智、信。三纲五常出自班固的《白虎通·三纲六纪》："三纲者，何谓也？谓君臣、父子、夫妇也。"

57. 克己复礼（2018 东北师范大学　名词解释）

出自《论语·颜渊》，孔子讲仁也就是讲自身修养，即克己，也即克制约束自己；复礼的意思是回到礼的规范上来，即使言行合于礼。孔子认为，仁与礼相互并存，缺一不可。礼，是以仁（即道德）为基础，通过礼实践自身的道德。孔子"克己复礼"的思想具有两重性。从社会政治的发展来看，孔子以"克己复礼"来调和当时社会的矛盾，避免社会变革，表现他文化保守主义的立场。

该题考查中国哲学知识，是孔孟文化中的常见考点。该题的得分点包括出处、释义、提出背景等。建议复习中庸之道、兼爱非攻、"仁"等相关词条。

58. 志怪小说（2018 东北师范大学　名词解释）

志怪，就是记录怪异。志怪小说主要指魏晋南北朝时期产生的一种以记述神仙鬼怪为内容的小说，也可包括汉代的同类作品。志怪小说受当时盛行的神仙方术之说的侈谈鬼神、称道灵异的社会风气的影响而形成。志怪小说的内容很庞杂，大致可分为三类：炫耀地理博物的琐闻，如东方朔的《神异经》等；记述正史以外的历史传闻故事，如托名班固的《汉武故事》等；讲述鬼神怪异的迷信故事，如东晋干宝的《搜神记》等。志怪小说对唐代传奇产生了直接的影响。

该题考查魏晋南北朝时期的文学知识。名词解释中经常出现对于中国文学体裁的考查。该题的得分点包括定义、出现时间、出现背景、主要类型、影响等。建议复习志人小说、《搜神记》《世说新语》等相关词条。

59. 古文运动（2018 东北师范大学　名词解释）（2017 上海对外经贸大学　名词解释）（2018 贵州财经大学　名词解释）（2016 南京航空航天大学　选择题）[1]

古文运动是唐宋时期的文学革新运动，其内容主要是复兴儒学，其形式是反对骈文，提倡古文。所谓"古文"，是指先秦两汉的散文，其具有质朴自由、以散行单句为主、不受格式拘束的特点。南北朝以来，文坛上盛行的骈文华而不实，不适于用。韩愈、柳宗元是古文运动的先驱，提出了一套完整的古文理论，并写出了相当多的优秀古文作品。当时有一批学生或追随者热烈响应，终于在文坛上形成了颇有声势的古文运动，把散文的发展推向了一个新的阶段。唐代的韩愈、柳宗元和宋代的欧阳修、王安石、曾巩、苏洵、苏轼、苏辙等人都是其中的代表性人物。

1　该校该年考查"古文运动"中的"古文"。

该题考查中国古代文学知识，该词条是各大高校的高频考点，建议熟记背诵。该题的得分点包括定义、特点、发起人、发起目的、代表人物等。建议复习新乐府运动、建安七子、苏门四学士等相关词条。

60. “三言二拍”（2018 东北师范大学 名词解释）（2019 四川大学 名词解释）（2016 国际关系学院 名词解释）（2017 上海理工大学 名词解释）（2020 北京外国语大学 名词解释）[1]

“三言二拍”是明代五本著名传奇小说集的合称。“三言”是指明代冯梦龙创作的《喻世明言》《警世通言》《醒世恒言》；“二拍”是指凌濛初所编的《初刻拍案惊奇》和《二刻拍案惊奇》。这些经典之作以一回一个世俗小故事成就了中国古典短篇白话小说的巅峰。

该题考查中国古代典籍，要求考生对古代著作有所了解。该题的得分点包括基本定义、地位等。建议复习四大名著、明代小说、清代小说等相关词条。

61. 道家（2019 东北师范大学 名词解释）（2016 首都经济贸易大学 名词解释）（2018 东华大学 名词解释）（2016 四川师范大学 名词解释）

道家是信奉老庄等道家学说的哲学学派，是中国诸子百家中重要的思想学派之一，其代表人物有老子、庄子、列子等。春秋时期，老子集古圣先贤的智慧，取其精华，形成了道家完整而系统的理论，标志着道家思想正式成型。道家以“道”为世界最后的本原，提倡道法自然、无为而治。道家经典著作有《道德经》《庄子》《列子》《吕氏春秋》等。

62. 唐宋八大家（2020 中山大学 名词解释）（2019 上海对外经贸大学 名词解释）（2017 四川师范大学 名词解释）（2017 山东科技大学 名词解释）（2018 上海海事大学 名词解释）（2017 湘潭大学 名词解释）

唐宋八大家是唐代和宋代八位散文家的合称，分别为唐代柳宗元、韩愈和宋代欧阳修、苏洵、苏轼、苏辙、王安石、曾巩八位散文家。其中韩愈、柳宗元领导了唐代古文运动，欧阳修、苏洵、苏轼、苏辙这四人是宋代古文运动的核心人物，而王安石、曾巩则是临川文学的代表人物。古文运动指唐宋时期以提倡古文、反对骈文为特点的文体改革运动，其目的在于恢复古代的儒学道统，该运动促进了诗文的发展。

该题考查唐宋八大家，得分点包括具体所指的人物、所代表的文学流派、历史影响及意义等。

63.《汉书》（2018 重庆邮电大学 名词解释）（2017 湖南师范大学 名词解释）

《汉书》，又称《前汉书》，是我国东汉著名史学家班固编撰的中国第一部纪传体断代史，主要记录了从西汉的汉高祖元年到新朝王莽地皇四年间的史事，有着极高的历史价

1 该校该年考查“三言”。

值。《汉书》与《史记》《后汉书》《三国志》并称为“前四史”。

64.《滕王阁序》（2018 中山大学 选择题）

《滕王阁序》是唐朝王勃所作的一篇骈文，全文句式错落、节奏分明、辞藻华丽，运用了大量典故来叙事、抒情，表露了作者的抱负和怀才不遇的愤懑心情。文中“落霞与孤鹜齐飞，秋水共长天一色”一句，用落霞、孤鹜、秋水和长天四个景象勾勒出了一幅宁静美好的图画，被传唱至今。

65. 四书五经（2019 上海对外经贸大学 名词解释）（2019 安徽师范大学 名词解释）（2017 西南政法大学 名词解释）（2019 大连外国语大学 名词解释）（2016 四川师范大学 名词解释）（2019 山东科技大学 名词解释）（2017 桂林电子科技大学 名词解释）（2016 重庆大学 名词解释）（2019 湖南师范大学 名词解释）（2018 西北大学 选择题）

四书五经是“四书”和“五经”的合称，是中国儒家经典的书籍。“四书”，又称四子书，是《论语》《孟子》《大学》《中庸》的合称。南宋著名理学家朱熹取《礼记》中的《中庸》《大学》两篇单独成书，与记录孔子言行的《论语》和记录孟子言行的《孟子》合为“四书”。“四书”蕴含了儒家思想的核心内容，是儒学认识论和方法论的集中体现。“五经”指《诗经》《尚书》《礼记》《周易》《春秋》，简称为《诗》《书》《礼》《易》《春秋》。经孔子整理的一共有六部经书，还有一本是《乐经》，但后来毁于秦火，只剩下五经。这五本书是我国保存至今的最早的文献，也是我国古代儒家的主要经典。

该题考查四书五经。答题时应详尽解释四书五经所包含的内容、蕴含的哲学观念、撰写人、整理人以及历史影响等。

66.《古诗十九首》（2019 上海对外经贸大学 名词解释）（2016 东华大学 名词解释）

《古诗十九首》是中国古代文人五言诗选辑，由南朝萧统从传世无名氏古诗中选录十九首编入《文选》而成。这十九首诗分别为《行行重行行》《青青河畔草》《青青陵上柏》《今日良宴会》《西北有高楼》《涉江采芙蓉》《明月皎夜光》《冉冉孤生竹》《庭中有奇树》《迢迢牵牛星》《回车驾言迈》《东城高且长》《驱车上东门》《去者日以疏》《生年不满百》《凛凛岁云暮》《孟冬寒气至》《客从远方来》《明月何皎皎》。《古诗十九首》深刻地再现了文人在汉末社会动荡、思想急剧变迁的时期，心灵的觉醒与痛苦，抒发了文人的思绪。全诗语言朴素，描写生动，具有极高的艺术价值。

该题考查《古诗十九首》，得分点包括具体内容、历史意义、语言风格等。

67. 自强不息（2019 宁波大学 名词解释）

自强不息，意思是自己努力向上，不松懈。该成语来源于《周易》中的“天行健，君子以自强不息”。

该题考查成语解释，得分点包括含义及出处等。

68. 舍生取义（2019 宁波大学 名词解释）

舍生取义，意思是为了正义事业不怕牺牲，为历代儒家所推崇，常用于赞扬别人难能可贵的精神。该成语出自《孟子·告子上》中的“生，亦我所欲也；义，亦我所欲也。二者不可兼得，舍生而取义者也”。

该题考查成语解释，得分点包括含义及出处等。

69. 三百千（2017 上海对外经贸大学 名词解释）（2019 东北师范大学 名词解释）[1]（2018 东北师范大学 名词解释）[2]

《三字经》《百家姓》《千字文》并称为“三百千”或“三大国学启蒙读物”。《三字经》的取材广泛，包括中国传统的文学、历史、哲学、天文地理、人伦义理、忠孝节义等，其核心思想包括仁、义、诚、敬、孝。其短小精悍，内容丰富，是学习中华传统文化不可多得的入门读物；三字一句，通篇押韵，读起来朗朗上口，极易记诵。《百家姓》是一本关于中文姓氏的书，成书于北宋初。据有关资料记载，其共收录姓氏 411 个，后增补到 504 个，其中单姓 444 个、复姓 60 个。其按韵编排，每句四字，读起来十分顺口，便于学习和记忆，因此流传极广。《千字文》由梁朝周兴嗣编纂。其拓取了王羲之遗书不同的字一千个，编为四言韵语。内容与自然、社会、历史、伦理、教育等知识有关。现存有多种续编本、改编本。明代思想家吕坤曾说：“初入社学，八岁以下者，先读《三字经》以习见闻，读《百家姓》以便日用，读《千字文》以明义理。”

70. 协和万邦（2019 宁波大学 名词解释）

协和万邦，意思是告诫统治者处事要公正，去除一己之偏爱，好恶一同于天下。它出自《尚书》中“百姓昭明，协和万邦”的理想，该理想主张人民和睦相处，国家友好往来。“协和万邦”是中华文化的基因与核心价值之一。

该题考查成语解释，得分点包括含义、出处及历史意义等。

71. 民惟邦本（2019 宁波大学 名词解释）

民惟邦本，意思是百姓是国家的根本。它出自同谷子《尚书·五子之歌》中的“皇祖有训，民可近，不可下，民惟邦本，本固邦宁”。它反映了人们从政治实践中看到了统治者与被统治者之间的相互依存关系。这种思想在实际的政治生活中影响较大，曾经成为促进封建盛世形成的指导思想和抑制专制君主暴虐无道、残害百姓的思想武器。

该题考查成语解释，得分点包括含义、出处及历史意义等。

72. 翰林院（2019 宁波大学 名词解释）

从唐朝开始设立，翰林分为两种：一种是翰林学士，供职于翰林学士院；另一种是翰林供奉，供职于翰林院。翰林学士地位最高，是知识分子中的精英，致力于文化学术事业的传承，议论朝政。翰林制度使得文学界和思想界的主流处于皇帝的监管之下，压抑了学术界的自由思想，有利于皇帝进行专制统治。

该题考查中国古代机构，得分点包括设立时间、发展过程、作用、历史意义等。

---

1 该校该年考查《三字经》。

2 该校该年考查《千字文》。

73. “闻鸡起舞”“中流击楫”（2016宁波大学　选择题）（2018南京理工大学　选择题）[1]

“闻鸡起舞”“中流击楫”二者皆出自《晋书·祖逖传》，主人公是祖逖。“闻鸡起舞”的故事如下：传说东晋时期的将领祖逖年轻时就很有抱负，每次和好友刘琨谈论时局，总是慷慨激昂、满怀义愤。为了报效国家，他们在半夜一听到鸡鸣，就披衣起床，拔剑练武，刻苦锻炼。后人用“闻鸡起舞”比喻有志报国的人即时奋起。“中流击楫”的故事如下：祖逖率部北伐，北渡长江。当船至中流之时，他眼望面前滚滚东去的江水，感慨万千。想到山河破碎和百姓涂炭的情景，想到困难的处境和壮志难伸的愤懑，豪气干云，热血涌动。于是他敲着船楫大声发誓：“祖逖不能清中原而复济者，有如大江！”意思是：若不能平定中原，收复失地，自己就像这大江一样有去无回！他激昂的声调和豪壮的气概，使随行的壮士个个感动，人人激奋，因此后人便用“中流击楫”比喻立志奋发图强。

74. 《大学》（2020暨南大学　选择题）

《大学》出自《礼记》，是一篇论述儒家“修身、齐家、治国、平天下”思想的散文，是讨论古代教育理论的重要著作，宗旨在于弘扬光明正大的品德，让百姓仁爱敦睦、明理向善。《大学》提出“三纲领”（明明德、亲民、止于至善）和“八条目”（格物、致知、诚意、正心、修身、齐家、治国、平天下）。

75. 《墙头马上》（2019暨南大学　选择题）

《墙头马上》是元代著名戏曲家白朴的作品，出自唐代白居易的《井底引银瓶》，诗曰：“妾弄青梅凭短墙，君骑白马傍垂杨。墙头马上遥相顾，一见知君即断肠。”该剧歌颂了对自由婚姻的追求，虽以爱情为题材，却别具一格。

76. 《琵琶记》（2019暨南大学　选择题）

《琵琶记》是元末戏曲作家高明（即高则诚）创作的一部南戏。此剧叙写汉代书生蔡伯喈与赵五娘悲欢离合的爱情故事，是中国古代戏曲中的一部经典名著，被誉为“传奇之祖”。

77. 三皇五帝（2019暨南大学　选择题）（2020北京第二外国语学院　名词解释）[2]

三皇五帝，是历史神话人物“三皇”与“五帝”的合称。三皇指燧人氏（天皇）、伏羲氏（人皇）、神农氏（地皇），也有说三皇为伏羲、女娲、神农氏，还有另外几种说法，具体说法不一，但一般以这两种为主。其中，燧人氏发明搓绳技术，创造“结绳记事”；伏羲氏创立八卦，开启了中华民族的文化之源；神农氏为农业的发展及人们的定居生活做出了贡献，还带领人们创制了陶器。五帝指少昊、颛顼、帝喾、尧、舜。三皇五帝并不是真正的帝王，而是原始社会中后期出现的为人类做出卓越贡献的部落首领或部落联盟首领，被后人追尊为“皇”或“帝”。道教则把他们奉为神灵，以各种美丽的神话传说

1　该校该年考查“中流击楫”。

2　该校该年考查“三皇五帝”中的“三皇”。

来宣扬他们的伟大功绩。

该题考查中国古代神话人物，得分点包括“三皇”的具体所指及其各自为世人所做的贡献，以及三皇五帝的具体含义等。

78.《天工开物》（2019 暨南大学 选择题）[1]（2017 山东科技大学 名词解释）

《天工开物》由宋应星于1637年（明崇祯十年丁丑）初刊，共三卷十八篇，是世界上第一部关于农业和手工业生产的综合性著作，是中国古代一部综合性的科学技术著作。有人也称它是一部百科全书式的著作，外国学者称它为“中国17世纪的工艺百科全书”。

79.《诗经》（2019 暨南大学 名词解释）（2016 南京航空航天大学 选择题）（2017 辽宁大学 名词解释）（2017 国际关系学院 名词解释）（2016 四川大学 名词解释）（2017 安徽大学 名词解释）（2018 长沙理工大学 名词解释）（2017 上海师范大学 名词解释）（2018 华南理工大学 名词解释）（2018 上海海事大学 名词解释）

《诗经》是中国最早的一部诗歌总集，最初称为《诗》，共有诗歌305首，收集了西周初年至春秋中叶的诗歌，因此又称“诗三百”。《诗经》的作者佚名，绝大部分都无法考证，传为尹吉甫采集、孔子编订，后来汉代儒者将其奉为经典，乃称《诗经》，它开创了我国古代诗歌创作的现实主义的优秀传统。《诗经》的体裁风、雅、颂和修辞手法赋、比、兴合称为“诗经六义”。《诗经》中的乐歌，原来的主要用途有三：一是作为各种典礼仪式的一部分；二是娱乐；三是表达对社会和政治问题的看法。到后来，《诗经》成了贵族教育中普遍使用的文化教材。

该题考查古代典籍，是中国古代文学的高频考点，必须重点记忆和掌握。该题的得分点包括地位、出现时间、影响、主要内容、用途等。建议复习“乐府双璧”“诗经六义”、现实主义文学、《离骚》等相关词条。

80.《楚辞》（2019 暨南大学 名词解释）（2019 辽宁大学 名词解释）（2019 山东财经大学 名词解释）（2016 四川大学 名词解释）（2018 郑州大学 名词解释）（2017 首都经济贸易大学 名词解释）（2017 华中农业大学 名词解释）（2016 西南政法大学 名词解释）（2017 东华大学 名词解释）

《楚辞》是一部收录战国时期楚地诗歌的诗集，是中国历史上仅次于《诗经》的第二部诗歌作品集，是中国文学史上第一部浪漫主义诗歌总集。全书以屈原的作品为主，其余各篇也是承袭屈赋的形式。因其运用楚地的文学样式、方言声韵和风土物产等，遂具有浓厚的地方色彩，故名《楚辞》，其对后世诗歌产生了深远的影响。它开创了中国浪漫主义文学的诗篇，因此后世称此种文体为“楚辞体”“骚体”。

该题考查古代典籍，是中国古代文学的高频考点，应重点背诵记忆。该题的得分点包括地位、出现时间、影响、主要内容等。建议复习“骚体”“芳草美人”、浪漫主义文学、《离骚》、屈原、宋玉等相关词条。

---

1 该校该年考查《天工开物》的作者。

81.《忆秦娥·箫声咽》的作者（2018 暨南大学　选择题）

《忆秦娥·箫声咽》的作者是唐代诗人李白，全文为："箫声咽，秦娥梦断秦楼月。秦楼月，年年柳色，灞陵伤别。乐游原上清秋节，咸阳古道音尘绝。音尘绝，西风残照，汉家陵阙。""乐游原上清秋节，咸阳古道音尘绝。音尘绝，西风残照，汉家陵阙"多用来衬托国家的残破和心境的凄凉。

82."留得枯荷听雨声"的作者（2018 暨南大学　选择题）

"留得枯荷听雨声"出自唐代诗人李商隐的《宿骆氏亭寄怀崔雍崔兖》中的"竹坞无尘水槛清，相思迢递隔重城。秋阴不散霜飞晚，留得枯荷听雨声"。此句是全诗的点睛之笔，描写诗人聆听雨打枯荷的声音和诗人心情变化的过程。

83.《长恨歌》（2020 上海大学　选择题）（2019 宁波大学　名词解释）

《长恨歌》是唐代诗人白居易的一首长篇叙事诗。全诗讲述了唐玄宗与杨贵妃的爱情悲剧。该诗通过对历史人物的形象刻画，描绘了一个动人的故事，语言优美，具有艺术感染力，使读者身临其境。该诗对后世诸多文学作品产生了深远的影响。

该题考查古代诗歌，得分点包括作者、体裁、内容、语言特色及影响等。

84. 我国第一部纪传体断代史书（2020 上海大学　选择题）

我国第一部纪传体断代史书是班固的《汉书》，又称《前汉书》，是"二十五史"之一，与《史记》《后汉书》《三国志》并称为"前四史"。《汉书》记载了自西汉时期汉高祖刘邦元年至王莽地皇四年间的史事，是研究该时期历史的重要参考书。扩展延伸：中国古代第一部编年体史书——《春秋》；第一部纪传体史书——《史记》；第一部国别体史书——《国语》；第一部编年体通史——《资治通鉴》。

85. 六义（2020 上海大学　选择题）

六义，诗经学名词，出自《诗·大序》："故诗有六义焉：一曰风，二曰赋，三曰比，四曰兴，五曰雅，六曰颂。"风、雅、颂是诗的分类；赋、比、兴是诗的表现手法。《诗经》根据乐调的不同分为风、雅、颂三类。风是《诗经》的精华，是各地的民间歌谣，即不同地区的地方音乐，大部分是民歌。雅是周王朝直辖地区的音乐，即所谓的正声雅乐，是宫廷宴享或朝会时的乐歌，大部分是贵族、文人的作品。颂是宗庙祭祀的舞曲歌辞，内容多是歌颂祖先的功业的。赋、比、兴是《诗经》的三种主要表现手法。赋：平铺直叙，铺陈、排比。比：比喻。兴：托物起兴，先言他物，然后借以联想，引出诗人所要表达的事物、思想、感情，即象征。

86.《说文解字》（2019 上海大学　选择题）（2020 大连海事大学　名词解释）（2016 四川师范大学　名词解释）（2020 南京理工大学　选择题）

《说文解字》，简称《说文》，作者为东汉时期的文字学家许慎，是中国第一部系统地分析汉字字形和考究字源的字书，是中国第一部按部首编排的字典。《说文》首次对"六书”做出了具体的解释，是科学文字学和文献语言学的奠基之作，在中国语言学史上有极其重要的地位。

87. 破釜沉舟的典故（2019 上海大学 选择题）

“破釜沉舟”这一成语来源于巨鹿之战。巨鹿之战，是秦末大起义中，项羽率领数万楚军，同秦名将章邯、王离所率四十万秦军主力在巨鹿（今河北平乡）进行的一场重大的决战性战役，也是中国历史上著名的以少胜多的战役之一。战役中，项羽破釜沉舟，带领诸侯义军全歼王离军，迫使秦军投降，从而确立了项羽在各路义军中的领导地位。

88.“不鸣则已，一鸣惊人”的人物（2019 上海大学 选择题）

“不鸣则已，一鸣惊人”比喻平时没有突出的表现，一下子做出惊人的成绩。该成语出自西汉司马迁的《史记·滑稽列传》：“此鸟不飞则已，一飞冲天；不鸣则已，一鸣惊人。”最早的蓝本为战国韩非子记载的春秋楚庄王的典故。楚庄王即位三年以来，国内、国外的事都不处理，政事都交给成嘉、斗般和斗椒处理，楚庄王天天喝酒作乐。楚国危急之时伍举进宫对楚庄王说：“我这儿有一个谜语，请大王猜一猜，有一只鸟落在土山上，三年不飞不鸣，是什么鸟？”楚庄王说：“三年不飞，一飞冲天；三年不鸣，一鸣惊人。”

89.“铁杵磨成针”的人物（2019 上海大学 选择题）

李白小时候读书不用功，打算辍学。有一天，在路上碰见一位老大娘正在磨铁棒，说要把它磨成针。李白因受触动，从此发奋学习，终于取得了很大的成就。

90.《水经注》（2019 上海大学 选择题）（2017 安徽大学 名词解释）

《水经注》是古代中国地理名著，作者是北魏晚期的郦道元。《水经注》详细记载了一千多条大小河流及有关的历史遗迹、人物掌故、神话传说等，是中国古代最全面、最系统的综合性地理著作。

91.“经文子集”中的“子”（2019 上海大学 选择题）

“经史子集”是古代人将古籍按内容区分的四大部类。经：经书，指儒家经典著作；史：史书，即正史；子：先秦诸子百家著作、宗教；集：文集，即诗词汇编。该词常用于泛指我国古代典籍。

92. 三十六计的最后一计（2019 上海大学 选择题）

三十六计的最后一计是走为上。孙子兵法中的三十六计分为六套。第一套胜战计：瞒天过海、围魏救赵、借刀杀人、以逸待劳、趁火打劫、声东击西。第二套敌战计：无中生有、暗度陈仓、隔岸观火、笑里藏刀、李代桃僵、顺手牵羊。第三套攻战计：打草惊蛇、借尸还魂、调虎离山、欲擒故纵、抛砖引玉、擒贼擒王。第四套混战计：釜底抽薪、浑水摸鱼、金蝉脱壳、关门捉贼、远交近攻、假道伐虢。第五套并战计：偷梁换柱、指桑骂槐、假痴不癫、上屋抽梯、树上开花、反客为主。第六套败战计：美人计、空城计、反间计、苦肉计、连环计、走为上。

93.《诗经》的基本句式（2019 上海大学　选择题）

《诗经》的句式以四言为主，四句独立成章，其间杂有二言至八言不等。二节拍的四言句带有很强的节奏感，是构成《诗经》整齐韵律的基本单位。四字句节奏鲜明而略显短促，重章叠句和双声叠韵读起来又显得回环往复，节奏舒卷徐缓。

94.“易安体”的创立者（2019 上海大学　选择题）

南宋女词人李清照，号易安居士。她的词婉约而不流于柔靡，清秀而具有逸思，富有真情实感，语言清新自然，流转如珠，音调优美，名噪一时，被称为“易安体”。

95.“无事不登三宝殿”中的“三宝”（2019 上海大学　选择题）

佛教以佛、法、僧为三宝。“无事不登三宝殿”是指当佛教寺庙中有礼拜、供养等法事时方入佛殿，无事不得随便在佛殿走动吵嚷。后引申为有事而来。“三宝”是佛教名词，指佛教徒尊敬、供养的佛宝、法宝、僧宝三宝，又作三尊。

96.《西厢记》（2019 上海大学　名词解释）（2017 广西师范大学　名词解释）

《西厢记》，全名《崔莺莺待月西厢记》，为元代王实甫所作的杂剧剧本。全剧本描写书生张生与相国之女崔莺莺产生爱情，通过婢女红娘帮助，冲破封建礼教约束结合的故事，表达了自由追求爱情、婚姻的理想和愿望。此剧本文辞优美，在戏曲文学上影响很大，曾被改编成各种剧本广泛上演，并被译成多种外国文字。

该题考查文学名作，是历年真题的高频考点，考生复习时需要重点掌握。该题的得分点包括作者、朝代、主要人物、故事情节、写作特点、历史意义及影响等。

97.“昔人已乘黄鹤去，此地空余黄鹤楼”中的“昔人”（2018 上海大学　选择题）

“昔人已乘黄鹤去，此地空余黄鹤楼”出自唐代诗人崔颢的《黄鹤楼》，其中“昔人”是指传说中的仙人子安乘鹤过此和蜀人费文祎登仙，二人曾在此休憩。（见《太平寰宇记·一二一·武昌府》）

98.“商女不知亡国恨，隔江犹唱后庭花”中的“国”（2018 上海大学　选择题）

“商女不知亡国恨，隔江犹唱后庭花”出自《后庭花》，即《玉树后庭花》，据说是南陈后主（陈朝，557—589 年，史称南陈，是中国南北朝时期南朝的最后一个朝代）所制的乐曲。“隔江”二字，承上“亡国恨”故事而来，指当年隋兵陈师江北，一江之隔的南陈小朝廷危在旦夕，而陈后主依然沉湎声色。

99.“半老徐娘”中的“徐娘”（2018 上海大学　选择题）

人们常以“半老徐娘”称尚有风韵的中年妇女，该词源于南北朝的徐昭佩，她是南朝梁元帝的妃子，年过芳龄，却还着意打扮，极不得体。《南史·后妃传下·梁元帝徐妃》中对其有极简要的记载。后人常用“半老徐娘”或“徐娘半老”来讽喻那些年过芳龄还精心打扮的妇女。

100.《娇红记》（2018 上海大学　选择题）

《娇红记》是明代孟称舜所创作的传奇（戏剧）。该剧讲述书生申纯与娇娘一见钟情，密约成欢，后受到重重阻挠，两人双双死去，申、王二家遂将二人合葬，二人之魂化为鸳鸯，双飞于冢上。扩展延伸：元杂剧四大悲剧包括关汉卿的《窦娥冤》、马致远的《汉宫秋》、白朴的《梧桐雨》以及纪君祥的《赵氏孤儿》。

101.《山海经》（2018 上海大学 选择题）（2019 北京邮电大学 名词解释）

中国最早的神话故事是《山海经》。《山海经》是中国先秦重要古籍，共计 18 卷，包括《山经》5 卷，《海经》13 卷。其主要内容包括山川地理、植物、医药、矿物、神话、祭祀、风俗等。其中的矿物记录，更是世界上最早的有关文献。扩展延伸：最早的神话小说：东晋干宝——《搜神记》。最早的笔记小说：南朝刘义庆——《世说新语》。最早的长篇章回体小说：罗贯中——《三国演义》，全称《三国志通俗演义》。

102.“一日不见，如隔三秋”的出处（2018 上海大学 选择题）

“一日不见，如隔三秋”最早出自《诗经 · 王风 · 采葛》，比喻度日如年的心情（常用来形容情人之间思慕殷切，也可用于形容良师益友之间的思念之情）。

103.“居安思危，戒奢以俭”的出处及作者（2018 上海大学 选择题）

“居安思危，戒奢以俭”出自魏徵的《谏太宗十思疏》，意思是在安逸的环境中要想着危难，戒奢侈，行节俭。

104.《史记》（2018 重庆邮电大学 名词解释）（2017 安徽大学 名词解释）（2016 中南林业科技大学 名词解释）（2019 武汉科技大学 名词解释）（2019 中央财经大学 名词解释）（2018 上海大学 选择题）

《史记》，最早称《太史公记》，是西汉史学家司马迁撰写的纪传体史书，是我国第一部纪传体通史，记载了从传说中的黄帝到汉武帝长达三千多年的历史。它不仅记述了各阶层重要历史人物的事迹和重要历史事件，而且涉及礼乐制度、天文兵律、社会经济、河渠地理等方面的诸多重要论述。《史记》与《汉书》《后汉书》《三国志》合称“前四史”。《史记》被鲁迅誉为“史家之绝唱，无韵之离骚”。

105.《资治通鉴》（2019 西北大学 名词解释）（2019 扬州大学 选择题）（2018 山东科技大学 名词解释）（2018 上海理工大学 名词解释）（2016 湖南师范大学 名词解释）（2016 南京航空航天大学 选择题）[1]

《资治通鉴》是由北宋政治家、史学家司马光等历时 19 年编辑而成的中国历史上规模最大、成就最高的编年体通史。本书以时间为纲，事件为目，记载了上起周威烈王二十三年（公元前 403 年），下讫后周世宗显德六年（公元 959 年），涵盖 16 朝共 1 362 年的史事。

106.《尚书》所属类别（2019 扬州大学 选择题）

《尚书》，最早称《书》，是一部多体裁文献汇编，长期被认为是中国现存最早的史

1 该校该年考查《资治通鉴》的体裁。

书，所属类别是历史散文集。《尚书》保存了大量极为珍贵的先秦思想、政治、文化等方面的历史资料，一直被视为中国封建社会的政治哲学经典，既是帝王的教科书，又是贵族子弟及士大夫必修的“大经大法”，在历史上具有较为深远的影响。

107. “经秉圣裁，垂型万世”的“圣”（2018 南京航空航天大学　选择题）

“经禀圣裁，垂型万世”中“经禀圣裁”的意思是“经禀报圣上裁决”，因此这里的“圣”是指当时的皇上。

108. 木秀于林，风必摧之（2018 南京航空航天大学　选择题）

“木秀于林，风必摧之”的意思是：高出森林的大树总是会先被大风吹倒，比喻才能或品行出众的人，容易受到嫉妒和指责。出自三国时期魏国文学家李康的《运命论》。

109. “旧时王谢堂前燕，飞入寻常百姓家”的“王、谢”（2018 南京航空航天大学　选择题）

“旧时王谢堂前燕，飞入寻常百姓家”的意思是：当年豪门檐下的燕子啊，如今已飞进寻常百姓家里。“王、谢”具体指东晋时以王导和谢安为首的左右朝廷的两姓豪门望族，但至唐时，则皆衰落不知其处，故刘禹锡感叹王谢旧居早已荡然无存。王导，字茂弘，小字赤龙，东晋时期的政治家、书法家，主要作品有《省示帖》《改朔帖》等。谢安，字安石，东晋时期的政治家、名士，多才多艺，善行书，通音乐。

110. 文如其人（2017、2018 南京航空航天大学　选择题）

“文如其人”指文章的风格同作者的性格特点相似，现也指文章必然反映作者的思想、立场和世界观。

111. “潜移默化”的“化”（2018 南京航空航天大学　选择题）

“潜移默化”指人的思想或性格受其他方面的感染而不知不觉地发生了变化。其中的“化”是“感化”的意思。

112. “锦书”的含义（2018 南京航空航天大学　选择题）

“锦书”一方面表示书信，如宋代李清照《一剪梅·红藕香残玉簟秋》中的“云中谁寄锦书来？雁字回时，月满西楼”。“锦书”另一方面表示紫锦装的书，指华美的文书，如唐代王勃《七夕赋》中的“上元锦书传宝字，王母琼箱荐金约”。

113. 陆龟蒙的《白莲》、释道潜的《送兰花与毛正仲运使·其二》、赵友直的《观菊有感》（2016、2018 南京航空航天大学　选择题）

陆龟蒙的《白莲》：“素葩多蒙别艳欺，此花真合在瑶池。无情有恨何人觉？月晓风清欲堕时。”释道潜的《送兰花与毛正仲运使·其二》：“从来托迹喜深林，显晦那求世所闻。偶至华堂奉君子，不随桃李斗氤氲。”赵友直的《观菊有感》：“行到篱边地满霜，曩时物物已非常。自怜失意秋风后，独有寒花不改香。”

114.《莺莺传》的作者（2018 南京航空航天大学　选择题）

《西厢记》故事的本源，来自唐代元稹的传奇小说《莺莺传》（又名《会真记》）。《莺莺传》是一个爱情悲剧，主要人物张生和崔莺莺与后来王实甫所作的剧作《西厢记》中的人物有很大的不同。小说中的崔莺莺，深受封建礼教的束缚，是一个感情深沉、充满矛盾而又听任命运摆布的少女，和王实甫所作的《西厢记》中大胆挣脱礼教枷锁、追求爱情幸福的崔莺莺大相径庭。

115. 章回小说（2018 南京航空航天大学 选择题）

章回小说是中国古典长篇小说的唯一形式，其形式特点是分章叙事、标明回目，故被称为章回小说。章回小说是在宋元讲史话本的基础上发展起来的。宋元“讲史”开始是以口头讲述为主，分节讲述，连续讲若干次，每节用题目的形式向听众揭示主要内容，这就是章回小说分章叙事、标明回目的形式起源，对章回小说形式的产生有直接影响。经过宋元两代的长期孕育，元末明初出现了一批章回小说，这些小说都是在民间长期流传，经说话和讲史艺人补充内容，最后由文人加工改写而成。它们比起“讲史”有了很大的发展，其中的人物和故事的核心虽然是历史的，但更多的内容是后人创造的，篇幅比“讲史”更长了。到了明代中叶，章回小说发展得更加成熟。这些章回小说的故事情节更趋复杂，描写更为细腻，内容和“讲史”已没有多大的联系，只是在体裁上保持着“讲史”的痕迹。

116. “此情可待成追忆，只是当时已惘然”中的“可待”（2018 南京航空航天大学 选择题）

“此情可待成追忆，只是当时已惘然”出自唐代诗人李商隐的《锦瑟》，意思是：此情此景为什么要现在才追忆，只因为当时心中只是一片茫然。“此情”总揽所抒之情，“可待”即“岂可等待”，说明这令人惆怅伤感的“此情”，早已迷惘难遣，此时更是令人难以承受。那些美好的事和年代，只能留在回忆之中。而在当时的那些人看来，那些事都只是平常罢了，不知珍惜。

117. 律诗（2017 南京航空航天大学 选择题）（2019 东华大学 名词解释）

律诗是中国传统诗歌的一种体裁，对字句、押韵、平仄、对仗各方面都有严格规定。其常见的类型有五言律诗和七言律诗。律诗是八句四联，第二、四、六、八句押韵，首句可押可不押，第二联和第三联的上下句对仗。

118.《战国策》（2020 辽宁大学 名词解释）

《战国策》是战国时代史料汇编和历史散文的总集，是一部国别体史书，又名《国策》《国事》《短长》，作者不可考，后由刘向重新整理，定名为《战国策》。其基本内容为战国时代各谋臣策士纵横捭阖的斗争及与其有关的谋议或辞说。该部史书的文学价值极高，语言明快流畅，常用铺排、夸张手法，人物塑造生动形象，所记策士说辞常引用寓言，用文学手段帮助说理。

该题考查中国古代文学的史书部分，这属于高频考点。作答时应写明作者、别名、主要内容、历史意义等。

119. 退避三舍（2020 辽宁大学　名词解释）

出自《左传·僖公二十三年》中的“晋楚治兵，遇于中原，其辟君三舍”。春秋时，晋国同楚国在城濮作战，晋文公遵守以前的诺言，把军队撤退了九十里。舍：古代行军以三十里为一舍，所以“退避三舍”意为主动退让九十里，比喻为避免冲突而选择主动退让和回避，不与相争。

该题考查成语解释。作答时要写明该成语的出处与典故，并解释成语本身的含义，有些成语的古义与今义不同，要进行区别说明。

120. 东道主（2020 辽宁大学　名词解释）

出自《左传·僖公三十年》中的“若舍郑以为东道主，行李之往来，共其乏困，君亦无所害”。东道主原意为东方道路上的主人，因当时郑国在东，秦国在西，郑国接待秦国的使节，故称“东道主”。后来人们把接待或宴客的主人称作“东道主”。现在“东道主”也可以指某项赛事的主办国家、主办城市或主办单位等。

该题考查词语解释。作答时要写明该词语的出处与典故，并解释词语本身的含义。此类题目出题不规律，如果复习中没有覆盖到，那么在考场上就可以写一些自己对该词条含义的理解。

121. 孔雀东南飞（2019 辽宁大学　名词解释）

《孔雀东南飞》是长篇叙事诗，为汉乐府诗中最长的一篇，原题为《古诗为焦仲卿妻作》，是乐府诗发展史上的高峰之作，后人盛称它与北朝的《木兰诗》为“乐府双璧”。该诗描写了一个封建社会中常见的家庭悲剧，主要讲述了焦仲卿、刘兰芝夫妇被迫分离而双双自杀的故事，控诉了封建礼教的残酷无情，歌颂了焦刘夫妇的真挚感情和反抗精神。

该题考查中国古代文学。作答时应写明作者、别名、主要内容、历史意义等。

122. 建安风骨（2019 辽宁大学　名词解释）（2018 贵州财经大学　名词解释）（2016 湘潭大学　名词解释）（2016 哈尔滨工业大学　名词解释）[1]

建安是东汉末年汉献帝的年号，这个时期以及魏初若干年的文学创作被称为“建安文学”。建安诗人继承了汉乐府民歌的传统，以现实主义的创作精神，在诗歌史上树起了一面旗帜，其雄健深沉、慷慨悲凉的艺术风格被誉为“建安风骨”。代表人物主要有“三曹”（曹操、曹丕、曹植）、“七子”（孔融、陈琳、王粲、徐干、阮瑀、应玚、刘桢）。

该题考查中国古代文学。作答时应先简要解释一下建安，再对建安风骨进行具体解释，最后补充建安风骨的主要代表人物。

123. 老骥伏枥（2019 辽宁大学　名词解释）

出自三国时期魏国曹操《龟虽寿》中的“老骥伏枥，志在千里”。老骥指年老的骏马，多喻年老而壮志犹存之士。骥指良马、千里马。枥指马槽、养马的地方。老骥伏枥

1　该校该年考查“建安文学”。

比喻人虽然年老，但仍有雄心壮志。

该题考查成语解释。作答时要写明该成语的出处与典故，并解释成语本身的含义。这部分内容没有明确的复习范围，因此要多注意平时的积累。

124. 黄帝内经（2019 辽宁大学 名词解释）（2017 西北大学 名词解释）（2019 北京林业大学 名词解释）

中国最早的医学典籍，成书于春秋战国时期，是传统医学四大经典著作之一，分为《灵枢》《素问》两部分。该书总结了先秦的医学实践和理论知识，强调人体的整体观念，运用阴阳五行的自然哲学思想，形成了一套脏腑和经络学说。《黄帝内经》奠定了人体生理、病理、诊断以及治疗的认识基础，是对中国影响极大的一部医学著作，被称为医之始祖。

该题考查中国古代传统文化部分的医学成就，同时也是对文献典籍的考查。作答时应写明作者、主要内容、历史意义与影响等。

125. 纨绔子弟（2018 辽宁大学 名词解释）

出自《汉书·叙传上》中的“出与王、许子弟为群，在于绮襦纨裤之间，非其好也”。纨绔指富贵人家的子弟穿的用细绢做成的裤子，泛指有钱人家子弟的华美衣着，借指富贵人家的子弟。绔同“裤”。纨绔子弟指官僚、地主等有钱有势人家成天吃喝玩乐、不务正业的子弟。

该题考查成语解释。作答时一般要写明该成语的出处与典故，并解释成语本身的含义。这部分内容没有明确的复习范围，因此平时要多注意积累。

126. 百家争鸣（2017 辽宁大学 名词解释）（2016 中南大学 名词解释）（2017 华中农业大学 名词解释）（2019 华中师范大学 名词解释）（2018 贵州财经大学 名词解释）

百家争鸣指的是春秋战国时期，社会急剧变化，学术思想领域出现诸子百家互相争鸣的繁荣局面。当时学术派别有很多，他们著书立说，广收门徒，争相发表自己的见解，著名的有儒、法、道、墨、名、阴阳、纵横、农、杂等家。百家争鸣对当时思想、学术的发展起到了促进作用，对社会经济的发展也有深刻的影响。

127. 儒家思想（2016 辽宁大学 名词解释）（2016 天津外国语大学 名词解释）（2018 中南大学 名词解释）（2017 大连理工大学 名词解释）（2017 首都经济贸易大学 名词解释）（2016 华中农业大学 名词解释）（2018 东华大学 名词解释）（2020 大连海事大学 名词解释）（2019 湖南科技大学 名词解释）（2016 广东工业大学 名词解释）（2016 华中科技大学 名词解释）（2016 四川师范大学 名词解释）

儒家思想是先秦诸子百家学说之一，是一种起源于中国，并流传及影响至东亚其他国家的文化主流思想、哲理。“儒”最早是指奴隶主贵族中掌管道德教化、音乐礼仪的官员，如巫、史、祝等。孔子出现后，“儒”成为其弟子的专称，其创立的学说称为“儒学”。孔子的中心思想是“仁”，由“仁”的思想出发，提出了一套修身达仁的伦理观念和道德教化的政治观念。孟子是孔子学说的继承者和发展者，其核心思想是主张“性善”和“良知”，从孔子的“仁者爱人”思想出发，提出了“仁政”的观念。荀子是先秦儒家的另一位大师，强调“性恶”，主张强化君权，重视民的作用，提出了“明于天人之分”的唯物主义观点。汉武帝时代，儒学被推上独尊地位，董仲舒提出“罢黜百家，独尊儒术”，以儒家学术为中心，杂糅阴阳五行，道、法诸家学说，建立一个以“天人感应”为中心的唯心主义思想体系。

128.《道德经》（2016 辽宁大学　名词解释）（2019 大连外国语大学　名词解释）（2018 桂林电子科技大学　名词解释）

《道德经》又称《老子》，春秋时期老子的哲学作品，是中国古代先秦诸子分家前的一部著作，是道家哲学思想的重要来源。《道德经》共八十一章，分为《德经》和《道经》。《道德经》以“道”为核心，试图建立一个囊括宇宙万物的哲学体系。其内容从多方面论述了宇宙的本体、万物之源、自然规律等，并将其意义融入现实自然、社会、国家、民生等方面，大致分为论道、治国、修身、砭时、养生、议兵六个方向。《道德经》的语言简约、凝练、含蓄，多为格言警句，善于从具体的事物中抽象出深刻的哲理；四言是其最常使用的句式，还非常善于通过比喻，使微妙玄通的哲理变得可视、可闻、可感。

129. 我国最早的数学著作（2020 南京理工大学　选择题）

《周髀算经》原名《周髀》，算经的十书之一，是中国最古老的天文学和数学著作，约成书于公元前 1 世纪，主要阐明当时的盖天说和四分历法。唐初规定它为国子监明算科的教材之一，故改名为《周髀算经》。《周髀算经》在数学上的主要成就是介绍了勾股定理及其在测量上的应用，以及其是怎样引用到天文计算的。

130. 现存诗歌数量最多的诗人（2019 南京理工大学　选择题）

中国是一个诗的国度，灿若群星的诗人创作了浩瀚如海的诗歌作品。现存的诗歌中，以陆游的诗歌数量为最多，达 9 362 首。《全宋诗》中，他一个人就占了几乎 3 本。陆游，字务观，号放翁，汉族，越州山阴（今浙江绍兴）人，是南宋文学家、史学家、爱国诗人。陆游一生笔耕不辍，诗词文均有很高的成就。其诗语言平易晓畅、章法整饬谨严，兼具李白的雄奇奔放与杜甫的沉郁悲凉，尤以饱含爱国热情的精神对后世影响深远。其词与散文成就亦高，宋人刘克庄谓其词“激昂慷慨者，稼轩不能过”。其书法遒劲奔放，存世墨迹有《苦寒帖》等。

131.“无情最是台城柳，依旧烟笼十里堤”的作者（2018 南京理工大学　选择题）

“无情最是台城柳，依旧烟笼十里堤”出自唐朝诗人韦庄的《台城》，原文为：“江雨霏霏江草齐，六朝如梦鸟空啼。无情最是台城柳，依旧烟笼十里堤。”意思是：江面烟雨迷蒙，江边绿草如茵，六朝往事如梦，只剩春鸟悲啼。最无情的是那台城的杨柳，依旧像清淡的烟雾一样笼罩着十里长堤。

132. “呦呦鹿鸣，食野之苹。我有嘉宾，鼓瑟吹笙”（2018 南京理工大学 选择题）

“呦呦鹿鸣，食野之苹。我有嘉宾，鼓瑟吹笙”出自《诗经 · 小雅 · 鹿鸣》，意思是野鹿呦呦叫着呼唤同伴，在那原野吃艾蒿。我有许多好的宾客，弹琴吹笙奏乐调。该句被曹操引用到《短歌行》中，来表达他渴望得到贤才的心情，就像小鹿呦呦鸣叫，希望尽快吃到艾蒿一样。

133.《菜根谭》（2018 西北大学 名词解释）

《菜根谭》是由明代思想家洪应明收集编著的一部论述修养、人生、处世、出世的语录集。全书分为上下两卷，包括修身、应酬、评议、闲适、概论五大部分。全书文字简练，雅俗共赏，对人修身养性有着不可思议的力量。

该题考查中外文学常识。考生可从作者与发表时间、主要背景与情节、作品写作特点、作品影响等方面作答。

134. 沉鱼落雁（2018 西北大学 名词解释）

出自《庄子 · 齐物论》，原文为“毛嫱、丽姬，人之所美也；鱼见之深入，鸟见之高飞”。指鱼见之沉入水底，雁见之降落沙洲，多用于形容女子容貌美丽。该成语最早被用于形容春秋时期毛嫱、丽姬的美貌，后被用于形容西施浣纱、昭君出塞的美丽场景。

该题考查中外文学常识，亦可归为文化常识。考生可从出处、本义、引申义等方面作答。

135. 孔子（2016 西北大学 名词解释）（2017 华中农业大学 名词解释）（2017 四川师范大学 名词解释）（2018 西南科技大学 名词解释）（2018 南开大学 名词解释）

孔子，名丘，字仲尼，春秋时期鲁国人，是中国古代的大思想家和大教育家、政治理论家。他的主要成就是创立了儒家学派，编纂《春秋》，修订《六经》，并创办私学。他的弟子记录了孔子及其弟子的言行并编撰成《论语》，集中体现了孔子的政治主张和伦理思想。孔子是当时社会上最博学的人之一，被后世统治者尊称为孔圣人、至圣先师、至圣、万世师表，是“世界十大文化名人”之首。

该题考查中国文学知识，是历年真题的高频考点，考生应重点掌握。该题的得分点包括人物的字和号、所处时代、身份地位、主要成就、后世尊称等。建议复习老子、孟子、庄子、墨子、荀子、韩非等相关词条。

136. 六书（2017、2018、2019 北京邮电大学 名词解释）（2018 国际关系学院 名词解释）（2016 天津外国语大学 名词解释）（2016 四川师范大学 名词解释）（2017 西南科技大学 名词解释）（2017 上海师范大学 名词解释）（2019 上海大学 选择题）

古人把汉字的造字方法归纳为六种，总称“六书”，即象形、指事、会意、形声、转注、假借。但严格说来，象形、指事、会意、形声四项是造字的原理，称为“造字法”，而转注、假借两项是使用的方法，称为“用字法”。这六种方法不是在造字之前就有的，而是由后代的文字学家归纳和概括出来的，普遍采用的是许慎的名称、班固的次序。“六书”这个词最早见于《周礼》，是最早的关于汉字构造的系统理论。有了该系统以后，人们再造新字时，都以该系统为依据。

该题考查中国古代汉字理论，这对于大部分考生来说是比较陌生的，需要加强记忆。该题的得分点包括定义、基本内容、历史、意义等。建议复习象形文字、仓颉造字、古今字等相关词条。

137. 诸子百家（2019 北京航空航天大学 名词解释）（2016 四川师范大学 名词解释）（2019 同济大学 名词解释）

诸子百家是对先秦时期各个学术派别的总称。诸子是指中国先秦时期老子、庄子、孔子、孟子、荀子、墨子、列子、申子、韩非等学术思想代表人物。百家指道家、儒家、法家、墨家、兵家、名家、阴阳家等不同学术流派。战国中期，百家争鸣，学说纷呈，为中华文化奠定坚实的基础。据《汉书·艺文志》的记载，数得上名字的流派代表家一共有 189 家，著作共 4 324 篇。

138. 汉乐府（2018 北京航空航天大学 名词解释）（2018 重庆邮电大学 名词解释）

“乐府”是汉武帝时设立的一个官署，负责收集编纂各地民间音乐、整理改编与创作音乐、进行演唱及演奏等。它搜集整理的诗歌，被后世称为“乐府诗”，或简称“乐府”。乐府诗是继《诗经》《楚辞》之后兴起的一种新诗体，开创了诗歌现实主义的新风。《孔雀东南飞》与《木兰诗》合称为“乐府双璧”。

该题考查中国古代文学，得分点包括含义、意义、代表作等。考生还应掌握《诗经》《楚辞》等诗歌体裁的名词解释。

139. 近体诗（2019 国际关系学院 名词解释）

近体诗，又称今体诗、格律诗，是一种讲究平仄、对仗和押韵的汉族诗歌体裁。著名的代表诗人有李白、杜甫、李商隐、陆游等。近体诗大致分为三类，即绝句、律诗、排律。近体诗在中国诗歌发展史上有着重要的地位，对于历史文化的研究也做出了卓越的贡献。

140. 四部（2018 国际关系学院 名词解释）

“四部”是中国古代书籍的分类标准，包括经、史、子、集。唐初名臣魏徵在《隋书·经籍志》中最终确立了书籍分类的四部体制，其后又不断经过古代各文学家的修改，得到进一步完善。其中经部收录儒家“十三经”及相关作品；史部收录史书；子部收录诸子百家的著作和类书；集部收录诗文词总集和专集等。四部分类法为古代书籍整理者提供了较为规范、明确的分类依据，是中国传统文化的产物，至今仍是我们研究古代书籍、了解传统文化的一把钥匙。

该题考查中国古代文学知识。答题时应涵盖定义、具体内容、各部的简单介绍、意义等方面。备考时可拓展复习其他常见的古代文学概念，如四书五经、三言二拍、六艺、六书等。

141. “小李杜”（2018 国际关系学院 名词解释）

“小李杜”是唐代诗人李商隐和杜牧的合称，与李白和杜甫的合称“大李杜”相对应。李商隐，字义山，其咏史诗成就很高，爱情诗和无题诗亦广为传颂。他的诗歌构思新奇、辞藻精美华丽、声韵和美、朗朗上口，著有《李义山诗集》等。杜牧，字牧之，号樊川居士，擅长诗、赋、古文，其中以诗的成就最高，尤其是七言律诗和绝句。他的诗歌含蓄精练、俊爽清丽、意境优美、立意出奇，著有《泊秦淮》《江南春绝句》等家喻户晓的作品。二人均是唐代著名诗人，给后世留下了大量珍贵诗作，在中国传统文化上留下了浓墨重彩的一笔。

该题考查中国古代诗人的称号。答题时应涵盖称号所指之人、姓名、字号、诗歌风格、代表作品、地位等方面。备考时需要掌握其他著名诗人、词人等的相关信息。

142. “温李”（2018 国际关系学院 名词解释）（2019 暨南大学 选择题）[1]

“温李”是晚唐文人温庭筠和李商隐的并称，因二人的诗词风格有共同之处，皆承六朝余习，色彩较艳丽、笔调柔婉，所以将其二人并称为“温李”。温庭筠，字飞卿，唐代诗人、词人。其词注重词的文采和声情，今存七十余首，收录于《花间集》《金荃词》等书中，被尊为“花间词派”之鼻祖，代表作有《菩萨蛮十四首》《望江南・梳洗罢》等。李商隐，字义山，晚唐最出色的诗人之一，其诗歌作品广为传颂，代表作有《锦瑟》《夜雨寄北》等。晚唐时期，二人的风格对诗坛产生了重大影响，且为后来的宋代婉约派开了先河。

该题考查中国古代文人合称。答题时应涵盖称号所指之人、姓名、字号、诗歌风格、代表作品、影响等方面。备考时需要掌握其他著名诗人、词人等的相关信息。

143. 元曲四大家（2018 国际关系学院 名词解释）

“元曲四大家”指元朝不同时期、不同流派，成就较高的四位杂曲作家，分别为关汉卿、白朴、郑光祖和马致远。关汉卿，号已斋叟，字汉卿，戏剧大师，以其多才多艺成为其时代的戏剧界领袖，优秀代表作有《窦娥冤》《单刀会》等。白朴，字仁甫，号兰谷，其剧作多为历史传说，多写才人韵事，悲剧悲哀怛恻，喜剧则热情奔放，极具艺术生命力，代表作有《唐明皇秋夜梧桐雨》《墙头马上》等。郑光祖，字德辉，其戏剧主题多为爱情故事和历史题材故事，远离现实，创作以艺术为目的，代表作有《倩女离魂》《王粲登楼》等。马致远，字千里，其作品以隐居田园为主要题材，风格既豪放亦清逸，代表作有《汉宫秋》《青衫泪》等。四位剧作家的作品广为流传，为戏剧的发展做出了重大贡献。

该题考查中国古代文学知识。答题时应涵盖词条所指之人、各人作品风格、代表作品及影响等方面。备考时可拓展复习诗词戏曲等领域的代表人物，以及其他相关知识。

1 该校该年考查“温庭筠”。

144. 南洪北孔（2018 国际关系学院 名词解释）

“南洪北孔”是南方浙江人洪昇和北方山东人孔尚任二人之合称，二人是清初著名的杰出历史剧作家。洪昇创作的《长生殿》与孔尚任创作的《桃花扇》是康熙时期名气最盛、影响最大的两部剧作，由此获得“南洪北孔”的美誉。《长生殿》将唐明皇和杨贵妃之间生死相恋的浪漫爱情与安史之乱相结合，寓意深刻，问世后广为流传，经久不衰。《桃花扇》讲述了在激烈的政治斗争背景下，文人侯方域与秦淮名妓李香君之间的悲惨爱情故事，凸显出明末复杂的社会矛盾和民族矛盾，赞扬了李香君反对邪恶势力、关心国家命运的精神。洪昇和孔尚任是戏剧创作上传奇现实主义创作艺术的巅峰代表，对戏剧的发展产生了重要影响。

该题考查中国古代文学知识。答题时应涵盖具体所指人物、称号由来、人物作品简介、历史地位等内容。备考时应拓展复习诗词歌赋等领域的代表人物及其他相关知识。

145. 汉赋（2018 重庆邮电大学 名词解释）（2016 天津外国语大学 名词解释）（2018 东华大学 名词解释）（2018 西南交通大学 名词解释）（2016 湘潭大学 名词解释）

“赋”这种文体虽然滥觞于战国，但是，它真正获得扩充和发展，并取得巨大的思想艺术成就却是在汉代，故在文学史上被命名为“汉赋”。汉赋韵散结合，辞藻华丽，笔势夸张，好堆砌冷僻字，表面富丽而艰深难读。汉赋的内容主要是渲染宫殿城市、描写帝王游猎、叙述旅行经历、抒发不遇之情、杂谈禽兽草木。东汉张衡是汉赋的集大成者。他的《归田赋》极富独创性，实现了汉赋主体从铺采摛文、阂衍巨侈、重体物而淹情志向清新爽丽、短小精练、情境相生的转变，开创了抒情小赋的创作时代。

146. 李白（2017 重庆邮电大学 名词解释）（2017 天津外国语大学 名词解释）（2018 西南科技大学 名词解释）（2017 上海理工大学 名词解释）（2016 兰州大学 名词解释）（2018 上海对外经贸大学 名词解释）

李白，字太白，号青莲居士，是唐代伟大的浪漫主义诗人，被后人誉为“诗仙”，与杜甫合称“李杜”。其诗歌总体风格豪放俊逸、磅礴大气，具有浪漫主义精神。其代表诗篇有《蜀道难》《行路难》《将进酒》等。

该题考查李白，得分点包括字、号、所处朝代、诗歌风格、主要作品等。

147. 杜甫（2017 重庆邮电大学 名词解释）（2017 重庆大学 名词解释）（2016 兰州大学 名词解释）（2020 辽宁大学 名词解释）

杜甫，字子美，自号少陵野老，唐代伟大的现实主义诗人，有“诗圣”的美誉，其诗被誉为“诗史”。杜甫的诗语言精练，沉郁顿挫，充满了现实主义精神，反映了社会现实，具有明显的时代特征，且形式多样，长篇短制、古体近体都运用自如。其代表作品为“三吏”（《石壕吏》《新安吏》《潼关吏》）、“三别”（《新婚别》《无家别》《垂老别》）。

该题考查中国古代人物部分，属于重点内容，考生应着重掌握。作答时需要写明人物的字、号、所属时代、写作风格、主要代表作品、人物影响与地位等。

148. 元曲（2019 安徽师范大学 名词解释）（2016 天津外国语大学 名词解释）（2017 四川大学 名词解释）（2017 东华大学 名词解释）[1]（2019 北京林业大学 名词解释）[2]

元曲，是元杂剧和散曲的合称。元杂剧是在金院本和诸宫调的直接影响下，融合各种表演艺术形式而形成的一种完整的戏剧形式。元杂剧的剧本包括曲词、宾白和科介三个部分。其内容基本上是四折加一楔子。折，在舞台表现上，大体相当于现代戏剧的"幕"。楔子一般在开头用以交代剧情开端或梗概，有时也在两折之间用以过渡和连接。元杂剧的音乐形式也十分稳定，实际使用的宫调共九个，即五宫四调：正宫、中吕宫、南吕宫、仙吕宫、黄钟宫，大石调、双调、商调、越调，亦称为"北九宫"。元杂剧的角色分工有旦、末、净、杂。散曲，元代称为"乐府""今乐府""北乐府""大元乐府"，也称为"乐章""时曲""清曲"，乃词的变体，可以合乐而唱，是当时的流行歌曲。散曲的体制主要分为小令、套数以及带过曲。小令，又称"叶儿"，是散曲体制的基本单位，单片只曲，调短字少。套数，又称"套曲""散套""大令"，是从唐宋大曲、宋金诸宫调发展而来。套数的体式特征最主要有三点：由同一宫调的若干首曲牌联缀而生；各曲同押一部韵，一韵到底；通常在结尾部分还有"尾声"，以示全套完结。带过曲是两三支不同曲牌所组成的一组曲子。

149. 古体诗（2019 山东财经大学 名词解释）

古体诗是中国古代的一种文学体裁，与近体诗相对。古体诗的句子数目不拘，篇幅长短不限，每句字数不拘，不严格讲究平仄与对仗，押韵较自由，可以兼用平声韵与仄声韵。

150. 司马迁（2019 山东财经大学 名词解释）（2016 聊城大学 名词解释）（2019 辽宁大学 名词解释）

司马迁，字子长，西汉历史学家、文学家、思想家。司马迁曾师从董仲舒、孔安国，一生漫游全国各地，曾任太史令，但因替李陵辩护而触怒汉武帝，加之其在《景帝本纪》中直言景帝与武帝的过失，被武帝处以宫刑。他呕心沥血，历经多年创作了中国第一部纪传体通史——《史记》。《史记》被公认为是中国史书的典范，该书记载了从上古传说中的黄帝到汉武帝时期长达 3 000 多年的历史，是"二十五史"之首，被鲁迅誉为"史家之绝唱，无韵之离骚"。

该题考查中国古代文学部分。作答时主要从人物身份、生平、典型事迹、人物成就、结局、影响等方面入手。

151.《赵氏孤儿》（2019 山东财经大学 名词解释）

《赵氏孤儿》是元代纪君祥创作的杂剧，讲述了春秋时期晋国上卿赵盾遭到大将军屠岸贾的诬陷，全家三百余口除赵武外皆被杀的故事。二十年后，赵武由程婴抚养长大，

---

1 该校该年考查"元杂剧"。

2 该校该年考查"元杂剧"。

尽知冤情，亲自拿住屠岸贾并处以极刑，终于为全家报仇。

152. 明传奇（2019 山东财经大学　名词解释）

明传奇是中国古代的一种戏曲，由宋元的南戏发展而来。明人大多将南戏称为“传奇”。明传奇与南戏相比，结构更完整，曲调更丰富，角色分行。其剧种有昆腔、弋阳腔、青阳腔、高腔等。明传奇在明代后期发展到辉煌时期，并形成“临川”与“吴江”两大流派。临川派以汤显祖为领袖人物，代表作家有阮大铖、吴炳等，注重传奇的文学性，讲究辞藻文采，主张“以意趣神色为主”。吴江派以沈璟为领袖人物，代表作家有王骥德、冯梦龙等，注重传奇的音乐性和戏剧性，主张作曲“协律”，语言“本色”。明传奇中最著名的作品是汤显祖的“临川四梦”，即《紫钗记》《牡丹亭》《南柯记》和《邯郸记》。

153.《孟子》（2017 天津外国语大学　名词解释）（2017 东华大学　名词解释）（2019 山东科技大学　名词解释）

《孟子》是对话体散文集，通过对话展开论辩说理，由孟子及其学生共同所著，着力阐述仁政理论，强调民心在政治、军事中的决定作用。其与《论语》《大学》《中庸》并称为“四书”，是历代儒家弟子必读必考的经典著作。《孟子》行文大气磅礴，感情充沛，极具感染力；长于辩论，以问答方式展开，深入问题，层次清晰；善用比喻和寓言，使抽象的道理具体化。

154. 白居易（2017 天津外国语大学　名词解释）（2016 中南林业科技大学　名词解释）（2016 宁波大学　选择题）

白居易，字乐天，晚年号香山居士，又号醉吟先生，唐代著名的现实主义诗人，有“诗魔”之称。白居易与元稹共同倡导新乐府运动，世称“元白”，与刘禹锡并称“刘白”。贞元十六年，进士及第，元和三年至五年，授左拾遗，充翰林学士。这一时期，白居易有很高的政治热情，积极进谏，屡次上书指陈时政，创作了大量讽喻诗，包括著名的《秦中吟》十首、《新乐府》五十首等。元和十年，被贬为江州（今江西九江市）司马，从此开始走上以“独善其身”为主的道路。长篇抒情叙事诗《长恨歌》《琵琶行》是白居易诗歌艺术的代表作。

155. 苏轼（2017 天津外国语大学　名词解释）（2018 河南师范大学　名词解释）（2016 中南林业科技大学　名词解释）（2020 北京第二外国语学院　名词解释）

苏轼，字子瞻，号东坡居士，世称苏东坡，北宋著名散文家、词人，宋词豪放派的代表词人。苏轼在诗、词、散文等方面均有不俗的成就，与其父苏洵、其弟苏辙合称“三苏”，父子三人是唐宋八大家其中之三。苏轼的诗内容广阔、风格多样，以豪放派为主，笔力纵横、穷极变幻，具有浪漫主义色彩，为宋诗的发展开辟了新的道路。其代表作有《念奴娇·赤壁怀古》《水调歌头》等。

156. 唐诗（2016 天津外国语大学　名词解释）（2017 四川大学　名词解释）

唐诗是唐朝诗歌的总称。唐诗是中国古典诗歌艺术发展的顶峰，其思想艺术成就不仅在中国诗歌史上独占鳌头，而且在世界诗歌史上也是绝无仅有的。其对后人研究唐代的政治、民情、风俗、文化等都有重要的参考意义。唐诗的基本形式有五言古体诗、七言古体诗、五言绝句、七言绝句、五言律诗、七言律诗。其派别包括山水田园诗派、边塞诗派、现实诗派、浪漫诗派。唐诗的代表作家有李白、杜甫、王勃、王维、孟浩然等。

157. 宋词（2016 天津外国语大学 名词解释）（2017 四川大学 名词解释）（2018 山东建筑大学 名词解释）

宋词是宋代盛行的长短句诗歌形式。词萌芽于南梁，形成于唐朝，而宋朝是词高度繁荣的时期。宋词与唐诗并称，是中国古典诗歌创作成就的典范。宋词的主要派别为豪放派和婉约派等。宋词的代表人物主要有苏轼、辛弃疾（豪放派代表词人）、柳永、李清照（婉约派代表词人）等。

158. 骈文（2016 天津外国语大学 名词解释）（2016、2018 东华大学 名词解释）

骈文又称骈体文、骈俪文、骈偶文。骈文产生于两汉，魏晋后逐渐发展，南北朝为其全盛时期。其主要特征是辞藻华美，以偶句（即对称的两句，又称俪句）为主，对偶工整，音律严整，使典用事，多为四字句或六字句，也称“四六文”或“骈四俪六”。

159. 贾谊（2019 中南大学 名词解释）

贾谊，西汉哲学家、政论家、文学家，世称贾生、贾长沙、贾太傅。在其政论文中，他注意总结秦王朝由弱转强、政权得而复失的经验教训，对如何巩固汉王朝的统治，完善中央集权的政治制度，表达了自己的政治见解。这些政论文议论宏阔、说理畅达、感情充沛、富于文采，对唐宋以后的散文创作有明显的影响。其政论文有《过秦论》《论积贮疏》《治安策》等，在历史上有很高的地位。贾谊在被贬谪长沙时写有《吊屈原赋》和《鵩鸟赋》，渗透了个人的身世感叹，抒发了自己的政治抱负。

160.《左传》（2018 中南大学 名词解释）（2018 山东科技大学 名词解释）

《左传》又名《春秋左氏传》，为鲁国史官左丘明所著，是我国第一部叙事比较完备的编年体史书。其以《鲁史》为中心，旁及同时代各国之事，将春秋时期流传下来的著名人物的精彩辞令记录下来，既有利于人物的塑造，也增加了语言的艺术性。其与《公羊传》《谷梁传》合称为“春秋三传”。《左传》在叙事、写人方面的成就为后世叙事文学树立了典范。同时《左传》也是研究先秦和春秋时期历史的重要文献。

161. 仁政（2018 东华大学 名词解释）

“仁政”是一种儒家思想，是孟子以孔子的“仁者爱人”思想为出发点提出的。孟子“仁政”思想的理论基础是“性善论”，有言：“恻隐之心，人皆有之。”孟子的“仁政”在政治上提倡“以民为本”，认为“民为贵，社稷次之，君为轻”。

162. 柳永（2018 东华大学 名词解释）

柳永，原名三变，字景庄，后改名为永，字耆卿，北宋词人，婉约派代表人物，著有《乐章集》。柳永是北宋以来第一个专力写词的作家，从体制到内容诸方面都给宋词带来了重大影响。柳永发展了词的体制，大量采用慢词长调，篇幅较长，音乐上擅长表现抑扬高下、曲折宛转的情思；拓展了词的表现题材，如都市词、羁旅词、歌妓词等；提高了词的表现技巧，长于铺叙，善用白描，语言雅俗相间，熔写景、叙事、抒情于一炉，丰富了词体的表现力；在审美情趣上变雅为俗，创作众多迎合大众审美需求的词作，用通俗化的语言表现市井民众的情感世界。柳永全面开创了宋词的新局面，其艺术手法被称为“柳氏家法”“屯田蹊径”。

163. 王安石（2018 东华大学　名词解释）

王安石，字介甫，号半山，是北宋著名思想家、政治家、文学家、改革家。在文学上，王安石具有突出成就，其散文简洁峻切、短小精悍、论点鲜明、逻辑严密，有很强的说服力，充分发挥了古文的实际功用。他名列“唐宋八大家”，其诗“学杜得其瘦硬”，擅长于说理与修辞，晚年诗风含蓄深沉、深婉不迫，以丰神远韵的风格在北宋诗坛自成一家，世称“王荆公体”；其词写物咏怀吊古，意境空阔苍茫，形象淡远纯朴，营造出一个士大夫文人特有的情致世界，有《王临川集》《临川集拾遗》等存世。

164.《儒林外史》（2017 东华大学　名词解释）（2018 广西师范大学　名词解释）（2017 西南交通大学　名词解释）（2018 华南理工大学　名词解释）（2016 湖南师范大学　名词解释）

《儒林外史》是清代吴敬梓创作的长篇章回体讽刺小说。书中刻画了各种类型的士人利欲熏心的丑恶面貌，暴露了封建社会的腐朽和黑暗，并对吏治的腐败、科举制度的弊端和礼教的虚伪做了深刻的批评与嘲讽。《儒林外史》代表着中国古代讽刺小说的高峰，开创了以小说直接评价现实生活的范例。

165. 孔尚任（2016 东华大学　名词解释）（2019 北京林业大学　名词解释）

孔尚任，字聘之，又字季重，号东塘，别号岸堂，自称云亭山人，孔子第六十四世孙，清初诗人、戏曲作家。其存世诗文作品有《石门山集》《湖海集》《长留集》等。其著有传奇剧《桃花扇》《小忽雷传奇》和杂剧《大忽雷》等。孔尚任与《长生殿》作者洪昇齐名，俗谓“南洪北孔”。

166.《清明上河图》（2018 北京邮电大学　选择题）[1]（2019 西安外国语大学　名词解释）（2018 山东建筑大学　名词解释）（2016 哈尔滨工业大学　名词解释）（2016 宁波大学　选择题）[2]（2016 山东建筑大学　名词解释）（2016 上海海事大学　名词解释）（2016 天津师范大学　名词解释）（2016 天津大学　名词解释）

《清明上河图》是中国十大传世名画之一，为北宋风俗画，创作时期距今约九百年，是北宋画家张择端的存世精品，属于国宝级文物，现藏于北京故宫博物院。《清明上河图》描绘的是春季的景色。展开图，首先看到的是汴京郊野的春光；中段主要描绘的是

1　该校该年考查《清明上河图》的创作者。

2　该校该年考查《清明上河图》描写的季节。

虹桥及汴河两岸的繁忙景象；后段则描绘了汴京市区的街景。《清明上河图》由宋徽宗赐名，描绘了北宋都城全盛时期的生活状况。画中处处体现了人们安乐、和谐生活的幸福感和美感，透露出市民们满足、散淡的心态，展现了一片宁静安乐的和谐。

该题考查《中国文化读本》第二十九章中的内容。该题考查大概念，着重考查考生对于信息提取的能力，建议考生从时期、作家、内容、意义等方面进行概括总结。

167. 庄子（2019 山东科技大学 名词解释）（2017 南京航空航天大学 选择题）

庄子，名周，道家思想代表人物，是先秦思想家、哲学家、文学家，庄学的创立者。《庄子》一书据说是庄子本人及其后学所作，集中反映了他的哲学思想。其思想核心是自然无为，把“道”作为自己哲学体系的最高范畴。其在《齐物论》《逍遥游》等名篇中表达了超然物外的哲学思想。

168. 竹林七贤（2019 山东科技大学 名词解释）

“竹林七贤”指魏晋时期的嵇康、阮籍、山涛、向秀、刘伶、王戎及阮咸七人，因七人常常聚集在竹林中饮酒、清谈玄理而得名。其中，嵇康和阮籍的文学成就最高。嵇康，字叔夜，倡玄学新风，主张“越名教而任自然”“审贵贱而通物情”，成为“竹林七贤”的精神领袖。其代表作有《与山巨源绝交书》《幽愤诗》等。阮籍，字嗣宗，其文学成就体现在《咏怀诗》八十二首中，是其政治生涯和心理感受的真实记录。竹林七贤的作品基本继承了建安文学的精神，大多采用比喻、象征等手法，隐晦地表达自己的思想情感。

169.《吕氏春秋》（2018 山东科技大学 名词解释）

《吕氏春秋》，又称《吕览》，是战国末期秦国丞相吕不韦召集门客所编写的一部政论文汇编。该书规模宏大，分为“十二纪”六十篇、“八览”六十三篇、“六论”三十六篇，另有“序意”一篇，共计一百六十篇。《吕氏春秋》按照天、地、人三个层次，互相照应，展开论述，体现道法自然之意。它包含了诸家学说，实为先秦学术理论之文献整合，被梁启超称为“类书之祖”。

170. 辛弃疾（2017 山东科技大学 名词解释）（2020 北京第二外国语学院 名词解释）（2020 上海大学 选择题）[1]

辛弃疾，原字坦夫，后改字幼安，中年后别号稼轩居士。他是南宋官员、将领，豪放派词人，有“词中之龙”之称，与苏轼合称“苏辛”。其词艺术风格多样，以豪放为主，题材广阔又善于化用典故，表达其爱国热情、壮志难酬的悲愤以及对当时执政者的谴责。其现存词六百多首，代表作有《破阵子》《水龙吟》等。

该题考查辛弃疾，得分点包括辛弃疾的字、号、诗歌风格、历史地位、代表作品等。

171.“信”“达”“雅”（2018 桂林电子科技大学 名词解释）（2016 上海海事大学 名词解释）（2016 北京交通大学 名词解释）

---

1 该校该年考查辛弃疾及其稼轩体。

“信”“达”“雅”是清末资产阶级启蒙思想家、翻译家、教育家严复在《天演论》中提出的主张。“信”指译文要准确，不偏离，不遗漏，也不要随意增减意思；“达”指不拘泥于原文形式，译文要通顺明白；“雅”指选用的词语要得体，追求简明、优雅。

172. 三教九流（2019 北京林业大学 名词解释）

南北朝开始，儒教、道教和释教（佛教）并称为“三教”。儒教以儒家思想为最高信仰，尊孔子为先师。道教是中国本土宗教，以黄、老道家思想为基础，基本信仰为“道”，也称“大道”。佛教由释迦牟尼于公元前 6 世纪至前 5 世纪在古印度境内创立，于两汉时期传入我国。“九流”一称源自《汉书·艺文志》，指百家争鸣时期的儒家、道家、墨家、法家、阴阳家、名家、纵横家、杂家和农家九种思想流派。现在泛指社会上形形色色、各行各业的人。

173. 乐府（2019 北京林业大学 名词解释）

乐府原为古代音乐机构，负责采集民歌，整理改编音乐，后成为一种诗体名称，即“乐府诗”。汉魏六朝乐府是我国诗歌发展的又一个高峰，“感于哀乐，缘事而发”，多以叙事为主，真实地反映了汉代以来下层人民的苦难生活。其句式有五言、七言、长短句等。《孔雀东南飞》和《木兰诗》是乐府叙事民歌中的优秀代表作，被称为“乐府双璧”。

174. 法家（2019 安徽大学 名词解释）（2017 青岛大学 名词解释）

法家学说是战国时代后起的一个学派，是后世封建统治者维护集权统治的理论基石，以申不害、商鞅、慎到、韩非为代表。法家是积极入世的行动派，其思想着眼于法律的实际效用，主张法制，反对礼治。申不害讲“术”；商鞅讲“法”；慎到讲“势”（统治者的权势地位）；韩非将三者合为一体，是法家的集大成者。

175. 王维（2016 中南林业科技大学 名词解释）（2018 西北大学 选择题）

王维，世人称之为“诗佛”，字摩诘，号摩诘居士，精通诗、书、画、乐，唐代诗人、画家。苏轼赞其诗画“诗中有画，画中有诗”。曾官至尚书右丞，故又称“王右丞”。存诗 400 余首，代表作有《相思》《山居秋暝》等。擅长五言，多咏山水田园，和孟浩然并称为“王孟”。其画作山水重渲染，被推为“南宗山水画之祖”。

176. 寓言（2018 上海交通大学 名词解释）

寓言属于一种文学体裁，常带有讽刺、劝诫的性质，用一个假托的故事或是拟人的手法来说明某个道理或教训。“寓言”就是寓意于言。“寓”是寄托；“意”是道理。寓言文学的三大发祥地分别为中国、古印度和古希腊。中国寓言产生于先秦时期，《庄子》和《韩非子》中收录最多。古印度寓言中《五经卷》流传最广，影响最大。古希腊民间流传的《伊索寓言》是世界上最早的寓言故事集，也是世界文学史上流传最广的寓言故事集之一。

177. 洛阳纸贵（2018 贵州大学 名词解释）

洛阳纸贵，成语，出自《晋书·左思传》。晋代左思写成《三都赋》后，时人竞相抄写，使得都城洛阳的纸张价格不断上涨。现比喻著作有价值，广泛流传。

178. 悬壶济世（2018 西安交通大学　名词解释）

悬壶济世，成语，出自《后汉书·方术列传·费长房》，颂扬医者救人于病痛。古代的中药店门前会挂一个葫芦，葫芦在古代称作“壶”，因此后人称卖药行医为“悬壶”。

179. 元好问（2020 武汉大学　选择题）

元好问，字裕之，号遗山，世称遗山先生，金末至大蒙古国时期著名文学家、历史学家。其有《元遗山先生全集》《中州集》等作品传世。

180. 李时珍（2019 南开大学　名词解释）

李时珍，字东璧，别称李东璧、李三七，晚年自号濒湖山人，明代著名医药学家。明朝廷封他为“文林郎”。其主要成就是编写了《本草纲目》，被后世誉为“药圣”。此外，他对脉学及奇经八脉也有研究，主要作品有《奇经八脉考》《濒湖脉学》等。

该题考查中国文学知识，是历年真题的高频考点，考生要掌握基本文学和历史人物。该题的得分点包括历史人物的字和号、所处朝代、身份、主要成就、主要作品、后世评价等。建议复习《本草纲目》、扁鹊、华佗等相关词条。

181. 韦编三绝（2019 北京第二外国语学院　名词解释）

韦编三绝，成语，出自《史记·孔子世家》。孔子晚年喜读《周易》，常常翻阅，爱不释手，以致穿连《周易》竹简的皮条断了无数次。形容好学不倦，勤奋用功。

182. 扁鹊（2019 南开大学　名词解释）

扁鹊，春秋战国时期的名医。《史记》称其姓秦，名越人，由于他的医术高超，受人尊敬，被认为是神医，人们就把他比作会给人带来喜讯的吉祥喜鹊，尊称其为“扁鹊”。扁鹊奠定了中医学的切脉诊断方法，开启了中医学的先河。相传有名的中医典籍《难经》为扁鹊所著。

该题考查中国文学知识，这是历年真题的重要考点。该题的得分点包括人物所处时代、主要成就、代表作品、后世影响等。建议复习李时珍、《本草纲目》、华佗等相关词条。

183. 刘长卿（2019 暨南大学　选择题）

刘长卿，字文房，唐朝开元二十一年进士，主要作品有《逢雪宿芙蓉山主人》《送灵澈上人》。他的诗多写贬谪漂流的感慨和山水隐逸的闲情。他擅长近体，尤工五律，曾自称为“五言长城”。他的风格含蓄温和，清雅洗练，接近王孟一派。

184. 黄庭坚（2019 暨南大学　选择题）

黄庭坚，号山谷道人，其诗被称为“山谷体”，北宋著名文学家、书法家，是盛极一时的江西诗派开山之祖，与杜甫、陈师道和陈与义素有“一祖三宗”（黄庭坚为其中一宗）之称。与张耒、晁补之、秦观游学于苏轼门下，合称“苏门四学士”。生前与苏轼齐名，世称“苏黄”。

185. 钱谦益（2019 暨南大学　选择题）

钱谦益，号牧斋，晚号蒙叟，自称东涧老人，学者称虞山先生，主要作品有《初学集》《有学集》《投笔集》，是清初诗坛的盟主之一，与吴伟业、龚鼎孳并称为“江左三大家”。

186. 高适（2019 暨南大学　选择题）

高适，唐代著名的边塞诗人，主要作品有《燕歌行》《别董大》。其与岑参并称为“高岑”，后人又把高适、岑参、王昌龄、王之涣并称为“边塞四诗人”。

187. 孔子“三月不知肉味”的原因（2020 上海大学　选择题）

“三月不知肉味”出自《论语·述而》：“子在齐闻《韶》，三月不知肉味，曰：‘不图为乐之至于斯也。’”孔子在齐国听到了舜时的《韶》乐，之后很长时间尝不出肉的滋味，他说：“想不到《韶》乐的美达到了这样迷人的地步。”《韶》是雅乐的一种，相传为舜所作，主要用来“明帝德”，即歌颂并展示帝王之德，传说舜作此曲，是为了表明自己要继承尧的帝王之德。

188. 欧阳修（2020 上海大学　名词解释）（2020 南京理工大学　选择题）[1]

欧阳修，字永叔，号醉翁，晚号六一居士，北宋政治家、文学家。欧阳修是宋代文学史上最早开创一代文风的文坛领袖，与韩愈、柳宗元、苏轼、苏洵、苏辙、王安石、曾巩合称为“唐宋八大家”，并与韩愈、柳宗元、苏轼被后人合称为“千古文章四大家”。他领导了北宋诗文革新运动，继承并发展了韩愈的古文理论。其散文创作的高度成就与其正确的古文理论相辅相成，从而开创了一代文风。欧阳修在变革文风的同时，也对诗风、词风进行了革新。他在史学方面也有较高成就，曾主修《新唐书》，并独撰《新五代史》，有《欧阳文忠集》传世。

该题考查名家生平。“唐宋八大家”“千古文章四大家”都是单选题的高频考点。该题的得分点包括朝代、地位、主要事迹、主要作品、历史贡献等。

189. 班固（2020 辽宁大学　名词解释）

班固，字孟坚，今陕西咸阳人，东汉著名史学家、文学家、辞赋家。班固出身于儒学世家，自小博览群书，精通儒家经典和历史。其父死后，班固继承父业，历时二十载，以《史记》的汉代部分和《史记后传》为基础编撰了“前四史”之一的中国第一部纪传体断代史——《汉书》。班固还是“汉赋四大家”之一，他的《两都赋》开创了京都赋的范例。

该题考查中国古代人物。作答时应写明字、号、所属时代、所从事的工作、有什么样的贡献等。如果是作家，要写明其代表作；如果是思想家，要写明其主张；如果是政治家，要写明其做出了怎样的改革。

1　该校该年考查《醉翁亭记》的作者。

190. 后羿射日（2020 大连海事大学 名词解释）

后羿射日，中国古代神话故事。传说远古时期，东方大海扶桑树下的十个太阳本应轮流值日出现在空中，但有一日它们一同出现，给人类带来了灾难。炎热烘干了禾苗，烤焦了大地，民不聊生。后羿为了拯救人类，张弓搭箭，射落了九个太阳。这则神话反映了我国古代劳动人民想要战胜自然、改造自然的美好愿望。

191. 神话传说（2018 山东大学 名词解释）

神话传说包括神话和传说两个部分。神话侧重指关于人神起源、万物初始的来历；传说侧重指口头流传的关于世界来源及英雄故事的说法。该题材的内容和各种神话人物对历代文学创作及各民族史诗的形成具有多方面的影响，特别是它丰富奔放、瑰奇多彩的想象和对自然事物形象化的理解，与后代作家的艺术虚构及浪漫主义创作方法的形成都有直接关系，为后世的创作提供了丰富的题材。

该题考查神话典故知识，得分点包括定义、内容、特点以及影响等。建议复习典故、寓言等相关词条。

192. 古诗节奏（2019 南京理工大学 选择题）

诗词的节奏和语句的结构有密切的关系，也就是和语法有密切的关系。七字句节奏一般为二二二一，但有时因表达的意思需要划分为二二一二。五字句节奏一般为二二一和二一二。实际上，五字句和七字句也可以分为两个较大的节奏单位：五字句分为二三；七字句分为四三。这样，不但把三字尾看成一个整体，连三字尾以外的部分也看成一个整体。这样分析更符合语言的实际，也更富有概括性。

第二节　中国现代文学

1.《激流三部曲》（2018 北京外国语大学 名词解释）（2019 暨南大学 选择题）

《激流三部曲》是现代著名作家巴金的三部作品，也是巴金作品中成就最高、影响力最大的一个系列，包括《家》《春》《秋》三部作品，其中《家》的艺术成就最高。《激流三部曲》描写了高家这个溃败的封建大家庭四代人悲欢离合的故事。三部作品不断剖析在中国现代社会新旧历史转变时期封建大家族的种种矛盾，并且巴金以饱满的热情描绘了在破败的家庭中成长起来，充满了自信和勇气，充满了爱和恨的力量，在腐败、崩溃的事物中看到希望，充满朝气的叛逆人物。

该题考查文学作品。考生可从涉及作品、作家、作品内容、作用等方面作答。建议考生了解这几部作品的故事梗概和主要人物，按照北京外国语大学近年的命题倾向，不排除以后考查其中某部作品的可能。

2. 巴金（2017 北京外国语大学 名词解释）（2018 东华大学 名词解释）

巴金，原名李尧棠，中国著名作家、翻译家、社会活动家。其创作风格深受五四运动和新文化运动的影响，作品表现出一种独立自主、不受压迫的决心。真挚和真情是其作品的一大特色。其代表作有《爱情三部曲》(《雾》《雨》《电》) 和《激流三部曲》(《家》《春》《秋》)。

3. 茅盾（2017 北京外国语大学 名词解释）（2016 东华大学 名词解释）（2016 宁波大学 选择题）（2019 暨南大学 选择题）

茅盾，原名沈德鸿，字雁冰，现代著名小说家、文学评论家、文化活动家和社会活动家。其创作的作品常以当代重要的政治经济事件为题材，具有鲜明的时事性、纪实性和传记性。其代表作有小说《农村三部曲》(《春蚕》《秋收》《残冬》)、《子夜》，散文《白杨礼赞》和文学评论《夜读偶记》。《农村三部曲》从《春蚕》写蚕丝业萧条所引起的农村破产，到《秋收》写农民在饥饿中的抢粮风潮，到《残冬》写农民在一年生计完全绝望以后，终于自发起来进行武装斗争的故事。《子夜》原名为《夕阳》，约 30 万字，该小说以 1930 年 6 月前后半殖民地半封建的旧上海为背景，以民族资本家吴荪甫为中心，描写了当时中国社会的各种矛盾和斗争。

4. 郭沫若（2017 南京大学 名词解释）（2016、2018 东华大学 名词解释）

郭沫若，原名郭开贞，现代文学家、考古学家、历史学家，新诗奠基人之一。早年赴日留学，后弃医从文。其第一本诗集，也是其代表作《女神》是中国新诗的奠基之作，充分体现了“五四”时期狂飙突进的时代精神。郭沫若还是“甲骨四堂”之一的“鼎堂”。

5. 文学批评（2019 暨南大学 名词解释）（2020 南京大学 名词解释）

文学批评是以一定的文学观念、文学理论为指导，以文学欣赏为基础，以各种具体的文学现象为对象的评价和研究活动，是对文学的研究、评价和解释。文学批评往往是在一篇文章中出现或是以书的形式出版。

该题考查文学概念，涉及的内容较多，是考生需要花较多时间进行辨析的领域。该题的得分点包括定义、研究对象、研究内容、常见形式等。建议复习《文心雕龙》、刘勰、《诗品》、曹丕等相关词条。

6. 莫言（2020 南开大学 名词解释）（2016 东华大学 名词解释）（2018 上海海事大学 名词解释）（2016 湘潭大学 名词解释）（2020 暨南大学 选择题）[1]

莫言，本名管谟业，中国当代著名作家。其作品深受魔幻现实主义的影响，代表作有《红高粱》《檀香刑》《丰乳肥臀》等，其中《蛙》获得了第八届茅盾文学奖。2012

1 该校该年考查莫言的作品。

年莫言获得诺贝尔文学奖，颁奖词称莫言“用魔幻般的现实主义将民间故事、历史和现代融为一体”。

该题考查中国现当代文学知识，是历年真题的高频考点，考生复习时需要重点掌握。对于作家人物的名词解释，应当包括人物国籍、职业身份、主要成就、代表作品、作品人物及作品评价等。需要特别注意的是，人物身处的时代、对文学发展的作用、与人物相关的文学作品的名词解释也需要掌握。建议复习乡土文学、《红高粱》、魔幻现实主义、《百年孤独》、加西亚·马尔克斯等相关词条。

7. 乡土文学（2020 南开大学 名词解释）（2016 辽宁大学 名词解释）（2017 西北大学 名词解释）

乡土文学，又称乡土小说，是在鲁迅的影响下创作的以农村生活为题材的文学小说。它最早出现于鲁迅的《故乡》，经过现代文坛中一批比较接近农村的年轻作家的创作后，形成了所谓的“乡土文学”。乡土文学源于 20 世纪 20 年代，作品内容主要反映农民生活疾苦。乡土文学的代表作家有彭家煌、许杰、台静农、莫言、屈远志等。

该题考查中国现当代文学知识，是历年真题的高频考点，复习时需要重点掌握。该题的得分点包括定义、来源、时间、主要内容、代表作家等。建议复习莫言、城市文学等相关词条。

8.《狂人日记》（2020 东北师范大学 名词解释）（2018 上海理工大学 名词解释）

《狂人日记》由鲁迅创作，是中国第一篇短篇白话日记体小说，也是中国第一部现代白话文小说，写于 1918 年 4 月。该小说通过对狂人形象的描写和刻画，揭示了封建礼教“吃人”的本质，批判了中国黑暗腐朽的旧社会，对中国文坛乃至中国社会产生了深远的影响。

该题考查中国重要文学作品，得分点包括《狂人日记》的作者、发表时间、主要内容、主旨、产生的社会影响等。

9. 金庸（2019 东北师范大学 名词解释）

金庸，原名查良镛，当代武侠小说作家、新闻学家、企业家、政治评论家，中国“香港四大才子”之一。其代表作有《天龙八部》《雪山飞狐》《笑傲江湖》等。金庸先生把自己创作的小说名称首字组成对联：飞雪连天射白鹿，笑书神侠倚碧鸳。

10.《回春之曲》（2019 暨南大学 选择题）

《回春之曲》是田汉创作的一部多幕剧。田汉，本名田寿昌，词作家、剧作家、戏曲作家、小说家、电影编剧、诗人、文艺批评家和文艺活动家，是中国现代戏剧三大奠基人之一。其创作歌词的歌曲《万里长城》的第一段后来成为中华人民共和国国歌《义勇军进行曲》的歌词。《回春之曲》是田汉于 1935 年创作的三幕话剧，融会了现实主义和浪漫主义，是田汉早期诗意性的浪漫风格与政治内容需要的完美结合，标志着田汉艺术创作的新发展。其他代表作有独幕剧《咖啡店之一夜》，电影文学剧本《风云儿女》等。

11.《白洋淀纪事》的作者（2019 暨南大学 选择题）（2020 南开大学 名词解释）

《白洋淀纪事》是现当代著名小说家、散文家孙犁创作的小说散文集。孙犁，原名孙树勋，出生于河北省衡水市，开创了“荷花淀派”。“孙犁”是他参加抗日战争后于 1938 年开始使用的笔名。他自幼接受新文学，深受鲁迅和文学研究会的影响，担任过多个报刊的编辑，并著有关于编辑的作品，包括《平原杂志》《天津日报》文艺副刊等。其代表作品还有《荷花淀》《芦花荡》等。

12.《阿 Q 正传》（2020 上海大学 选择题）

《阿 Q 正传》，中篇小说，鲁迅的代表作品之一。小说以辛亥革命前后的中国农村为背景，塑造了一个叫阿 Q 的人物来代表当时的中国人。在他身上表现出的愚昧、自私、自卑、狭隘、欺软怕硬等负面人格都代表了当时国民人性中的种种弱点。

13. 新月派（2018 上海大学 选择题）

新月派是现代新诗史上一个重要的诗歌流派，受泰戈尔《新月集》影响，主要成员有胡适、闻一多、徐志摩、朱湘、饶孟侃、孙大雨、陈梦家、方玮德、卞之琳等。新月派以 1927 年为界可分为前后两个时期。前期提倡新格律诗，主张“理性节制情感”，因此新月派又被称为“新格律诗派”。后期提出“健康”“尊严”的原则，坚持超功利的、自我表现的、贵族化的“纯诗”立场。

14.《中国文化要义》（2018 上海大学 名词解释）

《中国文化要义》是 1949 年由上海人民出版社出版的一本图书，是国学大师梁漱溟先生的代表作。这本书从集体生活的角度对比了中国人和西方人不同的文化传统和生活方式，进而得出了“中国是伦理本位的社会”的重要论断，并根据对中国宗教的深入考察，指出以伦理组织社会，进而实现中国社会改造的出路，被誉为中国文化研究和西方文化比较的经典作品。

该题考查文学名作，难度较高。该题的得分点包括作者、出版时间、主要内容、意义及影响等。

15. 孤岛文学（2018 辽宁大学 名词解释）

孤岛文学指从 1937 年至 1941 年间，留在上海的部分作家在如同孤岛般的租界里所创作的文学。他们利用租界特殊的环境，进行抗日文学活动，代表作家有唐弢、柯灵、王任叔，代表作品有《边鼓集》《横眉集》等。于伶的戏剧《夜上海》《长夜行》《花溅泪》也很好地反映了沦陷区人民的生活和斗争。

该题考查中国现当代文学知识，属于第三个十年的文学部分。作答时要写明孤岛文学的定义、代表人物及代表作品等。

16. 七月派（2018 辽宁大学 名词解释）

七月派是抗日战争、解放战争时期国统区最有影响力的文学流派。这是一个风格鲜明的文学流派，同时也是一个内容驳杂、风格繁复的流派。七月派小说是 20 世纪中国小说由“五四启蒙叙事”向40年代“红色阶级叙事”转变的重要模式。七月派作家以胡风主持的《七月》《希望》等为阵地，发表了一系列以强烈爱憎反映生活并直击人的心灵的作品。代表人物有绿原、阿垅、丘东平等，代表作品有《为祖国而歌》《财主底儿女们》等。

该题考查中国现当代文学知识，属于第三个十年的文学部分。作答时主要从该流派的特点、代表作家、代表作品等方面入手。

17.《围城》（2018 辽宁大学 名词解释）

《围城》是钱钟书的著名长篇讽刺小说，被誉为“新儒林外史”。该作品以留法归国的方鸿渐为中心，描绘了在抗战时代一群远离战火的知识分子的生存状态。小说真实地反映了20世纪半殖民地半封建社会里一些知识分子的空虚灵魂和病态精神，充满了机智的讽刺与独特的比喻，带有浓厚的哲理意味和文化氛围。

该题考查中国现当代文学知识，属于国统区文学部分。作答时主要从创作时期、作者、主要内容、地位、影响等方面入手。

18. 路遥（2020 西北大学 名词解释）（2020 南开大学 名词解释）

路遥，中国当代作家，在陕北出生，代表作有长篇小说《平凡的世界》《人生》等。他于1988年完成百万字的长篇巨著《平凡的世界》，这篇小说以恢宏的气势和史诗般的品格，全景式地表现了改革时代中国城乡的社会生活和人们思想感情的巨大变迁，作品还未完成即在中央人民电台广播。路遥因此荣获第三届茅盾文学奖。路遥深入生活、扎根人民，将文学创作融入改革开放的伟大实践中，产生了广泛而深远的社会影响。

该题考查中国现当代文学知识，考生需掌握当代作家人物的名词解释。该题的得分点包括国籍、职业、代表作品、主要成就、作品影响及人物评价等。建议复习《平凡的世界》、茅盾文学奖等相关词条。

19. 左联（2019 北京航空航天大学 名词解释）

“左联”，中国左翼作家联盟的简称，中国共产党领导的革命文学组织，于1930年3月2日在上海成立，目的是争取广大民众支持其思想。其旗帜人物有鲁迅、田汉、郑伯奇等。“左联”的成立，对粉碎国民党反动派的文化“围剿”，推进革命文学运动和马克思主义文艺理论的传播发挥了巨大作用。1936年，该组织在共产国际的干预下解散。

20. 鸳鸯蝴蝶派（2019 北京航空航天大学 名词解释）

“鸳鸯蝴蝶派”，简称“鸳蝴派”，始于20世纪初，盛行于辛亥革命后。其名源于清代小说《花月痕》中的诗句“卅六鸳鸯同命鸟，一双蝴蝶可怜虫”。其内容多写才子佳人情爱，主张把文学当作游戏、消遣的工具，以言情小说为骨干，情调和风格偏于世俗。“鸳鸯蝴蝶派”文学既是中国传统通俗文学发展的结果，也是社会现代化发展的产物。代表作家及作品有徐枕亚的《玉梨魂》、李涵秋的《广陵潮》、包天笑的《上海春秋》等。

21. 新月社（2018 北京航空航天大学 名词解释）

新月社是五四运动以来最大的以探索新诗理论与新诗创作为主的文学社团，在中国现代文学史上影响较大。新月社于1923年成立于北京，前期以《晨报副刊》作为阵地，后期迁往上海并创办《新月》月刊。主要成员有胡适、徐志摩、闻一多、梁实秋等。新月社是一个涉及政治、思想、学术、文艺各领域的派别，在思想上和组织上都表现出了资产阶级自由主义的特点。

该题考查中国现代文学，得分点包括社团的地位、发展、代表人物、性质等。考生还可以了解五四新文学运动中的创造社、语丝社等文学团体。

22. 鲁迅（2018重庆邮电大学　名词解释）（2018郑州大学　名词解释）（2018东华大学　名词解释）（2017北京大学　名词解释）（2019山东大学　名词解释）（2019暨南大学　选择题）

鲁迅，原名周树人，字豫才，以笔名鲁迅闻名于世，浙江绍兴人，为中国近代著名作家、新文化运动的领袖之一、中国现代文学的奠基人和开山巨匠，亦是在西方世界享有盛誉的中国近代文学家、思想家。鲁迅的主要成就包括杂文、短中篇小说、文学、思想和社会评论、散文、现代散文诗等。鲁迅的代表作有《华盖集》《呐喊》《彷徨》《朝花夕拾》（鲁迅唯一一部回忆性散文集）《野草》等。鲁迅对五四运动以后的中国社会思想文化发展产生了一定的影响。

该题考查著名作家。考生可从原名、字、籍贯、地位、作品、影响等方面作答。鲁迅的作品和本人一样出名，是各大高校历年命题的一个方向，建议考生积累鲁迅重要作品的相关知识。

23. 孔子学院（2016中南大学　名词解释）（2017首都经济贸易大学　名词解释）（2016华中科技大学　名词解释）（2016辽宁大学　名词解释）（2019湖南师范大学　名词解释）（2020广东外语外贸大学　名词解释）

孔子学院是一个非营利性组织，一个汉语教学和文化交流的机构。由教育部下属正司局级国家汉语国际推广领导小组办公室管理，总部设在中国北京，同时在世界各地设有境外孔子学院。孔子学院承担着推广汉语、传播中国文化的任务。

这是一条文化类名词，答题时的得分点包括机构性质、办学宗旨、作用等。

24. 郁达夫（2019东华大学　名词解释）（2016山东科技大学　名词解释）（2018武汉大学　选择题）

郁达夫，原名郁文，中国现代著名小说家、散文家、诗人。其小说以颓废著称，擅长对于欲望的描写，钟情于第一人称叙事，“自叙传”性质的创造是郁达夫小说的一大亮点。代表作品有散文《故都的秋》，小说《沉沦》《春风沉醉的晚上》等，其中《春风沉醉的晚上》是我国最早表现工人形象的现代文学作品之一。

25. 徐志摩（2016、2017东华大学　名词解释）（2020中国科学院大学　名词解释）

徐志摩，原名章垿，留学英国时改名为志摩，中国著名“新月派”现代诗人、散文家，倡导新诗格律，对中国的新诗发展做出了重要贡献。徐志摩的诗句字句清新、韵律谐和、意境优美、想象丰富。代表作品有《再别康桥》《翡冷翠的一夜》等。

26. 张爱玲（2018 华南理工大学 名词解释）（2018 辽宁大学 名词解释）

张爱玲，原名张煐，笔名梁京，中国现代女作家。其作品几乎都是以上海、香港等大都市为背景，塑造在荒凉和颓废的大城市中铺张男男女女的形象，演绎着堕落和繁华。她的作品拓展了女性批判的新视野和女性文学的新天地，创造了写实小说的新高，形成了与众不同的艺术风格，对中国文学史有着独特的贡献。代表作品有《倾城之恋》《半生缘》《金锁记》等。

该题考查中国现当代文学知识。作答时主要从人物头衔、写作特点、影响地位、代表作品等方面入手。

27. 陈忠实（2020 南开大学 名词解释）

陈忠实，中国当代著名作家，中国作家协会副主席。《白鹿原》是其成名著作，获得第四届茅盾文学奖。其他代表作有短篇小说集《乡村》《到老白杨树背后去》，文论集《创作感受谈》，中篇小说集《初夏》《四妹子》《陈忠实小说自选集》《陈忠实文集》，散文集《告别白鸽》，等等。当代作家贾平凹评价陈忠实“为中国文学做出了重要的贡献”。

该题考查中国现当代文学知识。考生需掌握当代作家人物的名词解释。该题的得分点包括国籍、职业、代表作品、主要成就、人物评价等。建议复习《白鹿原》、茅盾文学奖等相关词条。

28.《雷雨》（2020 上海大学 选择题）

《雷雨》是剧作家曹禺创作的一部话剧，此剧以 1925 年前后的中国社会为背景，描写了一个带有浓厚封建色彩的资产阶级家庭的悲剧。该剧情节扣人心弦、语言精练含蓄，人物各具特色，是“中国话剧现实主义的基石”，中国现代话剧成熟的里程碑。

29. 闻一多（2019 暨南大学 选择题）

闻一多，原名闻家骅，中国现代伟大的爱国主义者，民主战士，中国民主同盟早期领导人，新月派代表诗人和学者。闻一多是新月社所编刊物《晨报副刊 · 诗刊》中的积极活动者和新格律诗的主要倡导者，1923 年 9 月出版了第一本新诗集《红烛》，这也是其代表作之一。

第三节　西方文学知识

1. 奥尔加 · 托卡尔丘克（2020 北京外国语大学 名词解释）

奥尔加 · 托卡尔丘克是波兰女作家、诗人、心理学家，是当代最受人瞩目，也是作品最畅销的波兰作家之一。其作品以神话、民间传说、史诗与当代波兰生活景致风格著称。2019 年 10 月 10 日，奥尔加·托卡尔丘克获得 2018 年诺贝尔文学奖。她的创作充满了对神秘和未知的探索，善于在作品中构筑神秘世界，通过神话、传说和想象描写各种鬼怪神灵，创造出属于自己的神话。其代表作有《太古和其他的时间》《白天的房子，夜晚的房子》。

该题考查诺贝尔奖获得者。考生可从身份、国家、作品风格、荣获奖项、代表作等方面作答。注意诺贝尔奖也是北京外国语大学常常考查的知识点，尤其是文学奖，建议考生多加关注。

2. 索绪尔（2017 北京外国语大学 名词解释）（2019 重庆邮电大学 名词解释）（2016 四川师范大学 名词解释）（2017 北京交通大学 名词解释）（2018 南京大学 名词解释）（2016 中山大学 选择题）（2019 扬州大学 选择题）

费尔迪南·德·索绪尔，瑞士作家、语言学家，祖籍法国，是现代语言学理论的奠基者，也是结构主义的创始人。索绪尔是现代语言学之父，他把语言学塑造成一门影响巨大的独立学科。他认为语言是基于符号及意义的一门科学，现在一般统称为符号学。他主张把语言（langue）和言语（parole）分开，认为语言不受个人意识支配，为社会共有，而言语受个人意识支配，带有个人发音、用词上的特点。他从 1907 年开始讲授“普通语言学”课程，先后讲过三次。其代表作品有《普通语言学教程》。

该题考查外国名人知识，是历年真题的高频考点，复习时需要重点掌握。对于人物的名词解释，应当包括人物国籍、职业身份、主要成就、代表作品、人物评价等。与翻译、语言学和文学相关的人物名词解释考生应重点掌握。建议复习结构主义、语言学、符号学、文化符号等相关词条。

3.《荷马史诗》（2019 北京外国语大学 名词解释）（2019 辽宁大学 名词解释）（2016 西北大学 名词解释）（2019 国际关系学院 名词解释）（2017 湘潭大学 名词解释）（2019 中央财经大学 名词解释）

《荷马史诗》相传是古希腊盲诗人荷马创作的两部长篇史诗《伊利亚特》和《奥德赛》的统称。《荷马史诗》是古希腊文学中最早的一部史诗，也是最受欢迎、最具影响力的文学著作。它是欧洲叙事诗的经典范例，内容丰富多彩，故事情节和人物形象为后世欧洲的诸多作家提供了丰富的素材。《荷马史诗》深具现实主义与浪漫主义色彩，被认为是最伟大的古代史诗之一。《荷马史诗》不仅在西方文学艺术上具有重要价值，还在历史、地理、考古学和民俗学方面给后世提供了很多值得研究的东西。

该题考查文学常识。《荷马史诗》是古希腊文明的经典之作，对后来欧洲文学的发展有着重要影响，这点是出题人想要考查的重点，建议表述出来。此外，还要对作品的内容、地位、影响、意义等方面进行阐述，以充实内容。

4. 凯瑟琳（海明威《永别了，武器》中的人物）（2019 北京外国语大学 名词解释）

凯瑟琳是海明威《永别了，武器》中的主人公，是海明威作品中最完美的女性。凯瑟琳是一位年轻漂亮的英国护士，她身上基本具备了男人对女人的一切要求。她美丽、善良、温柔、善解人意。不过在书中，她的一言一行都是由亨利（男主人公）的意志决定的，她只是站在亨利的背后，做亨利的“传声筒”。她在亨利面前完全没有自己的性格，没有自己的喜怒哀乐，丧失了自我。凯瑟琳这一形象也从侧面反映了海明威以男性为中心的女性观念。

该题考查《永别了，武器》中的人物。考生可从人物出处、人物介绍、作者借该人物传达的内涵等方面作答。本题体现了北京外国语大学近两年的出题新方向，即考查的内容越来越细致，要求考生在掌握作品的基础上，也要对文中的主人公、故事梗概等有所了解。

5.《战争与和平》（2019 北京外国语大学 名词解释）

《战争与和平》是俄国作家列夫·托尔斯泰的一部长篇小说。本书讲述欧洲拿破仑时期在俄国所发生的事，展示了当时俄国社会的风貌。《战争与和平》是一部壮阔的史诗，文中以鲍尔康斯、库拉金、别祖霍夫和罗斯托夫四大贵族的经历为主线，交叉描写了“战争”和“和平”两种生活，一方面赞扬了俄国人民的正义抗争和爱国热情，另一方面也表达了反对战争的态度，对战争中受难的各方给予了深切的同情。

该题考查文学作品。考生可从作家、内容、地位、作家思想等方面作答。鉴于北京外国语大学近年考查方向逐渐细化的特点，建议考生掌握作品中的主要人物和重要情节。

6. 新古典主义（2018 暨南大学 名词解释）（2019 北京外国语大学 名词解释）（2019 北京航空航天大学 名词解释）（2018 河南师范大学 名词解释）（2017 湖南师范大学 名词解释）

新古典主义指 18 世纪在罗马兴起并迅速在欧美地区扩展的艺术运动。新古典主义的艺术家刻意从风格与题材两个方面模仿古代艺术，保留了古典艺术作品典雅端庄的高贵气质。一方面反对巴洛克和洛可可艺术，另一方面则以重振古希腊、古罗马的艺术为信念。这一风格很快取得了成功，欧洲各地纷纷效仿，新古典主义自此成为欧洲文化艺术流派中特色鲜明的重要一支，至今长盛不衰。

该题考查欧洲艺术概念，是暨南大学的考查重点，建议考生重点记忆。该题的得分点包括时间、起源地、特点、历史意义等。建议复习古典主义、巴洛克、洛可可、现代主义、文艺复兴等相关词条。

7. 莎士比亚的四大悲剧（2018 北京外国语大学 名词解释）（2018 北京邮电大学 选择题）

莎士比亚的四大悲剧，是莎士比亚基于欧洲的历史传说所创作的四部悲剧，即《哈姆雷特》《奥赛罗》《李尔王》《麦克白》。很多评论家认为莎士比亚伟大的悲剧作品代表了他的艺术高峰，他作品中的悲剧情节通常结合了主人公致命的错误和缺点，从而破坏了原有的计划，毁灭了英雄和英雄的爱人们。哈姆雷特王子失败的致命错误是犹豫不决；而奥赛罗和李尔王犯下轻率地做决定的错误。在《奥赛罗》中，坏蛋埃古挑起了奥赛罗的妒忌，导致他杀死了深爱他的无辜妻子。

该题考查文学知识。考生需要答出四大悲剧的内容并简要阐述四部作品如何展现了悲剧性。莎士比亚的作品一直是各大高校考查的重点，北京外国语大学也不例外。对于这样一位大文豪，建议考生要对其生平、作品、时代背景等有全面的了解。

8. 马孔多（2018 北京外国语大学 名词解释）

马孔多是哥伦比亚作家加西亚·马尔克斯在其代表作《百年孤独》中虚构的小镇，小说真实地再现了拉美社会的历史。马孔多是布恩迪亚家族逃难时发现的地方，他们在这里建立起自己家族的小镇，让家族获得了与世隔绝的孤独，也赋予了这个小镇世界文明之外的孤独，他们在这里孤独地探索着未知的文明，在这里进行科研创新，在这个过程中，有不被理解、被排斥的痛苦，以及死寂般的孤独，但第一代人在马孔多坚持下来了，这个地方是他们精神与文明契合的起点，也是终点。马孔多通常被认为是加西亚·马尔克斯童年的故乡——阿拉卡塔卡。

该题考查文学作品中的关键地点。考生可从出处、在小说中的作用、现实意义等方面作答。本题体现了北京外国语大学百科考试近几年的命题趋势逐渐细致化的特点。对于重要的作品，考生也要大致掌握其主要人物和故事梗概等。

9. 石黑一雄（2018 北京外国语大学 名词解释）（2018 对外经济贸易大学 选择题）（2018 北京航空航天大学 名词解释）（2018 东华大学 名词解释）

石黑一雄是英国籍日本小说家和剧作家。他出生于日本长崎县长崎市，1960 年随父母移居英国，1983 年正式入籍英国。石黑一雄是当今英语世界最著名的作家之一，四次入围布克奖，并凭借作品《长日将尽》获得此奖。2017 年，石黑一雄获得诺贝尔文学奖，授奖词称他“在具有强大情感力量的小说中，揭露我们与世界联结的错觉底下的深渊”。其主要作品有《群山淡景》《浮世画家》和《长日将尽》等。

该题考查诺贝尔奖获得者。考生可从作家身份、获得奖项、作品风格、代表作等方面作答。这里提醒考生，有关诺贝尔奖的热点话题历来都是北京外国语大学百科考试考查的重点。

10. 但丁（2016 北京外国语大学 名词解释）（2017 辽宁大学 名词解释）（2016 四川大学 名词解释）（2019 湖南科技大学 名词解释）（2020 北京第二外国语学院 名词解释）（2018 国际关系学院 名词解释）

但丁，出身于佛罗伦萨，是意大利中世纪著名诗人、意大利语之父。其代表作品有《神曲》《新生》《论俗语》等，其中以《神曲》最为出名，被誉为欧洲四大名著之一。同时，但丁本人与彼特拉克、薄伽丘均为文艺复兴之先驱，被誉为“文坛三杰”。但丁不仅是欧洲最伟大的诗人，还是全世界最伟大的诗人之一，被誉为中世纪的最后一位诗人，亦是新时代的首位诗人，标志着封建中世纪的终结和现代资本主义纪元的开端。

该题考查但丁，得分点包括但丁所处的年代、国籍、历史影响、代表作等。

11.《哈姆雷特》（2016 北京外国语大学 名词解释）（2016 辽宁大学 名词解释）（2019 重庆邮电大学 名词解释）（2020 大连海事大学 名词解释）（2017 北京大学 名词解释）

《哈姆雷特》是英国著名剧作家威廉·莎士比亚于 1599 年至 1602 年间创作的一部悲剧作品，是莎士比亚创作的戏剧中篇幅最长的一部。该作品主要讲述了王子哈姆雷特的叔叔克劳狄斯谋害了其父王，篡取王位，并娶了国王的遗孀乔特鲁德，故哈姆雷特为父王向叔叔复仇的故事。这部作品代表着西方文艺复兴时期文学的最高成就，与《麦克白》《李尔王》《奥赛罗》一起组成莎士比亚“四大悲剧”。

12. 巴尔扎克（2016 北京外国语大学 名词解释）（2017 辽宁大学 名词解释）（2017 中南大学 名词解释）（2018 西南交通大学 名词解释）（2020 中国科学院大学 名词解释）

巴尔扎克是 19 世纪法国著名的小说家、剧作家，被称为“现代法国小说之父”，欧洲批判现实主义文学的奠基人。其代表作品有《人间喜剧》《欧也妮·葛朗台》《高老头》等，其中《人间喜剧》被誉为“资本主义社会的百科全书”。巴尔扎克对现实主义文学最大的贡献在于他对典型人物形象和社会风俗的细致刻画，并表达人物性格在社会环境中的变化和发展。

13. 浪漫主义（2018、2020 南京大学 名词解释）（2017、2018 四川师范大学 名词解释）

浪漫主义起源于中世纪法语中的 Romance，是文艺的基本创作方法之一，与现实主义同为文学艺术上的两大主要思潮。作为创作方法，浪漫主义在反映客观现实上侧重从主观内心世界出发，抒发对理想世界的热烈追求，常用热情奔放的语言、瑰丽的想象和夸张的手法来塑造形象。浪漫主义运动出现于欧洲 18 世纪晚期至 19 世纪初期。浪漫主义的代表文学作品有《西风颂》《唐璜》《白鲸记》等，代表作家有雪莱、卢梭、拜伦、雨果、歌德等。

该题考查文学常识，是历年真题的高频考点，考生要重点掌握。考生对文学发展的历史背景也要有一定了解，选取 4~5 点作答，采分点越多越好，尽量答重点，比如浪漫主义最为突出的就是 19 世纪外国文学，应掌握三个以上代表人物，并列举其代表作品。该题的得分点包括历史起源、文学地位、艺术特色、历史评价、代表作品、代表作家（或画家、音乐家）等。建议复习现实主义、新古典主义、法国大革命、启蒙运动等相关词条。

14. 意象主义（2018 南京大学 名词解释）

意象主义起源于 20 世纪初期，是英美诗歌届掀起的一场运动。由庞德发起，他是意象派诗歌运动的重要代表人物。意象主义提倡诗歌应遵循意象的准确性，使用清晰精准的语言，倡导直接反映事物，尝试非传统的诗歌格式。意象主义强调回归到比较古典的风格，反对浪漫主义诗歌和维多利亚诗歌中过多涉及的情感和技巧。

该题考查文学基本知识，这是历年真题的高频考点，考生在复习时需要重点掌握。考生对历史背景也要有一定了解，掌握相关的作品与人物。该题的得分点包括时间、历史起源、发起人、主张观点等。建议复习浪漫主义、现实主义、新古典主义等相关词条。

15. 莎士比亚（2016 南京大学 名词解释）（2017 南京师范大学 名词解释）（2019 东北师范大学 名词解释）（2019 湖南科技大学 名词解释）（2017 北京大学 名词解释）（2016 复旦大学 名词解释）（2018 国际关系学院 名词解释）（2016 宁波大学 选择题）

莎士比亚，全名威廉·莎士比亚，是英国文学史上最著名的戏剧家，著名代表作有四大喜剧《仲夏夜之梦》《威尼斯商人》《第十二夜》《皆大欢喜》、四大悲剧《哈姆雷特》《奥赛罗》《麦克白》《李尔王》。莎士比亚不仅是当时人文主义文学的集大成者，还是使用早期现代英语的代表，为早期现代英语词汇的形成和发展做出了无人能及的贡献，是文艺复兴时期最重要、最伟大的作家之一。

该题考查西方古代文学人物，答题时应涵盖作者身份、代表作、贡献及意义等方面。备考时可拓展复习西方文学史，掌握著名文人及其代表作品等信息。

16.《旧约》（2018 南京师范大学 名词解释）

《旧约》是基督教的经典著作，《圣经》的第一部分，原文为希伯来文，原是犹太教经典，包含律法书、先知书、叙事著作和诗歌四个部分，主要内容是关于世界和人类起源的故事传说，犹太民族古代历史的宗教叙述和犹太教的法典、先知书、诗歌、格言等。

该题考查《圣经》，这一著作尤为经典，考生在复习时要牢固掌握该知识点。该题的得分点包括所属教派、文字、内容、来源以及意义等。建议复习《新约》、希伯来文、耶稣等相关词条。

17. 阿诺德（2018 对外经济贸易大学 选择题）

阿诺德，全名为马修·阿诺德，英国著名诗人、评论家、批评家。曾任牛津大学诗学教授，主张诗要有追求道德和智力“解放”的精神，要能反映时代的要求。其代表作有《评论一集》《评论二集》《文化与无政府主义》、诗歌《郡莱布和罗斯托》等。他将“文化”（culture）定义为“世界上被想到过和被表达过的最好的东西”。

18.《格列佛游记》（2018 对外经济贸易大学 选择题）

《格列佛游记》是英国作家乔纳森·斯威夫特创作的一部长篇游记体讽刺小说，通过格列佛在利立浦特（小人国）、布罗卜丁奈格（大人国）、飞岛国、慧骃国的奇遇，反映了 18 世纪前半期英国统治阶级的腐败和罪恶，抨击了侵略战争和殖民主义。

19.《伊利亚特》（2018 对外经济贸易大学 选择题）（2018 国际关系学院 名词解释）

《伊利亚特》相传是古希腊荷马创作的史诗，描述了希腊人远征、攻打特洛伊城的战争故事。《伊利亚特》通过战争塑造了众多骁勇善战的英雄人物，如阿伽门农、阿喀琉斯、赫克托尔等，歌颂了他们为国家兴衰、家族荣耀、集体利益不畏生死、奋勇作战的英雄主义精神。《伊利亚特》是古希腊重要的文学作品，被视为欧洲文学史上首部战争题材巨作，对后世欧洲的文学产生了重大影响。

该题考查西方古代文学作品，答题时应涵盖作者、作品内容简介、作品思想以及历史地位等方面。备考时可拓展复习西方文学代表作品，如莎士比亚、但丁等人及其作品。

20. 马克斯·韦伯（2018 对外经济贸易大学 选择题）

马克斯·韦伯，德国著名社会学家、哲学家、经济学家，与卡尔·马克思、爱米尔·杜尔凯姆并列为现代社会学的三大奠基人。除此以外，他在组织管理方面有关行政组织的观点也颇具社会影响力，在管理思想发展史上被称为“组织理论之父”。其代表作《新教伦理与资本主义精神》是社会学著作，致力于探讨近代资本主义为什么仅仅出现在西方，而在同时期的东方却呈现停滞之势。

21. 十四行诗（2018 对外经济贸易大学 选择题）（2016 西北大学 名词解释）

十四行诗是欧洲一种格律严谨的抒情诗体。最初流行于意大利，彼特拉克的创作使其臻于完美，又称“彼特拉克体”，后传到欧洲各国。莎士比亚进一步发展并丰富了这一诗体，一生写下了 154 首十四行诗。

22.《美丽新世界》（2018 对外经济贸易大学 选择题）

《美丽新世界》是英国作家阿道司·赫胥黎创作的长篇小说，是二十世纪最经典的反乌托邦文学之一。这部作品与乔治·奥威尔的《1984》和扎米亚京的《我们》，并称为“反乌托邦”三部曲。“反乌托邦”是文学，尤其是科幻文学中的一种体裁和流派。这一类小说通常叙述技术的泛滥表面提高了人类的生活水平，而本质是在掩饰空虚的精神世界。

23.《悲剧的诞生》（2018 对外经济贸易大学 选择题）

《悲剧的诞生》（德文原名《悲剧从音乐精神中诞生》）是德国哲学家尼采的哲学著作，全书围绕日神和酒神的激烈斗争展开，认为希腊悲剧是由于日神阿波罗精神与酒神狄奥尼索斯精神的对抗与调和而产生的，并以酒神精神为主导。

24. 通天塔（2020 东北师范大学 名词解释）（2018 郑州大学 名词解释）（2018 广西师范大学 名词解释）（2017 北京大学 名词解释）（2017 中山大学 名词解释）

通天塔又译为巴别塔，是《圣经·旧约·创世记》中人们建造的塔。人类联合起来兴建希望能通往天堂的高塔；上帝通过使人类说不同的语言阻止了人类的计划。通天塔解释了不同语言和种族产生的原因。

该题考查文学知识，得分点包括通天塔的来源和意义等。

25. 惠特曼（2020 中山大学 名词解释）（2017 西北大学 名词解释）（2018 东华大学 名词解释）

惠特曼，全名沃尔特·惠特曼，美国著名的浪漫主义诗人，美国现代诗歌之父。惠特曼从1839年开始发表诗歌和杂文。其代表作《草叶集》一共12版，收录诗歌300多首，是美国文学史上第一部具有美国民族气派和民族风格的诗集，也是美国浪漫主义文学发展到顶峰的产物。

26. 垮掉的一代（2017、2020 中山大学　名词解释）（2017 华中农业大学　名词解释）（2017 西南政法大学　名词解释）（2019 东华大学　名词解释）

"垮掉的一代"又称"疲惫的一代"，是第二次世界大战后盛行于美国的一种文学流派。这一名称最早由作家杰克·凯鲁亚克于1948年前后提出。该流派的作家性格粗犷，豪放落拓。他们生活简单，喜穿奇装异服，厌弃工作和学业，拒绝承担任何社会义务，以浪迹天涯为乐，蔑视社会的法纪秩序，寻求绝对自由。该流派的代表作家和作品有杰克·凯鲁亚克的自传体小说《在路上》和艾伦·金斯堡的《嚎叫》。

该题考查西方文学知识。该题的得分点包括定义以及该派作家的特点，另外还要补充一到两个代表作品。

27. 意识流小说（2018 中山大学　名词解释）（2019 重庆邮电大学　名词解释）（2016 湖南师范大学　名词解释）

意识流小说指20世纪20年代兴起的小说样式。意识流是现代西方文艺流派之一和文艺创作的重要方法。意识流小说注重对内部流动的意识，特别是潜意识的描写，试图直接表现连续发生的种种心像、情绪和记忆。在时序上将过去、现在和将来交织和叠合，以大量的象征手法为意识流动寻找等值物和寓意，在语言上背离正常的语法规则。其代表作有乔伊斯的《尤利西斯》《都柏林人》。

该题考查西方文学知识，得分点包括定义、特点、写作手法和代表作品等。

28.《荒原》（2016 中山大学　选择题）（2019 辽宁大学　名词解释）

《荒原》是英国现代著名诗人艾略特的代表作。全诗共分为五章：《死者葬仪》《对弈》《火的布道》《水中的死亡》《雷霆的话》。其内容庞杂，语言支离破碎，层次结构凌乱，运用多种外语和古语。全诗打乱时序，由许多片段组成。该作品反映了第一次世界大战后西方知识分子的"迷惘"和"幻灭"，它将世界比喻为一片荒原，因此荒原成为充满危机的西方社会的象征。

该题考查西方文学著作。作答时主要从作者、写作特点、内容等方面入手。

29. 潘多拉魔盒（2020 暨南大学　名词解释）（2019 山东财经大学　名词解释）（2017 西南交通大学　名词解释）[1]

潘多拉是希腊神话中火神赫淮斯托斯或宙斯用黏土做成的地上的第一个女人。作为对普罗米修斯盗火的惩罚送给人类的第一个女人，众神加入了使她更诱人的魅力。根据神话，潘多拉出于好奇打开了一个"魔盒"，释放出人世间的所有邪恶——贪婪、虚伪、

1　该校该年考查"潘多拉"。

诽谤、嫉妒、痛苦等，当她盖上盒子时，只剩下希望在里面。后来人们常用潘多拉魔盒喻指“灾祸之源”。

该题考查希腊神话，这在名词解释中是高频考点，要重点掌握。该题的得分点包括人物定义、故事背景、隐含寓意等。建议复习宙斯、普罗米修斯、赫淮斯托斯、普罗米修斯盗火等相关词条。

30.《双城记》（2016 暨南大学 选择题）（2018 西北大学 名词解释）（2017 北京交通大学 名词解释）

《双城记》是英国作家查尔斯·狄更斯于 1859 年发表的著名长篇小说。该书以法国大革命为背景，以巴黎和伦敦这两大城市为主要地点，叙述了贵族对人民无情压迫，从而使人民奋起反抗爆发法国大革命的故事。“我今日所做的事远比我往日所作所为更好，更好；我今日享受的安息远比我所知的一切更好，更好”就出自此书。

该题考查中外文学常识。考生可从作者与发表时间、主要背景与情节、作品写作特点、作品影响这几个方面按点作答。

31.《上尉的女儿》（2019 上海大学 选择题）

《上尉的女儿》是俄国作家普希金创作的中篇小说，小说采用第一人称的叙述方式，以贵族青年军官格里尼奥夫和上尉的女儿玛丽娅之间曲折而动人的爱情故事为主要线索，把格里尼奥夫的个人命运与普加乔夫领导的农民起义紧密地结合在一起。《上尉的女儿》是俄国文学史上第一部描写农民起义的现实主义作品。

32.《德伯家的苔丝》（2019 上海大学 名词解释）

《德伯家的苔丝》是英国诗人、小说家托马斯·哈代的长篇小说。小说讲述了出生于一个贫苦小贩家庭的女主人公苔丝被少爷亚历克诱奸，之后在新婚之夜把她昔日的不幸向丈夫坦白，却没能得到原谅，最后苔丝将亚历克杀死而被捕并被处以绞刑的故事。小说通过苔丝一生的悲惨遭遇，对资产阶级的伦理道德及法律提出了抗议，也展现了农村经济的破产和农民的悲惨命运，谴责了资本家的残酷剥削。作品风景描写优美，人物刻画细腻，故事情节生动。

该题考查文学名作，这是历年真题的高频考点，考生复习时需要重点掌握。该题的得分点包括作者、国籍、主要人物、故事情节、写作特点、历史意义及影响等。（选取 5~6 点作答，采分点越多越好，每个采分点的字数可以适当少一点。）

33. 英国启蒙文学作家丹尼尔·笛福的代表作（2018 上海大学 选择题）

《鲁滨孙漂流记》是英国作家丹尼尔·笛福的代表作，主要讲述了英国青年鲁滨孙踏上了航海的征途，却意外流落荒岛，开始了艰辛而漫长的孤岛生涯的故事。作者通过这部小说塑造了鲁滨孙这样一个敢于冒险、勇于开拓的典型形象，使其成了当时青少年心目中的英雄人物，是西方文学中第一个理想化的探险家形象。

34.“诗人中的诗人”（2019 扬州大学 选择题）

“诗人中的诗人”指英国文艺复兴时期杰出的诗人埃德蒙·斯宾塞。其长篇史诗《仙后》是斯宾塞诗歌创作的巅峰，也是英国文艺复兴时期诗歌以及英语诗歌的重要代表。在诗中，斯宾塞探索出一种新的十四行诗格律形式，被称为“斯宾塞诗节”。斯宾塞在创作上风格多变、格律严谨、用词典丽，对后世的英国诗人如弥尔顿、雪莱、济慈等都有很深远的影响，被称为“诗人中的诗人”。其代表作还有田园诗集《牧人月历》、组诗《情诗小唱十四行诗集》《婚前曲》《祝婚曲》等。

35.The main theme of Emily Dickinson（2019 扬州大学　选择题）

Emily Dickinson，艾米莉·狄金森，美国传奇女诗人，二十世纪现代主义诗歌的先驱之一，终生未嫁。其诗歌主题有爱情、自然、友谊、死亡与不朽。狄金森的作品一般采用教会赞美诗的格律，但有时候很难界定其为散文还是诗，苏珊称之为“信诗”。艾米莉为世人留下约 1 800 首诗，其中定本的有 1 775 首，最近又新发现 25 首。其代表作品有《云暗》《逃亡》《希望》《天使》《这是鸟儿们回来的日子》《神奇的书》等。

36.《少年维特之烦恼》（2018 南京航空航天大学　选择题）（2017 南京航空航天大学　选择题）

《少年维特之烦恼》是德国诗人、启蒙运动后期作家歌德创作的描写爱情的中篇书信体小说。小说描写了少年维特爱上了一个早已同别人订婚的姑娘，后因与封建社会格格不入而自杀的故事。该小说表面上是写一个少年的爱情故事，实际上是对封建势力的反抗，被视为狂飙突进运动时期最重要的小说。歌德的代表作品还有《浮士德》，在欧洲文学史上与《荷马史诗》和《神曲》齐名。

37.《巴黎圣母院》（2020 辽宁大学　名词解释）

《巴黎圣母院》是法国杰出文学家维克多·雨果所创作的长篇小说，该作品反映了 15 世纪末路易十一统治下的巴黎的社会生活。雨果运用浪漫主义的手法，表现了人类的美与丑之间的对立和斗争，他的小说充满了浪漫主义所追求的强烈的艺术效果。小说淋漓尽致地揭露了教会的黑暗、僧侣的虚伪和统治者的残酷，反映了雨果的人道主义思想，具有极高的文学价值。

该题考查外国文学名著。作答时要写明作者、作品体裁、主要内容、写作手法与特点、意义与地位等。

38.《叶普盖尼·奥涅金》（2020 辽宁大学　名词解释）

《叶普盖尼·奥涅金》是俄国作家普希金所创作的长篇诗体小说。作者在主人公奥涅金身上反映了当时一部分受到进步思想影响，但最终又未能跳出其狭小圈子的贵族青年的思想面貌和悲剧命运，塑造了俄国文学中第一个“多余人”形象。该作品展现了俄国社会生活的广阔画面，是俄国现实主义文学的奠基之作，揭示了沙皇主义专制制度下俄国社会生活的种种矛盾和丑恶，对当时和以后的俄罗斯文学产生了巨大影响。

该题考查外国文学名著。作答时要写明作者、作品体裁、主要内容、写作手法与特点、意义与地位等。

39. 魔幻现实主义（2019 辽宁大学 名词解释）（2016 华中农业大学 名词解释）

魔幻现实主义是 20 世纪 50 年代前后在拉丁美洲兴盛起来的一种文学流派。该流派运用丰富的想象和夸张的艺术手法对现实生活进行特殊表现，把现实变成一种神奇现实。该流派的代表作有《百年孤独》，作者为加西亚·马尔克斯，该作品是再现拉丁美洲历史社会图景的鸿篇巨制。

该题考查西方文学部分。作答时主要从该流派的出现时间、写作手法与特点、代表作品、代表作家等方面入手。

40. 艾略特（2018 四川师范大学 名词解释）

艾略特，全名托马斯·艾略特，英国 20 世纪影响最大的诗人。艾略特自称宗教上是天主教徒，政治上是保皇派，文学上是古典主义者，被称为“但丁最年轻的继承者之一”。他的作品反映了 20 世纪 20 年代资本主义社会中存在的怀疑和幻灭情绪，到了 30、40 年代又有向宗教寻求解脱的情绪。1948 年因诗歌《四个四重奏》获诺贝尔文学奖。其代表作品有《荒原》《四个四重奏》等。

41. 赛珍珠（2019 西北大学 名词解释）

赛珍珠，美国作家，人权和女权活动家。赛珍珠在中国生活了近 40 年，她把中文称为“第一语言”，把镇江称为“中国故乡”。作为说中文的美国作家，赛珍珠曾经写下了描写中国农民生活的长篇小说《大地》，并因此在 1932 年获得普利策小说奖，1938 年获得美国历史上的第三个诺贝尔文学奖。1934 年赛珍珠回国定居后积极参与美国人权和女权运动，致力于亚洲和西方的文化理解与交流。

42.《论翻译的原则》的作者（2018 西北大学 选择题）

《论翻译的原则》的作者是英国著名的历史学教授亚历山大·弗雷泽·泰特勒，出版于 1791 年。泰特勒在书中首次提出了著名的“翻译三原则”：译文应完全复写原作的思想；译文的风格和笔调应与原文性质相同；译文应和原作同样流畅。这标志着西方翻译学研究从此走上了从理论推证理论的道路。

43.《译者的隐身》的作者（2018 西北大学 选择题）

《译者的隐身》，作者是美籍意大利学者劳伦斯·韦努蒂，出版于 1995 年。在书中，作者提出了翻译归化与异化理论的现代形式，目的是呼吁对现存的占主导地位的归化翻译理论发起挑战，倡导革新。

44. 阿基里斯之踵（2020 东北师范大学 名词解释）（2018 山东师范大学 选择题）（2018 西北大学 名词解释）

“阿基里斯之踵”，又译为“阿喀琉斯之踵”，原指阿基里斯的脚后跟。阿基里斯是古希腊神话和文学中的半神，因出生后被母亲抓住脚后跟在冥河中沐浴而刀枪不入。其在参与特洛伊战争时，被誉为“希腊第一勇士”，而他的脚后跟因为没被冥河浸泡而成为他唯一的弱点，在后续战争中他因此毙命。后人常以"阿基里斯之踵"说明这样一个道理——即使是再强大的英雄，也有致命的死穴或软肋。

该题考查外国文学典故，得分点包括阿基里斯之踵的含义及所蕴含的道理。

45. 史诗（2019 北京航空航天大学　名词解释）

史诗是一种叙述英雄传说或重大历史事件的叙事长诗，多以古代民间传说或英雄歌谣为基础，经集体编创而成。史诗是一种庄严的文学体裁，涉及的主题包括历史事件、民族宗教、民间传说。代表作品有《荷马史诗》（包括《奥德赛》和《伊利亚特》）、维吉尔的《埃涅阿斯纪》和约翰·弥尔顿的《失乐园》等。

46. 骑士文学（2018 北京航空航天大学　名词解释）（2016 湘潭大学　名词解释）（2019 扬州大学　选择题）

骑士文学是欧洲封建骑士的产物，指一切关于骑士的文学作品，大致包括骑士抒情诗、骑士传奇、骑士小说及后来的反骑士小说。12 世纪至 13 世纪是骑士文学的繁荣时期，以法国为最盛。骑士文学是骑士精神特征的集中反映，现代长篇小说的种子已经在骑士文学中成熟了。

该题考查西方文学类型，得分点包括含义、发展、意义等。考生还可以了解与骑士文学相关的教会文学。

47. 奥德赛（2018 国际关系学院　名词解释）

《奥德赛》是《荷马史诗》两部作品中的其中之一，相传由盲诗人荷马所作，其故事为《荷马史诗》中另一部作品《伊利亚特》的续写，讲述了希腊打败特洛伊后，奥德修斯在回家的路上经历的种种海上冒险的故事，是航海小说的鼻祖。该史诗歌颂了奥德修斯面对自然挑战时自强不息、不屈不挠的进取精神。该作品前部分语言色彩绚丽，极具浪漫色彩，后部分描写细致深刻，极富现实精神，被视为西方海洋文学的开山之作。

该题考查西方古代文学作品，答题时应涵盖作者、作品内容简介、作品思想、语言风格以及历史地位等方面。备考时可拓展复习西方文学代表作品，如莎士比亚、但丁等人及其作品。

48. 文艺复兴（2019 重庆邮电大学　名词解释）（2017 中南大学　名词解释）（2019 四川大学　名词解释）（2016 华中农业大学　名词解释）（2019 西南政法大学　名词解释）（2019 湖南科技大学　名词解释）（2016 广东工业大学　名词解释）（2017、2018 四川师范大学　名词解释）（2019 同济大学　名词解释）（2017 湘潭大学　名词解释）（2019 中央财经大学　名词解释）（2016 天津师范大学　名词解释）（2020 上海大学　选择题）[1]（2018 武汉大学　选择题）（2020 北京第二外国语学院　名词解释）（2017 山东大学　名词解释）（2018 中山大学　名词解释）（2018 上海大学　选择题）(2019 扬州大学　选择题)

文艺复兴指发生在 14 世纪到 16 世纪的一场反映新兴资产阶级要求的欧洲思想文化

1　该校该年考查文艺复兴对"人类把自己用才华和智慧创造的一切几乎视为上帝的恩典"这种认识的冲击。

运动。该运动从意大利开始，一直传播到欧洲其他地区，其影响力在艺术、建筑、哲学、文学、音乐、政治等方面都得到了体现。文艺复兴的中心思想是人文主义，即以人为中心而不是以神为中心，肯定人的价值和尊严。文艺复兴主张人生的目的是追求现实生活中的幸福，倡导个性解放，反对愚昧迷信的神学思想。“文坛三杰”（文艺复兴前三杰）分别是但丁、薄伽丘和彼特拉克；“美术三杰”（文艺复兴后三杰）分别是列奥纳多·达·芬奇、米开朗琪罗和拉斐尔。

49. 达摩克利斯之剑（2019 山东财经大学 名词解释）

“达摩克利斯之剑”的故事源于古希腊传说：狄奥尼修斯国王请他的朋友达摩克利斯赴宴，与其交换座位，让达摩克利斯坐在用一根马鬃悬挂的寒光闪闪的利剑下，以此劝说朋友风险与权力并存，地位与能力相配。这个故事给现代人的启示是要时刻保持警惕。

50. 欧·亨利（2018 中南大学 名词解释）

欧·亨利，美国短篇小说家，现代短篇小说创始人，与契诃夫和莫泊桑并列为“世界三大短篇小说巨匠”，其作品有“美国生活的百科全书”之誉。其代表作品有《麦琪的礼物》《最后一片叶子》《警察与赞美诗》《心与手》《财神与爱神》等。欧·亨利的作品大致可以分为三类：美国西部生活、美国大城市生活、拉丁美洲生活。其作品主人公的命运常常陡然逆转，出现意想不到的结果，既在意料之外，又在情理之中，这一手法被称为“欧·亨利式结尾”。

51. 泰戈尔（2018 中南大学 名词解释）

泰戈尔，印度著名的诗人、文学家、社会活动家、哲学家，被印度人称为“诗祖”。其诗歌创作分为早期、中期和后期，早期主要分为抒情和叙事两类，其《故事诗集》被称为“广大青年的爱国主义教科书”。1913 年凭借散文诗集《吉檀迦利》获得诺贝尔文学奖，成为获得此项荣誉的第一位东方作家。其代表作品有《飞鸟集》《园丁集》《新月集》等。

52. 斯芬克斯之谜（2018 中南大学 名词解释）（2016 湖南师范大学 名词解释）

“斯芬克斯之谜”出自古代希腊神话。在希腊神话中，斯芬克斯是一个有翅膀的狮身人面女妖，她给忒拜城的过路人出过一个谜语：“什么东西早晨用四条腿走路，中午用两条腿走路，晚上用三条腿走路？”如果路人猜错就会有生命危险。俄狄浦斯答出了谜底“人”，斯芬克斯羞愧跳崖而死。现在用“斯芬克斯之谜”比喻谜一样的人和谜语。

53. 歌德（2017 中南大学 名词解释）（2017 四川大学 名词解释）（2019 湖南科技大学 名词解释）（2017 暨南大学 名词解释）

歌德是德国著名的思想家、小说家、剧作家、诗人、自然科学家、博物学家、画家，德国乃至欧洲最重要的作家之一，魏玛古典主义最著名的代表。歌德的作品充满狂飙突进运动的反叛精神，主要作品有《葛兹·冯·伯利欣根》《少年维特之烦恼》《浮士德》等。

该题考查西方著名人物，是考生需要熟练掌握的高频考点。该题的得分点包括人物背景、地位、主要作品等。建议复习狂飙突进运动、《浮士德》、卡夫卡等相关词条。

54. 雨果（2017 中南大学　名词解释）（2017 四川大学　名词解释）（2020 东北师范大学　名词解释）

雨果是法国代表作家，出生于 19 世纪，是浪漫主义代表作家，被人们称为“法兰西的莎士比亚”。其作品涉及诗歌、小说、剧本、各种散文、文艺评论及政论文章，在法国文坛影响深远。其代表作有长篇小说《巴黎圣母院》《九三年》《悲惨世界》。

该题考查法国著名文学家，得分点包括雨果的代表作、所处时代、所处国家、历史影响等。

55. 普希金（2017 中南大学　名词解释）（2018 四川师范大学　名词解释）

普希金，俄国著名的文学家、诗人、小说家。普希金是俄国 19 世纪浪漫主义文学的重要代表，同时也是俄国现代主义文学的奠基人和现代标准俄语的创始人，被誉为“俄国文学之父”“青铜骑士”“俄国诗歌的太阳”。普希金成就最高的是抒情诗，共 880 首，因此被别林斯基称为“俄国第一个偷到缪斯女神金腰带的人”。其代表作品有抒情诗《自由颂》《窗》、叙事诗《茨冈人》（诗人由浪漫主义向现实主义过渡的标志）、历史悲剧《鲍利斯·戈都诺夫》、诗体小说《叶甫盖尼·奥涅金》等。

56. 拜伦（2016 中南大学　名词解释）（2018 四川师范大学　名词解释）（2020 辽宁大学　名词解释）

拜伦，全名为乔治·戈登·拜伦，英国 19 世纪初期的浪漫主义诗人，他的诗歌富有热情和想象力，被后人誉为“抒情史诗”。他的诗中塑造了一批孤独、高傲、叛逆的“拜伦式英雄”，这些英雄具有作者本人的思想性格特征，对后世的影响很大。拜伦还是一个为理想而战斗的勇士，他参加了希腊民族解放运动，并成了领导人之一。拜伦的代表作有《她走在美丽的光彩里》《唐璜》等。

57. 雪莱（2017 四川大学　名词解释）（2019 东华大学　名词解释）（2018 四川师范大学　名词解释）

雪莱，全名为珀西·比希·雪莱，英国著名的浪漫主义诗人、作家，第一位社会主义诗人、小说家、散文随笔和政论作家，与拜伦并称为英国浪漫主义诗歌的“双子星座”。雪莱被恩格斯称为“天才的预言家”，被马克思称为“彻底的革命者”。雪莱受空想社会主义的影响颇深，其创作的诗歌节奏明快，积极向上，大多体现民主和战斗精神。其代表作品有诗剧《解放了的普罗米修斯》、诗歌《西风颂》《致云雀》等。

58. 黑色幽默（2016 首都经济贸易大学　名词解释）（2019 西南政法大学　名词解释）（2016 武汉科技大学　名词解释）

黑色幽默是 20 世纪后现代主义文学的一个重要流派，在 20 世纪 60 年代的美国风行一时。“黑色幽默”的作家们以喜剧的形式表现悲剧的内容，运用滑稽、夸张、双关、反语等艺术手法，将周围的世界和自我的滑稽、丑恶、畸形、阴暗等放大、扭曲，使其更加荒诞不经，对社会现实的黑暗进行嘲讽和鞭挞。代表作家及作品有约瑟夫·海勒的

《第二十二条军规》，托马斯·品钦的《万有引力之虹》等。

59. 华盛顿·欧文（2019 东华大学 名词解释）

华盛顿·欧文，美国 19 世纪的著名作家、散文家，号称“美国文学之父”。欧文文笔清新自然，优雅精致，时而流露出温和的幽默。他最爱写随笔和短篇小说，作品题材大部分是欧洲游历，著有《见闻札记》《阿尔罕伯拉》、短篇小说《瑞普·凡·温克尔》。其成名作是《纽约外史》，该作品奠定了其在美国文学史上的地位。

60. 雅典娜（2019 华中师范大学 名词解释）

雅典娜，古希腊神话故事中的智慧女神、战争女神、手工艺女神，奥林匹斯十二主神之一。雅典娜是“众神之父”宙斯和智慧女神墨提斯的女儿，但她是从宙斯的头颅里跳出来的。雅典娜是力量与智慧的结合，传授人类纺织、园艺、陶艺、畜牧等技艺和绘画、雕塑、音乐等艺术。她还创立了希腊的第一座法庭，因此也是代表司法正义的女神。

61. 骑士精神（2018 华中师范大学 名词解释）

骑士精神起源于西欧，来源于中世纪欧洲的骑士制度。骑士精神所标榜的是扶弱抑强、尊重女性、忠贞爱情、崇尚武艺、捍卫荣誉，是上层社会的贵族文化精神。它以个人身份的优越感为基础，沉淀着西欧民族远古尚武的精神。

62.《神曲》（2019 湖南科技大学 名词解释）（2018 上海大学 选择题）

《神曲》是文艺复兴时期的伟大诗人但丁的作品。这部作品率先对教会提出批评，是中世纪文学的总结，也是中世纪文学向近代社会（文艺复兴文学）过渡的标志。该作品描述了诗人梦游三界（地狱、炼狱、天堂）的故事，由序曲和《地狱》（33 篇）、《炼狱》（33 篇）、《天堂》（33 篇）三部曲组成。地狱是黑暗的现实世界；炼狱是现实到理想的途径；天堂是光明的理想世界。

63. 马克·吐温（2018 四川师范大学 名词解释）（2017 中山大学 选择题）[1]

马克·吐温，美国著名作家、小说家、幽默大师，19 世纪后期批判现实主义文学的杰出代表，被誉为“美国的文坛巨子”。他的代表作有《加利维拉县有名的跳蛙》《汤姆·索亚历险记》《哈克贝利·费恩历险记》《密西西比河上的生活》《亚瑟王宫廷的康涅狄格州的美国佬》等。

64. 海明威（2018 四川师范大学 名词解释）

海明威，美国 20 世纪著名的小说家、作家、记者，是美国“迷惘的一代”作家中的代表人物，开创了“新闻体”小说。他的笔锋以“文坛硬汉”著称，是美利坚民族的精神丰碑。1954 年他凭借作品《老人与海》获得诺贝尔文学奖。其代表作品还有《太阳照常升起》《永别了，武器》《警钟为谁而鸣》等。

65. 埃兹拉·庞德（2018 四川师范大学 名词解释）（2018 南京大学 名词解释）（2016

1 该校该年考查马克·吐温的作品。

暨南大学 选择题）（2020 武汉大学 选择题）[1]

庞德是美国诗人和文学评论家，意象派诗歌运动的重要代表人物，意象主义运动的发起者。庞德和艾略特同为后期象征主义诗歌的领军人物。他从中国古典诗歌、日本俳句中生发出“诗歌意象”的理论，为东西方诗歌的互相借鉴做出了卓越贡献。庞德翻译过的中国传统文化作品有《诗经》《大学》《论语》《中庸》。

该题考查外国名人知识，这是历年真题的重要考点。对于文学流派人物的名词解释，应当包括人物国籍、职业身份、文学成就、代表作品、人物评价等。需要特别注意的是，人物身处的时代、在文学发展过程中的作用、与人物相关的重要事件的名词解释也需要掌握。建议复习意象主义、浪漫主义、意象派诗歌运动、俳句等相关词条。

66. 多余人（2018 西南科技大学 名词解释）

“多余人”这个说法出自屠格涅夫的《多余人日记》，是 19 世纪 20 至 50 年代俄国文学中所描绘的贵族知识分子的一种典型，最早在《叶甫盖尼·奥涅金》中的主人公奥涅金身上体现。他们出身于贵族，生活优越，受过良好的文化教育。尽管他们有高尚的理想，不满现实，但又远离人民，缺少行动。他们不满现状，却又无力改变现状，成为一个苦闷忧郁的“多余人”。

67. 卡夫卡（2018 重庆大学 名词解释）

卡夫卡，全名为弗朗茨·卡夫卡，表现主义小说作家，开创了现代主义之一的象征手法。其创造的艺术世界被人们称为“卡夫卡式”。其短篇小说本质上是智慧寓言，代表作有《变形记》《饥饿艺术家》，生前未发表的三部长篇小说被称为“孤独三部曲”（《美国》《审判》《城堡》）。

68. 四大吝啬鬼（2018 西南交通大学 名词解释）

欧洲文学史上四个吝啬的经典人物形象，将贪婪吝啬发挥到了极致。这四个人物分别是莎士比亚《威尼斯商人》中的夏洛克；莫里哀《悭吝人》中的阿巴贡；巴尔扎克《守财奴》中的欧也妮·葛朗台；果戈理《死魂灵》中的泼留希金。他们年龄相仿，脾气相似，在对利益的追逐过程中，丧失理智与人性，并将愚蠢、卑鄙的黑暗面表现得淋漓尽致。

69. 现实主义（2018 长沙理工大学 名词解释）

现实主义，关心现实和实际，是文学批评和文学研究中的常见术语之一，最早出现在 18 世纪德国的剧作家席勒的理论著作中，但作为一种文学流派、文艺思潮和创作方法则首先出现在法国。现实主义的作品一般具有三个特点，即细节的真实性、形象的典型性和具体描写方式的客观性。代表作家及作品有司汤达的《红与黑》、巴尔扎克的《人间喜剧》、莫泊桑的《羊脂球》等。

70. 威廉·布莱克（2018 湖南师范大学 名词解释）

1　该校该年考查庞德翻译的中国文化作品。

威廉·布莱克，英国第一位重要的浪漫主义诗人、画家、雕刻家。其早期作品简洁明快，简单易懂；中后期充满神秘。其诗歌具有宗教性、预言性、哲理性和艺术性。其代表作有《擦烟囱的少年》《病玫瑰》《天真的预言》等。

71.《红与黑》（2018 湖南师范大学 名词解释）

《红与黑》是法国著名现实主义作家司汤达创作的长篇小说。该作品讲述了主人公于连与市长夫人通奸，事情败露后进入神学院，后得侯爵重用并与侯爵女儿有了私情，结果被市长写信揭发毁掉前程，气愤之下开枪击杀了市长，最后被判处死刑的故事。《红与黑》是 19 世纪欧洲批判现实主义文学的奠基之作，专注于人物的心理描写和内心世界，开创了后世意识流小说和心理小说的先河。

72. 川端康成（2018 南开大学 名词解释）

川端康成，日本著名小说家，出生于大阪，是日本文学界“泰斗级”人物，新感觉派作家。1968 年，他获得诺贝尔文学奖，是亚洲第三位获诺贝尔文学奖的人。他的作品善于抒情表达，受佛教思想和虚无主义的影响较多，善用意识流写法展示人物的内心世界。他的代表作品有《雪国》《古都》《千只鹤》《伊豆的舞女》。

该题考查外国文学人物知识，这是历年真题的高频考点，考生应重点掌握。对于作家人物的名词解释，应当包括人物国籍、职业身份、主要成就、代表作品、人物及作品评价等。建议复习诺贝尔文学奖、莫言、詹姆斯·艾利森、本庶佑等相关词条。

73. 亨利·詹姆斯的作品（2018 中山大学 选择题）

亨利·詹姆斯是美国著名的小说家、文学批评家、剧作家和散文家。他开创了西方现代心理分析小说的先河，对 20 世纪崛起的现代派和后现代派文学有着巨大的影响力。《黛西·密勒》《一位女士的画像》《鸽翼》《使节》《金碗》均为亨利·詹姆斯的主要代表作品。

74. 世界三大短篇小说巨匠（2018 中山大学 选择题）

世界三大短篇小说巨匠为法国的莫泊桑、俄国的契诃夫和美国的欧·亨利。莫泊桑擅长从平凡琐屑的事物中以小见大地概括出生活的真实；契诃夫创造了一种言简意赅、风格独特的抒情心理小说；欧·亨利擅长描写美国社会的生活，语言诙谐，结局往往出人意料，被称为“欧·亨利式结尾”。

75. 村上春树（2016 暨南大学 名词解释）（2017 四川大学 名词解释）（2016 重庆大学 名词解释）（2017 青岛大学 名词解释）

村上春树是日本文坛最具代表性的作家之一，曾多次获得诺贝尔文学奖提名。其小说准确而又含蓄地传递出日本青年孤独、哀愁的情绪，其作品抒情意味浓厚，忧郁唯美。其代表作有《挪威的森林》《且听风吟》《海边的卡夫卡》。

该题考查诺贝尔奖的相关人物，这是各大高校考查的重点，建议熟练背诵。该题的得分点包括人物地位、成就、影响、代表作等。建议复习《且听风吟》、石黑一雄、

《挪威的森林》等相关词条。

76. Alfred Tennyson（阿尔弗雷德·丁尼生）（2019 扬州大学　选择题）

Alfred Tennyson（阿尔弗雷德·丁尼生），英国维多利亚时期最有名及最具特色的诗人。他的短篇抒情诗对英国景色和自然风光的描写十分出色，除此以外还浓缩了英国中产阶级的各种偏见和道德主张。*Break*，*Break*，*Break* 这首诗是他于 1834 年为悼念英年早逝的朋友哈勒姆而创作的，是英国文学中最伟大的挽歌之一。其余代表作还有《伊诺克·阿登》《亚瑟王之死》等。

77. "art for art's sake" 的主张（2019 扬州大学　选择题）

"art for art's sake（为艺术而艺术）"是英国唯美主义艺术运动的倡导者，著名的作家、诗人 Oscar Wilde（奥斯卡·王尔德）的主张。在王尔德的眼里，艺术除了表现它自身，不表现其他任何东西。艺术的途径和目的也是两个世界的东西，作品的价值在于艺术形式的完美，与社会伦理道德无关。

78. 阿·托尔斯泰（2018 南京航空航天大学　选择题）

阿·托尔斯泰，一位跨越了沙俄和苏联两个历史时期的俄罗斯作家，在象征主义的影响下开始文学创作。他早年沉迷于象征派诗歌，1911 年后转向现实主义小说创作。他善于描绘大规模的群众场面，安排复杂的情节结构，塑造各种不同类型的人物形象，是俄罗斯文学的语言大师。其代表作有小说《苦难的历程》、诗集《抒情诗》《蓝色河流后面》。

79. 詹姆斯·乔伊斯（2019 辽宁大学　名词解释）

詹姆斯·乔伊斯，爱尔兰作家、诗人，20 世纪最伟大的作家之一，也是后现代文学的奠基者之一。他擅长对人物的内心进行细致刻画，其写作语言变化多端。他的作品及意识流思想对世界文坛的影响巨大，他的大部分作品都以爱尔兰为背景和主题。其代表作品有《都柏林人》《尤利西斯》。

该题考查西方文学部分。作答时主要从人物身份、成就、评价、写作特点、代表作品等方面入手。

80. 布鲁诺（2018 国际关系学院　名词解释）

布鲁诺，全名为乔尔丹诺·布鲁诺，意大利哲学家、自然科学家，文艺复兴时期捍卫科学真理的殉道士，代表作为《论无限宇宙和世界》《诺亚方舟》。他因在文艺复兴时期勇敢无畏地宣扬发展哥白尼的日心说，反对教会与经院哲学，被宗教裁判所判为"异端"，最终在罗马鲜花广场被活活烧死。布鲁诺是思想自由的象征，为西方的思想解放做出了重大贡献。

该题考查外国历史名人。答题时应涵盖人物全名、国籍、主要成就、代表作、历史地位等方面。备考时可拓展复习西方文艺复兴时期的代表人物及其主要成就等知识，这是翻硕百科知识考试的高频考点。

第三章　历史知识

第一节　中国历史知识

一、史前史

1. 中国的奴隶社会（2019 扬州大学　选择题）

中国的奴隶社会包括夏、商、西周、春秋四个阶段。奴隶社会形成于夏，发展于商，强盛于西周，瓦解于春秋。

2. 中国传统政治制度的鲜明特点（2019 扬州大学　选择题）

中国传统政治制度重伦理、礼仪道德、等级制度、尊君、重民养民等。

3. 人文始祖（2018 辽宁大学　名词解释）

人文始祖指开拓人文文化，对中华文明的进步发展有过巨大贡献的人，一般指炎帝与黄帝。炎帝，号神农氏，是原居住在我国西方的一个部落的首领。黄帝，号轩辕氏，是原居住在我国西北的一个部落的首领。黄帝与炎帝的部落通过战争与融合，在定居中原后，共同开发黄河中下游的两岸，形成了日后的华夏族，因此，炎帝和黄帝被尊为华夏族的人文始祖。

该题考查中国传统文化部分的知识。作答时应介绍清楚人文始祖的定义以及包括的人物等。

二、中国古代史

1. 官渡之战（2020 北京外国语大学　名词解释）

官渡之战是东汉末年发生的“三大战役”之一，也是中国历史上著名的以弱胜强的战役之一。在该战役中，曹军与袁军相持于官渡，展开战略决战，曹操奇袭袁军位于乌巢的粮仓，继而击溃袁军主力。此战曹军的胜利不是偶然的，袁绍与曹操之间的兼并战争，虽属于封建割据势力之间的争斗，但它实现了地区统一，客观上符合人民的愿望。

该题考查历史事件。考生可从发生时间、事件内容、意义等方面作答。中国历史上以少胜多的战役不太多，建议考生将此作为一个复习方向。

2.《伤寒杂病论》（2020 北京外国语大学　名词解释）

《伤寒杂病论》为东汉张仲景所著，是中国第一部理、法、方、药皆备，理论联系实际的中医临床著作。中医所说的伤寒实际上是一切外感病的总称，包括瘟疫这种传染病。因为历史因素，本书原貌不复可见，后世分成《伤寒论》与《金匮要略》两书分别流通。该书是集秦汉以来医药理论之大成，并广泛应用于医疗实践的专书，是我国医学史上影响最大的古典医学著作之一，也是我国第一部临床治疗学方面的巨著。此书被认为是汉医学之内科学经典，奠定了中医学的基础。

该题考查医学典籍。考生可从作者、特点、内容、地位等方面作答。著作类词条一般难度不大，考生平常积累一些重要著作即可。北京外国语大学百科考试不常考查比较生僻的作品。

3. 文景之治（2019 北京外国语大学　名词解释）[1]（2016、2018 东华大学　名词解释）（2019 湖南科技大学　名词解释）

“文景”分别指中国汉朝的汉文帝和汉景帝。汉文帝刘恒是刘邦第四子，在位 23 年，享年 46 岁，庙号太宗，其正式谥号为“孝文皇帝”，后世省略“孝”字，称其为“汉文帝”。汉文帝在位时，生活节俭，奉行“轻徭薄赋”“休养生息”等政策。汉景帝刘启为西汉第六位皇帝，在位 16 年，享年 48 岁，其正式谥号为“孝景皇帝”，后世省略“孝”字，称其为“汉景帝”。汉景帝在位期间，削诸侯封地，平定七国之乱，巩固中央集权，勤俭治国，发展生产。他统治的时期和他父亲汉文帝统治的时期合称为“文景之治”。

该题考查历史名词。考生可从内涵、涉及的人物（身份、事迹）等方面作答，建议考生对历史上重要的盛世进行总结，如“贞观之治”“开元盛世”等。

4. 安史之乱中的“安史”（2019 北京外国语大学　名词解释）

安史之乱中的“安史”指安禄山与史思明。安禄山本姓康，字轧荦山，营州柳城人。安禄山是唐代藩镇割据势力之一的最初建立者，也是安史之乱的主要发动人之一。他建立了燕政权，年号圣武。史思明为突厥或昭武九姓的粟特人，初名窣干，其貌不扬，懂六种蕃语。他与安禄山同岁，也是同乡，受安禄山提拔担任平卢节度使，后来一起发动了安史之乱。安禄山死后，史思明杀死其子安庆绪，称燕昭武帝。史思明与安禄山被胡人尊称为“二圣”，加上安禄山之子安庆绪，史思明之子史朝义，合称为“安史四圣”。

该题考查历史事件中的人物。考生可从人物的基本情况及其作为等方面作答。像这类题目，如果可以答出“安史”指代哪两个人，可获得约一半的分数，再对人物进行简要介绍，即可获得更高的分数。

5. 乾嘉之学中的“乾嘉”（2019 北京外国语大学　名词解释）

乾嘉之学中的“乾嘉”指清朝的乾隆和嘉庆两位皇帝。乾隆是清朝清高宗爱新觉

1　该校该年考查“文景之治”中的“文景”。

罗·弘历的年号，寓意为“天道昌隆”，是全中国范围内使用时间第二长的年号，仅次于康熙。嘉庆是清朝第七位、清军入关后第五位皇帝清仁宗爱新觉罗·颙琰的年号，共使用二十五年。由于在乾隆、嘉庆两朝时期，以考据为治学的学术研究达到鼎盛，故得此名。

该题考查古代君主。考生需要指出该名词代表的皇帝，正确表述可获得约一半的分数，再对人物进行简要介绍（如年号、朝代、政绩等）即可。

6. 郑和下西洋（2019 西安外国语大学 名词解释）（2018 东北师范大学 名词解释）（2018 上海对外经贸大学 名词解释）（2018 上海大学 名词解释）（2019 上海大学 选择题）

郑和下西洋是明朝初年的一场海上远航活动。明成祖朱棣命郑和率领 200 多艘海船、2.7 万多人远航西太平洋和印度洋，拜访了 30 多个国家和地区，最远到达非洲东海岸和红海沿岸。郑和下西洋是中国古代规模最大、船只最多、海员最多、时间最久的海上航行，比欧洲国家开始航海的时间早半个多世纪，是明朝国力强盛的直接体现。郑和下西洋为促进中国与东南亚、印度、阿拉伯和东非各国人民的友好往来做出了卓越的贡献。它是明朝政治、经济以及综合国力强盛的标志。

该题考查郑和下西洋。答题时需详细阐明郑和下西洋这一历史事件、所处朝代、历史意义及深远影响等。

7. 纵横（2018 对外经济贸易大学 选择题）（2019 武汉科技大学 名词解释）[1]

纵横，即合纵连横，是战国时期纵横家所宣扬并推行的外交和军事政策。“纵者，合众弱以攻一强也；横者，事一强以攻众弱也。”合纵连横的实质是战国时期的各大国为拉拢其他国家而进行的外交、军事斗争。合纵的目的在于联合许多弱国抵抗一个强国，以防止强国的兼并。合纵派的代表人物是苏秦和公孙衍。连横的目的在于侍奉一个强国并以它为靠山从而进攻另外一些弱国，以达到兼并和扩张土地的目的。连横派的代表人物是张仪。

8. 科举制度（2018 对外经济贸易大学 选择题）（2020 东北师范大学 名词解释）

科举制度是中国古代考试选拔官吏的制度，开始于隋朝。科举制度的主要考试都是定期举行的。在封建时代，科举制是一种最公平的选举方式，它既为统治者广纳贤才，同时又推动了中国古代社会的发展，具有进步意义。科举制的三级考试分别是：乡试、会试、殿试。乡试在省城举行，考后发布正、副榜，正榜所取的叫举人，第一名叫解（jiè）元，第二名至第十名称为亚元。会试在京城举行，录取三百名为贡士，第一名叫会元。殿试是皇帝主持的考试。参加殿试的是贡士，取中后统称为进士。殿试分三甲录取，第一甲录取三名，第一名俗称状元，第二名俗称榜眼，第三名俗称探花，合称为

1 该校该年考查“纵横家”。

“三鼎甲”。

9. 靖难之役（2018 对外经济贸易大学 选择题）

靖难之役，又称靖难之变，是建文元年（1399 年）到建文四年（1402 年）明朝统治阶级内部争夺帝位的战争。明太祖朱元璋第四子朱棣起兵反抗削藩，随后挥师南下，战乱中建文帝下落不明。同年，朱棣即位，是为明成祖。

10. 毛笔的发明者（2018 对外经济贸易大学 选择题）

毛笔的发明者是秦朝时期的蒙恬。秦统一六国后，蒙恬率军击溃匈奴，收复了大片土地。当时秦始皇军纪很严，凡重大军情均限时呈报，延误者都以极刑处置。蒙恬为奏报战情，就急中生智发明了毛笔。

11. 丝绸之路（2018 山东大学 名词解释）（2020 武汉大学 选择题）（2020 南开大学 名词解释）（2018 上海对外经贸大学 名词解释）（2020 上海大学 选择题）（2019 上海大学 名词解释）（2019 湖南科技大学 名词解释）（2018、2019 西南科技大学 名词解释）（2016 山东建筑大学 名词解释）（2016 北京语言大学 名词解释）（2018 对外经济贸易大学 选择题）（2016 中南大学 名词解释）（2020 北京外国语大学 名词解释）

丝绸之路指起始于中国，连接亚洲、非洲和欧洲的古代商业贸易路线，简称丝路。狭义上一般指陆上丝绸之路，广义上还包括海上丝绸之路。陆上丝绸之路是由西汉时张骞出使西域开辟的以首都长安（今西安）为起点，经甘肃、新疆，到中亚、西亚，并连接地中海各国的陆上通道，是一条东方与西方之间经济、政治、文化进行交流的主要道路。海上丝绸之路是指从广州、泉州等沿海城市出发，经南洋到阿拉伯海，甚至远至非洲东海岸的一条古代中国与外国交通贸易和文化交往的海上通道。它萌芽于商周，发展于春秋战国，形成于秦汉，兴盛于唐宋，转变于明清，是已知的最古老的海上航线。

该题考查历史知识，得分点包括定义、起始路线、形成和发展时间、意义、陆上丝绸之路以及海上丝绸之路。建议复习“一带一路”、郑和下西洋等相关词条。

12. 太监（2018、2020 宁波大学 名词解释）

太监是中国古代的官名。最早出现于北魏，为女官称号；唐代时为外朝官职大监的别称；宋代为高级女官职称；辽代是政府高级职位的名称；明朝时，由于太监职位常由宦官担任，于是“太监”变成了高级宦官的称谓；清朝时，成了宦官的统称。1912 年清朝覆灭后，太监开始消失。代表人物有改进造纸术的蔡伦、七次下西洋的郑和等。

该题考查古代官职。考生可从起源、发展、代表人物等方面作答。注意明朝时期宦官制度最为发达，甚至出现了宦官专权乱政的祸事，建议了解一下明朝的宦官制度。

13. 四品（2018、2020 宁波大学 名词解释）

四品是中国古代官位级别，分为正四品和从四品两个官阶。明朝时期，郑和任内官监太监时，官至四品，地位仅次于司礼监。

该题考查古代官位级别。注意宁波大学的百科词条是从文本中选取的，该词条所在文本聚焦明朝，所以建议考生答题时不仅要解释四品，还要结合该题背景，适度补充与词条所在文本相关的内容，如郑和（明朝有名的太监）曾官至四品。

14. 优贡（2020 宁波大学 名词解释）

优贡是清代科举制度中五类贡生之一，这五类都是正途出身资格。优贡是每三年由各省学政从儒学生员中考选一次，每个省只有数名，也没有录用条例。同治年间规定，优贡经廷试后可按知县、教职分别任用。

该题考查科举贡生的相关知识。考生可从定义、名额、录取过程等方面作答。建议考生积累其他四类贡生的相关知识，这有可能成为明年的命题方向。

15. 顺天府（2020 宁波大学 名词解释）

顺天府是中国明清行政区划单位之一，相当于现在中华人民共和国的首都北京市市区，但管辖面积不同。它也可指该地区的地方政府衙门，相当于现今北京市政府。作为中国古代首都的最高地方行政机关，顺天府府尹的地位特别显赫，品级为正三品，高出一般的知府。

该题考查中国古代行政单位。考生可从定义、地位、职能、官吏等方面作答。建议考生积累和北京有关的历史名词，这有可能成为明年的命题方向。

16. 刑部郎中（2020 宁波大学 名词解释）

刑部郎中是中国古代的官名，是分掌刑部事务的官员，官阶为从五品，是地位仅次于丞相、尚书、侍郎的高级官员。

该题考查古代官职。考生准确答出该官职的行政事务和官阶即可得分。注意区分该职位和“侍郎”不是一个概念。从严格意义上说，“刑部郎中”和“侍郎”是两种官职。

17. 举人（2020 宁波大学 名词解释）

举人是一种士人的身份，等级在生员之上，雅称“孝廉”“发解”“发达”“乡进士”“乡先进”“乡进”等。汉代没有考试，都是由郡太守、诸侯举荐贤士。被举荐的人被称为举人。唐、宋时称可以应进士考试者为举人。明、清时，则称乡试中试者为举人，也称为“大会状”“大春元”。

该题考查士人身份。注意本词并不局限于某一朝代，而是从汉朝一直沿用到明清，不过其内涵有所变化，考生需要大致答出这一名词在各个朝代的不同含义才可得分。

18. 疆寄（2020 宁波大学 名词解释）

疆寄是疆臣寄政的简称，即被赋予全权的地方高级官吏。清朝大官李鸿章曾身膺疆寄数十年。

本词难度系数较高，如果考前未积累这一点，几乎无法猜测出来其意思，算是百科知识题中最难的一个词条，考生准确解释出其含义即可，可以适度扩展更好，但这一点不做强制要求。

19. 吏部侍郎（2019 宁波大学 名词解释）

吏部侍郎是吏部副长官，它在明代为正三品，在清代为从二品。在吏部，其职位仅次于尚书。其职责为主管官吏任免、考课、升降、调动等事。

该题考查古代官职，得分点包括含义、官阶及职责等。

20. 县尉（2019 宁波大学 名词解释）

县尉是一种官名，位在县令或县长之下，主管治安（相当于公安局局长）。县尉是唐代县级政府中的重要官员，于秦汉时期流传。

该题考查古代官职，得分点包括含义、职责及流传时期等。

21. 乡试（2019 宁波大学 名词解释）

乡试是中国古代科举考试之一。唐宋时称“乡贡”“解试”。乡试的举行时间为每年的八月。明、清两代定为每三年一次。各省主考官均由皇帝钦派。中试者称为“举人”，第一名称为“解元”，第二名称为“亚元”。凡中试者均可于京师参加会试。

该题考查科举制度，得分点包括含义、举行时间、具体内容等。

22. 夷狄（2018 宁波大学 名词解释）

古称东方部族为夷，北方部族为狄。夷狄常用以泛称除华夏民族之外的各族，出自《论语》。

该题考查古代文化知识，得分点包括释义及出处等。

23. 宋祚（2018 宁波大学 名词解释）

“宋”意为宋朝，“祚”意为福运或君主的位置。“宋祚”指宋朝的国运。

该题考查古代文化知识，得分点包括释义及内涵等。

24. 天运（2018 宁波大学 名词解释）

天运指上天赋予国家民族及个人的命运。天运宣扬“生死有命，富贵在天”“君权神授”，意在维护国家秩序和统治阶级的稳定。

该题考查古代文化知识，得分点包括内涵释义、意义影响等。

25. 礼义（2018 宁波大学 名词解释）

礼义指礼法道义，同“礼仪”，即人们在日常生活中需要遵循的行为规范和道德准则。

该题考查古代文化知识，得分点包括释义及内涵等。

26. 中夏（2018 宁波大学 名词解释）

中夏指华夏，即古代的中原地区。“夏”为中国历史上第一个王朝的名称，后亦将“夏”作为古代中原地区的居民的自称。

该题考查古代文化知识，得分点包括释义及内涵等。

27. 扬一益二的“益”（2020 上海大学 选择题）

“益”指成都。唐朝时，长江流域的商业城市以扬州、益州（成都）为两个中心。安史之乱以后，北方的经济地位下降，长江流域的地位上升。扬州、益州成为全国最繁华的工商业城市，经济地位超过了长安、洛阳。所以有“天下之盛，扬为首”的说法，益州物产富饶，所以当时谚语称“扬一益二”。

28. 台湾地区在三国时期的古名（2018 上海大学 选择题）

台湾地区在三国时期被称作“夷洲”；在春秋战国时期被称为“岛夷”；秦朝时被称为“瀛州”；隋朝至元朝时被称为“流求”。

29.“独尊儒术”与汉武帝（2019 扬州大学 选择题）

汉武帝时期实施“罢黜百家，独尊儒术”的统治思想，将董仲舒的“大一统”儒家思想作为国家统治意识形态的指导，强调儒法并用，使汉代中期的社会整合与控制极具效力，也使汉代的政治、经济与文化达到前所未有的水平。

30. 实行“书同文”政策的朝代（2019 扬州大学 选择题）

秦始皇统一中原之前，列国文字很不统一，一样的文字有几种不同的写法。为了方便各地文化交流以及中央政府政策法令的有效推行，秦始皇一统中原建立秦朝后，采取了“书同文”的政策，即将文字统一为小篆。

31. 西藏正式成为中国的一个行政区的时期（2018 南京航空航天大学 选择题）

公元 1271 年，忽必烈定国号为元，并于 1279 年统一中原，建立了统一的中央政权，西藏成为中国元朝中央政府直接治理的一个行政区域。元朝在中央设置宣政院，专门管理藏族地区事务，标志着西藏正式成为中国的一个行政区。

32. 宦官专权（2018 南京航空航天大学 选择题）

宦官专权是皇权旁落，皇权与相权、皇帝与朝臣、中央与地方矛盾斗争的结果，其实质是封建皇权的变形和延伸。宦官又多是统治阶级中最腐朽、最反动的代表，其专权极易导致统治阶级内部矛盾激化，使政治更加黑暗，进而导致农民起义爆发，最终旧王朝覆亡。可以说，宦官专权主要依附于封建专制制度的产生和发展，又加速了封建专制制度下中央集权的腐败和王朝的灭亡。

33. 外戚专权（2018 南京航空航天大学 选择题）

外戚专权是封建社会常有的历史现象，外戚作为一个强有力的政治集团而存在，在封建政治历史上占有重要的地位。外戚及外戚专权的存在与封建专制制度密切相关。随着皇权的不断加强，皇帝的猜忌心理不断地发展，总认为用自己亲近的人比较可靠，所以外戚就成为不二的人选。外戚在参与政治活动的过程中获得了差不多与王权或皇权相等的权利，当王或皇帝的权力被架空时，就产生了外戚专权。

34. 丞相专权（2018 南京航空航天大学 选择题）

虽然皇权专制，但全国繁多的事务不可能由君主全部亲自过问，因此便需要有人协助处理军政大事，由此丞相一职便产生。相权与皇权是封建专制主义中央集权制中的一对基本矛盾，是此消彼长的。丞相专权的根本原因是皇权专制。总的来说，宦官专权、外戚专权、丞相专权的根本原因都要从社会制度本身去思考，即皇权专制的封建专制制度是产生这种弊端的温床。

35. 长安（2020 辽宁大学 名词解释）

西安的古称，周文王时就定都于此。长安是十三朝古都，是中国历史上建都朝代最多、建都时间最长的都城，居中国四大古都之首，同时它还是陆上丝绸之路的起点，是中华文明的发祥地、中华民族的摇篮。其灿烂夺目的文化和悠久的历史吸引了众多国内外游客，因此西安如今也是国际著名的旅游城市。

该题考查对地名的解释。作答时可以从该地在历史上和当代的政治、经济、文化等方面的地位入手进行解释。

36. 贞观之治（2020 辽宁大学 名词解释）（2017 重庆邮电大学 名词解释）（2018 贵州财经大学 名词解释）（2018 广西师范大学 名词解释）

贞观之治指唐朝初年，唐太宗在位期间出现的政治清明、社会稳定、经济发展、文化繁荣的治世局面。唐太宗李世民即位后，悉心总结了隋朝灭亡的经验教训，重视发展生产，以农为本，厉行节约，并且知人善用，虚心纳谏，因此成就了唐朝的第一个治世，为后来的开元盛世奠定了重要基础，将中国的传统农业社会推向鼎盛时期。因唐太宗在位时年号为“贞观”，故史称“贞观之治”。

该题考查中国古代历史部分。作答时要写明该文化名词的含义、具体内容、涉及人物、意义、影响等。

37. 三国时期（2019 辽宁大学 名词解释）

三国时期指中国汉朝与晋朝之间的一段历史时期，时间为 220 年至 280 年，分为曹魏、蜀汉、东吴三个政权。赤壁之战中，曹操被孙权和刘备联军击败，形成三国鼎立的雏形。220 年曹丕篡汉称帝，国号“魏”，史称曹魏，三国历史正式开始。221 年刘备称帝，定都成都，史称蜀汉。229 年孙权称帝，定都建邺，国号“吴”，史称东吴。至此，三国鼎立的局面正式形成。280 年，西晋灭东吴，统一中国，三国时期结束。

该题考查中国古代历史。往年真题中也出现过朝代解释的题目，考生需要多留心这部分的复习。作答时一般多从起始时间、开国皇帝、相关史实、政治、经济、文化、发展状况、覆灭原因等方面入手。

38. 冕（2018 辽宁大学 名词解释）

冕是中国古代帝王及地位在大夫以上的官员们戴的礼帽，后专指帝王的皇冠。外黑色，里朱红色。冕顶有长方板，前圆后方，盖谓天圆地方，称为延，后高前低，略向前倾。延之前端缀有数串小圆玉，谓之旒。冕加在发髻上，并横插一玉笄，以别住冕。南北朝以后，只有帝王可以戴冕，因此用以专称皇帝的礼冠。

该题考查中国传统文化部分的知识。作答时除定义以外，还可以对冕的外形做一些描述。

39. 诸侯（2018 辽宁大学 名词解释）

诸侯是古代分封制中各方君主的统称。诸侯来源于分封制，其最早可以追溯到西周时期。王族、功臣和贵族被授予土地和人民，由此建立起自己的领地，他们的职责是拱卫王室。封国的面积有大有小，封国国君的爵位也各有不同。诸侯要听从周王室的指挥命令，并按期纳贡，有随同周王室作战的责任。

该题考查中国传统文化部分的知识。作答时要写明定义以及来源等。

40. 唐代科举制（2020 南京理工大学 选择题）

唐代科举制分为常举和制举两种。常举是指每年分科举行的科举；制举是指由皇帝临时下诏举行的科举。常举和制举在选拔人才的目的上有所不同，因此考生来源和考试方法也有很大区别。常举以其长期性和固定性成了科举考试中最为重要的部分。

41. 中国六大古都（2020 南京理工大学 选择题）

我国六大古都分别是西安、洛阳、开封、杭州、南京、北京。古都指的是古代王朝的政治中心，一般也是其经济和文化中心，它的设置比较稳定。随着国家政治、经济的发展需要，京都会迁往更合适的地方。五千年的发展历程，朝代更替。在漫长的历史进程中，厚重的历史文化为中国留下了著名的六座历史都城，统称为中国六大古都。

42. 春秋五霸中最先取得霸主地位的国家（2018 南京理工大学 选择题）

历史上对“春秋五霸”有两种不同的说法：一说“五霸”是指齐桓公、宋襄公、晋文公、秦穆公和楚庄王；另一说“五霸”是指齐桓公、晋文公、楚庄王、吴王阖闾和越王勾践。第一种说法比较常见。不管是哪种说法，首霸都没有争议。历史上齐桓公任用管仲为相，在政治、经济上做了一系列改革，使齐国强大起来，促进了国家的统一。公元前 651 年，他大会诸侯于葵丘（今河南考城），订立盟约，“九合诸侯，一匡天下”，成为中原第一个霸主。

43. 康乾时期成为新兴丝织业中心的城市（2018 南京理工大学 选择题）

从明中期到清初，是中国封建社会最后一个繁荣时期。在清朝的康熙到乾隆年间，经济迅速发展，国力空前强盛，史称“康乾盛世”。苏州是明朝的丝织业中心，南京在清朝后来居上，在康乾时期成为新兴丝织业的中心。

44. 宋朝商业繁荣的表现（2018 南京理工大学 选择题）

宋朝商业繁荣有以下几种表现：一是城市商业繁荣，城市突破了市坊的界限，北宋的都城汴京还出现了早市和夜市；二是农村市场繁荣，形成了“草市—市镇—城市”三级市场网络体系，宋代还出现了四大商业名镇；三是北宋时期，四川出现了世界上最早的纸币——交子；四是到了南宋时期，海外贸易繁荣，成为政府财政收入的主要来源。

45. 八旗制度（2019 北京航空航天大学 名词解释）

清太祖努尔哈赤随着势力的增强，为便于军队的管理，以旗帜的颜色为名建立了正黄、正白、正红、正蓝四旗。后为适应满族社会发展的需要，在原有的四旗的基础上又新增镶黄、镶白、镶红、镶蓝四旗。其制度特点是以旗统人，凡隶属于八旗者皆可以为兵。由皇帝直接控制的镶黄、正黄、正白为上三旗，诸王、贝勒统辖的正红、镶红、正蓝、镶蓝、镶白为下五旗。

46. 安史之乱（2017、2019 东华大学 名词解释）

安史之乱是唐玄宗、肃宗时期由边镇守将安禄山与史思明两人发动的一场政治叛乱，始于公元 755 年 12 月，结束于公元 763 年。虽然乱事最终得以平定，但藩镇割据局面形成，唐朝由盛转衰，对中国后世的政治、经济、文化等方面产生了深远而巨大的影响。

47. 焚书坑儒（2018 东华大学 名词解释）

焚书坑儒即焚诗书，坑术士，西汉之后称为“焚书坑儒”，发生在公元前 213 年和公元前 212 年。“焚书坑儒”的实质其实是统一思想的运动，意在排除不同的政治思想和见解，维护统一的集权政治。该运动虽然维持了秦朝的统治，但遏制了人们的思想，也加速了政权的灭亡。

48. 文字狱（2018 东华大学 名词解释）

文字狱也称文祸、笔祸，指知识分子因文字而遭牢狱之灾。我国古代的文字狱以清代最甚，其目的是压制汉人的民族反抗意识，树立清朝的统治权威，本质上是为了加强中央集权的统治。文字狱给思想文化、士人风气带来了恶劣的影响，销毁了无数珍贵的历史文化典籍。

49. 张骞（2019 湖南科技大学 名词解释）

张骞，西汉时期杰出的外交家、旅行家、探险家，丝绸之路的开拓者，第一个睁开眼睛看世界的中国人。公元前 139 年，张骞奉汉武帝之命率领一百多人出使西域，打通了汉朝通往西域的南北通道，促进了东西方文化、经济的交流和发展，为中国汉代及后世的对外开放奠定了坚实的基础。司马迁称赞张骞出使西域为“凿空”（意为开通大道）。

50. 郑和（2019 湖南科技大学 名词解释）

郑和，原名马和、马三保，明朝太监，中国古代著名的航海家、外交家，曾官至四品。公元 1404 年因立下赫赫战功，明成祖朱棣赐“郑”字给马和作姓，史称“郑和”。公元 1405 年到 1433 年，郑和七次下西洋，完成了人类历史上伟大的航海壮举，有利于发展海外贸易和传播中华文明。

51. 明成祖（2018、2020 宁波大学 名词解释）

明成祖是明朝第三位皇帝朱棣的庙号，其在位二十二年，年号永乐，也称永乐帝。他统治的时期被称为永乐盛世。他的政绩包括改善明朝的政治制度、发展经济、编修《永乐大典》、派遣郑和下西洋等。但他强化了太祖以来的专制统治，加强锦衣卫并成立东厂，重用宦官，给明朝中叶后的宦官专政留下了祸根。

该题考查中国古代有名的皇帝。考生可从基本信息、政绩及带来的影响等方面作答。

52. 康熙（2020 宁波大学 名词解释）

康熙是清朝入关后的第二位皇帝——清圣祖玄烨的年号，前后共使用 61 年。康熙在位期间，注重缓和阶级矛盾，采取“轻徭薄赋、与民生息”的农业政策，努力调和满汉关系，尊崇儒学，等等。此间，中国社会出现了“天下初安，四海承平”的相对稳定的局面，为开启百余年的康雍乾盛世奠定了坚实的基础。

该题考查康熙皇帝的相关知识。考生可从身份、朝代、功绩等方面作答。在解释人物名词时，建议在最后客观地表述对人物的相关评价。

53. 顾炎武（2020 北京第二外国语学院 名词解释）（2018 暨南大学 选择题）

顾炎武，南直隶昆山人，本名绛，字忠清、宁人。顾炎武是明末清初的杰出思想家、经学家、史地学家，与黄宗羲、王夫之并称为明末清初“三大儒”。著有《日知录》《天下郡国利病书》等书。他在众多学术领域的成就，终结了晚明空疏的学风，开启了一代朴实学风的先路，给清代学者带来了极为有益的影响。

该题考查顾炎武，得分点包括顾炎武的字、朝代、主要作品、历史地位及影响等。

54. “一贯”的铜币数量（2019 上海大学 选择题）

一贯是指一千枚铜钱。贯的原意是绳子，后来因为古人把铜钱穿在绳子上，所以成了钱的单位，一般一千枚铜钱称为一贯。

三、中国近代史

1. 改良主义（2019 南京师范大学 名词解释）

改良主义是一种政治思想，产生于 19 世纪中叶，一般是作为暴力革命对立面出现的。改良主义排斥一切暴力革命，主张以温和的手段在细枝末节上对原有的体系制度进行补充修订。改良主义宣扬阶级合作，主张在保存资本主义制度的前提下，实行局部微小的社会改良。

该题考查人文历史，题目比较简单，复习政治近代史纲要时稍加留心，类似的名词解释就不难作答。此外，复习政治时要留心一些著名历史事件、人物等以及新颁布的一些政策，这些都有可能在汉语写作与百科知识的考试中以名词解释的形式出现，比如：2017 年南京师范大学考查了孙中山、辛亥革命、半殖民地半封建社会、中国梦、封建君主专制。该题的得分点包括时间、主张、作用以及代表人物等。建议复习梁启超、暴力革命、修正主义等。

2.《辛丑条约》（2018 对外经济贸易大学 选择题）

1900 年（庚子年），中国的义和团运动在中外势力的联合绞杀下宣告失败。清政府与德、法、俄、英、美、日等 11 国驻华公使，于 1901 年 9 月 7 日在北京签订了《解决 1900 年动乱最后议定书》，即《辛丑条约》。该条约标志着清政府完全成为帝国主义统治中国的工具，中国彻底沦为半殖民地半封建社会。

3. 新文化运动（2020 东北师范大学　名词解释）（2019 北京航空航天大学　名词解释）（2017 中南大学　名词解释）

新文化运动是由陈独秀、李大钊、鲁迅、胡适等发起的一次“反传统、反孔教、反文言”的思想文化革新、文学革命运动。这场运动开始于 1915 年，提倡民主与科学，反对封建文化，沉重地打击了统治中国 2 000 多年的传统礼教，促进了人们的觉醒，推动了现代科学在中国的发展，为马克思主义在中国的传播和五四爱国运动的爆发奠定了思想基础。

该题考查中国重大历史事件，得分点包括新文化运动的发起人、开始时间、主要内容、历史意义等。

4. 洋务运动（2018 东北师范大学　名词解释）

洋务运动，又称晚清自救运动、自强运动。该运动是 19 世纪 60 年代到 19 世纪 90 年代洋务派进行的一场引进西方军事装备、机器生产和科学技术以维护封建统治的“自强”“求富”运动。洋务运动的主要指导思想是“中学为体，西学为用”。其代表人物有曾国藩、李鸿章、张之洞、左宗棠。洋务运动进行了 30 多年，虽然没有使中国富强起来，但引进了西方先进的科学技术，使中国出现了第一批近代企业，在客观上对中国民族资本主义的产生和发展起到了促进作用。

该题考查历史事件，得分点包括定义、时间、指导思想、代表人物、影响等。建议复习甲午战争、洋务派、李鸿章、曾国藩等相关词条。

5. 五四运动（2020 暨南大学　名词解释）（2020 上海大学　选择题）

五四运动是 1919 年 5 月 4 日发生在北京的、以青年学生为主的一场学生运动，也是广大群众、市民、工商人士等中下阶层广泛参与的一次示威游行、请愿、罢工、暴力对抗政府等多形式的爱国运动，是中国人民彻底反对帝国主义、反对封建主义的爱国运动。五四运动是中国新民主主义革命的开端。

该题考查历史事件，是中国近代史的高频考点，要重点记忆和掌握。该题的得分点包括时间、地点、人物、事件经过、历史意义等。建议复习新民主主义革命、五四青年节、《新青年》、新文化运动等相关词条。

6.《新青年》（2019 四川大学　名词解释）

《新青年》原名为《青年杂志》，第二卷起改名为《新青年》，是 20 世纪 20 年代中国一份十分具有影响力的革命杂志，1915 年由陈独秀在上海创立。它反对封建文化思想和传统，倡导民主（德先生）、科学（赛先生）和新文学，在五四运动期间起到了重要作用。该杂志的代表人物有陈独秀、李大钊、胡适、鲁迅等。

7. “师夷长技以制夷”（2017 上海大学　名词解释）（2017 中南大学　名词解释）（2020

上海大学 选择题）[1]

鸦片战争时，魏源辑成《海国图志》，提出“师夷长技以制夷”。“师夷”主要是指学习西方资本主义各国在军事上的长处；“长技”指的是当时向西方学习的先进技术，包括战舰、火器等；“制夷”指的是抵抗侵略，克敌制胜。

8. 戊戌变法（2017 上海大学 名词解释）（2017 中南大学 名词解释）（2017 广东工业大学 名词解释）（2016 武汉科技大学 名词解释）（2016 哈尔滨工业大学 名词解释）

戊戌变法又称百日维新、维新变法，是 1898 年 6 月开始以康有为、梁启超为代表的维新派人士通过清光绪帝倡导的学习西方科学文化，改革政治教育制度，发展工、农、商业的资产阶级改良运动。1898 年 9 月慈禧太后发动政变，光绪帝被囚，戊戌六君子被杀害，康、梁外逃，历时 103 天的变法失败。戊戌变法是一场爱国救亡的变法运动，是中国近代史上一次重要的政治改革，促进了思想解放。

9. 七七事变（2019 扬州大学 选择题）（2018 辽宁大学 名词解释）

七七事变，又称卢沟桥事变，是全国性抗日战争爆发的标志。1937 年 7 月 7 日晚，卢沟桥的日本驻军借称一名日军士兵失踪，要求进入宛平县城（今卢沟桥镇）搜查，遭到中国驻军拒绝后发动进攻，揭开了全国抗日战争的序幕。

10. 九一八事变（2019 扬州大学 选择题）

九一八事变，又称奉天事变、柳条湖事变，是日本帝国主义侵华的开端，中国抗日战争开始的标志。1931 年 9 月 18 日，日本关东军的铁道“守备队”炸毁沈阳柳条湖附近的南满铁路路轨，嫁祸给中国军队，日军以此为借口，轰炸沈阳北大营，次日侵占沈阳，并陆续占领东北三省，建立伪满洲国傀儡政权。

11. 八一三事变（2019 扬州大学 选择题）

八一三事变发生在 1937 年 8 月 13 日，是继七七事变以后，日本帝国主义蓄意已久的为扩大侵华战争在中国上海制造的事变，从此中国军民奋起反抗日军侵略。

12. 八路军的总指挥（2018 南京理工大学 选择题）

抗日战争期间的八路军（国民革命军第十八集团军）总指挥、总司令为朱德；副总指挥、副总司令为彭德怀；参谋长为叶剑英；副参谋长为左权。

13.《海国图志》（2018 上海大学 名词解释）（2020 北京航空航天大学 名词解释）（2019 中南大学 名词解释）

《海国图志》是魏源受林则徐嘱托编著，于 1842 年出版的一部世界地理历史知识的综合性图书，以林则徐编译的《四洲志》为基础，详细叙述了世界各国和各地的历史政治制度、风土人情。该书主张学习西方的科学技术，是一部划时代的著作，其中“师夷长技以制夷”的提出传播了近代自然科学知识，给闭塞已久的中国人以全新的近代世界概念，使中国人跨出国界，见识到了近代世界的新鲜事物。

1 该校该年考查“长技”包含的内容。

该题考查《海国图志》。洋务运动、“师夷长技以制夷”为高频考点，考生复习时需要重点掌握。该题的得分点包括作者、出版时间、主要内容、重要主张、历史意义及影响等。

14. 甲午战争（2019 同济大学　名词解释）

甲午战争爆发于 1894 年，是日本侵略中国和朝鲜的战争，因 1894 年按中国干支纪年是甲午年，故称甲午战争。1895 年清朝北洋水师全军覆没，标志着甲午战争的结束。中国清朝政府迫于日本帝国主义的军事压力，于 1895 年 4 月签订了《马关条约》，大大加深了中国半殖民地半封建化的程度。

15. “中学为体，西学为用”（2019 中央财经大学　名词解释）

“中学为体，西学为用”，也就是“中体西用”，是清朝末年洋务运动（属于地主阶级的自救运动）的指导思想。洋务派主张以中国伦常经史之学为根本，以西方科技之术为应用。代表人物有曾国藩、左宗棠、李鸿章、张之洞等，代表性的机构有安庆内军械所、江南制造总局、福州船政局等。

四、中国现代史

1. 五星红旗的设计者（2019 上海大学　选择题）

五星红旗是中华人民共和国的国旗，其设计者是曾联松。旗帜的左上角缀有一颗黄色的大五角星，其右侧环绕着四颗小的黄色五角星。红色的旗面象征革命；五颗五角星及其相互之间的联系象征着中国共产党领导下的全国人民大团结。

2. 中华人民共和国国徽（2019 上海大学　选择题）

中华人民共和国国徽上面有国旗、天安门、齿轮和谷穗。齿轮和麦穗象征着工人阶级领导下的工农联盟；天安门体现了中国人民的革命传统和民族精神，同时也是首都北京的象征。颜色上用正红色和金黄色互相衬托，体现了中华民族特有的吉祥喜庆的民族色彩与传统。由清华大学建筑系梁思成、林徽因、李宗津、莫宗江、朱倡中等人所组成的设计小组与中央美术学院张仃、张光宇等人所组成的设计小组集体创作而成。

3. 我国社会主义初级阶段的起始背景（2018 西北大学　选择题）

我国社会主义初级阶段起始于 1956 年年底“三大改造”的基本完成，即完成国家对农业、手工业和资本主义工商业的社会主义改造。“三大改造”实现了生产资料私有制向社会主义公有制的转变，是中国历史上的深刻变革。

4. 中华人民共和国的成立（2018 西北大学　选择题）

1949 年 10 月 1 日中华人民共和国成立的仪式在北京举行。这标志着我国新民主主义革命的基本胜利，开辟了中国历史的新纪元。中国结束了一百多年来被侵略和压迫的屈辱历史，成为独立自主的国家，中国人民从此站起来了。

第二节 外国历史知识

一、古代历史

1. 尼安德特人（2019 广东外语外贸大学 名词解释）

尼安德特人是一群生存于旧石器时代的史前人类，1856 年，其遗迹首先在德国尼安德特山谷被发现。迄今为止，对尼安德特人的研究仍然是科学界的重要课题。目前，按照国际科学分类二名法将其归类为人科人属，至于是独立物种还是智人的亚种则一直不确定，2010 年的研究发现部分现代人是其混血后代后，尼安德特人也可能被归类于智人下的一个亚种。

这是一条历史人文类名词，得分点包括物种学史、分类地位、研究及争议等。

2. 江户（2020 北京外国语大学 名词解释）

江户是由“江之入口”简化而来，“江”是指“入江”，是日语对海、湖等水体深入陆地的地形称呼，类似港湾；“户”则是“入口”之意。“江户”作为地名，是日本东京的旧称，特别是指江户时代的东京，以江户城为城市的中心。当时统治日本的德川氏以江户城为居所，并将幕府设置于此，使江户成为当时日本实质的政治中心。江户幕府与江户时代便得名于此。进入明治时代后，江户被更名为东京。

该题考查地理名词。考生可从释义、历史、重要事件、当代地理位置等方面作答。由于日语翻译硕士也需要考查百科知识，故有时百科中会有与日本相关的词条。

3. 四大古国（2020 北京外国语大学 名词解释）

四大古国分别是古巴比伦、古埃及、古印度和中国。四大古国，实际上对应着世界四大文明发源地，分别是两河流域、尼罗河流域、恒河流域、黄河流域。人类今天所拥有的很多哲学、科学、文学、艺术等方面的知识，都得益于这些古老文明的贡献。

该题考查世界历史常识。像这类名词，需准确答出“四大古国”的内容，再简要介绍下四大古国的意义即可。

4. 欧洲中世纪（2019 西安外国语大学 名词解释）（2019 南京大学 名词解释）（2018 山东大学 名词解释）（2018 东北师范大学 名词解释）（2018 中山大学 名词解释）（2016、2019 四川大学 名词解释）（2017 聊城大学 名词解释）（2019 湖南科技大学 名词解释）（2016 广东工业大学 名词解释）（2017 四川师范大学 名词解释）（2016 海南大学 名词解释）

中世纪指的是西罗马帝国灭亡至文艺复兴之前，即公元 5 世纪到 15 世纪，封建制在欧洲建立、发展至衰落的时期。它分为前、后两段：公元 5—10 世纪为前期，史称“黑暗时期”；公元 11—15 世纪为后期。中世纪的欧洲，基督教会有很大的权力，实际控制了社会的政治权力，占有西欧 1/3 的土地，并向全体臣民征税。此外，在这一时期，思想文化受到垄断，科学技术停滞不前，严重阻碍了欧洲的进步和发展。

该题考查世界历史基本常识，是历年真题的高频考点，复习时需要重点掌握。中世纪是欧洲历史上较为重要的一段时期，考生应当了解该时期的重大事件和重要人物，掌握相关名词解释。该题的答分点包括时间、历史阶段、始终标志、重大事件等。建议复习文艺复兴、诺曼征服、十字军、黑死病等相关词条。

5. 君士坦丁一世（2018 对外经济贸易大学 选择题）

君士坦丁一世，罗马帝国皇帝，被尊称为君士坦丁大帝，是使罗马转换到基督教的第一个皇帝。君士坦丁一世和李锡尼在 313 年于意大利的米兰颁发了一个宽容基督教的敕令——《米兰敕令》。君士坦丁为维护统治，在皇位争夺中获得更多的支持，对基督教采取一系列宽松政策，《米兰敕令》正式承认基督教的合法地位，并归还所没收的基督教财产。《米兰敕令》的发表宣告了基督教的合法性，促进了基督教走向正统地位。

6. 克劳狄乌斯（2018 对外经济贸易大学 选择题）

克劳狄乌斯是罗马帝国朱里亚·克劳狄王朝的第四任皇帝，统治时期采取中庸之道，和平地完成了罗马帝国初期政治的中央集权统治形式。

7. 尼禄（2018 对外经济贸易大学 选择题）

尼禄是罗马帝国朱里亚·克劳狄王朝第五任亦是最后一位皇帝，世人称之为“嗜血的尼禄”，是古罗马乃至欧洲历史上著名的暴君。尼禄在位期间，行事残暴，奢侈荒淫，沉湎于艺术、建筑等。

8. 马可·奥勒留（2018 对外经济贸易大学 选择题）

马可·奥勒留，罗马帝国五贤帝之一，西方历史上唯一的一位哲学家皇帝，被称为“帝王哲学家”，斯多葛学派代表人物之一，著有《沉思录》传世。

9. 摩西（2018 对外经济贸易大学 选择题）（2017 暨南大学 选择题）（2018 西北大学 名词解释）

摩西是希伯来人的早期领袖，犹太教的创始人。摩西受上帝之命率领被奴役的以色列人逃离古埃及，前往富饶之地迦南。他还为犹太人制定了十条戒律，刻在石头制成的“法版”上，这就是“摩西十诫”。摩西十诫是《圣经》记载的上帝（天主）借由以色列的先知摩西向以色列民族颁布的十条规定。犹太人奉之为生活的准则，也是最初的法律条文。

10. 亚伯拉罕（2018 对外经济贸易大学 选择题）（2017 暨南大学 选择题）

亚伯拉罕，原名亚伯兰，相传是古希伯来人和阿拉伯民族共同的祖先。神赐名“亚伯拉罕”，意为“多国之父”。

11. 以赛亚（2018 对外经济贸易大学 选择题）

以赛亚，《圣经·旧约》中的人物，生活在公元前 8 世纪，是《以赛亚书》的作者，以先知的身份侍奉上帝（耶和华）。

12. 耶利米（2018 对外经济贸易大学 选择题）（2017 暨南大学 选择题）（2018 西北大学 名词解释）

耶利米，古代犹大国的一位先知、祭司。他被称为“流泪的先知”，因为他明明知道犹大国远离上帝后注定的悲哀命运，但就是不能改变。

13. 西罗马帝国（2018 山东大学 名词解释）

公元 286 年，罗马开始有东、西两部分。公元 395 年，罗马帝国正式分裂为东罗马帝国和西罗马帝国，西罗马帝国被认为是在这一年正式建立的。西罗马帝国的正式名称与东罗马帝国相同，均用罗马共和时代的元老院与罗马人民。公元 476 年，西罗马帝国覆灭。在欧洲历史中，由于罗马帝国的存在有着重大的影响力，所以西罗马帝国的灭亡一般被认为是古代欧洲的结束，至此欧洲进入中古时代。

该题考查历史知识，得分点包括由来、时间、地位等。建议复习罗马帝国等相关词条。

14. 罗马帝国（2020 宁波大学 名词解释）（2018 山东大学 名词解释）（2018 广东工业大学 名词解释）

罗马帝国是历史上的一个文明帝国，承接着先前的罗马共和国。公元前 44 年，罗马共和国将领恺撒成为终身独裁官，象征着共和制的结束；公元前 27 年，屋大维成为奥古斯都，象征着罗马帝国的开端；随后，帝国的领土因滥权、内战、野蛮人入侵等负面因素被日益蚕食，完全分裂成东、西两部分，之后再也没有统一过。罗马帝国是世界历史上一个伟大的帝国，在经济、文化、政治和军事上都达到过很高的水准。

该题考查世界历史上的著名帝国。考生可从时间、发展演变、评价等方面作答。罗马帝国、罗马共和国和古代西方文明是很多学校的考查方向，建议考生平时多积累。

15. 欧洲中世纪的社会制度和生活方式（2018 武汉大学 选择题）（2018 西北大学 选择题）（2020 上海大学 选择题）

公元 8 世纪初，法兰克王国推行采邑制，实行土地分封。国王将土地分封给臣下，臣下又将分得的土地分封给自己的下属，下属又将土地再分封。经过层层分封，形成了国王、公爵、侯爵、伯爵、子爵、男爵和骑士等封建主等级。各封建主之间以主臣关系依次隶从，构成一座封建等级金字塔，塔的最底层是农奴。大大小小的封建主占有土地，形成封建庄园，封建庄园遍布西欧。这段时期所发展的一套社会制度和生活方式是封建制度和庄园生活。

16. 罗马和平（2016、2019 国际关系学院 名词解释）

从公元前 27 年罗马元首制度建立到公元 2 世纪，罗马帝国没有陷入长时间的内战，境内相对安宁，世人称此段时间为罗马和平。罗马帝国在此段时间达到繁盛的顶点，疆域达到自身的极限，经济、文化、艺术和军事都达到了前所未有的高度，尤其是在奥古斯都时期，人才辈出，如闻名后世的西塞罗、维吉尔、奥维德等。

17. 玛雅文明（2018 武汉科技大学 名词解释）

玛雅文明因印第安玛雅人而得名，是新石器时代分布于现代墨西哥南部、危地马拉、洪都拉斯、萨尔瓦多和伯利兹国家的丛林文明，在天文、数学、农业、艺术和文学等方面都具有极高的成就。它与印加帝国和阿兹特克帝国并列为美洲三大文明。玛雅地区的历史可分为前古典期（形成期）、古典期（全盛期）和后古典期（衰弱期）三个时期。全盛时期的玛雅地区有数以百计的城邦，但在语言文字、宗教信仰和习俗传统等方面属于同一个文化圈。公元 9 世纪开始古典玛雅城邦全部同时走向衰败，至今仍是未解之谜。

18. 金雀花王朝（2020 上海大学 名词解释）

金雀花王朝是英国历史上的第三个王朝，是英国最长寿的一个王朝。金雀花王朝，在法国又名安茹王朝，后世称此时的英国为“安茹帝国”。著名统治者有亨利二世和被称为“狮心王”的查理一世等。侠盗罗宾汉、最能表现中世纪文学精神的诗人乔叟、作为君主立宪制基石的《大宪章》、议会的雏形、玫瑰战争、百年战争都出现在这一时期，著名的高级学府如牛津大学、剑桥大学也是在这个时期建立的。

该题考查世界历史基本常识，这是历年真题的重要考点。该题的得分点包括定义、主要统治者、文化发展、政治概况（战争）、法律制度等。

19. 玫瑰战争（2018 北京航空航天大学 名词解释）（2018 东北师范大学 名词解释）

玫瑰战争，又称蔷薇战争，发生于 1455 年至 1485 年，是英王爱德华三世的两支后裔——兰开斯特家族和约克家族的支持者为了争夺英格兰王位而发生的内战。战争最终以兰开斯特家族的亨利七世与约克家族的伊丽莎白的联姻为结束，也结束了法国金雀花王朝在英格兰的统治，开启了新的威尔士人都铎王朝的统治。该战争同时标志着英格兰结束中世纪时期并走向新的文艺复兴时代。“玫瑰战争”之名在当时并未使用，而是源于 16 世纪莎士比亚的历史剧《亨利六世》，剧中以两朵玫瑰被拔作为战争开始的标志，后才成为普遍用语。

该题考查西方历史，得分点包括战争的时间、对战双方、战争的结局和影响等。

20. 日耳曼人（2018 山东大学 名词解释）

日耳曼人在罗马帝国时期与凯尔特人、斯拉夫人被罗马人并称为欧洲的三大蛮族，也是现今欧洲人的代表民族之一。约从公元前 5 世纪起，其分布在欧洲斯堪的纳维亚半岛南部、日德兰半岛、波罗的海和北海南岸的一些部落。日耳曼人在西罗马帝国灭亡后的废墟上建立了多个国家，并吸收和继承了古希腊与古罗马的科学知识。现今的德意志人、盎格鲁—撒克逊人、荷兰人、丹麦人、瑞典人、挪威人、冰岛人等都是日耳曼人，其中以德意志人和盎格鲁—撒克逊人为代表。

该题考查历史知识，得分点包括时间、地点、涵盖的国家以及特点等。建议复习凯尔特人、斯拉夫人等相关词条。

二、近代历史

1. 清教运动（2018 北京航空航天大学 名词解释）

清教运动，又称反国教运动，是16世纪中期英国圣公会内部的改革运动。该运动主张清除英国国教会内残留的天主教旧制和繁文缛节，提倡勤俭清洁的简朴生活。清教运动的发动者为卡特赖特。清教运动体现了资产阶级的主张，为反封建斗争提供了思想武器，对英国革命起到了极大的推动作用。

该题考查西方历史，得分点包括时间、主张、代表人物、意义等。考生还应掌握宗教改革的相关概念。

2. 马丁·路德（2018 对外经济贸易大学 选择题）（2016 复旦大学 名词解释）

马丁·路德，16世纪欧洲宗教改革运动的发起人，基督教新教的创立者，德国宗教改革家。1517年，马丁·路德发表的《九十五条论纲》中提出“信仰耶稣即可得救”，反对用金钱赎罪，引发了宗教改革，即德意志宗教改革。宗教改革沉重地打击了欧洲的统治支柱——天主教会，极大地解放了人们的思想，为欧洲资本主义的发展扫清了道路，为欧洲走向现代社会创造了条件。

3. 明治维新三杰（2019 北京外国语大学 名词解释）

明治维新三杰指的是西乡隆盛、大久保利通、木户孝允。西乡隆盛，日本江户时代末期的萨摩藩（今鹿儿岛）武士、军人、政治家。前期一直从事倒幕运动，明治维新成功后鼓吹并支持对外侵略扩张，因坚持征韩论遭到反对而辞职回到鹿儿岛，兴办名为私学校的军事政治学校，后发动反政府的武装叛乱（史称西南战争）兵败而死。大久保利通，生于日本萨摩藩，原为武士，日本明治维新的第一政治家，号称“东洋的俾斯麦”。他为了改革翻云覆雨，铁血无情，最后被民权志士刺杀身亡，但他也成就了明治维新的成功。木户孝允，长州藩出身，在尊攘、讨幕运动中起领导作用，维新后参加起草《五条誓约》，是政府的核心人物，推进奉还版籍、废藩置县。

该题考查日本重要人物。考生可从人物身份、活动、地位、作用等方面作答。重要的日本人物，尤其是有关明治维新的人物，是北京外国语大学百科考试喜欢考查的知识点，建议考生掌握相关知识。

4. 林肯（2017 北京交通大学 名词解释）（2018 上海大学 选择题）

林肯，全名为亚伯拉罕·林肯，美国政治家、战略家，第16任总统。林肯在任期间主导废除了美国黑人奴隶制。美国南北战争爆发后，林肯颁布了《解放黑人奴隶宣言》，为北方获得南北战争的胜利奠定了基础。在美国爆发南北战争期间，林肯坚决反对国家分裂。他废除了叛乱各州的奴隶制，击败了南方分离势力，维护了美利坚合众国的统一及其领土上不分人种、人人生而平等的权利。

5. 莱克星顿的枪声（2019 广东外语外贸大学 名词解释）

莱克星顿的枪声亦称美国独立战争的开始。1775 年 4 月 19 日，莱克星顿民兵为反抗英国殖民者，和英军发生枪战，打响了美国独立战争的第一枪，这是北美殖民地人民为反对英国殖民统治、争取民族独立而进行的民族解放战争。从 1775 年至 1783 年，这场战争持续了 8 年之久，最终以英国在北美殖民统治的破产和北美殖民地的独立而告终。

这是一条历史文化类名词，答题时的得分点包括事件、意义等。

6. 新航路的开辟（2018、2020 上海大学 选择题）（2018 西北大学 填空题）[1]

新航路的开辟在文艺复兴之后，从 15 世纪开始，欧洲新兴资产阶级为了筹集商品经济快速发展所需的货币和资本的原始积累，积极对外寻找通往中国和印度的通道。历经迪亚士、麦哲伦、哥伦布、达伽马等人的探索后，最终找到了通往亚洲的通道。它一方面改变了各洲基本封闭的状况，为之后欧洲的三角贸易和殖民掠夺打下了基础；另一方面，环球航行也证明了地圆学说的科学性，同时也给美洲和亚洲各国带来了深重的灾难。新航路开辟后，西班牙和葡萄牙、荷兰和英国等西方国家马不停蹄地进行了殖民扩张，使殖民国家和被殖民国家之间建立了越来越密切的联系，世界各民族的历史逐渐融合为一部统一的人类历史。

7. 宗教改革（2020 上海大学 选择题）（2018 北京外国语大学 名词解释）（2018 对外经济贸易大学 选择题）（2019 中山大学 名词解释）

宗教改革指 16 世纪欧洲发起的一场自上而下的宗教改革运动，主要由马丁·路德、加尔文、慈运理、亨利八世等神学家与政治领袖发起。1517 年，马丁·路德发表的《九十五条论纲》引发了宗教改革，即德意志宗教改革。宗教改革沉重地打击了欧洲的统治支柱——天主教会，极大地解放了人们的思想，为欧洲资本主义的发展扫清了道路，为欧洲走向现代社会创造了条件。

8. 启蒙运动（2020 上海大学 选择题）

启蒙运动是发生在 17 世纪至 18 世纪的一场资产阶级和人民大众的反封建、反教会的思想文化运动，是继文艺复兴后欧洲又一次伟大的反封建的思想解放运动。启蒙运动以法国为中心，其核心思想是“理性崇拜”，有力地批判了封建专制主义、宗教愚昧和特权主义，宣传了自由、民主、平等思想。具有代表性的启蒙思想家有伏尔泰（天赋人权）、卢梭（天赋人权、社会契约说）、孟德斯鸠（君主立宪、三权分立）等。

9. 维多利亚时代（2020 南京大学 名词解释）（2017 中山大学 名词解释）

维多利亚时代指 1837 年至 1901 年维多利亚女王统治的时期。该时期被认为是英国工业革命的巅峰和大英帝国的黄金时代。当时英国领土广阔、经济发达，贸易出口方面尤其发达；科学发明的进步促进了工业革命的发展；文化的繁荣催生了多种文艺运动流

1 该校该年考查新航路开辟的原因。

派，包括古典主义、新古典主义、浪漫主义、印象派艺术、后印象派等。这个时代涌现出了许多伟大的作家，如夏洛蒂·勃朗特、查尔斯·狄更斯等。

该题考查外国历史知识，这是历年真题的重要考点，考生要重点掌握。关于历史时期的名词解释，考生要掌握该时期的大事记，并从政治、经济、文化、社会发展等多个角度来答题，列举 1~2 例代表人物或代表作品。该题的得分点包括统治时期、时代特点、经济盛况、科学进步、文学发展情况等。建议复习工业革命、新古典主义、浪漫主义、印象派艺术等相关词条。

10. 明治维新（2018 南京大学 名词解释）（2018 上海大学 名词解释）

明治维新指 1868 年至 1873 年日本历史上的一次不彻底的资产阶级改革。19 世纪中期，日本遭到欧美列强的侵略，国内封建统治危机深重。明治政府进行了一系列的资本主义性质的改革，促进了资本主义的发展，史称“明治维新”。这是日本从封建社会向资本主义社会过渡的转折点。但明治维新之后，仍保留了大量的封建残余，这致使日本走上了军事封建帝国主义的道路。

该题考查明治维新，是历年真题的高频考点。该题的得分点包括性质、时间、主要事迹、积极影响、消极影响等。

11. 费城制宪会议（2018 南京师范大学 名词解释）

费城制宪会议于 1787 年在费城召开，主要参与人员有乔治·华盛顿、“联邦宪法之父”麦迪逊等。这是美国历史上最重要的历史事件之一，会议产生的美国联邦宪法对于美国乃至后来世界政治的发展都有深远、独特的影响。

该题考查历史著名会议，考生应重点掌握。该题的得分点包括时间、地点、人物和历史影响等。建议复习联邦宪法之父、本杰明·富兰克林、社会契约论等相关词条。

12. 波士顿倾茶事件（2018 对外经济贸易大学 选择题）（2018 中山大学 名词解释）

1773 年的波士顿倾茶事件是一场政治示威事件。为反抗英国国会于 1773 年颁布的《茶税法》，示威者们装扮成印第安人潜入船中，将东印度公司运来的一整船茶叶倾入波士顿湾，这就是有名的波士顿倾茶事件。波士顿倾茶事件是美国独立战争的导火索。英国政府认为，这是对殖民当局正常统治的恶意挑衅，因此颁布了四项强制法令，即《波士顿港口法》《马萨诸塞政府法》《司法法》和《驻营法》。

该题考查历史事件，答题时主要从波士顿倾茶事件发生的时间、地点、起因、事件经过、结果和影响等方面入手。

13. 麦哲伦（2018 对外经济贸易大学 选择题）

麦哲伦是完成了人类首次环球航行的葡萄牙探险家、航海家、殖民者。其率领的船队在西班牙国王的支持下于 1519 年出发，1522 年成功归来。麦哲伦所率船队的环球航行不仅成功开辟了新的航线，还证明了地球是圆的。

14. 达·伽马（2018 对外经济贸易大学 选择题）

达·伽马是葡萄牙航海家、探险家，从欧洲绕好望角到印度航海路线的开拓者。

1497年受葡萄牙国王的派遣率领船队从里斯本出发，1498年到达印度西南部。他回到里斯本后，又先后两次到达印度。达·伽马通航印度促进了欧亚贸易的发展，也是葡萄牙和欧洲其他国家在亚洲从事殖民活动的开端。

15. 哥伦布（2018 对外经济贸易大学 选择题）

哥伦布，全名为克里斯托弗·哥伦布，意大利著名的探险家、航海家，大航海时代的主要人物之一，是地理大发现的先驱。他在1492年到1502年间，在西班牙国王的资助下四次横渡大西洋，到达美洲。他的远航将美洲和欧洲（新大陆和旧大陆）紧密地联系起来，开辟了后来延续几个世纪的欧洲探险和殖民海外领地的大时代。

16. 圈地运动（2020 东北师范大学 名词解释）

圈地运动最早出现在12世纪，是指在14、15世纪农奴制解体过程中，英国资产阶级强占农民土地，并把土地圈起来做成大农场的一场运动。圈地运动为资本主义的发展积累了原始资本，提供了廉价的雇佣劳动力和国内市场，为英国发展成为资本主义强国奠定了基础。

该题考查英国重大历史事件，得分点包括圈地运动的具体内容、历史意义、开始时间等。

17. 美国独立战争（2017 国际关系学院 名词解释）（2017 安徽大学 名词解释）（2020 上海大学 选择题）

美国独立战争又称美国革命战争，是北美十三州殖民地的革命者反抗大英帝国的统治，争取民族独立的革命战争。英国一直以来对北美殖民地的剥削和压迫，导致北美的资本主义经济发展受到严重阻碍，北美人民因此奋起反抗。1775年莱克星顿的枪声是打响美国独立战争的第一枪。1776年7月4日由托马斯·杰斐逊执笔起草的《独立宣言》的发表标志着美国的诞生。1783年英国承认美国的独立，美国独立战争结束，推翻了英国的殖民统治，解放了生产力，为美国资本主义经济的发展开辟了广阔的道路。

18. 英国资产阶级革命（2020 上海大学 选择题）[1]（2018 上海大学 选择题）[2]

15世纪末到17世纪初，英国随着海外贸易的发展和原始资本的积累，资本主义迅速发展，而斯图亚特王朝的专制统治触犯了资产阶级的利益，激发了阶级矛盾，从而引发了英国的资产阶级革命。革命开始的标志性事件是1640年查理一世召开新议会。1688年，议会反动派发动宫廷政变（史上又称为"光荣革命"），标志着英国资产阶级革命的结束。以新贵族为代表的阶级推翻了英国的封建专制统治，并在1689年颁布的《权利法案》中对王权进行了明确的制约，确立了君主立宪制。英国资产阶级革命为英国资本主义的迅速发展扫清了障碍，为经济的发展创造了良好的环境，为英国开展工业革命和成为工业强国创造了前提。除此以外，英国资产阶级革命还揭开了欧洲和北美革命运动的

1 该校该年考查法国大革命、美国独立战争、英国资产阶级革命的共同特点。

2 该校该年考查世界近代史的开端。

序幕，推动了世界历史发展的进程，是世界近代史的开端。

19. 英国宗教改革（2019 上海大学 名词解释）

英国宗教改革指 16 世纪发生在英格兰的一系列事件，旨在使英国教会脱离教皇和罗马教廷的控制，是由英国国王亨利八世领导的一场自上而下的宗教改革运动。宗教改革废除了教皇特权，将权力转移到了王室手中，加强了国王的权力。此运动加速了圈地运动的进程，促进了英国资本主义的发展，顺应了英国社会的历史发展潮流，是英国发展过程中的重大历史性事件。

该题考查世界历史基本常识，这是历年真题的常考点。注意不要混淆英国宗教改革和德国马丁·路德宗教改革。该题的得分点包括时间、背景、目的、性质、意义、影响等。

20. 第一次工业革命（2020 辽宁大学 名词解释）（2018 武汉大学 选择题）

第一次工业革命指 18 世纪 60 年代从英国发起的技术革命，是技术发展史上的一次巨大革命，它以蒸汽机作为动力机被广泛使用为标志。该革命中出现的交通工具有火车（或机车）、轮船（或汽船）。它不仅是一次技术改革，更是一场深刻的社会变革，工业资产阶级和工业无产阶级自此形成和壮大。第一次工业革命加强了世界各地间的联系，最终确立了资产阶级对世界的统治地位，率先完成工业革命的英国很快成为世界霸主。

该题考查西方历史。作答时需写出事件时间、背景、内容、意义与影响等。

21. 启蒙主义（2018 辽宁大学 名词解释）

启蒙主义实质上是 18 世纪法国大革命前，新兴资产阶级为达到向封建阶级夺权的目的所做的一次舆论准备。启蒙知识分子顺应历史要求，提出了启蒙理论，即用平等、博爱、自由、天赋人权的思想来对抗封建专制和特权，用无神论、自然神论或唯物论与宗教迷信战斗。这个时期的启蒙运动，覆盖了各个知识领域。启蒙运动同时为美国独立战争与法国大革命提供了框架，并且导致了资本主义和社会主义的兴起。

该题考查西方历史。作答时主要从时代背景、主要内容与主张、意义与影响等方面入手。

22. 他者（2019 南京大学 名词解释）（2017 中山大学 名词解释）

“他者”是西方后殖民理论术语。在后殖民的理论中，“他者”和“自我”是一对相对的概念，指自我以外的一切人和事物。凡是自我之外的存在，不管以什么形式出现，可感知还是不可感知，可见还是不可见，都可以被称为“他者”。西方人往往称自己为主体性的“自我”，而将“自我”以外的非西方的世界，包括殖民地的人民称为“他者”。所以，“他者”的概念实际上潜含着西方自我中心主义的意识形态。

该题考查文化理论术语，得分点包括术语概念、所属理论、引申含义等。建议复习殖民地、殖民主义等相关词条。

23. 法国资产阶级大革命（2018 暨南大学 名词解释）（2018 辽宁大学 名词解释）（2020 上海大学 选择题）

法国资产阶级大革命，又称法国大革命、法国资产阶级革命，是指 18 世纪末爆发于法国的、各阶层广泛参与的革命，以巴黎市民攻占巴士底狱为标志，1789 年 7 月 14 日巴士底狱被攻陷，法国大革命爆发。该革命持续时间长，革命进程激烈。法国大革命推翻了法国的君主专制政体，并为以后的革命扫清了道路。

该题考查欧洲历史，是百科考试的常见考点，也是名词解释的重点。该题的得分点包括时间、人物、标志、结果、历史意义和影响等。建议复习启蒙运动、卢梭、法国二月革命、《人权宣言》等相关词条。

24. 普法战争（2018 暨南大学 名词解释）

普法战争，发生时间为 1870 年 7 月 19 日—1871 年 5 月 10 日，是普鲁士王国为了统一德国，并与法兰西第二帝国争夺欧洲大陆霸权而爆发的战争，由法国发动，最后以普鲁士大获全胜，建立德意志帝国而告终。普法战争使普鲁士王国完成了德意志的统一，取代了法国在欧洲大陆的霸主地位。这场战争极大地改变了欧洲的历史。

该题考查欧洲历史。普法战争的出现率较低，很多同学容易在复习时漏记，建议复习时对该类历史大事件做全面的归类整理。该题的得分点包括时间、人物、起因、结果以及历史意义和影响等。建议复习八十年战争、法兰西第二帝国、普鲁士、德意志帝国、英国内战等相关词条。

25. 印度成为英法争夺的焦点的原因（2018 南京航空航天大学 选择题）

17 世纪至 18 世纪时，英法资本主义都有了一定的发展，因此对印度的争夺是在所难免的。17、18 世纪西方即将开始工业革命，对原材料和商品销售市场的潜在需求使他们加大了对资源丰富地区和人口密集地区的争夺，如北美和印度。

26. 美国奴隶制的原罪（2018 南京师范大学 名词解释）

美国奴隶制的原罪，即美国人倾向于将奴隶制视为一种前现代制度，并试图证明对黑人实行种族隔离制度以及剥夺他们的公民权利这一做法是合理的，因此白人至上主义是奴隶制的产物。美国奴隶制的原罪曾引发黑人对白人至上主义的不满和社会动荡，黑人一直在为真正的解放而不懈努力。

该题考查美国历史。考生对该名词熟悉度不高，可根据字面意思和生活常识进行解答。从近几年考查的时事热点来看，奴隶制这一概念比较热门，考生应重点掌握。该题的得分点包括内涵、做法、历史意义和影响等。建议复习种族隔离、种植园经济、美国内战、殖民主义等相关词条。

27. 南北战争（2020 东北师范大学 名词解释）

南北战争是美国历史上南北方之间一场最大规模的内战，北方最终取得了胜利。该战争从一开始的维护国家统一，到后来演变为一场消灭奴隶制的革命战争。它具有极伟大的、世界历史性的、进步的和革命的意义。在内战后的重建时期，黑人虽仍受到多方面的歧视和种植农场主的剥削，但在政治上逐渐取得公民权及选举权，从奴隶的枷锁下解放出来。因此，这场战争在美国历史及世界人权史上都具有重要意义。

该题考查美国重大历史事件，得分点包括南北战争的具体内容和历史意义。

三、现代历史

1. 经济大萧条（2018、2020 南京大学 名词解释）

经济大萧条是指 1929 年至 1933 年发源于美国的经济危机。这次的经济危机后来波及其他资本主义国家。其主要特点是持续时间长、范围广、破坏力强。其根源在于资本主义制度的基本矛盾，也就是生产社会化和资本主义生产资料私有制之间的矛盾。大萧条产生了深远的政治、社会影响，导致了长期的大规模失业，也改变了社会关系，摧毁了执政政府，帮助纳粹党上台，最终导致了第二次世界大战的爆发。罗斯福是解决此次经济危机的中心人物。

该题考查历史知识，这是历年真题的高频考点。大萧条是美国历史中的重要事件，复习时需要重点掌握。该题的得分点包括时间、发源地、特点、根源、影响、结果、中心人物等。建议复习罗斯福新政、资本主义、经济危机、第二次世界大战等相关词条。

2. 希腊危机（2020 南开大学 名词解释）

希腊危机指希腊债务危机，希腊政府于 2009 年 12 月公布政府财政赤字后，全球三大信用评级机构相继调低了希腊主权的信用评级，从而揭开了希腊债务危机的序幕。其直接原因是政府的财政赤字，除希腊外欧洲大部分国家都存在较高的财政赤字，因此，希腊债务危机也引爆了欧洲债务危机。此次危机是继迪拜债务危机之后全球又一大债务危机。从长期来看，欧洲国家要想解决债务问题，还是要找到经济增长点。除了财政救援这一短期救急方法，“督促各成员国进行经济改革，改正自由市场经济模式的缺陷，向社会市场经济模式靠拢”，才能从根本上解决问题。

该题考查国际热点时事，这是历年真题的高频考点，考生应重点掌握。该题的得分点包括发生的时间、原因、影响和解决办法等。建议复习 30 年代大萧条、2008 年金融危机等相关词条。

3. 曼德拉（2018 对外经济贸易大学 选择题）

曼德拉，于 1994 年至 1999 年间任南非总统，首位黑人总统，被尊称为“南非国父”。曼德拉是积极的反种族隔离人士。1993 年 10 月，诺贝尔和平委员会授予他诺贝尔和平奖，以表彰他为废除南非种族歧视政策所做出的贡献。

4. 马丁·路德·金（2018 对外经济贸易大学 选择题）（2016 复旦大学 名词解释）（2017 暨南大学 选择题）[1]

马丁·路德·金，非裔美国人，美国社会活动家，黑人民权运动领袖。1963 年，马丁·路德·金在林肯纪念馆的台阶上发表了演讲《我有一个梦想》。他于 1964 年获得诺贝尔和平奖，1968 年被刺杀身亡。从 1986 年起，美国政府将每年 1 月的第 3 个星期一，定为马丁·路德·金全国纪念日。

5. 第一次世界大战（2020 暨南大学 名词解释）

第一次世界大战指 1914 年至 1918 年同盟国和协约国之间为重新瓜分殖民地和势力范围、争夺世界霸权而进行的第一次世界规模的战争。第一次世界大战是资本主义从自由竞争阶段发展到垄断时期，各国金融寡头为获取更大利润、掠夺别国财富而进行的实力较量。它是由于帝国主义阶段资本主义发展的不平衡性加剧引起的决战。这次大战揭示了战争对经济和军事力量的巨大依赖性。协约国的胜利，归根结底是由于其经济和军事实力占压倒性优势。

该题考查第一次世界大战，这是百科知识的常见考点。该题的得分点包括时间、国家、原因、结果以及历史意义和影响等。建议复习第二次世界大战、协约国、同盟国、第一次工业革命、第二次工业革命等相关词条。

6. 马歇尔计划（2018 东北师范大学 名词解释）

马歇尔计划，官方名称为欧洲复兴计划，该计划是 1947 年 6 月 5 日美国国务卿乔治·马歇尔在哈佛大学发表演说时首先提出的，故名为马歇尔计划。该计划于 1947 年 4 月正式启动，目的是拯救欧洲经济，使其快速复苏，与东欧苏维埃赤化对立，以确保资本主义欧洲的核心地位，以便美国公司开辟欧洲市场。马歇尔计划整整持续了 4 个财政年度之久。在这段时期内，西欧各国以经济合作发展组织的形式，接受了美国包括金融、技术、设备等各种形式的援助。

该题考查近代世界史知识，是名词解释的常见考点。该题的得分点包括定义、时间、内容等。建议复习杜鲁门主义、雅尔塔体系、北约、华约等相关词条。

7. 人类第一次登月的时间（2018 暨南大学 选择题）

人类第一次登月是在美国东部时间 1969 年 7 月 20 日下午 4 时 17 分 42 秒，阿姆斯特朗将左脚小心翼翼地踏上了月球表面，这是人类第一次踏上月球。阿姆斯特朗在遍布砾石和陨石坑的月球表面冷静地找到一处适合着陆的地方，并驾驶登月舱稳稳地降落在月球上。

8. 第二次工业革命（2018 上海大学 选择题）[2]（2019 西安外国语大学 名词解释）

第二次工业革命发生在 19 世纪 60 年代后期，人类进入了“电气时代”，垄断组织出

---

1 该校该年考查《我有一个梦想》的发表地。

2 该校该年考查美国和德国在 19 世纪中期至 20 世纪初经济超过英法的原因。

现。第二次工业革命主要发生在美国和德国，也涉及法国、英国、日本等国。第二次工业革命一方面使得科学与技术结合，极大地推动了社会生产力和经济的发展，对社会经济、政治、文化、军事、科技等产生了广泛而深刻的影响；另一方面也加剧了帝国主义争夺市场经济和争夺世界霸权的斗争，促进了殖民体系的形成，使得资本主义世界体系最终确立。

9. 联合国（2020 南京理工大学 选择题）[1]

“联合国”的概念最早是在 1942 年由美国总统富兰克林·罗斯福向英国首相温斯顿·丘吉尔提出的，最后得以采用。美国总统建议丘吉尔将原定的“二战盟国”改为“联合国”。丘吉尔指出，英国诗人拜伦在长篇叙事诗《恰尔德·哈罗德游记》中，曾用此名来描述滑铁卢战役中的盟国：“这里，联合国剑已出鞘，同胞将于彼日踏上战场！这一切都将亘古永存。”1944 年，英、美、苏三国代表在华盛顿举行会议，将未来的国际组织命名为联合国。1945 年 4 月至 6 月，50 个国家的 282 名代表聚集在美国旧金山，召开联合国制宪会议。6 月 26 日，50 个国家在宪章的五种文本上签字，宣布联合国正式成立。

10. 冷战（2018 国际关系学院 名词解释）（2020 南京大学 名词解释）（2019 华中师范大学 名词解释）（2020 中国科学院大学 名词解释）

冷战是指美国和苏联及他们的盟友在 1947 年至 1991 年在政治和外交上的对抗、冲突与竞争。在这段时期，虽然分歧和冲突严重，但双方都尽力避免武力对抗，其对抗通常通过局部代理战争、科技和军备竞赛、太空竞赛、外交竞争等“冷”方式进行，即“相互遏制，不动武力”，因此称之为“冷战”。1991 年苏联的解体标志“冷战”的结束，美国成为霸主，形成“一超多强”的世界格局，此次战争是世界长期不得安宁的主要根源。

该题考查世界历史，答题时应涵盖定义、战争国、战争时间、战争影响等方面。备考时可拓展了解世界历史大事件，如工业革命、世界大战等。

11. 北大西洋公约组织（2018 国际关系学院 名词解释）

北大西洋公约组织，简称北约，1949 年成立于美国华盛顿，总部设在比利时首都布鲁塞尔，成员国主要是欧洲和北美国家。北约是以美国为首的西方国家形成的国际军事集团组织。冷战时期，北约的成立标志着美国超级大国领导地位的确立，与以苏联为首的华沙条约组织相对立。华约解体后，该组织以防务和维持和平与安全、促进北大西洋地区的稳定和繁荣为目的，对世界的和平与发展做出了一定的贡献。

该题考查世界著名组织，答题时应涵盖组织的成立时间、总部、成员国、目的以及作用等方面。备考时可拓展了解其他世界有名组织的相关内容，如欧盟、联合国、

1 该校该年考查联合国概念的提出者。

金砖五国等。

12. 特朗普（2017 大连外国语大学　名词解释）（2017 山东科技大学　名词解释）（2017 重庆大学　名词解释）（2017 北京语言大学　名词解释）（2018 南开大学　名词解释）（2017 宁波大学　名词解释）

特朗普，全名为唐纳德·特朗普，美国政治家、企业家、商人，出生于美国纽约。他于 2015 年 6 月以美国共和党人的身份宣布参选美国总统，2016 年 11 月 9 日当选，是美国第 45 任总统，从政于共和党。执政期间，他在税改、金融监管立法、签署行政令、强硬贸易政策、外交军事布局等方面做出重要为政举措。因“通俄门”事件、弹劾案而引起争议。

该题考查国际政治知识，主要考查政治人物常识，是历年真题的高频考点，考生应重点掌握，对各国重要政治人物有一定了解。该题的得分点包括国籍、职业、党派、为政举措、人物评价等。建议复习特朗普森林、特蕾莎·梅、文在寅、朴槿惠、安倍晋三、奥巴马、罗斯福等相关词条。

13. 特朗普森林（2019 南开大学　名词解释）

特朗普森林是由反对美国退出《巴黎协定》的环保主义者发起的项目。美国在 2015 年曾根据《巴黎协定》做出承诺：到 2025 年将排放量在 2005 年的基础上至少减少 26%。但美国总统唐纳德·特朗普背弃了这一承诺，废除了奥巴马时代的清洁能源计划，宣布美国退出《巴黎协定》，因此环保主义者发起了这项行动。他们计划最终在全球种下 100 亿棵树来抵消这部分排放量。

该题考查国际时事，是历年真题的重要考点。该题的得分点包括定义、发起原因、主要目的、采取的措施等。建议复习碳足迹、清洁能源、《巴黎协定》、唐纳德·特朗普等相关词条。

14. 特蕾莎·梅（2019 南开大学　名词解释）

特蕾莎·梅，英国政治家，出生于英国伊斯特本，曾担任保守党领袖和第 76 任英国首相，也是英国历史上第二位女首相。特蕾莎·梅上任后主要处理英国脱欧的工作，同时在外交、经济、社会等方面做出重要为政举措。但她最终因迟迟未能带领英国民众走向预期发展而不得不告别政治舞台。

15. 文在寅（2019 南开大学　名词解释）

文在寅，韩国政治家，现任第 19 届韩国总统，从政于共同民主党。其执政期间，于 2017 年主持举办平昌冬奥会，并被委任为平昌冬奥会宣传大使。在国内事务上，文在寅于 2018 年签署修宪案。在外交方面，文在寅于 2018 年与朝鲜最高领导人金正恩实现朝韩初次会面，推动了朝鲜半岛无核化并签署了和平协定。

16. 朴槿惠（2019 南开大学　名词解释）

朴槿惠，韩国政治人物，第 18 届韩国总统，是韩国历史上第一位女总统，也是东亚首位民选的女性国家元首。其执政期间，主要在外交方面做出重要为政举措。2017年，韩国宪法法院通过了对朴槿惠的弹劾案，朴槿惠因“亲信干政”案的贪腐丑闻被免去总统职务。

17. 安倍晋三（2020南开大学 名词解释）

安倍晋三，日本政治家，日本第90、96、97、98任首相，出生于日本东京，是第二次世界大战后日本首位最年轻且任期最长的首相，所属政党为自由民主党。其任首相期间在经济上推出“安倍经济学”。2018年11个国家参与的“全面与进步跨太平洋伙伴关系协定”开始生效，日本安倍政府成为自由贸易的赢家。

18. 梅拉尼娅·特朗普（2018北京航空航天大学 名词解释）

梅拉尼娅·特朗普，前美国第一夫人，她的丈夫是美国第45任总统唐纳德·特朗普。她于1970年4月26日出生于斯洛文尼亚，是前著名模特。

该题考查西方名人，得分点包括身份、生平等。

第四章　地理知识

第一节　中国地理知识

一、自然地理

1. 喀斯特地貌（2020 北京外国语大学　名词解释）

喀斯特地貌以斯洛文尼亚的喀斯特高原命名，是具有溶蚀力的水对可溶性岩石进行溶蚀等作用所形成的地表和地下形态的总称，又称岩溶地貌。当雨水或者地下水与地面碳酸盐类岩石接触时，就会有少量碳酸盐溶于水中，经过长时期的溶解侵蚀，形成了以地表岩层千沟万壑为标志的地表特征。在喀斯特地貌下往往存在地下河、溶洞等景象。喀斯特地形的地表崎岖、土壤十分贫瘠，不利于农业发展，因此在云贵高原有“地无三里平，天无三日晴，人无三两银”的俗谚。但其千沟万壑的特色却十分受游客青睐。

该题考查地理名词。考生可从定义、名称由来、特点、景观等方面作答。建议考试多关注主要的地貌形态，整理并掌握相关知识。

2. 秦岭—淮河一线（2018 对外经济贸易大学　选择题）

秦岭—淮河一线，为中国南北地理分界线。以此线划分的南方和北方，无论是自然条件、农业生产方式，还是地理风貌以及人民的生活习俗，都有不同。

3. 四大盆地（2018 东北师范大学　名词解释）

中国的四大盆地指的是塔里木盆地、准噶尔盆地、柴达木盆地、四川盆地。塔里木盆地是中国最大的内陆盆地，位于天山山脉和昆仑山脉之间；准噶尔盆地位于新疆北部的阿尔泰山与天山之间，是中国第二大的内陆盆地，也是中国第二大盆地；柴达木盆地位于青海省西北部，是世界上海拔最高的盆地；四川盆地是中国著名的红层盆地，是中国各大盆地中形态最典型、纬度最南、海拔最低的盆地，也是中国最大的外流盆地。

该题考查地理知识，属于汉语写作与百科知识考试必须要掌握的知识点。该题的得分点包括定义、各自特点等。建议复习三大平原、四大高原、三山五岳等相关词条。

4. 丹霞地貌（2019 北京邮电大学　名词解释）（2016、2018 北京航空航天大学　名词解释）

丹霞地貌是一种红色砂砾岩层地貌。丹霞地貌最突出的特点是“赤壁丹崖”广泛发育，形成了顶平、身陡、麓缓的方山、石墙、石峰、石柱等奇险的地貌形态，观赏价值极高。丹霞地貌主要分布在中国、美国西部、中欧和澳大利亚等地，以中国分布最广。2010年，中国丹霞被列入世界自然遗产。

该题考查地理知识，得分点包括含义、特点、分布等。考生还应了解喀斯特地貌等其他地形地貌。

5. 雅鲁藏布大峡谷（2018 贵州大学 名词解释）

雅鲁藏布大峡谷由喜马拉雅山的运动和江水的冲刷而形成，是地球上最大、最深的峡谷，全长504.6千米，主体位于墨脱县，平均深度为2 268米。该峡谷具有从高山冰雪到低河谷热带雨林等9个垂直自然带，汇集多种生物资源。该峡谷还是青藏高原上最大的水汽通道，使青藏高原东南部成为一片绿色世界，被有的地方称为西藏江南。此外，该峡谷还是世界上水能资源最为富集的地区。

二、人文地理

1. 白马寺（2018 武汉大学 选择题）

白马寺于东汉永平十一年（公元68年）修建，是佛教传入中国后由官方营建的第一座寺院，被誉为“中国第一古刹”，有中国佛教的“祖庭”和“释源”之称。

2. 西域（2016 西安外国语大学 名词解释）（2019 长沙理工大学 名词解释）（2019 湖南师范大学 名词解释）

从汉代以来，西域狭义上指的是玉门关、阳关以西，葱岭以东，巴尔喀什湖东、南及新疆广大地区，最终为新疆及更远的地方；广义上指的是通过狭义上的西域所能到达的地区，包括亚洲中、西部地区等。汉宣帝时期在乌垒城（今新疆轮台县）设立管辖机构——西域都护府，标志着西域被正式纳入汉朝的版图。安史之乱后，西域曾脱离中原王朝的统治，直到清朝平定准噶尔汗国。现在已逐渐演变为我国西部地区的意思，青海、西藏属于西域范围。

3. 云冈大佛（2018 对外经济贸易大学 选择题）

云冈大佛位于山西省大同市，是云冈石窟的那尊露天大佛，第五窟三世佛的中央坐像，整尊佛像高达17米。佛像大耳垂肩，是云冈的标志佛像。其意义在于发展出佛教世俗化中国化，即常说的我佛如来（皇帝即佛）。这些佛像在中国传统雕刻艺术的基础上，吸取、融汇了印度犍陀罗艺术和波斯艺术的精华，是中国古代劳动人民创造性劳动的智慧结晶，也是与其他国家友好往来的历史见证。

4. 四大石窟（2018 对外经济贸易大学 选择题）（2016 国际关系学院 名词解释）（2019 华中师范大学 名词解释）[1]（2017 首都经济贸易大学 名词解释）[2]

1 该校该年考查莫高窟。

2 该校该年考查龙门石窟。

四大石窟是以中国佛教文化为特色的巨型石窟艺术景观，分别为河南洛阳龙门石窟、甘肃敦煌莫高窟、山西大同云冈石窟、甘肃天水麦积山石窟。龙门石窟开凿于北魏孝文帝迁都洛阳之时，历经东西魏、北齐、北周，到隋唐和宋等400多年营造，迄今已有1 500多年，以宾阳中洞、奉先寺和古阳洞最具有代表性。2000年被联合国教科文组织评价为“中国石刻艺术的最高峰”，列入世界文化遗产。莫高窟，俗称千佛洞，以泥塑壁画为主，是现存规模最大、内容最丰富的佛教艺术宝库。各窟都是洞窟建筑、彩塑、绘画三位一体的综合性艺术，是十六国至清代1 500多年民俗风貌和历史变迁的艺术再现，是中国古代美术史的光辉篇章，为中国古代史的研究提供了珍贵的形象史料。1987年被联合国教科文组织列为世界文化遗产。云冈石窟代表了公元5世纪至6世纪时中国杰出的佛教石窟艺术，其中的昙曜五窟是中国佛教艺术第一个巅峰时期的经典佳作。2001年被联合国教科文组织列入世界文化遗产名录。麦积山石窟开凿于6世纪至13世纪，以精美的塑像闻名于世，被誉为“东方雕塑馆”。该石窟是河西走廊及其周边地区仅次于莫高窟的大型石窟寺，现存造像中以北朝造像原作居多。2014年作为中国、哈萨克斯坦、吉尔吉斯斯坦三国联合申遗的一处遗址被列入世界文化遗产名录。

5. 兵马俑（2019东北师范大学　名词解释）

兵马俑，又称秦始皇兵马俑或秦俑，是古代用陶土制成的兵马（战车、战马、士兵）形状的殉葬品，是世界考古史上最伟大的发现之一。1987年秦始皇陵及兵马俑坑被联合国教科文组织批准列入《世界遗产名录》，有“世界第八大奇迹”之称。秦俑的塑造基本上以现实生活为基础，每个陶俑的神态和装束都不一样，流露出秦人独有的威严和从容，为中国灿烂的古老文化和世界艺术史增添了光辉。

6. 故宫（2018中山大学　选择题）（2016西北大学　名词解释）（2019重庆邮电大学　名词解释）（2020大连海事大学　名词解释）（2017大连外国语大学　名词解释）（2019北京邮电大学　名词解释）

故宫，旧王朝的宫殿，现特指北京的明清故宫。它位于北京市中心，旧称紫禁城。于明代永乐十八年建成，是明、清两代的皇宫。它是汉族宫殿建筑之精华，是无与伦比的古代建筑杰作，也是世界上现存规模最大、保存最完整的木质结构古建筑群之一，被誉为“世界五大宫之首”。（世界五大宫殿指中国故宫、法国凡尔赛宫、英国白金汉宫、俄罗斯克里姆林宫、美国白宫。）

该题考查中国古代建筑，这是百科考试的高频考点。该题的得分点包括定义、地理位置、历史、影响等。建议复习天坛、圆明园、长城等相关词条。

7. 四大佛教名山（2019上海大学　选择题）（2016国际关系学院　名词解释）（2016宁波大学　选择题）

中国四大佛教名山分别是山西五台山、浙江普陀山、四川峨眉山、安徽九华山，分别是文殊菩萨、观世音菩萨、普贤菩萨、地藏菩萨的道场。四大名山随印度佛教的传入，从汉朝开始修建寺庙和道场，延续至今，现已成为闻名中外的宗教、旅游胜地。

8. 楼兰（2020 西北大学 名词解释）

楼兰是西域历史悠久的文明古国，都城遗址在近新疆罗布泊西北。公元前 27 年楼兰国更名为鄯善国，并迁都泥城，向汉朝称臣。其楼兰一名最早见于《史记》，曾经为丝绸之路必经之地。楼兰的消失在历史上也是一大谜团，主要说法有二：一为河流改道，风沙侵蚀，气候反常，水分减少，最后造成亡国；二为公元 5 世纪后，楼兰国运衰微，北方强国入侵，楼兰城破。

9. 明十三陵（2018 西北大学 名词解释）

明十三陵，位于北京市昌平区内，总面积约 120 余平方千米。陵墓群自永乐七年的长陵至崇祯皇帝入陵，共葬十三位皇帝，前后历经 230 余年。陵墓结构庄严有序，于 2003 年被列入《世界遗产名录》，于 2011 年成为国家 5A 级旅游景区。

该题考查地理/建筑遗址类名词解释。考生可从地理位置与占地面积、历史沿革与地位、当今发展情况等方面作答。

10. 长城（2016 西北大学 名词解释）（2019 安徽师范大学 名词解释）

长城又称万里长城，是中国古代不同时期为抵御北方游牧民族入侵而修建的伟大的军事防御工程，规模浩大，历史悠久，被誉为“世界七大奇迹”之一。长城始建于春秋战国时期，历史长达 2 000 多年。现在所说的万里长城多指明代以巨砖砌筑的长城，东起鸭绿江，西至甘肃省嘉峪关。长城上设有烽火台，用于点燃烟火，传递重要消息。北京八达岭长城是明长城中保护得最好的部分。

11. 京杭大运河（2018 中南大学 名词解释）（2016 宁波大学 选择题）

京杭大运河是世界上里程最长、工程最为浩大的一条古代人工运河，与长城、坎儿井并称为“中国古代的三项伟大工程”。大运河的许多河段利用原来天然的河流和湖泊，部分河段人工开挖，南起余杭（今杭州），北到涿郡（今北京），贯通黄河、淮河、海河、长江、钱塘江五大水系。大运河显示了中国古代卓越的水利航运工程技术，对中国南北地区的经济和文化的发展与交流起到了巨大的作用。2014 年成功入选世界文化遗产名录。

三、地理基本常识

1. 五湖四海中的“五湖”（2020 北京第二外国语学院 名词解释）

五湖四海中的“五湖”指的是洞庭湖、鄱阳湖、太湖、巢湖、洪泽湖。洞庭湖是中国的第二大淡水湖，跨湖南、湖北两省，号称“八百里洞庭湖”。洞庭湖最大的特点便是湖外有湖，湖中有山。鄱阳湖，为中国第二大湖。太湖位于长江三角洲的南缘，是中国五大淡水湖之一，横跨江苏、浙江两省，河港纵横，河口众多。巢湖位于安徽省中部、江淮丘陵南部。洪泽湖是中国第四大淡水湖，位于江苏省西部淮河下游，苏北平原中部西侧，为淮河中下游结合部，是浅水小湖群。

该题考查“五湖”，得分点包括“五湖”的具体所指以及各湖泊的地理位置、特点等。

2. 五岳（2020 北京第二外国语学院　名词解释）（2018 国际关系学院　名词解释）

“五岳”是汉文化中对中国五大名山的统称，包括东岳泰山、西岳华山、中岳嵩山、南岳衡山和北岳恒山，分别位于山东、陕西、河南、湖南和山西。古代民间对山神的崇敬、五行观念以及历代帝王在此的封禅祭祀，三者相结合赋予这五座山独特的文化，后成为世界道教圣地。“五岳”在古代是封建帝王受命于天的象征，在现代是著名的旅游景点，被誉为中国的“五大奇观”，是中国群山中最尊贵的山。

该题考查中国地理名称，答题时应涵盖定义、具体内容、位置、历史地位及意义等方面。备考时可拓展复习其他比较重要的地理位置、特征等。

3. 我国的地势特点（2019 暨南大学　选择题）

我国的地势特点是西高东低，呈三级阶梯式分布，并且向海洋倾斜，有利于海洋湿润性气流深入内地形成降水。第一级阶梯主要地形是高原。第一、二级阶梯的分界线是昆仑山脉—祁连山脉—横断山脉。第二级阶梯的主要地形是高原和盆地。第二、三级阶梯的分界线是大兴安岭—太行山—巫山—雪峰山。第三级阶梯的主要地形是平原和丘陵。在高一级阶梯流入低一级阶梯的地方水能丰富。

4. 我国煤炭资源的分布（2018 暨南大学　选择题）

我国各省区按煤炭资源总储量排序依次为：新疆、内蒙古、山西、陕西、宁夏、甘肃等，这些省区均拥有全国煤炭资源总量的 2% 以上。陕西省矿产资源分布区域特色明显：陕北和渭北以优质煤、石油、天然气、水泥灰岩、黏土类及盐类矿产为主。山西省具有资源优势的矿产有煤、煤层气、铝土矿、铁矿、铜矿、金红石、白云岩、耐火黏土、灰岩、芒硝、石膏、硫铁矿等 13 种，其中，煤炭保有资源储量 2 767.85 亿吨，煤层气保有资源储量 1 825.16 亿立方米。内蒙古是世界上最大的“露天煤矿”之乡。

5. 广东梅州地区的方言（2020 南京理工大学　选择题）

梅州话指的是分布在广东省梅州地区的客家语方言，一般以梅州市区（包括梅县区和梅江区）的梅县话为代表，包含梅县话、蕉岭话、兴宁话、五华话等。在《中国语言地图集》中，梅州话被划为客家语粤台片。

6. 四大高原（2018 国际关系学院　名词解释）

四大高原指集中分布于中国西部与北部的地势较高的地区，包括青藏高原、内蒙古高原、云贵高原和黄土高原。青藏高原海拔最高，是中国最大、世界海拔最高的高原；内蒙古高原为四大高原中的第二大高原，是中国的重要牧场，是中国最大的绵羊及山羊放牧区；云贵高原在四大高原中海拔最低，是中国少数民族种类最多的地区；黄土高原在四大高原中位列第三，是中华民族古代文明发祥地之一，是世界上水土流失最严重、生态环境最脆弱的地区之一。四大高原占据中国国土的大量面积，与中国文化、历史及人文紧密相关。

该题考查中国地理，答题时应涵盖定义、组成部分、各部分的重要特点、意义等。备考时可拓展了解中国比较有名的地理位置、特征等。

7. 四大平原（2018 国际关系学院 名词解释）

四大平原指分布于中国东部的地势较低的地区，包括东北平原、华北平原、长江中下游平原和关中平原。东北平原面积最大，是世界上仅有的三大黑土区域之一，土地非常肥沃；华北平原又称黄淮海平原，为第二大平原，自古以来就是中国政治、经济及文化中心，为人口最多的平原；长江中下游平原为第三大平原，是中国淡水湖群集中分布、水资源最丰富的地区，素有“鱼米之乡”的美誉，为经济最富庶的平原；关中平原又称渭河平原，面积最小，号称“八百里秦川”，是最早有“金城千里，天府之国”之称的地区。四大平原是中国人口的主要居住区，提供了全国主要的粮食产物。

该题考查中国地理，答题时应涵盖定义、组成部分、各部分的重要特点、意义等。备考时可拓展了解中国比较有名的地理位置、特征等。

8. 江南三大名楼（2018 国际关系学院 名词解释）

江南三大名楼指古代文人墨客经常登高览胜、吟诗作词的江南三大楼阁，包括滕王阁、黄鹤楼和岳阳楼，分别位于江西南昌、湖北武汉和湖南岳阳，自古便以其独特的建筑风格和周围优美的风景备受文人雅士称颂，后又因在此产生众多传世诗词佳作而名气更盛，包括我们耳熟能详的《滕王阁序》《黄鹤楼送孟浩然之广陵》《岳阳楼记》等。此三大名楼是中华文明五千年文化、艺术及传统的象征，现已成为中国国家 5A 级旅游景区。

该题考查中国地理名称，答题时应涵盖定义、具体内容、位置、历史地位及意义等方面。备考时可拓展复习其他比较重要的地理位置、特征等。

9. 澳门（2018 暨南大学 选择题）

澳门，全称为中华人民共和国澳门特别行政区，北邻广东省珠海市，西与珠海市的湾仔和横琴对望，东与香港隔海相望，相距 60 千米，南临中国南海。自古以来，澳门一直是中华民族的居住地，古称濠镜澳，与香山的历史关系极其密切。早在春秋战国时期，香山已属百粤海屿之地。秦始皇统一中国时（约公元前 3 世纪），澳门就已被正式纳入中国版图，属南海郡地的番禺县。

10. 北京（2020 暨南大学 选择题）[1]

北京是一个有着 3 000 余年建城史和 800 余年建都史的城市。北京在历史上有许多别称，包括京城、首都、蓟县（北京的前身，周）、燕都、幽州（两汉，晋）、燕京（始

1 该校该年考查北京历史上的别称。

见于唐朝)、春明(出自唐朝，见清朝孙承泽的著作《春明梦余录》)、南京(辽)、燕山(北宋，收南京后)、中都(金，攻占建都燕山后)、大都(金灭，元朝时期)、汗八里(蒙古人对北京的称呼)、北平(明洪武，朱元璋灭元后，后又见于民国)、北京(明永乐元年)。另外，广阳、涿郡、范阳、析津和顺天府在不同朝代也均泛指北京。

第二节　世界地理知识

一、自然地理

1. 霍尔木兹海峡(2020 北京外国语大学　名词解释)

霍尔木兹海峡是连接波斯湾和印度洋的海峡，亦是唯一可以进入波斯湾的水道。海峡的北岸是伊朗，南岸是阿曼。霍尔木兹海峡自古以来就是东西方国家间文化、经济、贸易的枢纽，也是海湾地区的石油运往世界各地的唯一海上通道。霍尔木兹海峡又被称为世界上重要的“咽喉”，具有十分重要的经济和战略地位，每年有大量的石油从这里运出，因此霍尔木兹海峡被誉为西方的“海上生命线”“世界油阀”“石油海峡”。

该题考查地理名词。考生可从地理位置、别名、意义等方面作答。本题体现了北京外国语大学百科考试在地理名词方面的出题方向，常考查重要海峡，曾考过“白令海峡”。

2. 好望角(2019 北京外国语大学　名词解释)(2016 华中师范大学　名词解释)

好望角，意为“美好希望的海角”，是非洲西南端非常著名的岬角。因为多暴风雨，海浪汹涌，故最初被称为“风暴角”。1486 年，葡萄牙航海家巴尔托洛梅乌·缪·迪亚士的船队航行至大西洋和印度洋交界的水域时，海面狂风大作，惊涛骇浪，几乎使整个船队覆没。最后巨浪把幸存船只推到一个未名岬角上，此舰队遂延存下来。迪亚士将此地命名为“风暴角”。1497 年 11 月，另一位探险家达·伽马率领舰队经“风暴角”成功驶入印度洋，满载黄金、丝绸回到葡萄牙。葡萄牙国王约翰二世将“风暴角”改为“好望角”。由于强劲的西风急流掀起的惊涛骇浪长年不断，这里除风暴为害外，还常常有“杀人浪”出现，当浪与流相遇时，整个海面如同开锅似的翻滚，航行到这里的船舶往往会遇难，因此好望角成为世界上最危险的航海地段。

该题考查地理知识。考生可从名字由来、地理位置、历史、特点、作用等方面作答。建议考生积累世界上一些重要地理位置的介绍，如重要海峡、港口等。

3. 白令海峡(2018 北京外国语大学　名词解释)

白令海峡是太平洋的一个海峡，连接了楚科奇海(北冰洋的一部分)和白令海(太平洋的一部分)，位于俄罗斯和美国的阿拉斯加中间。白令海峡的名字来自丹麦探险家维他斯·白令，维他斯·白令曾于1728年在俄国军队任职时穿过这个海峡，因其是第一个穿过北极圈的人，故以其名字命名这个海峡。白令海峡不仅是亚洲和北美洲的分界线，也是北冰洋和太平洋的分界线。

该题考查地理名词。考生可从地理位置、地理位置意义、名称由来等方面作答。注意北京外国语大学基本上每年都会考查地理名词，建议考生积累重要海峡、港湾等的相关知识。

4. 撒哈拉沙漠（2018 北京外国语大学 名词解释）

“撒哈拉”在阿拉伯语中意为“大沙漠”。撒哈拉沙漠是世界上最热的荒漠，亦是世界上第二大荒漠，仅次于南极洲，同时也是世界上最大的沙漠，其总面积与美国国土面积相当。撒哈拉沙漠东至红海，西至大西洋，南部边界则为苏丹和尼日尔河河谷交界的萨赫勒。该地区的气候条件非常恶劣，是地球上最不适合生物生存的地方之一。

该题考查地理名词。考生可从名词由来、地理位置、面积、地位、意义、评价等方面作答。

5. 尼罗河（2017 西安外国语大学 名词解释）（2018 暨南大学 选择题）

尼罗河流经非洲东部和北部，由南向北流入地中海，是世界第一长河，与中非的刚果河以及西非的尼日尔河并列为非洲最大的三个河流系统。尼罗河有两条主要支流：白尼罗河和青尼罗河。白尼罗河是两条支流中最长的，尼罗鳄就居于此流域。青尼罗河发源于埃塞俄比亚高原，是尼罗河下游的主要水源。

6. 亚马孙河（2018 对外经济贸易大学 选择题）

亚马孙河（又译为“亚马逊河”），位于南美洲北部，是世界上流量最大、流域最广、支流最多的河流，为世界第二长河，世界流量第一的河流，流域面积达691.5万平方千米，占南美洲总面积的40%。

7. 密西西比河（2018 对外经济贸易大学 选择题）（2020 暨南大学 选择题）

密西西比河是美国最大的河流，北美洲流程最长、流域面积最广、水量最大的河流，世界第四长河。其流域属于世界三大黑土区之一，最终流入墨西哥湾。

8. 科罗拉多河（2018 对外经济贸易大学 选择题）

科罗拉多河发源于科罗拉多州的落基山脉，由大面积的积雪融化以提供水源，是美国西南方、墨西哥西北方的河流。其水系大部分流入加利福尼亚湾，是加州的主要淡水来源，另一部分则流向墨西哥。

9. 圣劳伦斯河（2018 对外经济贸易大学 选择题）

圣劳伦斯河位于北美洲中东部，连接美国圣路易河源头和加拿大卡伯特海峡。圣劳伦斯河由雨雪补给，五大湖水调节。

10. 密歇根湖（2020 武汉大学 选择题）

密歇根湖是北美五大湖中面积第三大、唯一全部属于美国的湖泊。湖区周围气候温和，大部分湖岸区是避暑胜地。其东岸受湖水调剂，盛产苹果、桃等水果。北美五大湖中的其他四大湖包括苏必利尔湖、休伦湖、伊利湖、安大略湖，这些都是美国和加拿大共有的。

11. 堰塞湖（2020 东北师范大学　名词解释）

堰塞湖指的是山崩滑坡体等堵截山谷、河谷或河床后贮水而形成的湖泊，它是因火山熔岩流、冰碛物或地震活动使山体岩石崩塌而形成的。堰塞湖一般有两种溃决方式：逐步溃决和瞬时全溃。一旦决口对下游形成洪峰，其破坏性不亚于洪灾。治理方法为爆破泄洪以及修建安全排水渠。

该题考查地理知识，得分点包括堰塞湖的形成过程、溃决方式、危害以及治理方法等。

12. 北美五大湖（2020 暨南大学　选择题）（2018 大连理工大学　名词解释）

北美五大湖位于美国和加拿大的交界处。它们分别为苏必利尔湖、休伦湖、密歇根湖、伊利湖和安大略湖。五大湖是世界上最大的淡水水域，也是最大的淡水湖群，有“美洲大陆的地中海”之称，湖水大致从西向东流，注入大西洋。除密歇根湖外，其余四个湖泊均为美国和加拿大共有。其中苏必利尔湖是世界上最大的淡水湖。

13. 阿姆河（2018 暨南大学　选择题）

阿姆河发源于帕米尔高原的高山冰川，主要补给来自雪水，流经土库曼斯坦、乌兹别克斯坦等国，是中亚地区流量最大的内陆河，也是咸海的两大水源之一。

14. 印度河（2018 暨南大学　选择题）

印度河发源于喜马拉雅山西部，是巴基斯坦的主要河流，也是巴基斯坦重要的农业灌溉水源。河水补给一部分来源于高山融雪，一部分来自季风降雨。印度河文明是世界上最早进入农业文明和定居社会的主要文明之一。

15. 保克海峡（2018 上海大学　选择题）

保克海峡是位于印度南端与斯里兰卡北部之间的海峡，以罗伯特·保克的名字命名。

16. 马六甲海峡（2018 上海大学　选择题）

马六甲海峡是位于马来半岛与印度尼西亚的苏门答腊岛之间的漫长海峡，由新加坡、马来西亚和印度尼西亚三国共同管辖。马六甲海峡对于日本、中国、韩国，都是最主要的能源运输通道，是“海上生命线”。（注意：被西方国家誉为“海上生命线”的是霍尔木兹海峡。）

17. 对马海峡（2018 上海大学　选择题）

对马海峡是从日本通往中国东海、黄海和进出太平洋必经的航道出口，人们称它为进出日本海的“咽喉”，其交通战略位置非常重要。

18. 地中海（2018 西北大学　名词解释）（2016 中南林业科技大学　名词解释）

地中海是世界上最大的陆间海，也是最古老的海之一。地中海北临欧洲大陆，南临非洲大陆，东临亚洲大陆，面积约 251.2 万平方千米。在古代，地中海是古希腊等古文明的发祥地之一；在现代，地中海在国际航运与贸易中也起着重要作用。

该题属地理/建筑遗址类名词解释。考生可从地理位置与占地面积、历史沿革与地位、当今发展情况等方面作答。

19. 大陆架（2019 北京航空航天大学 名词解释）

大陆架又称陆棚、大陆浅滩，是大陆向海洋的自然延伸方向，由地壳运动和海浪的冲刷而形成，往往被认为是陆地的一部分。大陆架有丰富的海洋和矿藏资源，包括天然气、铜、铁、石油等，其中已探明的石油储量是整个地球石油储量的三分之一。

20. 拉尼娜现象（2018 北京航空航天大学 名词解释）

拉尼娜现象指太平洋中东部海水异常变冷的情况。它是厄尔尼诺现象的反相，常与厄尔尼诺现象交替出现，但发生频率相对较低。拉尼娜现象出现时，我国易出现冷冬热夏，登陆我国的热带气旋个数比常年多，会出现“南旱北涝”的现象。

该题考查地理知识，得分点包括含义、和厄尔尼诺现象的比较、影响等。考生还应关注厄尔尼诺等其他气候现象。

21. 马里亚纳海沟（2018 大连理工大学 名词解释）

马里亚纳海沟又称马里亚纳群岛海沟，是世界上已知的最深的海沟，地处北太平洋西部海床。马里亚纳海沟在海平面以下的深度远远超过珠穆朗玛峰的海拔高度。一般认为，该海沟是海洋板块与大陆板块相互碰撞而成。

22. 贝加尔湖（2018 西南交通大学 名词解释）

贝加尔湖位于俄罗斯东西伯利亚南部，是世界上最深的湖泊，欧亚大陆最大的淡水湖。该湖泊主要由地层断裂陷落而成，平均水深 730 米。湖中仍然保留着第三纪的淡水动物，著名的有贝加尔海豹、凹目白鲑、奥木尔鱼等。贝加尔湖还是俄罗斯的重要渔场，对该地区的气候也有较大影响。

二、人文地理

1. 中亚五国（2020 北京外国语大学 名词解释）

中亚五国指哈萨克斯坦、吉尔吉斯斯坦、塔吉克斯坦、土库曼斯坦、乌兹别克斯坦这五个国家。中亚这个概念最早由德国地理学家亚历山大·冯·洪堡于 1843 年提出。从地理位置来看，中亚五国地处亚欧大陆之间，是贯通亚欧大陆的交通枢纽。在历史上，中亚地区的主要居民是游牧民族，这块区域也是丝绸之路的重要组成部分。因此，这一区域成了东亚、西亚、南亚和欧洲各个民族、各种宗教以及各种思想的交汇之地。

该题考查地理名词。每年都会有一两道题与地理名词相关，考生可从内涵、概念由来、地理位置、发展历史等方面作答。

2. 好莱坞（2019 北京外国语大学 名词解释）（2017 广东工业大学 名词解释）

好莱坞位于美国加利福尼亚州洛杉矶外，是世界闻名的电影中心，奥斯卡颁奖典礼每年在此举行。好莱坞也是美国电影产业的代名词，迪士尼、20 世纪福克斯、华纳兄弟、派拉蒙等电影巨头都汇集在此。好莱坞还拥有世界上顶级的唱片公司、顶级的娱乐产业和奢侈品牌。时尚与科技相互发展，也吸引了大批游客前来观光。

3. 哥特式建筑（2017 南京大学　名词解释）（2016 辽宁大学　名词解释）（2016 西北大学　名词解释）（2019 安徽师范大学　名词解释）（2017 西南大学　名词解释）

哥特式建筑由罗曼式建筑发展而来，是欧洲一种兴盛于中世纪高峰与末期的建筑风格。起源于 12 世纪的法国，一直持续至 16 世纪。哥特式建筑主要用于教堂，整体风格为高耸的尖顶和窗户上五彩斑斓的玻璃画，表现了神秘、崇高的强烈情感。最负盛名的哥特式建筑有俄罗斯圣母大教堂、英国威斯敏斯特大教堂、意大利米兰大教堂、德国科隆大教堂、法国巴黎圣母院等。

4. 圣索菲亚大教堂（2018 对外经济贸易大学　选择题）

圣索菲亚大教堂，位于现今土耳其伊斯坦布尔，是拜占庭式建筑的代表作。该教堂是君士坦丁大帝为供奉智慧之神索菲亚而建，主要的特别之处在于平面采用希腊式十字架的造型，空间上采用了巨型的圆顶，且室内没有柱子支撑，全由拱门、扶壁、小圆顶等来支撑和分担穹隆的重量。

5. 东南亚（2018 山东大学　名词解释）（2016 中山大学　选择题）[1]

东南亚指亚洲东南部的中南半岛和马来群岛中的所有国家和地区。东南亚地区共有 11 个国家，分别是越南、老挝、柬埔寨、泰国、缅甸、马来西亚、新加坡、印度尼西亚、文莱、菲律宾、东帝汶，面积约 457 万平方千米。东南亚地处亚洲和大洋洲、太平洋与印度洋的“十字路口”，地理位置十分重要。东南亚高温多雨，盛产稻米、天然橡胶、油棕、香料、木材等。

该题考查国际地理知识，得分点包括地理位置、涵盖国家、特点以及地位等。建议复习马六甲海峡、好望角等相关词条。

6. 伯明翰（2020 暨南大学　选择题）

伯明翰是仅次于伦敦的英国第二大国际化城市，地处英格兰中心。该市还是全英的主要制造业中心之一，工业部门繁多，以重工业为主，也是世界上最大的金属加工地区。该地区的汽车工业规模很大，有“英国底特律”之称。

7. 考文垂（2020 暨南大学　选择题）

考文垂位于英国英格兰西米德兰郡，是 15 世纪中叶英国重要的纺织工业中心。考文垂也是英国汽车工业的发祥地。1896 年，英国第一辆戴姆勒汽车在此诞生。

8. 阿伯丁（2020 暨南大学　选择题）

阿伯丁是一个因石油而生的港口工业城市，被称为欧洲的石油之都。该市位于苏格

1　该校该年考查东南亚地区的 11 个国家。

兰东北部，是一个新工业城市。

9. 都柏林（2020 暨南大学 选择题）

都柏林有“欧洲硅谷”之称，是爱尔兰最大的港口，其进出口贸易占全国对外贸易总额的一半，也是爱尔兰最大的制造业城市。此外，都柏林还是全国重要的金融中心。

10. 苏美尔人（2019 南京理工大学 选择题）（2019 中国海洋大学 选择填空题）

苏美尔人是两河流域，即幼发拉底河和底格里斯河早期的定居民族。他们建立了苏美尔文明，或称两河文明，又因其所在地区的平原被称作美索不达米亚文明，是世界上已知的最早的文明之一。苏美尔人发明了人类最早的象形文字——楔形文字，将图形符号固定下来形成文字，然后用三角形尖头的芦苇秆将其刻写在泥板上，这种文书在出版史学界被称为泥板文书。

11. 硅谷（2019 中南大学 名词解释）（2018 上海理工大学 名词解释）

硅谷位于美国加利福尼亚州北部的大都会区，最初因研究和生产以硅为基础的半导体芯片而得名。硅谷如今是电子工业和计算机业的王国，世界高新技术创新和发展的开创者和中心。英特尔、苹果公司、谷歌、脸书等高科技公司总部皆落户于此。其主要区位特点是附近拥有科研力量雄厚的顶尖大学作为依托。

12. 白金汉宫（2018 华中师范大学 名词解释）

白金汉宫是英国君主位于伦敦的办公场所和主要寝宫，国家庆典和王室欢迎礼举行场地之一。白金汉宫对外开放参观，每天进行禁卫军交接典礼，是英国王室文化的一大景观。整座皇宫是一座四层正方体的灰色建筑，正门悬挂王室徽章，与故宫、白宫、凡尔赛宫和克里姆林宫并列为世界五大名宫。

13. 巴黎圣母院（2020 天津大学 名词解释）

巴黎圣母院是一座哥特式风格的基督教教堂，位于巴黎塞纳河畔和市中心。教堂始建于 1163 年，历时 182 年在 1345 年建成。该教堂以祭坛、门窗等处的雕刻艺术和绘画艺术，以及内部珍藏的大量艺术珍品而闻名于世，是古代巴黎的象征。2019 年巴黎圣母院屋顶起火，中法就巴黎圣母院修复一事开展合作。

14. 空中花园（2016 宁波大学 选择题）（2019 西安外国语大学 名词解释）

空中花园是世界七大奇观之一。阿拉伯语称其为“悬挂的天堂”。传说公元前 6 世纪，空中花园由巴比伦王国的尼布甲尼撒为其患思乡病的爱妻修建，其采用立体造园手法，并有灌溉系统，园中种植各种树木，远看似悬挂在空中，故得“空中花园”之名。

该题考查《自然科学史十二讲》中的古代两河流域文明。考生可从地位、起源、工艺等方面作答，这一部分也是命题的主要范围，建议考生关注这一部分的其他知识点，有可能会成为今后的命题方向。

15. 唐招提寺（2020 南开大学 名词解释）

唐招提寺是日本佛教律宗建筑群，位于日本奈良市西京五条，由中国唐朝的高僧鉴真所建，是日本唐风建筑中的明珠。唐招提寺最盛时曾有僧徒 3 000 人，最大的建筑物是金堂，以建筑精美著称。金堂、经藏、鉴真像等被誉为国宝。唐招提寺是日本奈良的著名景点，国内外旅游者众多。

该题考查地理基础知识，是历年真题的重要考点。该题的得分点包括建筑地点、建立时期、建立人物、影响及地位等。建议复习鉴真、奈良、东大寺等相关词条。

16. 西洋（2018、2020 宁波大学　名词解释）

西洋是一个地理名词，现指西方世界，但在中国历史上不同时期有不同的含义。以明朝为例，在明洪武年间，西洋只包含具体的国度；到了永乐三年，开始了郑和下西洋，西洋一词发生了巨大变化，它所包含的地域扩展到包括忽鲁姆斯在内的“西洋诸国”。

该题考查地理名词。建议考生从范畴、概念、来源等方面作答。注意结合文本，答案中需体现明朝的相关内容。

三、地理基本常识

1. 殖民地（2019 南京大学　名词解释）

殖民地是一个地理学名词。其原始含义是在荒地上移民垦殖，可做贸易前哨或军事基地。后指被征服的，受宗主国经济剥削、文化入侵与政治奴役，并为宗主国获取新资源的地区或国家。殖民地的产生同资本主义生产方式的出现和发展关系密切。在资本主义时期，特别是帝国主义阶段，殖民地专指领土被侵占、丧失了主权和独立，在政治上和经济上完全由资本主义强国统治、支配的国家或地区，目的是帮助资本主义强国掠夺各项资源，包括了保护国、附庸国等概念。

该题考查地理基础知识，得分点包括地理学上的概念、特定历史时期的意义、历史作用等。建议复习殖民主义、民族解放运动等相关词条。

2. 地球的自转（2018 南京大学　名词解释）

地球的自转是地球的一种重要运动形式，指地球绕自转轴自西向东地转动。从北极点上空看，地球的自转呈逆时针旋转；从南极点上空看，地球的自转呈顺时针旋转。地球自转轴与黄道面成夹角，与赤道面垂直。地球自转一周耗时 23 小时 56 分。地球自转产生昼夜交替、地方时和区时的时差以及天体的周日运动。

该题考查地理基础知识，这是历年真题的高频考点。该题的得分点包括地理概念、自转特点、时间变化、自转意义等。建议复习地球公转、格林尼治时间等相关词条。

3. 时差（2018 南京大学　名词解释）

时差指两个地区地方时之间的差别。随着地球自转，一天中太阳东升西落，太阳经过某地天空的最高点时，此地的地方时为 12 时，从而产生不同经线上具有不同的地方时的现象。同一时区内所用的同一时间是区时，全世界所用的同一时间是世界时，即 0 度经线的地方时。

该题考查地理基础知识，得分点包括释义、形成原因、地方时与世界时的概念等。建议复习地球自转、地球公转、格林尼治时间等相关词条。

4. 地球之肾（2020 武汉大学 选择题）

湿地能够分解、净化环境，起到“排毒”“解毒”的功能，因此被人们喻为“地球之肾”。假如没有了湿地，好比一个人被割去了肾脏。（注意：森林被称为“地球之肺”。）

5. 海底扩张说（2020 武汉大学 选择题）

赫斯和迪兹在地幔对流说的基础上提出了海底扩张说，认为地幔中有一个圆形环对流体使地幔物质从大洋中脊的裂缝上升，形成新的海洋地壳，新的海洋地壳不断产生，向外扩张，大陆只是随着海底的扩张而移动。海地扩张说补充了大陆漂移说，也为板块构造说提供了坚实的理论依据。

6. 保加利亚（2020 南开大学 名词解释）

保加利亚，全称是保加利亚共和国，位于欧洲东南部，与希腊、土耳其接壤，东部濒临黑海。其首都是索非亚，政体是议会共和制，官方语言为保加利亚语，主要宗教为东正教。保加利亚传统上是农业国，其工业以食品加工业和纺织业为主，其玫瑰、酸奶和葡萄酒历来在国际市场上享有盛名，其旅游业近年来也有所发展。保加利亚是中欧自由贸易协定组织的成员，也是欧盟成员国。

该题考查地理基础知识。对于国家和地区的名词解释，应当包括国家全称、地理位置、首都、政体、官方语言、主要宗教、经济支柱产业、外交关系等。其他要点还可以包括政治、文化、社会等内容。（选取 5~6 点作答，得分点越多越好，每个得分点的字数可以适当少一点。）建议复习欧盟、中欧自由贸易协定等相关词条。

7. 中东（2020 南开大学 名词解释）

中东位于亚洲西部、非洲东北部，包括从地中海东部和南部到波斯湾沿岸的约 23 个国家与地区，如伊朗、埃及、沙特等。中东地区主要信仰伊斯兰教、犹太教和基督教，并主要以灌溉农业为主。中东的战略地位极其重要，是东西方的交通枢纽，为“两洋三洲五海”之地。不仅沟通了亚洲、欧洲和非洲，也沟通了大西洋和印度洋。由于淡水资源稀缺、石油资源宝贵、宗教文化差异，各国之间的争夺使中东常年局势动荡。

该题考查地理基础知识，是历年真题的重要考点，不仅会考查中东地区的地理知识，与之相关的政治、宗教、文化的词条也是高频考点，考生复习时需重点掌握。该题的得分点包括地理位置、国家与地区、宗教信仰、支柱产业、位置作用、发展情况等。建议复习耶路撒冷、中东战争、巴勒斯坦、巴以冲突等相关词条。

8. 奈良（2020 南开大学 名词解释）

一般指日本地域中近畿地方的奈良县，位于日本纪伊半岛中央，是日本大阪都市圈的组成部分，也是日本历史和文化的发祥地之一。奈良古称大和，是深受唐朝长安、洛阳的影响而建成的都城，中国唐朝的鉴真在此主持建造了著名的唐招提寺。其主要产业有纤维产品制造业、木材及木制品制造业、畜产业等。

该题考查地理基础知识，是历年真题的重要考点。考生复习时可以与它的著名景点、姐妹城市的历史文化联系起来背诵。该题的得分点包括地理位置、历史特色、著名景点、支柱产业等。建议复习东大寺、唐招提寺、鉴真、堪培拉等相关词条。

9. 吉布提（2019 南开大学 名词解释）

吉布提，全称是吉布提共和国，位于非洲东北部，首都是吉布提市，政体是总统共和制，官方语言为法语、阿拉伯语，主要宗教为伊斯兰教。吉布提是世界上最不发达的国家之一，自然资源贫乏，工农业基础薄弱，95% 以上的农产品和工业品依靠进口，交通运输、商业和服务业在经济中占主导地位。吉布提的战略位置非常重要，国内有美军、法军的重要军事基地和中国人民解放军的保障基地，是非盟、阿盟、伊斯兰会议组织、东南非共同市场等地区组织的成员国。

该题考查地理基础知识，是历年真题的重要考点。对于国家和地区的名词解释，应当包括国家全称、地理位置、首都、政体、官方语言、主要宗教、经济支柱产业、外交关系等。其他要点还可以包括政治、文化、社会等内容。（选取 5~6 点作答，得分点越多越好，每个得分点的字数可以适当少一点。）建议复习伊斯兰教、非盟等相关词条。

10. 海湾国家（2019 南开大学 名词解释）

海湾国家指波斯湾沿岸的 8 个国家，分别是伊朗、伊拉克、科威特、卡塔尔、巴林、沙特阿拉伯、阿拉伯联合酋长国和阿曼。在中东地区，海湾及其周围地区是重要的国际通道。从经济的角度来说，海湾国家贸易频繁，并以蕴藏丰富的石油资源而闻名于世，被誉为“世界石油宝库”，占有重要的地位。从军事战略的角度来说，海湾国家也是战略要地。

该题考查地理基础知识，是历年真题的重要考点。该题的得分点包括 8 个国家名称、经济地位、军事地位、名誉名称等。建议复习伊朗、伊拉克、海湾战争等相关词条。

11. 澳大利亚（2016 中山大学 选择题）（2019 扬州大学 选择题）

澳大利亚四面环海，是世界上唯一一个国土覆盖整个大陆的国家，有着发达的农牧业，是世界上最大的羊毛和牛肉出口国。澳大利亚的六个州分别为新南威尔士州、维多利亚州、昆士兰州、南澳大利亚州、西澳大利亚州、塔斯马尼亚州。澳大利亚的两个领地是首都领地和北领地。其近一半的人口居住在悉尼和墨尔本这两个城市。澳大利亚有很多独特的动植物和自然景观，被称为“世界活化石博物馆”。据统计，澳大利亚的动植物约 2 万到 2.5 万种。

12. 英国（2016 中山大学 选择题）（2019 扬州大学 选择题）

英国，全称是大不列颠及北爱尔兰联合王国，又称联合王国，属于温带海洋性气候，全年温和湿润。英国首先完成了工业革命，成为世界上第一个工业化国家。英国由大不列颠岛（包括英格兰、苏格兰、威尔士）、爱尔兰岛东北部和一些小岛组成。英联邦是英国已经独立的前殖民地、附属国的集合体。2020 年 1 月英国正式脱离欧盟。

13. 欧盟（2017 宁波大学 名词解释）（2016 中山大学 选择题）（2014、2019 南开大学 名词解释）

欧盟，全称是欧洲联盟，总部坐落于比利时首都布鲁塞尔，由欧洲共同体发展而来，是欧洲地区规模较大的区域性经济合作的国际组织。其创始成员国为德国、法国、意大利、荷兰、比利时和卢森堡。现拥有 27 个成员国，正式官方语言有 24 种。欧盟是世界上最有影响力的国际组织之一，世界第二经济实体，在内政、国防、外交等其他方面则类似一个独立国家所组成的同盟。欧盟的成立为促进世界和平和地区间的可持续发展做出了重要贡献。2012 年欧盟被授予诺贝尔和平奖。

该题考查著名区域联盟，得分点包括欧盟的全称、总部所在地、地位、作用、成员国等。

14. 波士顿（2019 北京外国语大学 名词解释）

波士顿是美国马萨诸塞联邦的首府，是马萨诸塞乃至新英格兰地区人口最多的城市。波士顿是美国最古老的都市之一，于 1630 年由迁移到美洲的清教徒建立。在美国独立战争中，波士顿是多场重要事件的所在地，如波士顿大屠杀、波士顿倾茶事件。今日的波士顿急速发展，多所著名的学府坐落于此，如哈佛大学和麻省理工学院，这使它成为国际高等教育中心。它作为全球创新及创业先锋，现在的生活指数在全美最高之列，获评全球最宜居的地方之一。

该题考查美国的重要城市。由于翻译学科的特点，北京外国语大学在百科考试中倾向于考查英、美等国家的重要城市，可从城市情况概述、历史发展、地位等方面作答。此外，建议考生举一反三，自行整理如纽约、伦敦、旧金山等重要城市的名词解释。

15. 多佛尔海峡（2020 暨南大学 选择题）

多佛尔海峡（法语称加来海峡）位于英吉利海峡的东部，介于英国和法国之间，是连接北海与大西洋的通道，也是英法间最狭窄的海峡。侵蚀作用被认为是多佛尔海峡的成因。

16. “低山”的绝对高度（2020 暨南大学 选择题）

世界上关于低山绝对高度的指标不统一。中国低山指的是海拔绝对高度为 500 米至 1 000 米、相对高度为 500 米左右，山坡坡度一般在 10° 以下的山地。低山往往与丘陵交错分布，在我国主要分布在东南部。

17. 臭氧层（2020 暨南大学 选择题）

臭氧层是地球的一道天然屏障，使地球上的生命免遭强烈的紫外线伤害，被誉为“地球生命活动的保护伞”。臭氧层被破坏，导致到达地面的紫外线辐射增强，通过的紫外线就会伤害人类和其他生物，如使人类患皮肤癌和白内障等疾病，影响农作物、海洋生物的生长繁殖等。

18. 布达佩斯（2019 暨南大学 选择题）

布达佩斯是匈牙利的首都，也是该国的主要政治、商业中心和最大的城市，有“东欧巴黎”和“多瑙河明珠”的美称。布达佩斯是欧洲有名的古城，坐落于多瑙河两岸，地质上刚好处于断层，因此有许多温泉。因为山脉的遮挡以及处于内陆，布达佩斯属于比较干燥的温带大陆性气候。

19. 汉堡（2019 暨南大学 选择题）

汉堡是德国第二大城市，三大州级市（柏林、汉堡、不来梅）之一，也是德国重要的海港和最大的外贸中心，有着“世界桥城”的美誉。易北河贯穿其市区，因此汉堡是河、海两港，被誉为“德国通往世界的大门”。汉堡大多数工业与外贸有关，是世界上除美国西雅图之外的第二大飞机制造城市。

20. 开罗（2019 暨南大学 选择题）

开罗是埃及的首都，地处尼罗河沿岸，是非洲和中东地区最大的城市，被古埃及人称为“城市之母”。在开罗随处可见的建筑物是宣礼塔。

21. 安第斯山脉（2018 暨南大学 选择题）

安第斯山脉属于科迪勒拉山系，位于南美洲的西岸，范围从巴拿马一直到智利。从北到南全长 8 900 余千米，是世界上最长的山脉，纵贯南美大陆西部，素有“南美洲脊梁”之称。该山脉有许多海拔 6 000 米以上、山顶终年积雪的高峰。

22. 洛基山脉（2018 暨南大学 选择题）

洛基山脉位于北美洲西部，是美洲科迪勒拉山系在北美的主干，被称为北美洲的“脊骨”。该山脉从加拿大横越美国西部直到新墨西哥州，绵延超过 4 800 千米。除圣劳伦斯河外，北美几乎所有大河都源于洛基山脉。

23. 高加索山脉（2018 暨南大学 选择题）

高加索山脉是一个由大、小高加索山脉及库马—马内奇低地等组成的庞大山系。大高加索山脉—乌拉尔山脉是亚洲和欧洲的地理分界线。主轴分水岭是南欧和西亚的分界线，位于黑海与里海之间，呈西北—东南向横贯格鲁吉亚、亚美尼亚和阿塞拜疆，属于阿尔卑斯运动形成的褶皱山系。其最高峰为厄尔布鲁士峰，也是欧洲第一高峰。

24. 乌拉尔山脉（2018 暨南大学 选择题）

乌拉尔山脉北起北冰洋喀拉海的拜达拉茨湾，南至哈萨克草原地带，介于东欧平原和西伯利亚平原之间。和大高加索山脉组成欧亚两洲的分界线。乌拉尔山脉还是伏尔加河、乌拉尔河和鄂毕河流域的分水岭。其东坡是俄罗斯的矿藏宝库，蕴藏着磁铁矿、铜、铝等矿产，西坡则有石油、天然气等资源。

25. 海沟（2018 暨南大学 选择题）

海洋的主体部分是洋，海是洋的边缘部分，海沟是海洋中两壁较陡、狭长的沟槽，是海洋底部最深的地方，最深可达 1 万米以上（马里亚纳海沟），同时也是等深线最密集的地方，一般出现在大陆坡下。海沟的产生被认为是海洋板块和大陆板块相互作用的结果。

26. 渥太华（Ottawa）（2019 扬州大学 选择题）

渥太华（Ottawa）是加拿大的首都，也是加拿大第四大城市。城市名称来自亚冈昆语，意思是“贸易”。其纬度与中国哈尔滨差不多，国会大厦是渥太华最著名的标志性建筑。渥太华的主要农作物是小麦、大豆、玉米、甜菜、土豆和烟草。

27. 多伦多（Toronto）（2019 扬州大学 选择题）

多伦多（Toronto）是加拿大第一大城市，金融、航运和旅游中心，也是安大略省的省会。多伦多是全球最多元化的都市之一，其 49% 的居民是来自全球 100 多个民族的移民，汇集了 140 多种语言。其因超低的犯罪率、宜人的环境和高品质的生活被评为全球最宜居的城市之一。

28. 全球四大洋（2018 南京理工大学 选择题）

全球四大洋是地球上的四片海洋（太平洋、大西洋、印度洋、北冰洋）的总称，也泛指地球上所有的海洋。海洋面积为 36 100 万平方公里，太平洋占 49.8%，大西洋占 26%，印度洋占 20%，北冰洋占 4.2%，因此四大洋按面积从大到小排列依次是太平洋、大西洋、印度洋、北冰洋。

29. 纽伦港（2020 北京外国语大学 名词解释）

纽伦港是世界三大重要国际都会——纽约、伦敦及香港的合称。这三个城市均是世界领先的国际都会，有相似的文化特色及经济成就，同时这三座城市因相通的经济文化而互相联系，不仅成为全球化的典范，而且解释了全球化的原因。这三座城市是世界排名前三的金融中心，意外地构建起一个能促进全球经济发展的金融网。因此，这三座城市于 2008 年被《时代杂志》选为 21 世纪全球化国际城市的模范，并列为 21 世纪世界三大国际都会。

该题考查专有名词。考生可从内容、城市相关情况（如定位、特点、国际地位）等方面作答。北京外国语大学百科考试倾向于用一个题目考查多个知识点，故考生需要准确掌握专有名词的内涵。

第五章 政治常识

第一节 中国政治常识

1. 和平共处五项原则（2020 北京外国语大学 名词解释）

和平共处五项原则又称国际关系基本准则，由时任中华人民共和国政务院总理的周恩来于 1953 年年底在会见印度代表团时提出，并于 1954 年成为指导中印关系以及中缅关系的基本原则。具体内容为：互相尊重主权和领土完整、互不侵犯、互不干涉内政、平等互利、和平共处。和平共处五项原则的提出，是中国独立自主外交政策的完整体现，表明中国确定了独立自主的和平外交路线，标志着中国外交政策的成熟。同时，这也是国际关系史上的重大创举，为推动建立公正合理的新型国际关系做出了历史性贡献。

该题考查政治相关知识。考生可从定义、提出人物及时间、内容、意义等方面作答。通过此题，提醒考生关注每年与热点接轨的历史事件，这有可能会成为考试的命题方向。

2. 供给侧（2018 辽宁大学 名词解释）

供给侧，经济学术语，指供给方面，是生产消费过程中的一个环节，它对应的是需求。国民经济的平稳发展取决于经济中需求和供给的相对平衡。供给的范围和水平取决于社会生产力的发展水平。

该题考查时政方面的内容，该题目可以结合政治部分一起学习。这部分在复习中要多关注时事政治，可从公众号和新闻中总结出这一年中的热点词汇。出题范围比较广，需要考生多多关注。

3. 供给侧结构性改革（2018、2019、2020 广东外语外贸大学 名词解释）（2019 南京大学 名词解释）（2018 南开大学 名词解释）（2017 西安外国语大学 名词解释）（2018 辽宁大学 名词解释）（2017 中南大学 名词解释）（2017 华中科技大学 名词解释）（2019 西南科技大学 名词解释）

供给侧结构性改革是相对于需求侧，涉及供给的各个方面进行的改革。重点是结构性改革，要把改善供给侧结构作为主攻方向，从生产端入手，实现由低水平供需平衡向高水平供需平衡跃升，不断创造和引领新的需求。推进供给侧结构性改革是我国经济发展新常态下的必然选择，是宏观经济管理必须确立的战略思路。

这是一条政治类名词，答题时的得分点包括改革内容、改革重点、背景等。

4. 生态文明（2020 广东外语外贸大学 名词解释）（2016 南开大学 名词解释）（2019 辽宁大学 名词解释）（2019 华中师范大学 名词解释）（2018 西南科技大学 名词解释）（2019 长沙理工大学 名词解释）（2016 北京交通大学 名词解释）

生态文明是人类文明发展的一个新的阶段，即工业文明之后的文明形态。生态文明是人类遵循人、自然、社会和谐发展这一客观规律而取得的物质与精神成果的总和。它的前提是尊重和维护自然，宗旨是人与人、人与自然、人与社会和谐共生，以建立可持续的生产方式和消费方式为内涵，以引导人们走上持续、和谐的发展道路为着眼点。

该题考查时政方面的内容。答题时主要从生态文明的定义、前提、宗旨、内涵、着眼点等方面入手。

5. 粤港澳大湾区（2020 广东外语外贸大学 名词解释）

粤港澳大湾区，简称大湾区，是由围绕中国珠江三角洲地区伶仃洋组成的城市群，包括广东省九个相邻城市（广州、深圳两个副省级市，珠海、佛山、东莞、中山、江门、惠州、肇庆七个地级市），以及香港与澳门两个特别行政区，是中国人均 GDP 最高、经济实力最强的地区之一。国务院于 2019 年 2 月 18 日印发《粤港澳大湾区发展规划纲要》，通过粤澳港协同作用、制度创新和技术创新提升经济发展质量。

这是一条政治类名词，答题时的得分点包括含义、地理位置、意义等。

6. 减税降费（2020 广东外语外贸大学 名词解释）

减税降费指一系列定向减税和普遍性降费措施，包括"税收减免"和"取消或停征行政事业性收费"两部分，是政府简政放权在社会经济领域的深化和体现。减税降费表现在鼓励银行加大信贷支持和服务，减轻企业负担，激发市场活力。

这是一条政治类名词，答题时的得分点包括概念、具体表现、影响作用等。

7. 进博会（2019 广东外语外贸大学 名词解释）（2019 天津大学 名词解释）（2019 北京第二外国语学院 名词解释）（2019 东华大学 名词解释）

进博会，即中国国际进口博览会，是中华人民共和国在上海市举办的年度博览会，由中华人民共和国商务部、上海市人民政府联合主办。进博会给各国（地区）政要、工商界、著名参展商、采购商提供了一个贸易合作的平台。进博会是坚定支持贸易自由化和经济全球化、主动向世界开放市场的重大举措。

这是一条政治类名词，答题时的得分点包括展会介绍、地点、内容、社会影响等。

8. 蛟龙号（2019 广东外语外贸大学 名词解释）

蛟龙号是我国第一艘深海载人潜水器。它由我国自行设计、自主集成研制，是目前世界上下潜深度最深的作业型载人潜水器。蛟龙号当前最大的下潜深度为 7 062 米，最大的工作设计深度为 7 000 米，工作范围可覆盖全球 99.8% 的海洋区域。蛟龙号从诞生到使用，历经艰难险阻，凝聚了无数科研工作者的心血。

该题考查时政知识，得分点包括基本概念、应用领域、技术特点和优势等。

9. 宏观调控（2018 广东外语外贸大学　名词解释）（2019 南京大学　名词解释）（2017 山东大学　名词解释）（2017 聊城大学　名词解释）（2016 西南政法大学　名词解释）

宏观调控是政府为了调节市场经济运营进行的一系列调控措施。在市场经济中，供给和需求受价格规律及自由市场机制的影响。市场经济带来经济增长，但会引发通货膨胀，导致经济停滞或倒退，这种周期性波动对社会资源及生产力都造成了严重影响。所以政府会实施宏观调控，以政策、法规、计划等人为手段调节整体社会的经济运作，调节供给与需求，保证国民经济持续、健康、快速、协调发展。

这是一条政治经济类名词，答题时的得分点包括含义、原因、方法、意义等。

10. 市场经济体制（2018 广东外语外贸大学　名词解释）

市场经济体制是指一个国家在管理社会经济活动过程中，利用市场机制来配置资源，从而促进社会经济目标实现的管理体制、制度和措施。市场经济体制建立在高度发达的商品经济基础上，政府主要起宏观调控经济运行的作用，其基本特征是经济资源商品化、经济关系货币化、市场价格自由化、经济系统开放化。

这是一条政治经济类名词，答题时的得分点包括含义、目的、背景、特征等。

11. 市场准入负面清单制度（2018 广东外语外贸大学　名词解释）

市场准入负面清单制度是指国务院以清单方式明确列出在中华人民共和国境内禁止和限制投资经营的行业、领域、业务等，各级政府依法采取相应管理措施的一系列制度安排。“非禁即入”，市场准入负面清单以外的行业、领域、业务等，各类市场主体皆可依法平等进入。全面实施市场准入负面清单制度是党中央为加快完善社会主义市场经济体制做出的重大决策部署，有利于发挥市场在资源配置中的决定性作用。

这是一条政治经济类名词，答题时的得分点包括含义、目的、作用等。

12. 商事登记制度改革（2018 广东外语外贸大学　名词解释）

原有的商事登记制度带有浓厚的计划经济色彩，阻碍了市场经济的发展。2013 年，商事登记制度进行改革，由注册资本实缴登记制改为注册资本认缴登记制，取消了原有的对公司注册资本、出资方式、出资额、出资时间等的硬性规定，取消了经营范围的登记和审批，从以往的“重审批、轻监管”转变为“轻审批、重监管”。登记环节简便了，更注重企业的理性投资和诚信经营。

这是一条政治类名词，答题时的得分点包括原因、内容及影响等。

13. “一带一路”（2017、2018 广东外语外贸大学　名词解释）（2016 南京大学　名词解释）（2019 南京师范大学　名词解释）（2020 东北师范大学　名词解释）（2018 辽宁大学　名词解释）（2019 重庆邮电大学　名词解释）（2018 中南大学　名词解释）（2016 四川大学　名词解释）（2017 首都经济贸易大学　名词解释）（2019 大连外国语大学　名词解释）（2016 四川师范大学　名词解释）（2018、2019 西南科技大学　名词解释）（2018 广西师范

大学 名词解释)(2016山东科技大学 名词解释)(2018长沙理工大学 名词解释)(2018上海海事大学 名词解释)(2016中南林业科技大学 名词解释)(2016武汉科技大学 名词解释)(2017宁夏大学 名词解释)(2016天津大学 名词解释)(2020中国科学院大学 名词解释)(2016北京语言大学 名词解释)(2018黑龙江大学 名词解释)(2016西安交通大学 名词解释)(2019北京外国语大学 名词解释)

"一带一路"是"丝绸之路经济带"和"21世纪海上丝绸之路"的简称。2013年9月和10月,中国国家主席习近平分别提出建设"新丝绸之路经济带"和"21世纪海上丝绸之路"的合作倡议。"新丝绸之路经济带"重点畅通的地区为——中国经中亚、俄罗斯至欧洲(波罗的海);中国经东亚、西亚至波斯湾、地中海;中国至东南亚、南亚、印度洋。"21世纪海上丝绸之路"的重点方向是从中国沿海港口过南海到印度洋,延伸至欧洲;从中国沿海过南海到太平洋。"一带一路"有利于促进沿线各国经济繁荣与区域经济合作,共同打造政治互信、经济融合、文化包容的利益共同体、命运共同体和责任共同体,加强不同文明的交流互鉴,使古丝绸之路焕发新的生机。

这是一条政治经济类名词,答题时的得分点包括含义、提出背景、地理范畴、政治意义等。

14. 新常态(2017广东外语外贸大学 名词解释)(2016辽宁大学 名词解释)(2017华中科技大学 名词解释)(2018山东建筑大学 名词解释)(2016重庆大学 名词解释)(2016中国传媒大学 名词解释)

新常态就是不同于以往的、相对稳定的状态。这是一种趋势性的、不可逆转的发展状态,由习近平主席在2014年5月考察河南的行程中首次提出。他指出,中国发展仍处于重要战略机遇期,我们要增强信心,从当前中国经济发展的阶段性特征出发,适应新常态,保持战略上的平常心态。经济新常态的特点是从高速增长转为中高速增长;经济结构不断优化升级;从要素驱动、投资驱动转为创新驱动。

15. 小康社会(2016广东外语外贸大学 名词解释)(2016南京大学 名词解释)(2018辽宁大学 名词解释)(2018重庆邮电大学 名词解释)(2016华中科技大学 名词解释)

小康社会是邓小平同志于20世纪70年代末80年代初在规划中国经济社会发展蓝图时提出的战略构想。随着中国特色社会主义建设事业的深入,其内涵和意义不断得到丰富和发展。在20世纪末基本实现"小康"的情况下,党的十六大报告明确提出了"全面建设小康社会"。党的十七大报告在此基础上提出新的更高要求,提出了六个"更加"。2020年是全面建成小康社会宏伟目标的实现之年。

该题考查时政方面的内容。作答时主要从小康社会的定义以及小康社会在各阶段的发展这两方面入手。

16. "四个全面"(2016广东外语外贸大学 名词解释)(2016南开大学 名词解释)(2018山东科技大学 名词解释)(2019长沙理工大学 名词解释)(2016、2017中国传媒

大学　名词解释）

“四个全面”指的是全面建成小康社会、全面深化改革、全面依法治国、全面从严治党。全面建成小康社会是战略目标；全面深化改革是动力源泉；全面依法治国是法治保障；全面从严治党是政治保证。“四个全面”相互之间联系紧密，有机统一，是我们党治国理政方略与时俱进的新创造、马克思主义与中国实践相结合的新飞跃。

17. 五大发展理念（2018 西安外国语大学　名词解释）

五大发展理念，即创新、协调、绿色、开放、共享，是管全局、管根本、管长远的导向，具有战略性、纲领性、引领性。创新发展注重的是解决发展动力的问题；协调发展注重的是解决发展不平衡的问题；绿色发展注重的是解决人与自然和谐的问题；开放发展注重的是解决发展内外联动的问题；共享发展注重的是解决社会公平正义的问题。

该题考查时政知识。考生准确答出内容并简要介绍即可。

18. “两弹一星”（2018 西安外国语大学　名词解释）

“两弹一星”是中华人民共和国对核弹、导弹和人造卫星的简称。1960 年至 1970 年间，中华人民共和国分别成功试爆了第一枚原子弹、第一枚装载核弹头的地对地导弹、第一枚氢弹等。“两弹一星”工程的成功是中华人民共和国历史上前期科技实力发展的标志性事件，而其研发过程中的科研人员在导弹、人造卫星、遥感与控制等方面取得的成果也为之后中国航天事业的进一步发展打下了基础。

该题考查时政知识。考生可从内容、发展、作用、意义等方面作答。该题考点属于课外内容，建议考生在备考过程中多积累重要的时政名词。

19. “一国两制”（2018 西安外国语大学　名词解释）（2018 东北师范大学　名词解释）

“一国两制”是“一个国家，两种制度”的简称，是邓小平同志提出的具有中国特色的社会主义理论之一，是为解决台湾问题，恢复对香港、澳门行使主权，实现祖国和平统一而提出的重大战略决策和科学构想。其主要内容是在中华人民共和国境内，国家的主体实行社会主义，香港、澳门和台湾实行资本主义。

该题考查政策知识，对于考生来说是必须掌握的内容，得分点包括主要含义、提出背景、主要内容。建议复习九二共识、中国特色社会主义、邓小平理论等相关词条。

20. 人类命运共同体（2018 西安外国语大学　名词解释）（2018 西北大学　名词解释）（2018 河南师范大学　名词解释）

人类命运共同体指的是每个民族、每个国家的前途、命运都紧紧联系在一起，应该风雨同舟、荣辱与共，努力把我们生于斯、长于斯的这个星球建成一个和睦的大家庭，把世界各国人民对美好生活的向往变成现实。构建人类命运共同体是中华人民共和国的外交理论和实践。2012 年党的十八大明确提出“要倡导人类命运共同体意识，在追求本国利益时兼顾他国合理关切”。

该题考查时政知识。考生可从内容、特点、发展等方面作答。该题考点是近些年来的热点话题，和国家大政方针紧密相连，提醒考生关注。

21. 九二共识（2016 西安外国语大学 名词解释）（2016 南京师范大学 名词解释）（2018 南开大学 名词解释）（2016 天津大学 名词解释）（2016 辽宁师范大学 名词解释）

九二共识是 1992 年海峡两岸关系协会与台湾海峡交流基金会在香港举行会谈，通过数次商谈后最终形成的“海峡两岸均坚持一个中国原则”的共识。其核心内容和精神是坚持一个中国。九二共识体现了一个中国的原则，明确界定了两岸同属一个国家，一个民族，是两岸交流来往的基础。

22. 国家卫健委（2020 南京大学 名词解释）

国家卫健委，全称是中华人民共和国国家卫生健康委员会，是国务院的组成部门。根据党的十九届三中全会和第十三届全国人民代表大会第一次会议的审议批准，于 2018 年设立。其设立目的是以人民健康为中心，为人民群众提供全方位、全周期的健康服务；主要职责是保障人民健康，加强党集中统一领导卫生健康工作。国家卫健委的设立有利于推动实施健康中国战略，预防控制重大疾病，积极应对人口老龄化。

该题考查时政知识，需对国家政策、政治生活有一定了解。考生在背诵时政词条时，可以将解题思路与国家政策相联系，比如此题，国家卫健委就是在十九大提出的健康中国战略背景下组建的。该题的得分点包括组织全称、成立目的、主要职责、意义及影响等。

23. 三去一降一补（2019 南京大学 名词解释）（2019 天津大学 名词解释）

“三去一降一补”是 2015 年习近平总书记根据供给侧结构性改革提出的任务，指的是去产能、去库存、去杠杆、降成本、补短板五大任务。该任务主要是为了解决供给侧改革的问题，包括产能过剩、楼市库存大、债务高企这三个方面。

该题考查国家政治知识，这是历年真题的高频考点。该题的得分点包括基本含义、具体内容、提出者、提出目的等。建议复习供给侧结构性改革、产业升级等相关词条。

24. 三大攻坚战（2019 南京大学 名词解释）

三大攻坚战是 2017 年习近平总书记在十九大报告中首次提出的任务，指的是防范化解重大风险、精准脱贫、污染防治。该任务是我国经济由高速增长阶段转向高质量发展阶段后，为了全面建成小康社会所提出的重要部署，现在已经取得重大进展。2020 年是打赢三大攻坚战的重要一年。

该题考查国家政治知识，这是历年真题的高频考点。考生应当了解此类词条的提出背景，便于理解记忆，更要串联与之相关的词条重点背诵。该题的得分点包括具体内容、提出来源、提出实践、目的、影响及作用等。建议复习精准脱贫、全面建成小康社会等相关词条。

25. 选举权（2019 南京大学 名词解释）

选举权是公民的基本权力之一，是个人通过参加提名代表候选人，讨论、协商代表候选人名单，投票选举等方式选举他人的权利。选举权是人民通过宪法获取的权利，与人民主权联系最密切，与国家权力也息息相关。选举权产生的国家机关是公民权利与国家权力之间的桥梁。其权利属性表现为它具有可放弃性、利益性、意志性；其权力属性表现在它能够决定他人（候选人）的利益和命运。

该题考查政治常识，这是历年真题的重要考点，考生应当掌握基础的政治常识。该题的得分点包括定义、选举方式、与国家权利的关系、属性表现等。

26. 金砖国家（2019 南京师范大学 名词解释）（2018 山东大学 名词解释）（2018 中山大学 选择题）（2016、2019 西北大学 名词解释）（2016 中南大学 名词解释）（2016 华中农业大学 名词解释）（2018 山东科技大学 名词解释）（2018 长沙理工大学 名词解释）（2016 湖南师范大学 名词解释）（2018 上海理工大学 名词解释）（2016 北京语言大学 名词解释）

金砖国家，英文为 BRICS，由巴西（Brazil）、俄罗斯（Russia）、印度（India）、中国（China）和南非（South Africa）的英文名首字母缩写而成，由于该英文单词的发音与砖块（bricks）相似，因此被称为“金砖国家”。金砖国家最初是指巴西、俄罗斯、印度和中国这四个国家，即“金砖四国”。2009 年，金砖国家领导人在俄罗斯叶卡捷琳堡举行首次正式会晤，正式启动了金砖国家之间的合作机制。2010 年南非正式加入后，改称为“金砖国家”。金砖国家领导人会晤机制的建立，为金砖国家之间的合作与发展提供了政治指引和强大动力。

该题考查国际政治知识，得分点包括由来、成员国构成、意义等。建议复习金砖四国、亚洲四小龙等相关词条。

27. 商务部（2018 南京师范大学 名词解释）

商务部，即中华人民共和国商务部，是主管国内外经贸事物的部门，隶属于中华人民共和国国务院。其职能包括拟定国内贸易的发展战略和政策、研究并拟定规范市场运行和流通秩序的政策、组织产业损害调查、拟定打破市场垄断和地区封锁的政策。

该题考查政治名词，虽不是高频考点，但也应该牢固掌握该名词以及相关政府部门的知识。该题的得分点包括全称、性质、地位以及作用等。建议复习工信部、商事制度改革、财政部等相关词条。

28. 政协（2018 南京师范大学 名词解释）

政协，全称是中国人民政治协商会议，简称人民政协。人民政协是统一战线的组织、多党合作和政治协商的机构、人民民主的重要实现形式，是社会主义协商民主的重要渠道和专门协商机构，是国家治理体系的重要组成部分，是具有中国特色的制度安排。人民政协要坚持中国共产党的领导，坚定不移地走中国特色社会主义道路。

该题考查政治名词，考生熟悉度较高，题目难度偏低。该题的得分点包括性质、地位、作用和意义等。建议复习两会、中国民主同盟等相关词条。

29. 中国梦（2017 南京师范大学 名词解释）（2019 宁波大学 名词解释）（2018 重庆邮电大学 名词解释）（2016 山东科技大学 名词解释）（2017 湘潭大学 名词解释）

“中国梦”是党的十八大召开以来，习近平总书记提出的重要指导思想和重要执政理念。“实现中华民族伟大复兴，就是中华民族近代以来最伟大的梦想”，这个梦“一定能实现”。“中国梦”以“两个一百年”的目标为核心目标；具体表现为国家富强、民族振兴、人民幸福；实现途径为走中国特色社会主义道路、坚持中国特色社会主义理论体系、弘扬民族精神、凝聚中国力量；实施手段为政治、经济、文化、社会、生态文明五位一体建设。

该题考查政治术语，得分点包括提出者、提出时间、具体含义、核心目标、具体表现、实现途径、实施手段等。

30. 博鳌亚洲论坛（2018 山东大学 名词解释）（2018 西北大学 名词解释）（2016 中南大学 名词解释）（2016 四川大学 名词解释）（2018 西南政法大学 名词解释）

博鳌亚洲论坛，总部设在中国，具有非官方、非营利性、定期、定址的特点。其由澳大利亚和 25 个亚洲国家发起，于 2001 年 2 月在海南省琼海市博鳌镇召开大会，正式宣布成立。博鳌镇为论坛总部的永久所在地。从 2002 年开始，博鳌亚洲论坛每年定期召开年会。博鳌亚洲论坛以平等、互惠、合作和共赢为主旨，立足亚洲，推动亚洲各国间的经济交流、协调与合作，同时又面向世界，增强亚洲与世界其他地区的对话与经济联系。

该题考查国际政治知识，得分点包括成立时间、成立地点、发起国、性质、意义等。建议复习东盟、二十国集团等相关词条。

31. 经济改革（2020 南开大学 名词解释）

经济改革指国家运用一定手段对经济体制和发展方向进行调整。其目的是促进经济发展方式的转变。我国的经济改革主要包括经济制度、市场体系等方面。经济改革是全面改革的重点，核心问题是处理好政府和市场的关系，使市场在资源配置中起决定性作用和更好地发挥政府的作用。

该题考查国家经济知识和政治知识。相关时事为党的十八届三中全会通过《中共中央关于全面深化改革若干重大问题的决定》，紧紧围绕经济、政治、文化、社会、生态文明、党建等六大改革主线，其中经济体制改革是重点。该题的得分点包括定义、目的、运用领域、核心问题等。建议复习全面深化改革、宏观调控等相关词条。

32. 中国特色社会主义思想（2020 南开大学 名词解释）

中国特色社会主义思想是习近平总书记在中国共产党第十九次全国代表大会上首次提出的思想，2017 年写入党章。习近平新时代中国特色社会主义思想是马克思主义中国化的最新成果，是党和人民实践经验和集体智慧的结晶，是中国特色社会主义理论体系的重要组成部分，是全党和全国人民为实现中华民族伟大复兴而奋斗的行动指南，必须长期坚持并不断发展。

该题考查国家政治知识，这是历年真题的高频考点，考生应重点掌握。考生需掌握基础政治知识，并将其与国家时事结合起来背诵。该题的得分点包括提出时间、提出者、思想内涵、影响及地位等。建议复习十九大、两个一百年、中国梦等相关词条。

33. 百年目标（2019 南开大学 名词解释）（2019 宁波大学 名词解释）（2018 长沙理工大学 名词解释）

百年目标是 2012 年在党的十八大报告中提出的两个宏伟目标。实现中华民族伟大复兴是中华民族近代以来最伟大的梦想。在中国共产党成立一百年时，全面建成小康社会，这是中国梦的第一个宏伟目标；在中华人民共和国成立一百年时，建成富强民主文明和谐的社会主义现代化国家，这是中国梦的第二个宏伟目标。

该题考查国家政治知识，这是历年真题的高频考点，考生应重点掌握。该题的得分点包括提出时间、提出会议、目标内容等。建议复习人类命运共同体、新常态、十九大等相关词条。

34. 党章（2018 南开大学 名词解释）

党章指《中国共产党章程》，是中国共产党规定的党建立和活动的根本法规，效力等同于最高党法和根本大法。其主要目的是实现党的纲领和规定党内事务，为党组织、全体党员提供需要明确遵守的行为准则，以开展党的正规活动。经过多次修正，现行版本为 2017 年中国共产党第十九次全国代表大会通过的党章，将习近平新时代中国特色社会主义思想写入了党章。

该题考查国家政治知识，是历年真题的重要考点。该题的得分点包括全称、主要地位、主要目的、现行版本等。建议复习十九大、习近平新时代中国特色社会主义思想等相关词条。

35. 反腐败（2018 南开大学 名词解释）

反腐败是国家廉政建设的模式。反腐败是我国思想道德建设的集中体现，是党的廉政建设纲领。反腐败可以有效解决违纪违法问题，倡导廉洁风气。习近平总书记所强调的“‘老虎’‘苍蝇’一起打”指坚持采取反腐败的措施。目前我国进入反腐败信息化时代，反腐机构抓住网络带来的机遇，积极引导和充分发挥网络的正面效用，实现了反腐与网络的良性互动。

该题考查国家政治常识，是历年真题的重要考点。该题的得分点包括定义、地位、主要作用、反腐败的具体表现、网络反腐的发展等。建议复习中国特色社会主义思想、习近平新时代中国特色社会主义思想、十九大等相关词条。

36. 环境友好型社会（2018 南开大学 名词解释）

环境友好型社会是一种人与自然和谐共生的社会形态，全社会都采取有利于环境保护的生产、生活、消费方式，建立人与环境良性互动的关系。其核心是人类的生产和消费活动与自然生态系统协调可持续发展。环境友好型社会的建设有利于促进我国经济的平稳较快发展，民生状态的和谐发展。

37. 公共权力（2019 东北师范大学 名词解释）

公共权力指的是公民的共同权力，为全体公民所共有。在实际的管理过程中，公共权力不可能真正地由全体公民来共同行使，而是由政府官员及其相关部门掌握并行使，用以处理公共事务、维护公共秩序、增进公共利益。从本源上来说，公共权力来源于人民。在中国，公共权力是通过人民代表大会制度，并以宪法和法律规定的形式，赋予国家机关工作人员行使的。

38. 改革开放（2019 中山大学 名词解释）（2019 辽宁大学 名词解释）（2020 中国科学院大学 名词解释）（2016 中国传媒大学 名词解释）

改革开放是我国从 1978 年 12 月十一届三中全会开始实行的对内改革、对外开放的政策。中国的对内改革首先从安徽省凤阳县小岗村开始，实行农村家庭联产承包责任制，由此拉开了中国对内改革的新篇章。1979 年中央正式批准广东、福建两省在对外经济活动中实行特殊政策，迈出了我国对外开放的历史性脚步。对外开放是中国的一项基本国策，是中国成为强国的必经之路，也是社会主义事业发展的强大动力。

该题考查政治常识。改革开放是高频考点，考生对此应该都不陌生。作答时主要从改革开放的定义、改革的起点和实行的制度、开放的意义与影响等方面入手。

39. 经济体制（2020 宁波大学 名词解释）

经济体制是经济运行中的制度安排，是资源配置的制度模式。经济体制包括整个国民经济的管理体制，也包括各行各业的管理体制和企业的管理体制等。社会制度的差异决定了经济体制的差异，不同的社会制度实行不同的经济体制。我国实行的是社会主义市场经济体制，通过政府调控和市场机制两种手段进行社会资源的合理配置和实现收入分配平等。

该题考查政治术语。考生可从定义、内容、特点等方面作答。由于这类术语比较专业，故需要考生在答题时注意语言的严谨性；此外，这些术语基本上是比较抽象的概念，建议考生答题时适度结合本国情况进行阐述。

40. 政治体制（2020 宁波大学 名词解释）

政治体制，即政体，是一个国家政府的组织结构和管理体制。政体主要分为民主政体、立宪政体、专制政体、独裁政体等。在不同的历史时期，不同的国家和地域，政治体制都不尽相同。我国的政体是人民代表大会制度。

该题考查政治术语。考生可从定义、类型、特点等方面作答，建议考生结合中国的情况，指出中国在这一方面采用何种形式。

41. 民主选举（2020 宁波大学 名词解释）

民主选举指自下而上的公平的选举。选民可根据自身意愿，民主且合法地选出候选人。我国的民主选举有两种形式：所有民众直接投票选举的直接选举和民众代表投票选举的间接选举。民主选举更能体现大多数人的意见，集思广益，群策群力。

该题考查政治术语。考生可从定义、形式、作用等方面作答，并结合中国的情况，这样答案会更加全面。

42. 第一个与我国建立外交关系的西方国家（2019 暨南大学　选择题）

中华人民共和国成立后，1950 年 1 月 6 日，英国政府宣布承认中华人民共和国，是第一个承认中华人民共和国的西方国家。1954 年 6 月 17 日英国与中国建交，但当时为代办级外交关系。1950 年 9 月 14 日，中国与瑞士建立外交关系。1964 年 1 月，法国与中国建交，为大使级外交关系。1972 年 3 月 13 日，英国与中国升级为大使级外交关系。1972 年 10 月 11 日，中国与德国建交。在没有区分代办级外交关系还是大使级外交关系的情况下，英国是第一个与我国建立外交关系的西方国家，但真正意义上承认中华人民共和国的第一个西方国家是法国。

43. 中共十五大（2019 暨南大学　选择题）

中共十五大，即中国共产党第十五次全国代表大会，于 1997 年召开。党的十五大确立邓小平理论为党的指导思想，提出党在社会主义初级阶段的基本纲领，即建设中国特色社会主义的经济、政治和文化，明确了我国跨世纪发展的奋斗目标和任务。

44. 社会主义法治理念（2018 暨南大学　选择题）

社会主义法治理念是中国特色社会主义理论在法治建设上的体现，包括依法治国、执法为民、公平正义、服务大局、党的领导五个方面。依法治国是核心内容；执法为民是本质特征；公平正义是价值追求；服务大局是重要使命；党的领导是根本保证。这五个方面相辅相成，体现了党的领导、人民当家作主和依法治国的有机统一。

45. 税种（2018 南京航空航天大学　选择题）

我国从 1994 年开始实行分税制，将税种统一划分成中央税、地方税、中央和地方共享税，将税收分为五大类，即流转税、所得税、财产税、资源税和特定行为税。五大类税收下面还有 18 种，如：增值税、消费税、企业所得税、个人所得税等。

46. 中国特色社会主义（2018 辽宁大学　名词解释）

中国特色社会主义，亦称“具有中国特色的社会主义”，具体包括中国特色社会主义道路、理论、制度、文化四个部分。中国特色社会主义道路，是指在中国共产党的领导下，立足基本国情，以经济建设为中心，坚持四项基本原则，坚持改革开放，解放和发展社会生产力，巩固和完善社会主义制度，建设富强、民主、文明、和谐、美丽的社会主义现代化强国。

该题考查时政方面的内容。作答时主要从中国特色社会主义的定义以及发展中国特色社会主义在各方面所需要做的努力这两方面入手。这部分可以结合考研政治部分一起学习。在复习这部分内容时要多关注时事政治，可以从公众号和新闻中总结出这一年的热点词汇。时政部分出题范围较广，需要考生多多关注。

47. 中国特色社会主义制度（2018 重庆邮电大学 名词解释）

中国特色社会主义制度包括人民代表大会制度的根本政治制度，中国共产党领导的多党合作和政治协商制度、基层群众自治制度和民族区域自治制度等基本政治制度，以公有制为主体、多种所有制经济共同发展的基本经济制度，中国特色社会主义法律体系，以及建立在这些制度基础上的各种政治、经济、文化、社会体制等各项具体制度。

48. 我国对外政策的纲领（2018 西北大学 选择题）

反对霸权主义和强权政治、维护世界和平是我国对外政策的纲领。我国外交政策的基本目标是维护我国的独立和主权，促进世界的和平与发展。我国外交政策的根本原则是独立自主。我国处理国际关系的基本原则是和平共处五项原则。

49. 精准扶贫（2017 西北大学 名词解释）（2020 辽宁大学 名词解释）

精准扶贫是指针对不同贫困区域环境、不同贫困农户状况，运用科学有效的程序对扶贫对象实施精确识别、精确帮扶、精确管理的治贫方式，与粗放扶贫相对应。"精准扶贫"重要思想最早出现在 2013 年 11 月，习近平到湖南湘西考查时首次做出"实事求是、因地制宜、分类指导、精准扶贫"的重要指示。精准扶贫是全面建成小康社会、实现中华民族伟大复兴中国梦的重要保障。

该题考查时政部分。作答时主要从精准扶贫的定义、提出时间、意义等方面入手。

50. 科学发展观（2018 宁波大学 名词解释）（2016 西北大学 名词解释）（2017 聊城大学 名词解释）

在党的十七大上，胡锦涛提出科学发展观，其具体内容包括：第一，以人为本的发展观；第二，全面发展观；第三，协调发展观；第四，可持续发展观。党的十七大把科学发展观写入党章，党的十八大把科学发展观列入党的指导思想。

该题考查重要政治思想，得分点包括基本内容、地位等。

51. "一带一路"涉及的国家（2018 北京邮电大学 选择题）

"一带一路"是"丝绸之路经济带"和"21 世纪海上丝绸之路"的简称，涉及 66 个国家和地区，包括：东亚的中国、蒙古、东盟 10 国（新加坡、马来西亚、印度尼西亚、缅甸、泰国、老挝、柬埔寨、越南、文莱和菲律宾）、西亚 18 国（伊朗、伊拉克、土耳其、叙利亚、约旦、黎巴嫩、以色列、巴勒斯坦、沙特阿拉伯、也门、阿曼、阿联酋、卡塔尔、科威特、巴林、希腊、塞浦路斯和埃及的西奈半岛）、南亚 8 国（印度、巴基斯坦、孟加拉国、阿富汗、斯里兰卡、马尔代夫、尼泊尔和不丹）、中亚 5 国（哈萨克斯坦、乌兹别克斯坦、土库曼斯坦、塔吉克斯坦和吉尔吉斯斯坦）、独联体 7 国（俄罗斯、乌克兰、白俄罗斯、格鲁吉亚、阿塞拜疆、亚美尼亚和摩尔多瓦）和中东欧 16 国（波兰、立陶宛、爱沙尼亚、拉脱维亚、捷克、斯洛伐克、匈牙利、斯洛文尼亚、克罗地亚、波黑、黑山、塞尔维亚、阿尔巴尼亚、罗马尼亚、保加利亚和马其顿）。英国没有参与"一带一路"。

52. 十九大（2018 北京航空航天大学 名词解释）（2018 上海海事大学 名词解释）

十九大，全称是中国共产党第十九次全国代表大会，于 2017 年 10 月 18 日至 10 月

24日在北京召开。大会主题是“不忘初心、牢记使命，高举中国特色社会主义伟大旗帜，决胜全面建成小康社会，夺取新时代中国特色社会主义伟大胜利，为实现中华民族伟大复兴的中国梦不懈奋斗”。党的十九大是在全面建成小康社会关键阶段、中国特色社会主义发展关键时期召开的一次十分重要的大会，对鼓舞和动员全党全国各族人民继续推进全面建成小康社会、坚持和发展中国特色社会主义具有重大意义。

该题考查时事，得分点包括全称、时间、会议主题、大会意义等。考生还应掌握诸如十一届三中全会等重要会议的名词解释。

53. 丝路精神（2018北京航空航天大学　名词解释）

丝路精神是丝绸之路精神的简称。丝路精神伴随着“一带一路”的倡议而提出，习近平主席将其概括为“和平合作、开放包容、互学互鉴、互利共赢”。丝路精神既有历史传承性，又被赋予了新的时代内涵。丝路精神把沿线各国人民紧密地联系在一起，将各国视为平等的参与者、贡献者、受益者，在人类命运共同体构建中扮演着重要角色。

该题考查时事，得分点包括提出背景、内涵、意义等。

54. 雄安新区（2018北京航空航天大学　名词解释）

雄安新区是2017年4月1日中共中央、国务院决定设立的国家级新区，地处北京、天津、保定腹地，规划范围涵盖河北省雄县、容城、安新三县及周边部分区域。雄安新区是我国继深圳经济特区和上海浦东新区之后，设立的又一具有全国意义的新区，是千年大计、国家大事。设立雄安新区，对于集中疏解北京非首都功能，探索人口经济密集地区优化开发新模式，调整优化京津冀城市布局和空间结构，培育创新驱动发展新引擎，具有重大现实意义和深远历史意义。

该题考查时事，得分点包括设立的时间、地域、意义等。

55. 社会主义核心价值观（2018西南科技大学　名词解释）（2019山东科技大学　名词解释）

社会主义核心价值观是社会主义核心价值体系的内核，其内容包括富强、民主、文明、和谐、自由、平等、公正、法治、爱国、敬业、诚信、友善。“富强、民主、文明、和谐”是我国社会主义现代化国家的建设目标；“自由、平等、公正、法治”是对美好社会的生动表述；“爱国、敬业、诚信、友善”是公民的基本道德规范。

56. 民主制度（2020宁波大学　名词解释）（2017西南科技大学　名词解释）

民主制度是由民主和民众组合而成的社会政治秩序和规则。在该制度下，人民是社会的主人，统治者是人民的公仆。民主制度社会的基本规范是一个国家的宪法。中华人民共和国自成立以来，一直致力于完善民主制度，并已取得可观成果。

该题考查政治术语。考生可从定义、含义及基本规范等方面作答。

57. 十六大（2018宁波大学　名词解释）

十六大，全称是中国共产党第十六次全国代表大会，于2002年在北京召开。这次大会的主题是：高举邓小平理论伟大旗帜，全面贯彻“三个代表”重要思想，继往开来，与时俱进，全面建设小康社会，加快推进社会主义现代化，为开创中国特色社会主义事业新局面而奋斗。十六大的灵魂是“三个代表”重要思想，精髓是坚持解放思想、实事求是、与时俱进。

该题考查政治会议，得分点包括召开概况、主题等。

58. 邓小平理论（2018 宁波大学 名词解释）

邓小平理论是邓小平同志提出的适合中国国情的社会主义现代化建设的理论观点。其基本内容包括：坚持实事求是的思想路线和独立自主的原则；社会主义初级阶段的科学论断；社会主义的根本任务和根本性质；改革是一场革命；对外开放是改革和建设不可缺少的条件；四项基本原则是立国之本；“一国两制”推动祖国统一大业。邓小平理论是马克思列宁主义同中国实际相结合的第二次历史性飞跃。

该题考查重要政治思想，得分点包括基本内容、地位等。

59. “三个代表”重要思想（2018 宁波大学 名词解释）

“三个代表”重要思想由江泽民于 2002 年提出，要求中国共产党：要始终代表中国先进社会生产力的发展要求；要始终代表中国先进文化的前进方向；要始终代表中国最广大人民的根本利益。“三个代表”重要思想是基于中国特色社会主义提出的一套理论，为中国共产党提供了长期执政的理论依据。

该题考查重要政治思想，得分点包括基本内容、地位等。

60. 社会主义初级阶段（2018 宁波大学 名词解释）

社会主义初级阶段特指我国在生产力落后、商品经济不发达条件下建设社会主义必然要经历的特定阶段，即从 1956 年社会主义改造基本完成到 21 世纪中叶社会主义现代化基本实现这一阶段。十三大系统阐述了社会主义初级阶段理论和党在社会主义初级阶段的基本路线。

该题考查社会主义初级阶段，得分点包括定义、时间跨度等。

61. “两学一做”（2019 山东科技大学 名词解释）（2017 中国传媒大学 名词解释）（2017 广西民族大学 名词解释）

“两学一做”指的是“学党章党规、学系列讲话，做合格党员”的学习教育。2016 年 2 月中共中央办公厅印发了《关于在全体党员中开展“学党章党规、学系列讲话，做合格党员”学习教育方案》，要求各地区各部门认真贯彻执行。开展“两学一做”学习教育，是面向全体党员深化党内教育的重要实践，是推动党内教育从“关键少数”向广大党员拓展、从集中性教育向经常性教育延伸的重要举措。

62. “五位一体”（2018 山东科技大学 名词解释）（2019 长沙理工大学 名词解释）

“五位一体”是党的十八大报告对推进中国特色社会主义事业做出的总体布局，指的是经济建设、政治建设、文化建设、社会建设、生态文明建设，着眼于全面建成小康社会、实现社会主义现代化和中华民族伟大复兴。“五位一体”总体布局是中国共产党对“实现什么样的发展、怎样发展”这一重大战略问题的科学回答。

63. 禅让制（2019 北京林业大学　名词解释）

“禅”意为“在祖宗面前大力推荐”，“让”指“让出帝位”。禅让制是统治者把首领之位让给有能力、有才华的人，让更贤能的人统治国家的制度。尧去世后把部落首领的位置让给舜，推舜为帝，这种让位在历史上被称为“禅让”。

64. 法治国家（2020 宁波大学　名词解释）

法治国家指国家法治的状态或法治化的国家。其条件标准包括：通过法律保障人权，限制公共权力的滥用；良法的治理；赋予广泛的公民权利等。其形式标志为完备统一的法律体系、普遍有效的法律规则、严格公正的执法制度和专门化的法律职业。其实质标志为法律与政治关系、权利与责任关系、权利与权力关系、权利与义务关系的理性化制度。长期以来，中国共产党都在带领人民群众为建设社会主义法治国家而不懈努力。

该题考查政治术语。考生可从定义、条件标准、形式标志、实质标志以及中国在这方面做出的努力等方面作答。

65. 政治文明（2020 宁波大学　名词解释）

政治文明是人类在社会历史发展过程中不断积累形成的政治成果，包括一定的政治制度，如国体、政体、法律等的发展状况和进步程度以及与该制度相适应的社会意识形态。其目的为不断促进社会主义物质文明，体现了社会的进步与发展。政治文明的发展使人类的政治生活越来越平和与合理，越来越能够有效地解决人类的矛盾和冲突，有利于良好社会风尚的形成。

该题考查政治术语。考生可从性质、含义、目的、意义及作用等方面作答。

66. “两个一百年”（2019 宁波大学　名词解释）

“两个一百年”在中共十五大报告中首次被提出，具体内容为到建党一百年时，国民经济更加繁荣，各项制度更加完善；到世纪中叶建国一百年时，基本实现现代化，建成富强、民主、文明、和谐的社会主义国家。“两个一百年”是全国各族人民共同的奋斗目标，是我们奋斗发展的方向。

该题考查政治术语，得分点包括提出时间、具体内容及意义等。

第二节　外国政治常识

1. 印巴实际控制线（2018 北京外国语大学　名词解释）

印巴实际控制线是指印度和巴基斯坦目前在克什米尔实际控制地区的分界线。1947

年，英国政府提出蒙巴顿方案，决定印巴分治，成立印度和巴基斯坦两个独立国家，并规定当时印度各土邦均可自由决定加入印度或者巴基斯坦。克什米尔当时情况较为特殊，一方面其土邦主是印度教徒，希望加入印度；另一方面其大部分人口是穆斯林，希望加入巴基斯坦，因此印巴两国均声称对克什米尔享有主权，故印巴两国经过谈判，同意各自控制克什米尔的一部分地区，两国军队随后撤离到停火线后，该线也就成了印巴实际控制线。

该题考查国际政治的相关名词。考生可从定义、由来、历史发展等方面作答。建议考生熟悉一些国际上的热点话题，如地区争端等。

2. 北约（2018 北京外国语大学 名词解释）

北约是北大西洋公约组织的简称，是欧洲及北美洲国家为实现防卫合作而建立的国际组织。1949 年 3 月 18 日，美国、英国及法国公开建立北大西洋公约组织，于同年 4 月 4 日在美国华盛顿签署《北大西洋公约》后正式成立。北约与以苏联为首的东欧集团国相抗衡。苏联解体后，北约成为一个地区性防卫协作组织。北约的最高决策机构是北约理事会。理事会由成员国国家元首及政府高层、外交部部长、国防部长组成。北约的总部设在比利时的布鲁塞尔。

该题考查国际组织。考生可从设立目的、时间、成员国、总部等方面作答，建议考生多了解当今世界上的重要国际组织，如世贸组织、联合国等。

3. 唐宁街十号（2019 广东外语外贸大学 名词解释）

唐宁街十号位于英国首都伦敦西敏市西敏区白厅旁的唐宁街，传统上是第一财政大臣的官邸，但自从此职由英国首相兼领后，就成为今日为人熟知的英国首相官邸。首相在这里举行内阁会议，接待政界要人，发布重大新闻，等等。唐宁街十号象征英国政府的中枢，在伦敦是一座极具历史意义的地标性建筑。

这是一条政治文化类名词，答题时的得分点包括位置、象征意义、历史渊源等。

4. 美国中央情报局（2019 广东外语外贸大学 名词解释）

美国中央情报局，英文简称 CIA，创设于 1947 年，是美国主要的情报机构之一，主要职责是为美国总统的国家安全决策提供依据。其主要任务是公开和秘密地收集和分类关于国外政府、公司和个人在政治、文化、科技等各个领域的情报，协调其他国内情报机构的活动，并将情报报告分享到美国政府的各个部门。

这是一条政治文化类名词，答题时的得分点包括概念、职能、作用等。

5. 越战（2020 南京大学 名词解释）

越战，即越南战争，是东南亚爆发的一场大规模局部战争。其本质为越南反抗美国入侵的战争。该战发生在第二次世界大战后的冷战时期，战场在越南、老挝、柬埔寨。越南战争是美国等资本主义阵营国家支持的南越对抗中国和苏联等社会主义阵营国家支持的北越（越南民主共和国）和“越南南方民族解放阵线”的一场战争。战争结果为美国失败，越南人民军和越南南方民族解放阵线最终推翻了越南共和国，并统一越南全国。越战对亚洲国际政治产生了深远的影响。

该题考查外国政治知识，这是历年真题的重要考点。对于这类历史事件，可以从背景、原因、历程、结果、影响这五个方面来展开解释。该题的得分点包括发生时间、对抗双方、战场地点、战争结果、历史影响等。建议复习冷战、第二次世界大战等相关词条。

6. 军备竞赛（2020 南京大学　名词解释）

军备竞赛指和平时期敌对国家或潜在敌对国家互为假想敌，在军事装备方面展开的质量和数量上的竞赛。各国之间为了应对未来可能发生的战争，竞相扩充军备，增强军事实力，是一种预防式的军事对抗。

该题考查外国政治知识，这是历年真题的高频考点。考生还应当拓展了解历史上较为重要的竞赛，包括北大西洋公约组织与华沙条约组织从第二次世界大战结束后到苏联解体前展开的军备竞赛。该题的得分点包括定义、主体对象、目的等。建议复习北大西洋公约组织、苏联解体、冷战等相关词条。

7. 麦卡锡主义（2018 南京大学　名词解释）

麦卡锡主义指从 20 世纪 40 年代末到 50 年代初，以美国参议员麦卡锡为典型代表，掀起的反共、排外运动，他们恶意诽谤、肆意迫害疑似共产党和民主进步人士，乃至一切有不同政见的人。它的影响波及美国政治、教育、文化、外交和社会生活等领域的多个层面，至今影响深远。麦卡锡主义也成为政治迫害的同义词。

该题考查政治文化知识，这是历年真题的重要考点。考生在复习该词条时要了解历史缘由，“二战”结束后的美国，战争的阴影还没有消失，冷战的恐怖气氛又接踵而至。美国一方面在国际上与苏联对抗，另一方面在国内害怕共产主义兴起。该词条应当与历史背景联系起来背诵。该题的得分点包括产生时间、主要人物、受害群体、特征、历史影响等。

8. 英国议会（2019 南京师范大学　名词解释）（2018 西北大学　选择题）[1]

英国议会是英国的最高立法机关，创建于 13 世纪，被称为“议会之母”。英国议会由早期为君主提出治国建议的政务发展而来，首领为英国君主，实行两院制，包括上议院和下议院。其立法机构以英国国会为原型，通常在伦敦的威斯敏斯特宫（议会大厦）举行会议，每年开会两次。英国议会的起源最早可追溯至盎格鲁—撒克逊时期的贤人会议，贤人会议每年召开三四次。1066 年诺曼底公爵征服英国后，保留贤人会议的形式，选拔忠于自己的贵族与主教形成“大会议”——国王的咨询机构。

该题考查西方国家政治体制，是考生比较熟悉的话题。英国议会属于英美文化，

1　该校该年考查英国议会的起源。

是英语专业学习的基本知识点，考生须掌握。该题的得分点包括性质、创建时间、会议地点、议期、作用、历史意义及影响等。建议复习君主立宪制、代议制、影子内阁、上议院、下议院等相关词条。

9. 脱欧（2019 南京师范大学 名词解释）

脱欧，即脱离欧盟，结束其在欧盟的成员国身份。脱欧由英国首相卡梅伦于 2013 年首次提出，在此期间，《退出欧盟法案》由英国女王伊丽莎白二世签署并生效。2020 年，英国正式脱欧，结束其 47 年的欧盟成员国身份。一方面，脱欧之后，英国就能大幅减轻对欧洲的经济援助义务，摆脱欧盟制定的生产标准和监管法规的约束，也可以加强边境防控，减少移民的涌入。另一方面，英国的对外贸易和教育优势将面临严峻挑战，英国公民在欧盟地区的行动自由也将受到限制。

该题考查国际时事热点。脱欧是近几年十分热门的话题，考生应多关注时事新闻。该题的得分点包括脱欧的内涵、时间、参与的人物、历史意义以及对国内和国际的影响。建议复习公投、特蕾莎·梅、布鲁塞尔等相关词条。

10. 保守党（2019 南京师范大学 名词解释）

保守党是英国老牌政党，英国议会第一大党，前身为托利党，是在 20 世纪的英国占主导地位的政党，出过丘吉尔和撒切尔夫人等著名首相。保守党的支持者一般来自商界和富裕阶层。其在国内主张自由市场经济，严格控制货币供应量，减少公共开支，限制工会权利；其在国际上强调维护英国主权，反对“联邦欧洲”，主张不加入欧元区。

该题考查欧美国家党派，这是一个难点，考生应掌握各党派所持的观点，并掌握相关党派的名词解释。该题的得分点包括代表人物、演变过程、地位作用以及主张等。建议复习自由党、共和党、民主党等相关词条。

11. 公投（2019 南京师范大学 名词解释）

公投，即公民投票，英文为 Referendum，是指公民就被提议的事案，表明赞成与否时所进行的投票。公民投票是一种直接民主的体现，主要适用于宪法修正案、领土主权变更等。公投可以集中民众的意愿，明确人民的需求，避免代议制的垄断，但不恰当的公投很有可能引发暴乱和民粹主义。

该题考查政治名词，从字面意思就可以进行解释，比较简单。该题的得分点包括英文名、内容、适用范围、意义以及利弊等。建议复习独立公投、宗主国、苏格兰公投等相关词条。

12. 联邦（2018 南京师范大学 名词解释）

联邦的政府形式是一种协约。根据协约，几个小的行政单位（如州、省、邦）根据宪法而建立起更大的国家。联邦国家各州的政府官员由自行选举产生，它们拥有的联邦宪法可保护各州的领土与主权不受侵犯。联邦法律为最高法律，各州法律不得与其相抵触。美国、俄罗斯等都是联邦制国家。

该题考查国家体制，难度较大，是高频考点，考生应牢固掌握。该题的得分点包括内涵、国家、权力机关的设立、运行方式以及利弊等。建议复习邦联、三权分立、单一制、孟德斯鸠等相关词条。

13.《独立宣言》（2018 南京师范大学 名词解释）（2018 东北师范大学 名词解释）

《独立宣言》是北美洲 13 个英属殖民地宣告从大不列颠王国独立的纲领性文件。它于 1776 年 7 月 4 日由第二次大陆会议在宾夕法尼亚的费城批准，起草者是托马斯·杰斐逊。它在人类历史上第一个以政治纲领的形式确定了“天赋人权”和“人民主权”的原则，并向全世界庄严宣告北美殖民地脱离英国，自由独立的美利坚合众国正式成立。《独立宣言》对推动后来欧洲各国的资产阶级革命，特别是对法国大革命及《人权宣言》产生了积极影响，马克思称之为“第一个人权宣言”。

该题考查政治文件，考生复习时要牢固掌握。该题的得分点包括时间、地点、事件、人物和意义等。建议复习《解放黑人奴隶宣言》、农奴制、美国独立战争等相关词条。

14. 美国开国元勋（2018 南京师范大学 名词解释）

美国开国元勋指签署《独立宣言》和《美国宪法》的政治领导人以及参与美国革命的领袖，他们多数参加过独立战争，其中最具代表性的开国者为国父乔治·华盛顿、本杰明·富兰克林、托马斯·杰斐逊。他们拥有卓越的领导才能和张弛有度的人格魅力，促进了美国经济社会的大步发展。

该题考查重要政治人物，难度较低，属于基本常识，考生要牢固掌握。该题的得分点包括人物、事迹成就、历史贡献和意义等。建议复习《美国宪法》、乔治·华盛顿、费城制宪会议等相关词条。

15. 地缘政治（2018 南京师范大学 名词解释）

地缘政治是政治地理学中的一项理论，地缘政治把地理因素，如地理位置、国土面积、人口、民族、资源等，视为影响甚至决定国家对外政治决策的一个基本因素，并依据这些地理因素和政治格局的地域形成，分析预测世界或地区范围的战略形势以及有关国家的政治行为。

该题考查国际政治术语，考生复习时应牢牢掌握。该题的得分点包括内容、成因、影响因素以及影响等。建议复习国家治理体系、话语权、贸易保护主义等相关词条。

16. 犹太复国主义（2018 南京师范大学 名词解释）

犹太复国主义指犹太人发起的一项民族主义政治运动，其号召全世界的犹太人联合起来，返回自己的家园，建立自己独立的国度。这源于第一次世界大战后，犹太人比较集中的东欧建立了新的民族国家，破坏了犹太人生存的家园，犹太复国主义联盟要求犹太人返回家园，实现自己的统治，于是形成了犹太复国主义这一概念。犹太复国主义运动的发展对现代以色列国家的建立和世界犹太人地位的提升具有极大的意义。

该题考查国际政治，根据字面意思即可作答，难度较小。该题的得分点包括定义、目的、原因以及历史意义等。建议复习恐怖主义、以色列等相关词条。

17. 英国脱欧（2019 南开大学 名词解释）

英国脱欧指英国脱离欧洲联盟的计划，从提出到正式脱欧经过了近 7 年的进程。2013 年英国前首相卡梅伦首次提及脱欧公投。最终公投时间是 2016 年 6 月 23 日。2020 年 1 月，欧盟正式批准了英国脱欧。英国脱欧对英国和欧洲其他国家在国际地位、贸易关系等各个方面都将产生长远的影响。

该题考查国际政治常识，是历年真题的重要考点。考生应当了解国际热门政治话题并掌握高频出现的词条。该题的得分点包括事件概述、提出时间、提出者、国际影响等。建议复习欧盟、欧盟峰会等相关词条。

18. 萨德系统（2019 南开大学 名词解释）（2018 广西师范大学 名词解释）

萨德系统，即末段高空区域防御系统，是美国导弹防御局和美国陆军隶下的陆基战区反导系统。2016 年 7 月，美国和韩国正式宣布在韩国部署萨德反导系统，引发韩国国内的巨大争议以及本地区国家的强烈不满。

该题考查国际政治时事，这是历年真题的高频考点，考生应重点掌握，复习时应关注国际时事类新闻及相关词条。该题的得分点包括定义、主导国家、主要作用、影响等。建议复习《中导条约》《不扩散核武器条约》等相关词条。

19. 日本内阁（2018 南开大学 名词解释）

日本内阁是日本最高行政机关，在日本中央政权机关的领导中处于核心地位。它由日本首相和其他国务大臣组成，天皇根据国会的提名任命内阁总理大臣。内阁机构的主要任务是辅助总理大臣，审理需要提交至内阁进行决策的事项。日本内阁必须得到日本国会众议员的信任，职权主要有执行法律、处理国务和制定政令、处理条约与外交关系等。

该题考查政治基础知识，这是历年真题的重要考点。该题的得分点包括属性及地位、组成人员、主要任务、职权等。建议复习日本天皇、自由民主党、英国内阁、众议院、参议院等相关词条。

20. 日本天皇（2018 南开大学 名词解释）

日本天皇，日本君主的称号，是日本国家的象征，神道教的最高领袖。日本天皇制是世界历史上最长的君主制度，实行皇位世袭制。日本天皇的主要职责是任命内阁总理大臣、批准国务政令、出席礼仪性外交事务活动和国家仪典等。天皇拥有根据国会的提名任命内阁总理大臣的权力。

该题考查政治和历史知识，这是历年真题的重要考点。该题的得分点包括地位、皇位继承、主要职责、权力等。建议复习日本内阁、自由民主党、英国内阁、众议院、参议院等相关词条。

21. 自由民主党（2018 南开大学 名词解释）

自由民主党指的是日本国政党，简称自民党，是日本第一大党和执政党，曾连续单独执政长达 38 年。自民党的前身是 1955 年由两个保守自由主义政党——自由党和民主党合并产生。该党安倍晋三的政治立场是保守主义，他主张民主政治，修改宪法，维护自由经济体制，增强自主防卫力量；在外交上强调与美国同盟，坚持日美安保体制。

该题考查政治基础知识，这是历年真题的高频考点。日本、美国、英国等国家的政党都是热门考点，考生应重点掌握。该题的得分点包括成立日期、历史前身、政治立场、主张内容等。建议复习日本内阁、自由民主党、英国内阁、众议院、参议院等相关词条。

22. 影子内阁（2019 东北师范大学 名词解释）（2018 大连理工大学 名词解释）

影子内阁指的是实行多党制国家中的在野党为准备上台执政而设立的预备内阁班子，也称为预备内阁或在野内阁。影子内阁往往由下议院中最大的反对党领袖，挑选下院中有影响力的同党议员，按照内阁的形式组建而成。

23. 参议院（2018 东北师范大学 名词解释）（2016 四川大学 名词解释）

参议院，也称上议院，是两院制国家的最高立法机构，是在政府中拥有最高审议和立法功能的公民的议会或理事会。参议院一般较众议院更具有威望。其参议员任期较长、人数较少。与众议员相比，参议员能代表更多的选民。

该题考查西方国家政治机构，是名词解释中的常见考点，建议考生熟练掌握。该题的得分点包括定义、权力、特点等。建议复习众议院、国会、内阁制度等相关词条。

24. 美国总统（2019 扬州大学 选择题）

美国总统是美利坚合众国的国家元首、政府首脑和三军统帅。美国首任总统为乔治·华盛顿。总统官邸是美国白宫。在美国，总统有着很大的实权，以行政权和军权为权力中心，包括任命联邦大法官、发布行政命令、否决议会通过的法案、召集各州国民警卫队等。

25. 多党制（2017、2018 南京航空航天大学 选择题）

多党制是资本主义国家多党并立、互争政权的政治制度，是资本主义民主政治制度的一种表现。由在议会中占多数席位的一个或几个政党联合组织政府，参加政府的政党为执政党或在朝党，而不参加执政的为在野党。实行多党制的代表国家有意大利、法国、丹麦、西班牙、挪威等。

26. 君主立宪制（2017、2018 南京航空航天大学 选择题）（2018 宁夏大学 名词解释）

君主立宪制是相对于君主专制的一种国家体制，在保留君主制的前提下，通过立宪限制君主权力、树立人民主权。君主立宪制可分为二元制君主立宪制和议会制君主立宪制。英国 1688 年的“光荣革命”开启了君主立宪制的先例。实行君主立宪制的代表国家有英国、日本、丹麦、比利时、西班牙等。

27. 英国的君主立宪制（2020 南京理工大学 选择题）

1688 年“光荣革命”，詹姆斯二世的女儿玛丽及其丈夫（时任荷兰执政）威廉被邀请承袭英国王位。1689年，威廉接受由议会拟定的《权利法案》，正式登基，确立了君主立宪制。《权利法案》以明确的法律条文限制国王的权力，保证议会的立法权、财政权等权力。这样，封建时代的君权神授遭到否定，君主权力由法律赋予，受到法律的严格制约。

28. 民主共和制（2018西北大学 名词解释）

民主共和制是资本主义国家一种主要的政体形式，萌芽于16世纪，于18世纪末正式确立。民主共和制可分为议会共和制和总统共和制两种主要形式。在民主共和制下，由国家权力机关组成人员或全体公民选举产生国家元首和国家代表机关，国家元首和代表机关公务人员以任期为限，履行相应的责任与义务。

该题考查国家与政治常识。考生可从制度本质与归属、起源与成熟时间、构成与主要分类等方面作答。

29. 脱欧公投（2017北京航空航天大学 名词解释）（2019南京师范大学 名词解释）（2017四川大学 名词解释）（2019广西师范大学 名词解释）（2017安徽大学 名词解释）（2017北京语言大学 名词解释）

脱欧公投是英国就是否脱离欧盟一事进行的公投。2013年时任英国首相的卡梅伦首次提及脱欧公投。2016年6月英国全民公投决定“脱欧”。2017年英国女王伊丽莎白二世批准“脱欧”法案，授权首相特蕾莎·梅正式启动脱欧程序。2020年英国正式离开欧盟，结束其长达47年的欧盟成员国身份。

30. 大宪章（2016北京航空航天大学 名词解释）（2019华东政法大学 名词解释）

大宪章，也称《自由大宪章》，是英国封建时期重要的宪法性文件之一。公元1215年金雀花王朝国王约翰在大封建领主、教士、骑士和市民的联合施压下被迫签署。其主要内容是保障封建贵族和教会的特权，以及骑士和市民的某些利益；限制王权；保障贵族和骑士的采邑继承权等。英国资产阶级革命时期，大宪章被用作争取权力的法律依据，并被确定为英国的宪法性文件之一。

31. 众议院（2016四川大学 名词解释）（2019华东政法大学 名词解释）

众议院是西方两院制国家国会的两院之一，另一院是参议院。众议院的议员人数是按照各地人口的多少，根据比例分配的。众议院一般被认为比参议院更具有党派色彩。众议院中拥有最多席位的政党被称为多数党；次多者为少数党。

32. 民粹主义（2020暨南大学 名词解释）

民粹主义，又称平民主义，兴起于19世纪的俄国。民粹主义认为，平民被社会中的精英所压制，而国家这个体制工具需要脱离这些自私精英的控制而被使用在全民的福祉和进步上。民粹主义表面上以人民为核心，实际上最缺乏公民个人尊严与个人基本权利的观念，是不利于社会发展的现象，是人类社会现代化的产物。同时，由于其自身的局限性和本质特征，民粹主义极易成为影响社会和谐与稳定的因素。

该题考查政治概念，在名词解释中是一个重要的考查点，类别多而杂，需要花较多的时间来记忆和理解。该题的得分点包括定义、涉及阶层、出现的原因、影响等。建议复习寡头主义、民粹主义者、种族主义、自由主义等相关词条。

33. 第三世界（2018 南京师范大学 名词解释）

第三世界指亚洲、非洲、拉丁美洲以及其他地区的 130 多个发展中国家，占世界陆地面积的 60% 和总人口的 70% 以上，一般来说经济实力相对较弱。这些国家地域辽阔、人口众多，有广大的市场和丰富的自然资源，但部分国家仍然面临着实现彻底的政治和经济独立的任务。

该题考查政治术语，难度较小，不难记忆。该题的得分点包括所指范围和地区、经济状况、优劣势以及世界地位及其影响等。建议复习南南合作、后发优势、发达国家等相关词条。

34. 发展中国家（2018 山东大学 名词解释）

发展中国家指经济、技术、人民生活水平程度较低的国家。其人均国内生产总值（人均 GDP）相对比较低，通常指包括亚洲、非洲、拉丁美洲及其他地区的 130 多个国家。发展中国家地域辽阔，人口众多，有广大的市场和丰富的自然资源，还有许多战略要地，无论从经济、贸易上，还是从军事上，都有举足轻重的战略地位。中国是全球最大的发展中国家。

该题考查国际政治知识，得分点包括定义、涵盖的国家、特点、地位以及影响等。建议复习发达国家、新兴经济体等相关词条。

第六章　经济金融常识

第一节　微观经济常识

1. 有限责任公司（2018 北京外国语大学　名词解释）

有限责任公司指由 2 个以上、50 个以下的股东共同出资，每个股东以其所认缴的出资额对公司承担有限责任的经济组织。有限责任公司的特征包括限制股东人数为 2 个以上、50 个以下；股东转让股份受到一定限制，向股东以外的人转让股份须得到其他股东的同意；无法向社会公开募集公司资本；不能发行股票；设立条件和程序相对简单和灵活，等等。

该题考查经济方面的知识。考生可从概念、特点等方面作答。在我国，法定公司有两种：有限责任公司和股份有限公司。该题考查了前者，建议考生积累后者的相关知识。

2. 产业链（2020 广东外语外贸大学　名词解释）

产业链是产业经济学中的一个概念，用于描述一个具有某种内在联系的企业群结构，它是一个相对宏观的概念，存在两维属性——结构属性和价值属性。一条完整的产业链包括原材料加工、中间产品生产、组装、销售、服务等多个环节。产业链中大量存在着上下游关系和相互价值的交换，上游环节向下游环节输送产品或服务，下游环节向上游环节反馈信息。

这是一条经济类名词，答题时的得分点包括概念、属性、分布特点等。

3. 民营企业（2020 广东外语外贸大学　名词解释）

民营企业，简称民企，其中的民营也可称民办。民营企业是公司或企业类别的名称，指所有的非公有制企业。除国有独资和国有控股外，其他类型的企业只要没有国有资本，均属民营企业。改革开放 40 多年以来，民营经济从无到有、从小到大，涌现出华为、腾讯、阿里等一批世界级优秀企业，民营经济成为推动社会主义市场经济发展的重要力量。因此要激发民营企业新活力，促进经济高速发展。

这是一条经济类名词，答题时的得分点包括概念、发展、作用等。

4. 非营利性机构（2020 广东外语外贸大学　名词解释）

非营利性机构指不以营利为目的的机构，其核心目标通常是解决社会问题、支持或处理个人或公众关心的议题，涉及艺术、慈善、教育、政治、公共政策、宗教、学术、环保等多个领域。非营利性机构也要产生收益，以满足其机构运转和活动资金的需求。

这是一条经济类名词，答题时的得分点包括概念、目标、主要特点等。

5. 全要素生产率（2018 广东外语外贸大学　名词解释）

全要素生产率，也被称为总要素生产率，一般含义是资源（包括人力、物力、财力）开发利用的效率，是总产量与全部要素投入量之比，全要素生产率的提高是产业升级和生产力的发展。全要素生产率的特色是能够通过一个简单的数据说明经济增长的因素。

这是一条经济类名词，答题时的得分点包括含义、特色等。

6. 微观经济（2018 广东外语外贸大学　名词解释）

微观经济是指单个经济单位的经济活动，是市场经济中以个人、家庭、企业为单位进行的生产、分配、交换、消费活动。微观经济以市场信号和价格为指导，通过竞争自行调整和平衡。

这是一条经济类名词，答题时的得分点包括定义、运行机制等。

7. 产权制度（2018 广东外语外贸大学　名词解释）

产权是以所有权为核心的占有权、使用权、收益权、支配权等一系列权力。产权制度是对产权的制度化，划分、确定、界定、保护和行使产权的规则。产权制度是由既定产权关系和产权规则结合而成的，且能对产权关系实现有效的组合、调节和保护的制度安排。市场经济的存在和发展要求建立归属清晰、权责明确、保护严格、流转顺畅的产权制度。

这是一条经济类名词，答题时的得分点包括含义、特点、背景、作用等。

8. 语言服务业（2018 广东外语外贸大学　名词解释）

语言服务业是以跨语言能力为核心，以信息转化、知识转移、文化传播等为目标，提供专业化服务的现代服务业。语言服务业包括语言翻译产业、语言教育产业、语言知识性产品的开发、特定领域中的语言服务四大业务领域。

这是一条经济类名词，答题时的得分点包括核心含义、目标、范围等。

9. 市场经济（2017 广东外语外贸大学　名词解释）（2018 辽宁大学　名词解释）（2017 聊城大学　名词解释）（2018 黑龙江大学　名词解释）

市场经济，又称为自由市场经济或自由企业经济，是一种经济体系，在这种体系下产品和服务的生产及销售完全由自由市场的自由价格机制所引导。在市场经济里并没有严格的中央协调的体制来指引其运作，但是在理论上，市场将会通过产品和服务的供给和需求产生复杂的相互作用，进而达成自我组织的效果。

该题考查经济常识。作答时主要从市场经济的定义和运作方式等方面入手。

10. 社会裂变（2020 北京第二外国语学院　名词解释）

裂变本身是指物理上的原子裂变，现在已经引申为商业化含义，指用户裂变用户、粉丝裂变粉丝，人拉人，一传十，十传百，效果是很明显的。社会裂变指的是社会上出现这种裂变现象，该现象威力极大。

该题考查社会现象，得分点包括社会裂变的含义、影响等。

11. 粉丝经济（2020 北京第二外国语学院 名词解释）

粉丝经济泛指架构在粉丝和被关注者关系之上的经营性创收行为，被关注者多为明星、偶像和行业名人等，它是一种以口碑营销形式获取经济利益与社会效益的商业运作模式。粉丝经济为音乐、影视等娱乐行业指明了客户所在，区分客户和用户，并差异化地为这两个群体服务，正在被业内人士普遍关注。

该题考查社会热点词汇，得分点包括粉丝经济的含义、运作方式、影响等。

12. 全自动流水线（2019 南京大学 名词解释）

全自动流水线是指在一定的线路上连续不断地输送货物的搬运机械生产系统。它通过工件传送系统和控制系统，将设备按照工艺顺序联结起来，自动完成产品的全部或部分制造过程。其主要作用是提高生产效率，节省人力成本。在 20 世纪 20 年代之前，首先是在汽车工业中出现了流水生产线和半自动生产线，随后发展成为全自动流水线。

该题考查经济基础知识，得分点包括定义、特征、用途、发展等。

13. 公平竞争（2019 山东大学 名词解释）

公平竞争有两层含义：一是竞争者应当公开地用正当竞争手段去进行竞争，禁止欺诈和恶意串通；二是在竞争中各类市场主体的法律地位一律平等，无论权利享有抑或义务承担均应平等，公平竞争且竞争机会均等，禁止滥用市场优势、行业垄断、政府垄断等不正当竞争行为。公平竞争有助于调动参与者的积极性，使其不断提高自身竞争力，推动行业和整个社会进步。

该题考查市场交易原则之一——公平竞争。考生可结合时政的相关内容，从定义、特点、作用等方面作答。

14. 连锁店（2018 南开大学 名词解释）

连锁店指在总部同一品牌下分设的众多分散的、小规模的、经营同类商品和服务的零售店。连锁店的类型有直营连锁和特许加盟连锁两种。连锁店通常采取共同的经营方针和营销方式。连锁店的主要特点是结合集中采购和分散销售，通过连锁店规范化经营可以扩大品牌规模，实现联合的品牌效应和规模经济效益。

该题考查经济常识，是历年真题的重要考点。该题的得分点包括定义、类型、主要特点、作用等。建议复习 ATM、特许经营权、电商平台等相关词条。

15. 碳交易（2018 东北师范大学 名词解释）

碳交易指的是温室气体排放权交易，是为了促进全球温室气体减排，减少二氧化碳排放量所采用的一种市场机制。碳交易的基本原理是：合同的一方通过支付另一方费用，获得温室气体减排额，买方可以将购得的减排额用于减缓温室效应，从而实现其减排的目标。在六种被要求减排的温室气体中，二氧化碳为最大宗，且这种交易以每吨二氧化碳当量为计算单位，所以被称为碳交易。

16. 博弈论（2017 东北师范大学　名词解释）（2019 山东财经大学　名词解释）（2017 大连外国语大学　名词解释）

博弈指两人在平等的对局中各自利用对方的策略变换自己的对抗策略，以达到取胜的目的。博弈论既是现代数学的新分支，也是运筹学的重要学科，是研究具有斗争或竞争性质现象的数学理论和方法。1928 年，冯·诺依曼证明了博弈论的基本原理，宣告博弈论的正式诞生。

17. 市场调节（2018 中山大学　名词解释）

市场调节是由价值规律来调节商品生产和流通的一种表现形式。在市场调节下，由供求关系的变化引发价格的涨跌，调节社会劳动力和生产资料在各个部门的分配，调节生产和流通。市场调节的优点是符合商品经济的客观要求，能够合理配置资源，使企业的生产经营与市场直接联系起来，促进竞争与进步。但是市场调节也具有盲目性，要与宏观调控相配合才能达到最优效果。

该题考查经济学术语，得分点包括定义、运作方式、优势与劣势等。

18. 供给法则（2018 中山大学　名词解释）

供给法则，又叫供给定理，反映商品本身价格和商品供给量之间的关系。对于正常商品来说，在其他条件不变的情况下，商品价格与供给量之间的变动关系是同方向的，即价格越高，供给量就越大；价格越低，供给量就越小，这就是供给法则。也有一些例外，劳动的供给和一些特殊商品如古董文物的供给不符合供给法则。

该题考查经济学术语，得分点包括定义、运作方式以及例外情况等。

19. 分享经济（2018 宁波大学　名词解释）（2016 西南科技大学　名词解释）

分享经济指的是个人、企业或者组织通过社会化平台分享闲置实物资源或认知盈余，以低于专业性组织者的边际成本提供服务并获得收入的一种经济现象。其本质是以租代买，资源的使用权和支配权分离。分享经济强调的两个核心理念是“使用而不占有”和“不使用就是浪费”。我国分享经济领域发展迅速的有滴滴出行、猪八戒网、房屋短租、共享金融等。

20. 销售净利率（2017、2018 南京航空航天大学　选择题）

销售净利率，又称销售净利润率，是净利润占销售收入的百分比。该指标反映每一元销售收入带来的净利润的多少，表示销售收入的收益水平。它与净利润成正比关系，与销售收入成反比关系，企业在增加销售收入额的同时，必须相应地获得更多的净利润，才能使销售净利率保持不变或有所提高。

21. 资产负债率（2017、2018 南京航空航天大学　选择题）

资产负债率通过将企业的负债总额与资产总额相比较得出。该指标是评价公司负债水平的综合指标，同时也是一项衡量公司利用债权人资金进行经营活动能力的指标，也反映债权人发放贷款的安全程度。如果资产负债比率达到 100% 或超过 100%，则说明公司已经没有净资产或资不抵债。

22. 资金周转率（2017、2018 南京航空航天大学 选择题）

资金周转率是反映资金流转速度的指标。企业资金在生产经营过程中不间断地循环周转，从而使企业取得销售收入。企业若能用尽可能少的资金占用，取得尽可能多的销售收入，说明资金周转速度快，资金利用效果好。

23. 市场份额（2017、2018 南京航空航天大学 选择题）

市场份额，亦称市场占有率，指某企业某一产品（或品类）的销售量（或销售额）在市场同类产品（或品类）中所占的比重。该指标反映企业在市场上的地位，通常市场份额越高，竞争力越强。

24. 电子商务（2019 重庆邮电大学 名词解释）（2020 大连海事大学 名词解释）（2019 大连外国语大学 名词解释）（2017 广东工业大学 名词解释）（2016 西南科技大学 名词解释）（2017 重庆大学 名词解释）（2018 黑龙江大学 名词解释）（2016 中南林业科技大学 名词解释）

电子商务是以信息网络技术为手段，以商品交换为中心的商务活动。广义的电子商务是指使用各种电子手段从事商务活动；狭义的电子商务是指利用互联网等电子工具从事商务活动。电子商务可分为 B2B、B2C、C2C 等模式。

25. 物流（2016 中南林业科技大学 名词解释）（2019 南京大学 名词解释）

物流指利用现代信息技术和设备，将物品从供应地送往接受地准确的、及时的、安全的、保质保量的、门到门的合理化服务模式和先进的服务流程。物流随商品生产的出现而出现，随商品生产的发展而发展，所以物流是一种古老的传统经济活动。

该题考查经济常识，这是历年真题的重要考点。该题的得分点包括利用手段、流程、出现和发展等。建议复习电子商务、物联网等相关词条。

26. 企业（2018 宁波大学 名词解释）

企业是指依法成立并具备一定组织形式、以营利为目的、专门从事商业生产经营活动和商业服务的经济组织。企业存在三种基本形式：独资企业、合伙企业、公司制企业。

该题考查企业的相关知识，得分点包括定义、基本形式等。

27. 僵尸企业（2018 中国科学院大学 名词解释）

僵尸企业指的是那些已停产、半停产、资不抵债，主要靠政府补贴和银行续贷维持经营的企业。这些企业的特点是“吸血”的长期性、依赖性。但是如果放弃对这类企业的救助，社会局面反而会更糟，因此这类企业具有绑架勒索性。

28. 不动产（2019 黑龙江大学 名词解释）

不动产是财产划分的一种形态，指的是实物形态的土地和附着于土地上的改良物，包括附着于地面或位于地上和地下的附属物。不动产具有耐久性、稀缺性、不可隐匿性、不可移动性等特点。最核心的不动产类型就是土地。

第二节　宏观经济常识

1. 凯恩斯主义（2020 北京外国语大学　名词解释）

凯恩斯主义形成于 20 世纪 30 年代资本主义世界性经济危机之后，是国家垄断资本主义发展的必然产物。凯恩斯主义主张加强国家干预和调节经济的职能，用政府的开支举办公共工程来弥补私人投资和消费的不足，以维持充分就业。在生产相对过剩的历史条件下，凯恩斯主义缓和了生产与需求的矛盾，减轻了经济危机的破坏程度，促进了第二次世界大战后西方国家经济的发展。20 世纪 60 年代以后，国家对经济过度干预，压制了市场自身的调节作用，忽视了市场经济规律，西方经济出现滞胀，为应对经济滞胀，各资本主义国家开始减少国家对经济的干预。

该题考查经贸相关知识。考生可从形成时间、内涵、历史发展或评价等方面作答。“……主义”的相关词汇也是每年考查的热点，建议考生有意识地积累一些。

2. 自由港（2020 北京外国语大学　名词解释）

自由港指可自由进行货物起卸、搬运、转口、加工、长期储存的港口区域。自由港内的国外货物，可免征关税，不需经海关人员检查。最早的自由港出现于欧洲，其后，为了扩大对外的国际贸易，一些欧洲国家便陆续将一些港口城市开辟为自由港。至今，因全球的贸易活动与经济发展，自由港的数量已上升至 130 多个。自由港可以促进港口向综合性、多功能的方向发展，使港口成为外向型经济中心。同时，自由港还可以促进港口所在地区外向型经济的发展。

该题考查经贸术语。考生可从定义、发展历史、目的或意义等方面作答。与此相关的还有保税区、自贸区等经贸术语，建议考生整理在一起记忆。

3. GDP（国内生产总值）（2020 宁波大学　名词解释）（2018 北京外国语大学　名词解释）（2016 南京师范大学　名词解释）（2020 东北师范大学　名词解释）（2016 华中师范大学　名词解释）（2017 山东科技大学　名词解释）（2020 中国科学院大学　名词解释）（2016 复旦大学　名词解释）（2017 北京邮电大学　名词解释）

GDP（国内生产总值）指一定时期内（一个季度或一年）一个区域的经济活动中所生产出的全部最终成果（产品和劳务）的市场价值。国内生产总值有三种表现形态，即价值形态、收入形态和产品形态。国内生产总值是国民经济核算的核心指标，对衡量一个国家或地区的经济状况和发展水平有相当大的重要性，反映了一个国家或地区的经济实力和市场规模。

该题考查经济知识。考生可从定义、表现形态、作用等方面作答。该题体现了北京外国语大学百科考试命题的一个思路，即通过缩略词来考查概念。考生平常也要注意重要词汇的缩略词。

4. 通货膨胀（2017 北京外国语大学 名词解释）（2018、2020 武汉大学 选择题）（2018 东北师范大学 名词解释）（2017 中山大学 名词解释）（2016 华中农业大学 名词解释）（2017 湖南师范大学 名词解释）（2017 暨南大学 选择题）

通货膨胀指因货币供给大于货币实际需求，即现实购买力大于产出供给，导致货币贬值而引起的一段时间内物价持续而普遍地上涨现象。其实质是社会总需求大于社会总供给。纸币、含金量低的铸币、信用货币的过度发行都会导致通货膨胀。政府可以采取紧缩总需求的政策来缓解通货膨胀。紧缩总需求的政策包括紧缩性财政政策和紧缩性货币政策。

该题考查经济知识，专业性较强，需要考生平时加强记忆。该题的得分点包括定义、实质、出现原因等。建议复习通货紧缩、量化宽松、滞胀、泡沫经济等相关词条。

5. 通货膨胀率（2020 南开大学 名词解释）

通货膨胀率，又称物价变化率，主要用来反映通货膨胀、货币贬值的程度。通常用货币超发部分与实际需要的货币量之比来计算。它反映物价平均水平的上升幅度，也表现货币购买力的下降程度。由于作为最终价格的消费者价格能够反映商品流通对货币的需要量，因此世界各国常用消费者价格指数 CPI 来充分、全面地反映通货膨胀的程度。

该题考查经济知识，这是历年真题的高频考点，考生应重点掌握。该题的得分点包括定义、计算方法、目的、作用、衡量指标等。建议复习居民消费价格指数、生产价格指数、恩格尔系数、基尼系数等相关词条。

6. 冷链物流（2020 广东外语外贸大学 名词解释）

冷链物流的全称为冷冻冷藏供应链物流，是一项控制温度的供应链系统，从原材料供应、食品工厂内生产、贮藏运输至贩卖销售等物流环节，维持产品在一定的低温范围内，以延长和确保产品的保存期限。冷链产品大多易变质，常见的冷链产品包括农产品、水产品、冷冻食品、摄影胶卷、化学品、易受温度影响的电子元件以及药物等。冷链物流比常温物流要求更高、更复杂，建设投资也大很多。

这是一条经济类名词，答题时的得分点包括含义、适用范围、优缺点等。

7. 产业结构（2020 广东外语外贸大学 名词解释）

产业结构是发展经济学中的一个概念，指国民经济各产业部门之间以及各产业部门内部的构成。产业结构调整和升级能促进宏观态势下的经济增长。产业结构升级是通过产业内部各生产要素和产业之间时间、空间、层次相互转化实现生产要素改进、产业结构优化、产业附加值提高的系统工程。经济主体和经济客体的对称关系是最基本的产业结构，是产业结构升级最根本的动力。

这是一条经济类名词，答题时的得分点包括定义、调整措施、示例等。

8. 中等收入陷阱（2019 广东外语外贸大学 名词解释）（2018、2019 湖南师范大学 名词解释）

中等收入陷阱指一个国家由于某种优势达到了一定收入水准后，由于不能顺利实现经济发展方式的转变，导致经济增长动力不足，最终出现经济发展停滞的一种状态。由于工资上涨，既无法在劳动力成本上和别国的低成本生产相竞争，又未能处于高附加值产品的先进经济体内，无法在尖端技术研制上与发达国家竞争。

这是一条经济类名词，答题时的得分点主要是含义。

9. 实体经济（2018 广东外语外贸大学 名词解释）（2017 山东大学 名词解释）（2017 南京大学 名词解释）

实体经济是一国经济的立身之本，是人通过思想使用工具在地球上创造的经济，包括物质的、精神的产品和服务的生产、流通等经济活动，部分服务业，农业、工业、交通通信业、商业服务业、建筑业、文化产业等物质生产和服务部门。发展实体经济才能创造物质财富，切实改善和提高人民的生活水平。

这是一条经济类名词，答题时的得分点包括定义、内涵、范围等。

10. 国有资产（2018 广东外语外贸大学 名词解释）

国有资产指属于国家所有的一切财产和财产权利的总和，是国家所有权的客体。具体而言，国有资产包括国家依法或依权力取得和认定的财产，国家资本及其收益形成的财产，国家向行政和事业单位拨入经费形成的财产，对企业减税、免税和退税等形成的资产，以及接受捐赠、国际援助等形成的财产。

这是一条经济类名词，答题时的得分点包括含义、范围等。

11. 土壤污染管控（2018 广东外语外贸大学 名词解释）

土壤污染管控指对土壤污染严加管制。土壤是经济社会可持续发展的物质基础，关系到人民群众的身体健康和美丽中国的建设。保护好土壤环境是推进生态文明建设和维护国家生态安全的重要内容。为切实加强土壤污染防治，逐步改善土壤环境，必须推行土壤污染管控。土壤污染管控要完善土壤污染防治政策、法规的标准，加强对土壤污染物来源的控制。

这是一条环保类名词，答题时的得分点包括含义、措施、意义等。

12. 菲利普斯曲线（2019 西安外国语大学 名词解释）

菲利普斯曲线来源于新西兰经济学家威廉·菲利普斯。该曲线是表明失业与通货膨胀存在交替关系的一种曲线，体现了通货膨胀高，失业率低；通货膨胀低，失业率高的规律。

该题考查《自然科学史十二讲》中科技革命与未来的相关知识。考生可结合书本内容，从作者、内容等方面作答。此外，建议考生平时多积累一些“曲线”的相关知识。

13. 下沉市场（2020 北京第二外国语学院 名词解释）

下沉市场指三线以下城市、县镇与农村地区的市场，其基本特征为范围广而散、服务成本更高。随着经济发展和城镇化进程的不断推进，下沉城市的基础设施、商业配套设施日益完善。用户规模庞大的下沉市场存在巨大红利。

该题考查经济知识，得分点包括下沉市场的含义、基本特征、发展趋势等。

14. 城镇化（2019 北京第二外国语学院 名词解释）（2016 南京师范大学 名词解释）

城镇化指的是农村人口转化为城市人口的过程。这是世界各国工业化进程中必然经历的历史阶段。反映城镇化水平高低的一个重要指标是城镇化率，也就是一个地区常住于城镇的人口占该地区总人口的比例。

15. 改革红利（2019 北京第二外国语学院 名词解释）

改革红利是指国家通过制度变迁或制度创新给人类社会发展进步带来的全部有益成果的总和。改革是一个由制度均衡到制度不均衡，再到制度均衡的过程。当存在制度不均衡时，新制度安排的“获利”机会就会出现。除改革红利外，我国另外两大红利分别为人口红利和资源红利。

16. 去产能（2019 南京大学 名词解释）（2017 南开大学 名词解释）

去产能，即化解产能过剩，指为了解决产品供过于求而引起产品恶性竞争的不利局面，寻求对生产设备及产品进行转型和升级的方法，主要是解决在钢铁、房地产领域产能过剩的问题。去产能是结构性改革的重要关口。发展新动能可以提供更多就业岗位，这是推动去产能的有效途径。自 2017 年政府报告确定此目标后，我国在化解产能严重过剩矛盾的去产能工作中取得了重要进展。

该题考查经济常识，这是历年真题的重要考点。对于时政，特别是政府工作报告中出现的经济学范畴的词条，是考生需要重点掌握的知识。该题的得分点包括基本含义、目的、主要方法、确定时间等。建议复习供给侧结构性改革、产业升级等相关词条。

17. 产业升级（2015 南京大学）

产业升级指的是使产品的附加值提高的生产要素改进、结构改变、生产效率与产品质量提高、产业链升级。产业升级、产业平均附加值提高不是仅表现为产业的平均利润率提高，而是最终表现为产业结构的升级。产业升级必须依靠技术进步。

18. 宏观调控（2019 南京大学 名词解释）（2017 山东大学 名词解释）（2017 聊城大学 名词解释）（2016 西南政法大学 名词解释）

宏观调控是指国家运用政策、法规、计划等手段，着重调控有关国家整体经济布局及国计民生的重大领域。对容易产生“市场失灵”的经济领域和私人力量不愿意进入的领域进行干预和调整。宏观调控是对整个市场经济的调控，主要目的是保证国民经济的持续、快速、协调、健康发展。

该题考查经济常识，是历年真题的高频考点，考生要重点掌握。该题的得分点包括实施主体、调控手段、调控目标、最终目的等。建议复习宏观经济政策、财政政策、货币政策、经济杠杆、市场配置等相关词条。

19. 财政政策

财政政策是一个国家的政府为实现一定的宏观经济目标而调整财政收支规模和收支

平衡的指导原则以及相应的措施，包括税收政策、支出政策、预算平衡政策、国债政策等。

20. 经济杠杆

经济杠杆指的是在社会主义条件下，国家或经济组织利用价值规律和物质利益原则影响、调节和控制社会生产、交换、分配、消费等经济活动以实现国民经济和社会发展计划的经济手段，包括价格、税收、工资、奖金、信贷、汇率等。

21. 全球化（2017 南京大学　名词解释）（2017 大连理工大学　名词解释）（2017 首都经济贸易大学　名词解释）（2020 大连海事大学　名词解释）（2016 广东工业大学　名词解释）

全球化是 20 世纪 80 年代以来在世界范围内兴起的新现象，指的是全球的联系不断加强，人类在全球规模的基础上发展和全球意识的崛起。也可以解释为世界的压缩，以及视全球为一个整体。总的来说，全球化是一个以经济全球化为核心，各国各民族在政治、文化、科技、军事等多层次和多领域相互联系、影响、制约的多元概念。

22. 可持续发展（2016 南京师范大学　名词解释）（2017 中南大学　名词解释）（2018 西南科技大学　名词解释）（2019 安徽大学　名词解释）（2017 山东师范大学　名词解释）

可持续发展最早于 1972 年在斯德哥尔摩举行的联合国人类环境研讨会上被提出，指的是既满足当代人的需求，又不损害后代人满足其需求的发展，是科学发展观的基本要求之一。可持续发展是人类对工业文明进程进行反思的结果。

23. 新自贸区（2019 南开大学　名词解释）

新自贸区指 2017 年国务院在辽宁省、浙江省、河南省、湖北省、重庆市、四川省、陕西省新设立的 7 个自贸试验区。其主要目的是进一步对接高标准的国际经贸规则，以在更广的领域、更大的范围形成各具特色、各有侧重的试点格局。新自贸区的设立促进了我国贸易自由化、便利化。

该题考查经济时事，是历年真题的重要考点，考生在复习时要关注经贸类的时事。该题的得分点包括设立时间、7 个具体自贸区、主要目的、影响及作用等。建议复习自由贸易区、自由贸易协定、中国—东盟自由贸易区等相关词条。

24. 财政赤字（2020 东北师范大学　名词解释）（2017 广东工业大学　名词解释）（2018 湖南师范大学　名词解释）

财政赤字指财政支出超过财政收入。因为国家在发展过程中经常需要大量财富来解决一些问题，所以会出现入不敷出的情况，这种情况是不可避免的。通常赤字增加，很容易导致通货膨胀。

该题考查经济学名词，得分点包括财政赤字的含义以及影响。

25. 低碳生活（2018 宁波大学　名词解释）（2018 湖南师范大学　名词解释）

低碳生活指在生活中尽力减少温室气体的排放量，特别是二氧化碳的排放量，是一种低能量、低消耗、低开支的生活方式。进行低碳生活可以从节电、节气、回收三个环节做起。低碳生活虽然主要集中于生活领域，靠人们自觉转变观念加以践行，但也需要政府营造一个助推的制度环境。

26. 增值税（2017 暨南大学 选择题）（2019 安徽大学 名词解释）

增值税是以商品（包含劳务）在流转过程中产生的增值额作为计税依据而征收的一种流转税。实行价外税，也就是由消费者负担，有增值才征税，没增值不征税。增值税已经成为中国最主要的税种之一，增值税的收入占中国全部税收的 60% 以上，是最大的税种。

27. 贸易逆差（2019 西北大学 名词解释）（2016 华中农业大学 名词解释）（2017 暨南大学 选择题）

贸易逆差又称贸易入超，指一个国家或地区在一定时期内的进口额大于出口额的现象，表明一国的对外贸易处于较为不利的地位。贸易逆差反映的是国与国之间的商品贸易状况，也是判断宏观经济运行状况的一个重要指标。

28. 通货紧缩（2016 聊城大学 名词解释）（2018 黑龙江大学 名词解释）

通货紧缩指市场上流通的纸币量少于商品流通中所需要的货币量，从而引起货币升值、物价普遍持续下跌的状况。过度的通货紧缩会加速经济衰退，导致社会财富严重缩水及分配的负面效应。当出现过度的通货紧缩时，需要实行扩张性的财政政策和货币政策。

29. 职业年金（2019 天津大学 名词解释）

我国的职业年金是一种补充养老保障制度，属于单位福利制度，是事业单位及其职工依据自身经济状况建立的保障制度。它既不是社会保险也不是商业保险。机关事业单位从 2014 年 10 月 1 日起开始实施职业年金制度。职业年金按计发办法可以分为待遇确定和缴费确定两种基本模式，即 DB 和 DC 两种模式。

30. 恩格尔系数（2019 华东政法大学 名词解释）（2018 西南政法大学 名词解释）

恩格尔系数由 19 世纪德国统计学家恩格尔提出，是食品支出总额占个人消费支出总额的比重。一个家庭收入越少，家庭收入中（或总支出中）用来购买食物的支出所占的比例就越大；家庭收入增加，用于购买食物的支出比例就会下降。恩格尔系数达 59% 以上为贫困，50%~59% 为温饱，40%~50% 为小康，30%~40% 为富裕，低于 30% 为最富裕。

第三节　国际经济常识

1. 关税壁垒（2019 北京外国语大学 名词解释）（2018 华东政法大学 名词解释）

关税壁垒是一种以高额关税来限制商品进口的措施，因其像高墙壁垒一样把国外商品挡在墙外，从而把国内市场保护起来而得名。通过对外国商品征收高额进口关税，以提高其成本和削弱其竞争能力，从而达到限制这些商品进口，保护本国产品在国内市场上占竞争优势的目的。关税壁垒有利于发达资本主义国家迫使其他国家就关税和外贸问题做出让步，从而获取更大利润，也有利于发展中国家抵制别国倾销低廉商品。

该题考查经济术语。考生可从定义、命名来源、目的、现实应用等方面作答，建议考生多积累常见的经济术语。

2. 到岸价格（2019 广东外语外贸大学　名词解释）

到岸价格是常见的国际贸易条款，指卖方负责货物成本、保险费及运送至买方港口的航运费用。在装运港货物越过船舷时，卖方即完成交货。交货后的风险和损失由买方承担。

这是一条经济贸易类名词，答题时的得分点主要是定义。

3. 服务贸易（2018 广东外语外贸大学　名词解释）

服务贸易是一国的法人或自然人在其境内或进入他国境内向外国的法人或自然人提供服务的贸易行为。服务贸易是输入、输出服务的一种贸易形式，其中的服务包括商业服务、通信服务、销售服务、教育服务、环境服务、金融服务、文娱服务、健康与社会服务等。服务贸易以服务为主体，是服务的进出口。服务贸易是我国对外贸易的重要增长点。

这是一条经济类名词，答题时的得分点包括含义、范围、意义等。

4. 全球产业链（2018 广东外语外贸大学　名词解释）

随着全球化进程的推进，各个国家和地区通过发挥自己的比较优势，独立完成一件产品生产的一个环节，使得产品生产被拆分为多个环节，从而实现了产品生产的全球化，各个国家和地区在产品生产中的分工便形成了全球产业链。全球产业链的产品及服务的价值创造活动分布在不同国家和地区，从而为这些国家和地区嵌入该产业链，实现了产业调整，并为自主创新能力的发展提供了机遇。

这是一条经济类名词，答题时的得分点包括含义、意义等。

5. 新兴市场（2017 广东外语外贸大学　名词解释）（2018 中南大学　名词解释）（2017 首都经济贸易大学　名词解释）（2017 华中科技大学　名词解释）

新兴市场指的是市场经济体制逐步完善、经济发展速度较快、市场发展潜力较大的市场，如被称为“金砖国家”的中国、印度、俄罗斯、巴西、南非。新兴市场通常具有劳动力成本低、自然资源丰富的特征。

6. 自由贸易港（2018 南京师范大学　名词解释）

自由贸易港一般指在国家或地区境内关外，货物、资金、人员进出自由，绝大多数商品免征关税的特定区域，是目前世界最高水平的开放形态。国际上对自由贸易港尚未有明确的定义。香港、新加坡和鹿特丹都是比较典型的自由贸易港。中国新设了海南和上海自由贸易港，有利于扩大开放、推动资金、货物等跨境自由、有序地流动，从而推动经济的高质量发展。

该题考查经济名词。2014年南京师范大学考查过自由贸易区，2013年考查过自由贸易，可见这是个高频考点，考生要全面掌握其相关知识。该题的得分点包括内容、特点、业务活动等。建议复习上海自贸区、贸易管制、离岸产业等相关词条。

7. 转口贸易（2018南京师范大学 名词解释）

转口贸易，又称中转贸易，指国际贸易中进出口货品的生意，通过第三国易手进行的买卖。生产国与消费国之间不发生贸易联系，而是由中转国分别同生产国和消费国发生贸易联系。这种形式是遭遇反倾销的国家躲避贸易制裁的专用方式之一。

该题考查经济名词，根据字面意思便可进行解释，难度较小。该题的得分点包括涉事国家、形式以及利弊等。建议复习贸易制裁、反倾销、最惠国待遇等相关词条。

8. 国际融资租赁（2018南京师范大学 名词解释）

国际融资租赁是一种跨国的借贷活动，主要包括国际贷款、国际证券投资和国际租赁。它是一种紧追银行信贷的间接融资方式，至少涉及出租方、承租方、供货方三方当事人，涉及租赁合同和贸易合同，同时也会引发类似信用和汇率等风险。它产生于第二次世界大战之后，在经济全球化的背景下成了各国争夺世界经济地位的重要手段。

该题考查经济名词，大家对该术语比较陌生。首先，确定范围为国际；然后，按照常识和对租赁的理解进行解释，做不到术语准确也没关系，只要意思对即可。该题的得分点包括主体、内容、行为、结果等。建议复习国际直接投资、贸易顺差、税收优惠等相关词条。

9. 经济全球化（2018武汉大学 选择题）（2019大连外国语大学 名词解释）（2020中国科学院大学 名词解释）（2018黑龙江大学 名词解释）

国际货币基金组织认为“经济全球化是指跨国商品与服务贸易及资本流动规模和形式的增加，以及技术的广泛迅速传播使世界各国经济的相互依赖性增强”，也就是说世界经济日益成为一个联系紧密的整体。经济全球化和经济区域化是当今世界经济发展的两个主要趋势。经济全球化的本质是资本在全球范围内的新一轮扩张。它既加速了世界经济的发展与繁荣，也加剧了全球竞争中的利益失衡。

10. 新兴亚洲工业国（2018南开大学 名词解释）

新兴亚洲工业国指20世纪90年代涌现的发展中经济体，包括中国、印度、韩国、新加坡，以及东盟四国的菲律宾、印度尼西亚、马来西亚、泰国等新兴工业化国家。新兴亚洲工业国具有举世瞩目的高经济增长率和现代化发展速度，是全球经济增长的重要动力。

该题考查经济常识，这是历年真题的高频考点，考生应重点掌握。该题的得分点包括出现时间、典型国家、特点、影响及地位等。建议复习亚洲四小龙、东盟十国等相关词条。

11. 自由贸易区（2016 南开大学 名词解释）（2018 中南大学 名词解释）（2019 华东政法大学 名词解释）（2019 辽宁大学 名词解释）

自由贸易区指签订自由贸易协定的成员国相互彻底取消商品贸易中的关税和数量限制，使商品在各成员国之间处于自由流动状态，而非成员国进口商品仍然受到限制。对我国来讲，自由贸易区使我国的经济变得更加开放，向世界展示了我国进一步推进改革的决心，为提升我国经济全球竞争力、支撑我国经济向稳向好发展提供了有利条件。

该题考查经济时事方面的内容，自由贸易区是近年来的热点话题。作答时主要从自贸区的定义以及对我国的影响等方面入手。

12. 商品倾销（2019 东北师范大学 名词解释）

商品倾销指一国政府通过企业或设立专门机构或资本主义国家的大企业以低于正常价格（通常为国内市场价格或生产成本价格）在国外市场抛售本国商品，其目的是打击竞争对手，占领海外市场。商品倾销按照具体目的可分为偶然性倾销、间歇性或掠夺性倾销和长期性倾销三种形式。

13. TPP（2017 宁波大学 名词解释）（2018 南开大学 名词解释）

TPP 是跨太平洋伙伴关系协定的英文名缩写，原名为亚太自由贸易区，前身是跨太平洋战略经济伙伴关系协定。2002 年亚太经济合作组织成员国中的新西兰、新加坡、智利和文莱四国发起这个多边关系自由贸易协定，主要是为了亚太地区的贸易自由化，它对亚太经济一体化进程产生了重要影响。

该题考查国际组织知识，是历年真题的高频考点，南开大学 2017 年的汉语写作与百科知识试题中也考过此词条，考生应重点掌握。该题的得分点包括全称、前身及由来、发起时间、发起国家、主要目的、影响及作用等。建议复习国际货币基金组织、金砖峰会、APEC 峰会、亚投行、上海合作组织、世界卫生组织、APEC、欧盟、金砖国家、世界贸易组织等相关词条。

14. 国际货币基金组织（2016、2020 南开大学 名词解释）

国际货币基金组织，英文简称为 IMF，1945 年在华盛顿成立，总部在华盛顿特区。其来源是 1944 年在布雷顿森林会议签订的《国际货币基金组织协定》。其主要职责是稳定国际汇率，为会员国提供资金和技术支持，促进国际间金融与货币合作，维持各国贸易和全球金融秩序。1969 年根据会员国认缴的份额分配、发行特别提款权。它与世界银行同时成立，并列为世界两大金融机构。

该题考查国际组织基础知识，是历年真题的重要考点，南开大学在 2016 年已考过此词条，其他国际组织的相关词条也在历年试题中频繁出现，考生应重点掌握。对于国际组织和会议的名词解释，应当包括成立（举行）时间、成立地点、成立由来、主要职责、影响或地位等。建议复习特别提款权、亚投行、TPP、上海合作组织、世界卫生组织、APEC、欧盟、金砖国家、世界贸易组织等相关词条。

15. APEC（2015 南开大学）（2019 南京师范大学 名词解释）

APEC 是亚洲太平洋经济合作组织的英文缩写，简称亚太经合组织，是亚太地区重要的经济合作论坛，也是亚太地区最高级别的政府间经济合作机制。成立于 1989 年，目前共有 21 个成员国。1991 年中国以主权国家的身份加入亚太经济合作组织。其宗旨是保持经济的增长和发展，促进成员间经济的相互依存，加强开放的多边贸易体制，减少区域贸易和投资壁垒，维护本地区人民的共同利益。

16. 世贸组织（2017、2020 宁波大学 名词解释）（2010 南开大学 名词解释）

世贸组织，全称为世界贸易组织，是一个独立于联合国的永久性国际组织，总部位于瑞士的日内瓦。其前身是关税与贸易总协定。2001 年 12 月 11 日，中国正式加入世界贸易组织。世贸组织的创建宗旨是提高生活水平，保证充分就业和大幅度、稳步提高实际收入和有效需求；扩大货物和服务的生产与贸易；坚持走可持续发展之路。

该题考查国际组织基础知识，得分点包括组织全称、总部所在地、前身及宗旨等。

17. 欧元区（2020 南开大学 名词解释）（2018 西北大学 名词解释）（2019 暨南大学 选择题）

欧元区指欧盟成员中统一使用货币——欧元的国家区域。1999 年欧盟国家开始使用统一货币。截至 2015 年 1 月 1 日，欧元区共有 19 个成员国，包括奥地利、比利时、芬兰、法国、德国、爱尔兰、意大利、卢森堡、荷兰、葡萄牙、西班牙、希腊、斯洛文尼亚、塞浦路斯、马耳他、斯洛伐克、爱沙尼亚、拉脱维亚、立陶宛，英国尚未加入欧元区，另有 9 个国家和地区采用欧元作为当地的单一货币。但是作为世界储备货币的竞争者，欧元的流通已经不限于上述地区。

该题考查国际组织基础知识，是历年真题的高频考点，考生应重点掌握。该题的得分点包括定义、实行时间、主要成员国、国际影响等。建议复习欧盟、申根区等相关词条。

18. 修昔底德陷阱（2019 山东财经大学 名词解释）

“修昔底德陷阱”这一说法源自古希腊历史学家修昔底德。在他看来，一个新崛起的大国必然会引起既有统治霸主的不满，而双方之间必然多数会通过战争来结束一切。修昔底德陷阱也被视为国际关系的“铁律”。

19. 关税（2018 中南大学 名词解释）

关税，即一个国家的海关依据该国的法律规定，对通过其关境的进出口货物征收的一种税收。关税在各国一般属于国家最高行政单位指定税率的高级税种，具有强制性、无偿性和预定性。对于对外贸易发达的国家而言，关税往往是国家税收乃至国家财政的主要收入。

20. 最惠国待遇（2019 华中师范大学 名词解释）（2019 长沙理工大学 名词解释）

最惠国待遇又称无歧视待遇，是国际贸易关系中常用的一种制度，也是国与国之间贸易条约与协定的法律待遇条款，即在进出口贸易、税收、通航等方面互相给予优惠利益、提供必要的方便、享受某些特权等方面的一项制度。最惠国待遇的基本目标是使所有参与多边贸易体制的成员均能享受到该体制带来的好处。

21. 贸易保护主义（2019 大连外国语大学 名词解释）（2017 北京语言大学 名词解释）（2019 北京邮电大学 名词解释）

贸易保护主义是一种国际贸易理论，即在对外贸易中采用限制进口的措施来保护国内商品在国内市场的竞争力，避免受到外来商品的竞争，同时向本国商品提供各种优惠，以此增强其国际竞争力的主张与政策。在限制进口方面，贸易保护主义通常采用关税壁垒和非关税壁垒两种措施。

22. 经济一体化（2020 宁波大学 名词解释）

经济一体化指两个或两个以上的国家在现有生产力发展水平和国际分工的基础上，由政府间通过协商缔结条约，让渡一定的国家主权，从而建立两国或多国经济联盟。其特点包括无贸易壁垒，商品、资本和劳务可自由流动，拥有统一的机构进行监督和管理，等等。经济一体化包括自由贸易区、关税同盟、共同市场和经济联盟四种形式。经济一体化的发展有力地推动了世界贸易自由化的进程。

该题考查政治术语。建议考生答题时尽量全面一些，可从定义、特点、形式、作用等方面作答。

23. 反倾销（2020 广西大学 名词解释）

反倾销指对外国商品在本国市场上倾销所采取的抵制措施，一般是对其征收除一般进口税外，再增收附加税，从而使其不能低价出售。这种附加税也被称为“反倾销税”。虽然《关税及贸易总协定》已经对反倾销问题做出了明确规定，但实际上每个国家都是各行其是，依旧把反倾销作为贸易战的主要手段之一。

24. 贸易战（2020 广西大学 名词解释）

贸易战又称商战，指一些国家通过采用较高的关税壁垒和非关税壁垒措施来限制他国商品进入本国市场，同时通过倾销和外汇贬值等措施来争夺国外市场，由此引起的一系列报复和反报复措施。若贸易战仅仅是相互提高关税税率，则被称为关税战。

25. 全球城市（2018 北京航空航天大学 名词解释）

1981 年，美国经济学家理查德·科恩（Richard Cohen）基于跨国公司和国际劳动分工理论，提出全球城市的概念。只有当全球化高度成熟，掌控全球经济脉搏的全球城市才有可能诞生。伦敦、纽约、巴黎、东京等都是典型的全球城市。全球城市必然要在组织和控制全球经济的过程中扮演至关重要的角色，但这也有不利的一面，全球城市的发展高度依赖于金融的支持，一旦金融危机爆发，这些城市也将遭受重创。

该题考查社会热点，得分点包括理论基础、范例、意义等。

第四节 金融常识

1. 庞氏骗局（2020 北京外国语大学 名词解释）

庞氏骗局是非法性质的金融诈骗手法。最初是由意大利裔投机商查尔斯·庞兹趁第一次世界大战刚刚结束，在世界经济体系混乱的背景下，通过兜售子虚乌有的投资、许诺高利益回报等形式进行的一场“骗局”，后人称之为“庞氏骗局”。如今指利用新投资者的钱来向老投资者支付利息和短期回报，以制造赚钱的假象，进而骗取更多投资的金融诈骗手法。与一般的金融诈骗相比，庞氏骗局的受害者更多，影响面更广，危害程度更深，隐蔽性更强，具有更大的社会危害性。

该题考查金融术语。考生可从定义、来源、特点、意义等方面作答。每年的经贸词条对考生来说都是难点，建议考生日常要注意多积累相关词汇。

2. 牛市或熊市（2018 北京外国语大学 名词解释）

牛市或熊市的概念来源于十八世纪的欧洲。十八世纪的欧洲人选择了“牛”和“熊”这两个物种来指代股市涨跌。牛市市场又称多头市场，是指价格长期呈上涨趋势的证券市场，市场普遍看涨，是持续时间较长的大升市，特征是大涨小跌。熊市也称空头市场，是指价格长期呈下跌趋势的证券市场，市场普遍看跌，是持续时间较长的大跌市，特征是小涨大跌。史上最有名的熊市是 1930 年的美国经济大萧条。

该题考查经贸术语。考生可从名词来源、概念、特征等方面作答。经贸术语对于考生来说一直都是难点，如果事先未积累，考试时通过字面难以判断其意思，建议考生平常多关注经贸用语，结合往年真题的考查范围，尽量多了解这类名词。

3. 对冲基金（2020 广东外语外贸大学 名词解释）

对冲基金指由金融期货、金融期权等金融衍生工具与金融组织结合后，以盈利为目的的金融基金。其最初目的为通过套期保值避免损失，在一定程度上可以规避和化解投资风险。

这是一条经济类名词，答题时的得分点包括概念、作用等。

4. 绿色金融（2018 广东外语外贸大学 名词解释）

绿色金融指支持环境改善、应对气候变化和节约并高效利用资源的经济活动，即对环保、节能、清洁能源、绿色交通、绿色建筑等领域的项目投融资、项目运营、风险管理等提供的金融服务。绿色金融可以促进环境保护，也可以引导资源流向注重环境保护且技术理念先进的项目。

这是一条经济类名词，答题时的得分点包括含义、作用等。

5. 上市（2020 北京第二外国语学院 名词解释）

上市是一个证券市场术语。狭义的上市即首次公开募股，指企业通过证券交易所首次公开向投资者增发股票，以期募集用于企业发展资金的过程；广义的上市除了公司公开（不定向）发行股票，还包括在多层次资本市场挂牌交易，以及新产品或服务在市场上的发布或推出。

该题考查证券市场术语，得分点包括上市所属的范畴、狭义及广义上的意义等。

6. 互联网金融（2020 南京大学　名词解释）

互联网金融指传统金融机构与互联网企业利用互联网技术和信息通信技术实现资金融通、支付、投资和信息中介服务的新型金融业务模式。互联网金融不是互联网和金融业的简单结合，而是在实现安全、移动等网络技术水平的基础上，被用户熟悉和接受后（尤其是对电子商务的接受），自然而然地为适应新的需求而产生的新模式及新业务。它是传统金融行业与互联网技术相结合的新兴领域。

该题考查经济常识，这是历年真题的重要考点，与互联网相关的经济概念是热门考点，主要考查考生对社会经济发展的了解，考生应重点掌握。该题的得分点包括概念、由来、所属领域等。建议复习众筹、P2P 网贷、第三方支付、数字货币、大数据等相关词条。

7. P2P 网贷（2020 南京大学　名词解释）

P2P 网贷是指个体和个体之间通过互联网平台实现的直接借贷，包括个体网络借贷和商业网络借贷。它是互联网金融行业中的子类。网贷平台发展迅速，其数量近年来急剧增加。

该题考查经济常识，这是历年真题的重要考点。该题的得分点包括定义、具体内容、实现方法、发展前景等。建议复习互联网金融、众筹、第三方支付、数字货币、大数据等相关词条。

8. 数字货币（2020 南京大学　名词解释）

数字货币是电子货币形式的替代货币。数字金币和密码货币都属于数字货币。数字货币是一种不受管制的、数字化的货币，通常由开发者发行和管理，被特定虚拟社区的成员所接受和使用。由于被公众接受，所以可作为支付手段，也可以以电子形式转移、存储或交易。代表币种有比特币。

该题考查经济常识，这是历年真题的重要考点。该题的得分点包括简称、使用特点、代表形式等。建议复习比特币、区块链、互联网金融等相关词条。

9. 第三方支付平台（2020 南京大学　名词解释）

第三方支付平台指具备一定实力和信誉保障的独立机构所提供的付款平台。通过与银联或网联对接促成交易双方进行网络支付的交易。该平台可以在买方选购商品后，为其提供账户进行货款支付（支付给第三方），并由第三方通知卖家货款到账、要求发货；买方收到货物，检验货物，并且进行确认后，再通知第三方付款；第三方再将款项转至卖家账户。拉卡拉、支付宝、融宝、微信支付等是已经为社会所广泛使用的第三方支付平台。

该题考查经济常识，这是历年真题的重要考点。该题的得分点包括定义、支付方法、运行模式、代表产品等。建议复习移动支付、网购等相关词条。

10. 阿里巴巴集团（2020 南开大学 名词解释）（2019 大连外国语大学 名词解释）（2018 黑龙江大学 名词解释）

阿里巴巴集团是中国电子商务金融领域中领先的大型网络技术公司。由以马云为首的创业者们于 1999 年在浙江省杭州市创立。阿里巴巴集团经营多项业务，围绕电商核心业务及支撑电商体系的金融业务，包括生活服务、健康医疗、游戏、视频、音乐等娱乐业务和智能终端业务等。阿里巴巴集团的主要产品有淘宝网、天猫、全球速卖通、阿里巴巴国际交易市场、阿里云、蚂蚁金服等。

该题考查社会经济常识。电子商务行业和电商平台的发展是社会热门话题，考生应对相关词条有基本的了解，同时也要掌握电子商务、跨境电商等热点词汇的含义。该题的得分点包括定义、创始人、成立时间、成立地点、主要业务范围、主要产品等。建议复习电子商务、网上支付、网购等相关词条。

11. 移动支付（2018 南开大学 名词解释）

移动支付，也称手机支付，就是允许用户使用其移动终端（通常是手机）对其所消费的商品或服务进行账务支付的一种服务方式。单位或个人通过移动设备、互联网或直接近距离传感或间接向银行等金融机构发送支付指令产生货币支付与资金转移行为，从而实现移动支付功能。

该题考查经济知识，这是历年真题的高频考点。移动支付的相关词条也是社会热门话题，考生复习时应重点掌握。建议复习第三方支付、电子商务、支付宝等相关词条。

12. ATM（2018 南开大学 名词解释）

ATM 是自动取款机的英文简称，它是一种可代替银行柜面人员的工作，高度精密的机电一体化装置。持卡人可以使用信用卡或储蓄卡，输入密码后在自动取款机上办理自助服务。ATM 可以实现现金存款和提取、查询存款余额、账户之间实时转账等工作。自动取款机方便快捷，是很多场合常用的存取款设备。

该题考查经济常识，是历年真题的重要考点。该题的得分点包括定义、工作范围、主要特点、作用等。建议复习支付宝、第三方支付等相关词条。

13. 金融危机（2018 东北师范大学 名词解释）（2017 中南大学 名词解释）（2019 西南科技大学 名词解释）（2020 中国科学院大学 名词解释）

金融危机，又称金融风暴，指一个国家或几个国家与地区的全部或大部分金融指标，例如短期利率、货币资产、证券、房地产、土地（价格）、商业破产数和金融机构倒闭数的急剧、短暂和超周期的恶化，比如 1930 年引发西方经济大萧条的金融危机，又比如 2008 年 9 月 15 日爆发并引发全球经济危机的金融危机。其特征是人们对于未来经济产生更加悲观的预期，整个区域内货币出现幅度较大的贬值，经济总量与经济规模出现较大的损失，经济增长受到打击。金融危机往往伴随着企业大量倒闭、失业率提高、社会普遍经济萧条，甚至有些时候伴随着社会动荡或国家政治层面的动荡。金融危机可以分为货币危机、债务危机、银行危机等类型。

该题考查金融学知识，是各大高校汉语写作与百科知识考试的高频考点。该题的得分点包括定义、典型例子、特征、影响、主要类型等。建议复习经济泡沫、大萧条、信贷危机等相关词条。

14. 活期储蓄（2019 暨南大学 选择题）

我国的个人储蓄存款有活期储蓄、定期储蓄、定活两便储蓄三种。活期储蓄即活期存款，不规定存款期限，客户随时可以存取款，存款金额不限。活期储蓄的特点是：存款金额、时期不限，随时存取，灵活方便。由于随时存取，这样就能够最大限度地吸收社会闲散资金。

15. 对外贸易量（2018 暨南大学 选择题）

对外贸易量指为剔除价格变动的影响，准确反映一个国家对外贸易的实际规模而确立的一个指标。它能确切地反映一国对外贸易的实际规模。

16. 货币贬值（2018 南京航空航天大学 选择题）

货币贬值指单位货币所含有的价值或所代表的价值的下降，即单位货币价格下降。货币贬值能在国内引起物价上涨现象。但由于货币贬值在一定条件下能刺激生产，并且降低本国商品在国外的价格，因此有利于扩大出口和减少进口。

17. 比特币（2018 西北大学 名词解释）（2019 山东科技大学 名词解释）

比特币是一种依靠 P2P 形式运作的虚拟加密数字货币，货币代码 BTC。具有去中心化、全世界匿名流通、跨平台挖掘的特征。其因匿名流通、不受地域限制的特性常被不法分子用于洗钱，故被多数国家禁止使用，我国也于 2017 年明文规定禁止虚拟货币相互之间的兑换业务。

该题考查经济常识。考生可从基本定义、主要特点与构成、影响等方面作答。

18. 亚投行（2017 西北大学 名词解释）（2017 山东科技大学 名词解释）（2017 南开大学 名词解释）（2019 华中师范大学 名词解释）（2016 华中科技大学 名词解释）（2018 湖南师范大学 名词解释）（2016 武汉科技大学 名词解释）（2016 兰州大学 名词解释）（2019 天津大学 名词解释）（2017 北京交通大学 名词解释）（2019 华东政法大学 名词解释）（2018 西安交通大学 名词解释）

亚投行，即亚洲基础设施投资银行，成立于 2015 年 12 月 25 日，是首个由中国倡议设立的多边金融机构，总部设在北京。该机构重点支持基础设施建设，其成立宗旨是促进亚洲区域的建设互联互通化和经济一体化的进程，并且加强中国与其他亚洲国家和地区的合作。

19. 众筹（2018、2019 北京邮电大学 名词解释）（2020 南京大学 名词解释）

众筹，即大众筹资，指用“团购 + 预购”的形式，向网友募集项目资金的模式。提案者将自己的项目、设定的筹资目标及筹资天数标明，在设定天数内，达到或者超过目标金额，项目即筹备成功，发起人可获得资金；如果项目筹资失败，那么已获资金全部退还给支持者。如今众筹已不单单是企业或者产品的一种营销手段，更是产品吸引投资人的一种渠道，这让更多人开始关注众筹。创业公司可以通过向其他第三方出售公司部分股份进行大量融资，在某种程度上相当于“天使投资”。

该题考查金融知识，这是近几年各大高校的高频考点，建议考生反复记忆。该题的得分点包括定义、构成、发展、影响等。建议复习天使投资、风险投资、水滴筹等相关词条。

20. 硬通货（2019 安徽师范大学 名词解释）

硬通货，又称硬币，是与软通货对称的一个概念，指国际信用较好、币值稳定、汇价呈坚挺状态的货币。硬通货并不是固定不变的，一国的货币是否能成为硬通货除了上述特性，还主要受该国经济增长、通货膨胀、国际收支状况等因素的影响。美元、欧元、英镑都属于硬通货。

21. 布雷顿森林货币体系（2019 四川大学 名词解释）（2017 西南科技大学 名词解释）

布雷顿森林货币体系指第二次世界大战后以美元为中心的国际货币体系。该体系于 1944 年 7 月在联合国国际货币金融会议上被确立，是以美元和黄金为基础的金汇兑本位制。其实质是建立一种以美元为中心的国际货币体系，基本内容包括美元与黄金挂钩、国际货币基金会员国的货币与美元保持固定汇率（实行固定汇率制度）。

22. 购买力平价（2019 华东政法大学 名词解释）

购买力平价理论最早在 20 世纪初由瑞典经济学家古斯塔夫·卡塞尔提出。简单地说，购买力平价是国家间综合价格之比，即两种或多种货币在不同国家购买相同数量和质量的商品和服务时的价格比率，用来衡量与对比国家之间价格水平的差异。

23. 存款准备金率（2019 华东政法大学 名词解释）

存款准备金率指中央银行要求的存款准备金占金融机构存款总额的比例。其中，存款准备金是金融机构为保证客户提取存款和资金清算的需要而准备的，缴存在中央银行的存款。央行通过调整存款准备金率，可以影响金融机构的信贷扩张能力，从而间接调控货币供应量。

24. 主权债务（2019 华东政法大学 名词解释）

主权债务指一个国家以自己的主权为担保，向外（国际货币基金组织、世界银行或其他国家）借来的债务。历史上出现的比较有影响力的主权债务违约案例有：20 世纪 90 年代阿根廷主权债务事件、2009 年 11 月迪拜主权债务违约事件。

25. 次贷危机（2018 黑龙江大学　名词解释）

次贷危机，又称次级房贷危机、次级房贷风暴，是于 2007 年 8 月全面爆发的由美国次级抵押贷款市场动荡引起的金融危机。在截至 2006 年 6 月的两年时间里，美国联邦储备委员会连续 17 次提息，将联邦基金利率从 1% 提升到 5.25%，利率的大幅攀升加重了购房者的还贷负担，因此次级房屋信贷行业违约剧增、信用紧缩，国际金融市场出现了震荡、恐慌和危机。

26. 量化宽松政策（2018 黑龙江大学　名词解释）

量化宽松政策主要指中央银行在实行零利率或近似零利率的政策后，通过购买国债等中长期债券，增加基础货币供给，向市场注入大量流动性资金的干预方式，以鼓励开支和借贷，也被简化地形容为间接增印钞票。量化宽松一词最早由日本央行于 2001 年提出。量化指的是扩大一定数量的货币发行；宽松指的是减小银行的资金压力。

27. 汇率操纵国（2020 广西大学　名词解释）

汇率操纵国指一个国家人为地操纵汇率，使其显得相对较低，令该国的出口价看似便宜，或者会引起进口贸易伙伴批评该国为汇率操纵国。操纵汇率是国际货币基金组织和世界贸易组织明确禁止的行为，因为操纵国为了给本国创造更多的就业机会及较高的国内生产总值会牺牲别国的利益。

28. 市场（2019 山东大学　名词解释）

市场，起源于古时人类对固定时段或地点进行交易的场所的称呼，本词中的“市”指的并非“城市”，而是古时的“买卖，交易”之意。今日，市场具备了两种意义——一个意义是交易场所，如传统市场、股票市场、期货市场等；另一个意义是交易行为的总称，不仅表示场所，还包括了在此场所进行交易的行为。

该题考查经济学名词。建议考生采用纵向发展思维来答题，先表述起源，再延伸到现在的发展。

29. 外汇储备（2020 辽宁大学　名词解释）

外汇储备，又称为外汇存底，指为了应付国际支付的需要，各国的中央银行及其他政府机构所集中掌握并可以随时兑换成外国货币的外汇资产。外汇储备的来源通常是贸易顺差和资本流入，然后集中到该国央行内形成外汇储备。

该题考查经济学名词。作答时主要从外汇储备的定义、来源与形成等方面入手。

第七章　法律知识

第一节　法律理论

1. 英美法系（2018、2020 北京外国语大学　名词解释）

英美法系，又称普通法法系，起源于中世纪的英格兰，是以英国普通法为基础发展起来的法律的总称。目前世界三分之一的人口生活在普通法司法管辖区或混合民法系统中。从法律渊源来看，普通法法系的特点就是判例法，即反复参考判决先例，最终产生类似道德观念一般的、普遍的、约定俗成的法律。这种法系根据人们在日常生活中形成的公序良俗判别谁是谁非，不看重学历威望，由平民组成陪审团，即便没有明文规定，只要不符合陪审团判别是非的观念就是违法。该法系与大陆法系并称为当今世界最主要的两大法系。

该题考查法律体系。考生可从定义、起源、适用地区、特征、地位等方面作答。这个是往年真题考查过的知识点，提醒考生要重视每年的真题，有可能会重复考查。

2. 国家专属所有的财产（2018 上海大学　选择题）

我国《物权法》规定：矿藏、水流、海域属于国家所有；城市的土地属于国家所有；农村和城市郊区的土地，除由法律规定属于国家所有的以外，属于集体所有；宅基地和自留地、自留山，也属于集体所有。

3. 我国的法律体系（2018 西北大学　选择题）

我国的法律体系当前可分为：宪法及宪法相关法、行政法、民商法、经济法、社会法、刑法、诉讼法与非诉讼程序法这 7 个主要法律部门。律师法、公证法属于诉讼法与非诉讼程序法部门法。

4. 大陆法系（2017 河南师范大学　名词解释）（2017 山东师范大学　名词解释）

大陆法系，又称罗马法系或民法法系，指欧洲大陆上源于罗马法，以 1804 年《法国民法典》为代表的各国法律。属于大陆法系的除法国、德国外，还有奥地利、比利时、荷兰、意大利、瑞士、西班牙、明治维新后的日本以及亚、非、拉部分法语国家或地区的法律。

5. 法律关系（2019 山东科技大学　名词解释）

法律关系指法律在调整人们行为的过程中形成的特殊的权利和义务关系。法律关系是以法律为前提，以国家强制力为保障的社会关系，当法律关系受到破坏时，国家会动用强制力进行矫正或恢复。构成法律关系的三要素：法律关系的主体、法律关系的客体和法律关系的内容。

第二节　宪法

1. 全国人民代表大会（2017 中山大学　选择题）

根据我国宪法规定，全国人民代表大会是国家最高权力机关，具有最高的监督权，由省、自治区、直辖市、特别行政区和军队选出的代表组成。全国人民代表大会的常设机关是全国人民代表大会常务委员会。

2. 宪法（2016 西北大学　选择题）（2017 西南科技大学　名词解释）（2018 山东科技大学　名词解释）

宪法是国家的根本法，治国安邦的总章程，适用于国家全体公民。宪法是特定社会政治经济和思想文化条件综合作用的产物，集中反映各种政治力量的实际对比关系，确认革命胜利成果和现实的民主政治，规定国家的根本任务和根本制度，即社会制度、国家制度的原则和国家政权的组织以及公民的基本权利义务等内容。宪法的法律地位高于普通法，具有最高的法律地位和法律效力。

第三节　刑法及刑事诉讼法

1. 有罪推定（2019 广东外语外贸大学　名词解释）

有罪推定指未经司法机关依法判决有罪，对刑事诉讼过程中的被追诉人，推定其为实际犯罪人。

这是一条法律类名词，答题时的得分点主要是概念。

2. 犯罪形态（2019 暨南大学　选择题）

犯罪形态，即故意犯罪的停止形态，指故意犯罪在犯罪过程的不同阶段由于各种原因而停止下来所呈现的不同状态，包括犯罪既遂、犯罪预备、犯罪未遂和犯罪中止。犯罪既遂是犯罪的一种基本形态，指行为人所实施的行为已经具备了刑法分则对某一具体犯罪所规定的全部构成要件；犯罪预备，亦称预备犯罪，是为犯罪准备工具、制造条件的行为；犯罪未遂是指已经着手实行犯罪，但由于犯罪分子意志以外的原因而未得逞的行为；犯罪中止是指犯罪分子在实施犯罪的过程中，自动放弃犯罪或者自动有效地防止犯罪结果发生的行为。

3. 刑事责任（2017 南京航空航天大学 选择题）（2019 山东财经大学 名词解释）

刑事责任指犯罪人因实施犯罪行为应当承担的法律责任，按刑事法律的规定追究其法律责任，包括主刑和附加刑两种。主刑，是对犯罪分子适用的主要刑罚，它只能独立使用，不能相互附加使用，分为管制、拘役、有期徒刑、无期徒刑和死刑。附加刑分为罚金、剥夺政治权利、没收财产。

4. 经济犯罪（2019 山东财经大学 名词解释）

经济犯罪是犯罪的一种，即在商品经济的生产、交换、分配、消费等领域，为谋取不法利益，违反国家法律规定、行政法规，破坏社会经济秩序，直接危害国家的经济管理活动，依据我国刑法应受刑罚处罚的行为。

5. 正当防卫（2018 西南政法大学 名词解释）（2017 安徽大学 名词解释）（2019 武汉科技大学 名词解释）（2019 华东政法大学 名词解释）

根据《刑法》第二十条规定，为使国家、公共利益、本人或者他人的人身、财产和其他权利免受正在进行中的不法侵害，而采取的制止不法侵害的行为，对不法侵害人造成一定限度损害的，属于正当防卫，不负刑事责任。对正在进行行凶、杀人、抢劫、强奸、绑架以及其他严重危及人身安全的暴力犯罪而采取防卫行为，造成不法侵害人伤亡的，依然属于正当防卫，不负刑事责任，即无限正当防卫。正当防卫明显超过必要限度造成重大损害的，应当负刑事责任，但是应当减轻或免除处罚。

6. 国家赔偿（2018 河南大学 名词解释）

国家赔偿，又称国家侵权损害赔偿，指国家机关及其工作人员因行使职权给公民、法人及其他组织的人身权或财产权造成损害，由国家对于侵权行为造成的后果承担赔偿责任的活动。国家赔偿一般包括行政赔偿和刑事赔偿。2020 年 5 月 18 日，最高人民法院公布，自 2020 年 5 月 18 日起做出的国家赔偿决定涉及侵犯公民人身自由权的赔偿金标准为每日 346.75 元。

7. 刑法（2019 华东政法大学 名词解释）

刑法，即规定犯罪和刑罚的法律，是掌握政权的统治阶级为了维护该阶级政治上的统治和经济上的利益，根据其阶级意志，规定哪些行为是犯罪并应当负刑事责任，给予犯罪人何种刑事处罚的法律。刑法有广义刑法与狭义刑法之分。广义刑法是指一切规定犯罪、刑事责任的法律规范的总称，包括刑法典、单行刑法以及附属刑法；而狭义刑法是指刑法典。

第四节 民商法及民事诉讼法

1. 举证责任（2019 广东外语外贸大学 名词解释）

举证责任指当事人对自己提出的主张有收集或提供证据的义务，并有运用该证据证明主张的案件事实成立或有利于自己的主张的责任，否则将承担其主张不能成立的风险，即“谁主张，谁举证”。该证明规则最早产生于古罗马时代。

这是一条法律类名词，答题时的得分点主要是概念。

2. 知识产权（2018 南开大学 名词解释）（2017 南京大学 名词解释）（2018 东北师范大学 名词解释）（2018 山东师范大学 名词解释）（2018 河南师范大学 名词解释）（2016 中南大学 名词解释）（2016 西南政法大学 名词解释）（2018 武汉科技大学 名词解释）

知识产权，又称智慧产权，指在一定有效期限内，权利人对其智力劳动所创作的成果享有的财产权利。知识产权一般是某一个人或组织所拥有的智力创造，包括发明、文学和艺术作品、外观设计等。在商业范围中，知识产权是指使用的标志、名称等。知识产权在第一次工业革命中被首次提出。它随着科技的发展而发展，目的是更好地保护产权人的利益。

该题考查社会文化知识，是历年真题的高频考点，考生应重点掌握。该题的得分点包括别称、定义、涵盖范围、提出时间、主要目的等。建议复习自主知识产权、专利等相关词条。

3. 劳动合同试用期（2018 中山大学 选择题）

《中华人民共和国劳动法》第二十一条规定：劳动合同可以约定试用期，试用期最长不得超过六个月。劳动合同期限 3 个月以上不满一年的，试用期不得超过 1 个月；劳动合同期限一年以上、三年以下的，试用期不得超过 2 个月；三年以上固定期限和无固定期限的劳动合同，试用期不得超过 6 个月。

4. 现代企业制度（2018 中山大学 选择题）

现代企业制度一般采用公司制。公司制是现代企业主要的、典型的组织形式，具有两个特点：公司就是法人；公司实现了股东最终财产所有权与法人财产权的分离。公司制有着有限责任、筹资方便、高管理水平、方便所有权转移、发展稳定等优点。

5. 共有财产的处分（2018 南京航空航天大学 选择题）

《中华人民共和国物权法》第九十七条规定：“处分共有的不动产或者动产以及对共有的不动产或者动产作重大修缮的，应当经占份额三分之二以上的按份共有人或者全体共同共有人同意，但共有人之间另有约定的除外。”

6.《婚姻法》（2018 南京航空航天大学 选择题）

依据《中华人民共和国婚姻法》，如果采用欺骗手段隐瞒了法律上禁止结婚的情形，这种类型的婚姻应归于无效。如果是采用欺骗手段隐瞒了自己的家庭经济条件等情况，这种类型的婚姻还是有效的。我国可撤销婚姻的情形指因胁迫结婚的，受胁迫的一方可以向婚姻登记机关或人民法院请求撤销该婚姻。解除同居关系是指在同居双方中，存在有配偶者与他人同居的情况，为了保护合法的婚姻关系，法院受理这种同居关系解除的请求。

7. 经济纠纷（2019 山东财经大学 名词解释）

经济纠纷指市场经济主体之间因经济权利和经济义务的矛盾而引起的争议。经济纠纷有两大类：一是经济合同纠纷，如买卖合同纠纷，借款合同纠纷等；二是经济侵权纠纷，如知识产权侵权纠纷，所有权侵权纠纷等。合同纠纷是经济纠纷的主要部分。

第五节　犯罪学

破窗效应（2019 广东外语外贸大学 名词解释）（2018 上海海事大学 名词解释）

破窗效应是由美国政治学家詹姆士·威尔逊提出的犯罪学理论，说一个房子如果窗户破了，没有人去修补，那么不用等多久，其他的窗户也会莫名其妙地被人打破。此理论认为，环境中的不良现象如果被放任不管，会诱使人们效仿，甚至变本加厉。因此，破窗效应强调着力打击轻微罪行，有助于减少更严重的罪案发生，应该以零容忍的态度面对罪案。

这是一条犯罪心理类名词，答题时的得分点包括理论来源、含义、启示等。

第六节　外国法律

1. 美国宪法第十三修正案（2018 对外经济贸易大学 选择题）

自美国宪法签署完成后，已有二十七项修正案经批准，其中前十项统称为《权利法案》。美国宪法第十三修正案于 1865 年 1 月 31 日被提出，明确宣布废除奴隶制和强迫劳役，除非是作为犯罪的惩罚。奴隶制和强制劳役不能存在，其意义在于明确否定奴隶制，保证黑人的人身自由和基本权利。该修正案于 1865 年 12 月 6 日生效。

2.《人权宣言》（2018 上海大学 选择题）

《人权宣言》是 18 世纪末资产阶级反封建革命斗争的著名纲领性文件，并且后来成为法国宪法序言，宣布自由、财产、安全和反抗压迫是天赋不可剥夺的人权，肯定了言论、信仰、著作和出版自由，阐明了三权分立、法律面前人人平等、私有财产神圣不可侵犯等原则。

3.《汉谟拉比法典》（2018 北京航空航天大学　名词解释）

《汉谟拉比法典》是古巴比伦国王汉谟拉比大约在公元前 1776 年颁布的法律汇编，是最具代表性的楔形文字法典，也是世界上现存的第一部比较完备的成文法典，现存于巴黎卢浮宫。原文刻在玄武岩石柱上，故又名“石柱法”。《汉谟拉比法典》由序言、正文和结语三部分组成，语言丰富，辞藻华丽，是一篇对国王的赞美诗。《汉谟拉比法典》是古东方法从习惯法阶段进入成文法阶段的体现，代表了古东方文明的伟大成就，对后世立法具有重大影响。

该题考查法典，得分点包括时间、地位、影响等。考生还可以了解世界著名的法典，例如《十二铜表法》等。

第八章　自然科学

第一节　物理学

1. 太阳风（2019 广东外语外贸大学　名词解释）

太阳风特指由太阳上层大气射出的超高速等离子体带电粒子流。非出自太阳的类似带电粒子流常被称为恒星风。在太阳日冕层的高温下，氢、氦等原子已经被电离成带正电的质子、氦原子核和带负电的自由电子等。这些带电粒子的运动速度极快，以至于不断有带电的粒子挣脱太阳的引力束缚，射向太阳的外围，形成太阳风。太阳风到达地球时，会与地球磁场发生相互作用，引发地磁暴、电离层暴等。

这是一条科学类名词，答题时的得分点包括定义、组成、形成、作用等。

2. 虫洞（2019 广东外语外贸大学　名词解释）

虫洞，又称爱因斯坦—罗森桥，是宇宙中可能存在的连接两个不同时空的狭窄隧道。虫洞是 1916 年奥地利物理学家路德维希·弗莱姆首次提出的概念。1930 年，爱因斯坦及纳森·罗森在研究引力场方程时假设黑洞与白洞通过虫洞连接，认为通过虫洞可以做瞬时间的空间转移或者时间旅行。

这是一条科学类名词，答题时的得分点包括含义、来源、原理等。

3. 薛定谔的猫（2019 广东外语外贸大学　名词解释）

薛定谔的猫是奥地利物理学家埃尔温·薛定谔于 1935 年提出的关于量子理论的一个思想实验。将猫置于可能会死的情况下，关在不透明密室中，只有打开密室，才能确定猫的死活。打开密室前，由于事件发生的随机性质，猫会处于生存与死亡的叠加态。通过这个思想实验，薛定谔指出了应用量子力学的哥本哈根在诠释宏观物体时会产生的问题，以及该问题与物理常识之间的矛盾。

这是一条科学类名词，答题时的得分点包括基本概念、实验内容、影响、意义等。

4. 纳米技术（2020 西安外国语大学　名词解释）（2017 中南大学　名词解释）

纳米技术是一门交叉性很强的综合学科，研究的内容涉及现代科技的广阔领域。纳米技术的发展目标之一是使人们能直接操纵单个原子来制作具有特定功能的产品。纳米技术包括利用 X 射线、电子束和同步辐射光作为光刻制版光源，位置重合技术的精度将达到 1 纳米，还包括各种超薄膜的生长技术和超精度的腐蚀技术等。美国科学家研制出弹道发射电子显微镜，可以在硅片上刻写线宽仅为几个纳米的字母。中国科学家用纳米绘制出迄今最小纳米级的中国地图。这些都表明纳米技术正步入当代人类的生活。

该题考查《自然科学史十二讲》第十一章高科技时代中的第三节电子信息时代的内容，考生可从定义、发展目标、应用、意义等方面作答。

5. 牛顿三大定律（2019 西安外国语大学　名词解释）

牛顿第一运动定律又称惯性定律，指任何一个物体在不受外力或受平衡力的作用时，总是保持静止状态或匀速直线运动状态，直到有作用在它上面的外力迫使它改变这种状态。牛顿第二运动定律，指物体的加速度跟物体所受的合外力成正比，跟物体的质量成反比，加速度的方向跟合外力的方向相同。牛顿第三运动定律，指相互作用的两个质点之间的作用力和反作用力总是大小相等、方向相反，并作用在同一条直线上。

该题考查《自然科学史十二讲》中 16 至 17 世纪的科学技术，考生准确解释牛顿三大定律的内容即可。牛顿的相关知识历来都是命题老师考查的重点，建议考生多加关注。

6. 物理学三大发现（2019 西安外国语大学　名词解释）

物理学三大发现指的是 X 射线、放射性现象和电子的发现。这三大发现使人类的认识第一次深入原子的内部，彻底打破了“原子不可分，元素不可变”的传统物理学观念。

该题考查《自然科学史十二讲》中 20 世纪科学的相关知识。考生可从内容、作用等方面作答。建议考生不仅要知道三大发现，也要对三大发现的具体内容有所了解，今后有可能考查细节。

7. 工业革命（2020 南京大学　名词解释）（2016 中南大学　名词解释）（2017 四川大学　名词解释）（2018 贵州财经大学　名词解释）（2020 大连海事大学　名词解释）（2016 广东工业大学　名词解释）（2017 山东科技大学　名词解释）（2018 宁夏大学　名词解释）（2016 复旦大学　名词解释）

工业革命，又称产业革命，发源于英格兰中部地区，指资本主义工业化的早期历程，即资本主义生产完成了从工场手工业向机器大工业过渡的阶段。工业革命是以机器取代人力，以大规模工厂化生产取代个体工场手工生产的一场生产与科技革命。由于机器的发明及运用成为这个时代的标志，所以这个时代也被称为“机器时代”。

该题考查自然科学知识，这是历年真题的高频考点，考生要重点掌握。第一次、第二次工业革命是重要的历史事件，考生须了解此类历史事件对生产方式、社会环境和世界格局的影响，并掌握相关的名词解释。该题的得分点包括时间、发源地、开始标志、主要因素、影响及历史地位等。

8. 牛顿第二运动定律（2018 武汉大学　选择题）[1]

1　该校该年考查牛顿第二运动定律的别名。

牛顿第二运动定律的内容是物体加速度的大小与作用力成正比，与物体的质量成反比。因此，牛顿第二运动定律又称加速度定律。该定律由艾萨克·牛顿于1687年在《自然哲学的数学原理》一书中提出，阐述了经典力学中基本的运动规律。

9. 强作用（2018南京航空航天大学 选择题）

强作用是自然界四种基本相互作用中最强的一种。最早研究的强作用是核子（质子或中子）之间的核力，它是使核子结合成原子核的相互作用。核子包含质子和中子，质子之间的相互作用是斥力，中子间的相互作用一般表现为引力，也就是说，核子间的相互作用不仅仅是“引力作用”；另外，核子间的相互作用比电磁作用强1 000倍，显然不会是“弱作用”，而应该是“强作用”。

10. 霍金（2019西北大学 名词解释）（2017华中科技大学 名词解释）

霍金，即斯蒂芬·威廉·霍金，是英国著名的物理学家和宇宙学家。1942年1月8日出生于英国牛津，当天也是伽利略逝世300年的忌日。霍金毕业于牛津大学和剑桥大学，并获得了剑桥大学博士学位。1985年他因患肺炎做了穿气管手术以致丧失了语言能力，成了肌肉萎缩性侧索硬化症患者，全身瘫痪。霍金的主要研究领域是宇宙论和黑洞，其证明了广义相对论的奇性定理和黑洞面积定理，提出了黑洞蒸发现象和无边界的霍金宇宙模型。霍金是继牛顿和爱因斯坦之后最杰出的物理学家之一，被世人誉为“宇宙之王”。他著有《时间简史》《果壳中的宇宙》等。

11. 光伏（2019湖南师范大学 名词解释）（2016复旦大学 名词解释）

光伏，太阳能光伏发电系统的简称，是一种利用太阳能电池半导体材料的光伏效应，将太阳光辐射能直接转换成电能的一种新型发电系统，有独立运行和并网运行两种方式。太阳能光伏发电系统可以分为集中式（如大型西北地面光伏发电系统）和分布式（如工商企业厂房屋顶光伏发电系统、居民屋顶光伏发电系统）。

12. 夸克（2016湖南师范大学 名词解释）（2018山东师范大学 名词解释）

夸克，一种基本粒子，是构成物质的基本单元。一个质子和一个反质子在高能下碰撞，从而产生了一对自由的夸克。夸克模型分别由默里·盖尔曼与乔治·茨威格于1964年独立提出。夸克相互结合形成一种复合粒子，即强子。引入夸克这一概念，是为了更好地区分各种强子。由于“夸克禁闭”现象，夸克不能直接被观测或分离出来，只能在强子中找到夸克，因此，人类对夸克的所知大都来自对强子的观测。

13.《时间简史》（2019北京邮电大学 名词解释）

《时间简史》由英国物理学家斯蒂芬·霍金所著，讲述的是探索时间和空间核心秘密的故事，是关于宇宙本性的最前沿知识，包括我们的宇宙图像、空间和时间、膨胀的宇宙、不确定性原理、黑洞、宇宙的起源和命运等内容，并且介绍了遥远星系、黑洞、粒子、反物质等知识以及对宇宙的起源、空间和时间、相对论等古老命题进行了阐述。该书首次出版于1988年，自首版以来，该书已被翻译为40多种语言。《时间简史》是全球科学著作的里程碑。

14. 量子（2020 辽宁大学 名词解释）

量子是现代物理的一个重要概念，即一个物理量如果存在最小的不可分割的基本单位，则这个物理量是量子化的，并把最小单位称为量子。量子一词来自拉丁语，意为“有多少”，代表“相当数量的某物质”，最早由德国物理学家普朗克提出。现在已经建立了完整的量子力学理论，绝大多数物理学家将量子力学视为理解和描述自然的基本理论。

该题考查物理概念。作答时主要从量子的定义以及该词的来源、提出者等方面入手。量子是近几年出现频率很高的热点词汇，此类年度热点内容很容易成为词条考点，考生在复习中要保持敏感，注意多多搜集与积累。

第二节 化学

1. PM2.5（2016、2020 广东外语外贸大学 名词解释）（2020 暨南大学 选择题）（2019 山东财经大学 名词解释）（2017 华中农业大学 名词解释）（2016 湘潭大学 名词解释）（2016 天津大学 名词解释）（2016 北京交通大学 名词解释）（2019 华东政法大学 名词解释）（2018 西北大学 名词解释）（2016 北京航空航天大学 名词解释）（2017 西南交通大学 名词解释）

PM2.5 指空气中直径小于或等于 2.5 微米的颗粒物，直径还不到人的头发丝粗细的 1/20。其粒径小、活性强，易附带重金属、微生物等有毒、有害物质，能较长时间地悬浮于空气中，影响人体健康和大气环境质量。其浓度越高，空气污染越严重。

这是一条科学类名词，答题时的得分点包括概念、指数标准、危害等。

2. 碳九（2019 广东外语外贸大学 名词解释）

碳九是一种聚合混合物，是石油经过催化重整以及裂解后的副产品中含有九个碳原子芳烃的馏分在酸性催化剂存在下聚合而得，主要包含三甲苯、异丙苯、正丙苯、乙基甲苯等。碳九属于易燃危险品，可对水体、土壤和大气造成污染，危害人体健康。

这是一条科学类名词，答题时的得分点包括定义、成分、作用等。

3. 核裂变（2019 广东外语外贸大学 名词解释）

核裂变指由较重的原子，主要是铀或钚，裂变成较轻原子的一种核反应或放射性衰变形式，裂变过程会产生大量能量。原子弹以及核电站的能量来源都是核裂变。早期原子弹是以钚 -239 为原料制成。而铀 -235 裂变在核电站最常见。

这是一条科学类名词，答题时的得分点包括定义、原理、过程、应用等。

4. 工业维生素（2020 武汉大学 选择题）

稀土是重要的战略资源，被誉为“工业维生素”，并被广泛运用于新能源、新材料、电子信息、航空航天等领域。目前我国的稀土年消费量居世界第一位。

5. 人体中含量最多的金属元素（2020 暨南大学 选择题）

钙是人体内最重要的元素之一，钙含量约占人体体重的 1.5%，99% 以羟基磷酸钙的形式存在于骨骼和牙齿中，血液中占 0.1%。其在人体中的含量仅次于碳、氢、氧、氮，居第五位，是人体内含量最多的金属元素。

6. 能量守恒（2018 西北大学 名词解释）（2018 山东科技大学 名词解释）

能量守恒，即能量守恒定律，是自然界普遍基本规律之一，具体指能量不会凭空产生、凭空消失，只会从一种形式转化为另一种形式，或从一个物体转移到另一个物体，并在转移转化过程中，其能量总量保持不变。能量守恒定律证明了物质世界的同一性和物质运动的永恒性。

该题考查自然科学类常识。考生可从基本定义、特点与构成、影响等方面作答。

第三节 生物学

1. 生物识别技术（2020 广东外语外贸大学 名词解释）（2018 南京师范大学 名词解释）

生物识别技术是利用人体生物特征进行身份认证的一种技术。与传统的身份鉴定手段相比，基于生物特征识别的身份鉴定技术具有以下优点：不易遗忘或丢失；防伪性能好，不易伪造或被盗；“随身携带”，随时随地可用。

这是一条科技类名词，答题时的得分点包括定义、优势等。

2. 清洁能源（2018 广东外语外贸大学 名词解释）（2017 中南大学 名词解释）（2016 华中科技大学 名词解释）

清洁能源指不排放污染物的能源，包括可再生能源（太阳能、风能、生物能、水能、地热能、氢能）和一些低污染能源（如天然气）。在美国，许多州采取了鼓励从风能、太阳能等能源生产清洁能源的计划。清洁能源能有效缓解环境污染的问题。

这是一条环保类名词，答题时的得分点包括含义、意义等。

3. 大气污染防治（2018 广东外语外贸大学 名词解释）

大气污染防治指为了达到区域环境空气质量控制目标，从区域大气环境整体出发，统一规划能源结构、工业发展、城市建设布局等，充分利用环境的自净能力，综合运用各种防治污染的技术措施，改善大气质量。大气污染防治对保护和改善环境、提高大气环境质量、保障公众健康、推进生态文明建设都有重要作用。

这是一条科学环保类名词，答题时的得分点包括含义、措施、目的、作用等。

4. 生物工程（2020 西安外国语大学　名词解释）

生物工程是以工程学的观点和方法研究生物结构、功能及其相互关系，以创造新的生物过程或新的生物品种为目的的一门综合性技术。生物工程包括五大工程，即遗传工程（基因工程）、细胞工程、微生物工程（发酵工程）、酶工程（生化工程）和生物反应器工程。生物工程的发展应用可以为人们提供巨大的经济效益和社会效益。

该题考查《自然科学史十二讲》第十一章高科技时代中的第五节生物技术和生命科学的内容。考生可从定义、内容、作用等方面作答，建议考生关注其他 20 世纪新兴科技的相关知识。

5. 纸草文书（2016、2019 西安外国语大学　名词解释）

纸草文书指利用纸草进行书写，是埃及人的一项重要发明。尼罗河三角洲地区盛产一种酷似芦苇的植物——纸草，人们将纸草切成长度适中的小段，剖开压平，排列整齐，连接成片，晒干后即成纸草。用芦苇秆之类的东西做成笔，蘸上菜汁和黑烟沫调成的墨，在纸草上进行书写，由于纸草在长时间干燥的状态下易碎，因而流传下来的很少。

该题考查《自然科学史十二讲》中的古埃及文明。考生可从起源、制作工艺、应用、意义等方面作答。由于本年考查内容逐渐细致化的特点，建议考生多关注书中细节。

6. 细胞工程（2019 西安外国语大学　名词解释）

细胞工程，又称生物工程，是以工程学的观点和方法研究生物结构、功能及其相互关系，以创造新的生物过程或生物品种为目的的一门综合性技术。它有利于重组细胞的结构，改变生物的结构和功能，并通过细胞融合、染色体或基因移植、细胞培养等方法，快速繁殖和培养出人们所需要的新物种。

该题考查《自然科学史十二讲》中科技革命与未来的相关知识。考生可从定义和意义等方面作答。类似的知识点还有生物技术、酶工程等，建议考生掌握相关知识。

7. 进化论（2018 西安外国语大学　名词解释）

进化论最早由拉马克提出，而达尔文是公认的集大成者。进化论指生物界内部、生物界与自然环境之间存在着普遍的生存竞争，物种之间存在着普遍的差异，同种生物的不同个体间总是存在着差异，变异与生存竞争导致自然选择，其结果是适者生存。进化论在人类认识史上起决定性作用，把人类拉到了与普通生物同样的层面，所有地球生物都与人类有了或远或近的血缘关系。

该题考查《自然科学史十二讲》第七章中的内容。考生可从作者、内容、意义等方面作答。该题考查大概念进化论思想，鉴于今年考题细致化的特点，建议考生关注小的知识点。

8. DNA（2019 北京第二外国语学院　名词解释）

DNA，即脱氧核糖核酸，是一种分子结构复杂的有机化合物。DNA 是一种长链聚合物，由核苷酸组成。DNA 作为染色体的成分存在于细胞核内，用来存储遗传信息，引导生物发育与生命机能运作，其复制方式为随机半保留复制。

9. 尼古丁（2020 南京大学 名词解释）

尼古丁，俗名烟碱，存在于烟叶和多种茄科植物的果实之中，也是烟草的重要成分，它会使人上瘾或产生依赖性。大剂量的尼古丁危害巨大，会引起呕吐以及恶心，严重时会致人死亡。含有传统烟草有害物质尼古丁的代表产品有电子烟。

该题考查生物化学基础知识。考生可以将其与电子烟、二手烟等相关名词的解释结合起来，理解背诵。该题的得分点包括历史由来、定义、主要来源、物质性质、特点、主要危害、代表产品等。

10. 生物钟（2018 南京大学 名词解释）

生物钟，又称生理钟，是生物体内一种无形的“时钟”，实际上是生物体生命活动的内在节律性，是由生物体内的时间结构序所决定的生理机制。生物钟的功能是提示时间和事件、维持状态。人们可以根据自身情况调整生物钟，以合理安排节律。研究生物钟在医学上有着重要的意义，并促进了生物学基础理论研究的发展。通过研究生物钟，如今已产生了养生保健方法以及时辰生物学、时辰药理学等新学科。

该题考查生理基础常识，这是历年真题的重要考点。该题的得分点包括别称、释义、功能、影响、意义、发展情况等。

11. 新陈代谢（2018 南京大学 名词解释）

新陈代谢在生物学中指机体与环境之间的物质和能量交换以及生物体内物质和能量的自我更新过程，包括合成代谢和分解代谢，即同化作用和异化作用。新陈代谢也比喻新的事物发展并代替旧事物。

该题考查生物基础知识，这是历年真题的高频考点。该词条包含生物释义和文化释义，考生都需要掌握。该题的得分点包括基本释义、比喻含义等。建议复习同化作用、异化作用等相关词条。

12. 激素水平（2018 南京大学 名词解释）

激素水平指人体内激素的分泌在一定的范围内波动。激素的正常水平对机体的代谢、生长、发育、繁殖等起着重要的调节作用，主要是通过调节各种组织细胞的代谢活动来影响人体的生理活动。激素是我们生命中的重要物质，激素水平过高或过低都会引起人体的健康问题。

该题考查生理基础知识，得分点包括概念、调节作用、调节过程、生理学意义等。建议复习内分泌系统、新陈代谢等相关词条。

13. 达尔文的生物进化论（2017 暨南大学 名词解释）（2016 四川大学 名词解释）（2017 西南科技大学 名词解释）（2017 山东科技大学 名词解释）

达尔文的生物进化论指英国生物学家达尔文提出的一种理论学说，该学说认为自然界的生物都是经过遗传、变异和自然选择，由低等到高等、简单到复杂而不断发展的。恩格斯将进化论列为19世纪自然科学的三大发现之一，进化论的提出对人类有着杰出的贡献。

该题考查生物学理论，涉及杰出人物，是该校的考查重点，必须重点记忆和掌握。该题的得分点包括提出人、主要内容、地位等。建议复习达尔文、神创论、天演论等相关词条。

14. 达尔文（2016 四川大学　名词解释）（2018 东北师范大学　名词解释）

达尔文，英国生物学家，进化论的奠基人。达尔文曾乘贝格尔号舰进行了历时5年的环球航行，对动植物和地质结构等进行了大量的观察和采集。他出版了《物种起源》这一划时代的著作，提出了生物进化论学说。

该题考查历史人物，在名词解释中难度属中等偏下，较容易得分。该题的得分点包括人物背景、主要贡献、地位等。建议复习《物种起源》、进化论、牛顿、列奥纳多·达·芬奇等相关词条。

15. 袁隆平（2020 大连海事大学　名词解释）（2016 北京交通大学　名词解释）

袁隆平，杂交水稻研究领域的开创者和带头人，中国杂交水稻育种专家，被誉为“杂交水稻之父”。1930年9月7日出生于北京，江西省九江市德安县人。他于1953年毕业于西南农学院（现西南大学）；1995年被选为中国工程院院士。

16. 可再生能源（2017 南京师范大学　名词解释）（2019 东北师范大学　名词解释）（2017 暨南大学　选择题）

可再生能源，又称再生能源或可再生能源资源，是能够通过天然作用再生更新，从而可以被人类反复利用的能源，如太阳能、地热能、水能、风能、生物质能等。可再生能源的可持续利用主要受自然增长规律的制约，因此合理调控能源利用率才能实现能源的可持续利用。

第四节　天文学

1. 沙罗周期（2019 西安外国语大学　名词解释）

古代两河流域的人们发现日食是月球正好处于地日间形成的，认为233个朔望月为一个日食周期，这个周期被称为沙罗周期。“沙罗”是巴比伦文中“恢复”的音译。

该题考查《自然科学史十二讲》中的古代两河流域文明。该题考查细致，考生可结合书本，准确答出内容和名称由来即可。

2. 宇宙膨胀说（2019 西安外国语大学　名词解释）

1929年，美国天文学家哈勃根据“所有星云都在彼此远离，并且离得越远，离去的速度越快”的规律，认为整个宇宙在不断地膨胀，星系彼此之间的分离运动也是膨胀的一部分，而不是任何斥力的作用。

该题考查《自然科学史十二讲》中地质学的内容。考生结合书本内容，准确解释其起源和内容即可。此外，地质演变的相关学说有很多，建议考生积累并掌握相关知识点。

3. 伽利略（2019西安外国语大学 名词解释）（2016四川大学 名词解释）（2016湖南师范大学 名词解释）（2016复旦大学 名词解释）

伽利略，全名为伽利略·伽利雷，于1564年2月15日出生于比萨，是意大利天文学家、物理学家和工程师，近代科学实验奠基人之一。他研究了速度和加速度、重力和自由落体、相对论等物理学概念，发明了温度计和各种军事罗盘，创制了天文望远镜来观测天体，被称为“观测天文学之父”“现代物理学之父”“科学方法之父”“现代科学之父”。

4. 天体力学（2018西安外国语大学 名词解释）

天体力学是天文学的一个分支，涉及天体的运动和万有引力的作用，属于应用物理学。其研究对象是太阳系内天体与成员不多的恒星系统。牛顿天体力学侧重研究天体的力学运动和形状。天体力学以牛顿和莱布尼茨共同创立的微积分学为数学基础，伴随着理论研究的成熟而走向完善。

该题考查《自然科学史十二讲》第四章中的内容。考生可从范畴、定义、代表人物、发展等方面作答。该题考点在书中着墨不多，需要考生自行补充。

5. 哥白尼（2017西安外国语大学 名词解释）（2020东北师范大学 名词解释）（2018国际关系学院 名词解释）

哥白尼，全名为尼古拉·哥白尼，是波兰著名的天文学家、数学家。哥白尼提出了日心说，开创了现代天文学，其代表作《天体运行论》可以说是现代科学的起点，给后来的科学家带来了不可替代的影响。在文艺复兴的背景下，哥白尼最早更正了中世纪错误的宇宙观，成为文艺复兴时期的伟人之一。他推动了时代的发展，为后人留下了珍贵的天文学瑰宝。

该题考查外国历史名人，答题时应涵盖人物全名、国籍、主要成就、代表作、历史地位等方面。备考时可拓展复习西方文艺复兴时期的代表人物及其主要成就等知识，这是翻硕百科知识考试的高频考点。

6. 牵星术（2017西安外国语大学 名词解释）

牵星术，又称天文航海术，是古代汉族劳动人民的航海发明之一，利用天上星宿的位置及其距海平面的高度来确定航行中船舶所在的位置以及航行方向。早在秦汉时期，汉族劳动人民就已经通过北斗星来辨识海上行进的方向。

7. 人造卫星（2017西安外国语大学 名词解释）

人造卫星，即环绕地球在空间轨道上运行的无人航天器，是发射数量最多、用途最广、发展最快的航天器。人造卫星按用途分为三大类：科学卫星、技术试验卫星和应用卫星。1957 年 10 月 4 日，苏联发射了世界上第一颗人造卫星，后来美国、法国、日本也相继发射了人造卫星。中国于 1970 年 4 月 24 日发射了自己的第一颗人造地球卫星“东方红一号”。

8. 月幔（2020 北京第二外国语学院　名词解释）

月幔是月球的内部构造之一，与月壳、月核一起构成月球，类似于地球的地幔，主要由相当于地球上的基性岩和超基性岩组成，物质密度一般超过每立方厘米 3.5 克。月幔和地幔一样也是由地震波发现的，月幔的部分融化导致了月球表面的大理石玄武岩的喷发。

该题考查天文学名词，得分点包括月幔的体积大小、组成物质等。

9. 光年（2019 东北师范大学　名词解释）（2016 山东师范大学　名词解释）

光年是一个描述长度的单位，字面意思是“光在宇宙真空中沿直线经过一年时间的距离”，一般被用于衡量天体间的距离。由于该词中带有“年”字，所以常被误以为是时间单位，以致有时会产生误用。

10. 日心说（2018 东北师范大学　名词解释）（2017 山东科技大学　名词解释）

日心说由尼古拉·哥白尼提出，是关于天体运动的和地心说相对立的学说，它认为太阳是宇宙的中心，而不是地球。“日心说”的提出，有力地打破了长期以来居于宗教统治地位的“地心说”，实现了天文学的根本变革。

该题考查自然科学知识，是汉语写作与百科知识考试的高频考点。该题的得分点包括提出者、内容、意义等。建议复习地心说、宇宙大爆炸理论、哥白尼等相关词条。

11. 牛郎星（2018 暨南大学　选择题）

牛郎星属于天鹰座，又被称作牵牛星。牛郎星是天鹰座中最明亮的恒星，可以在北半球的夜空中清楚地用肉眼看到。牛郎星在中国的正式名称为“河鼓二”，它和其他几颗星合成一个星座，俗称天鹰星座，与织女星隔银河相对。

12. 浑天说（2017 暨南大学　选择题）

浑天说是古代汉民族的一种宇宙学说。我国古代天文学家张衡提出了完整的“浑天说”，认为“天之包地，犹壳之裹黄”。

13. 黑洞（2020 西北大学　名词解释）（2017 华中科技大学　名词解释）

黑洞是现代广义相对论中的一个概念，指宇宙空间内存在的一种时空曲率大到光都无法从其视界逃脱的天体，其引力很大，使得视界内的逃逸速度大于光速。这种“不可思议的天体”被美国物理学家约翰·阿奇博尔德·惠勒命名为“黑洞”。北京时间 2019 年 4 月 10 日 21 时，人类首张黑洞照片面世。

14. 暗物质粒子探测卫星（2017 北京大学　名词解释）

暗物质粒子探测卫星是一个空间望远镜，可以探测高能伽马射线、电子和宇宙射线，是中国科学院空间科学战略先导专项的五颗卫星任务之一，其主要科学目标是以更高的能量和更好的分辨率来测量宇宙射线中正负电子之比，以此来找出可能的暗物质信号。我国的“悟空”号暗物质粒子探测卫星已于2015年12月17日8时12分在酒泉卫星发射基地由长征二号丁运载火箭发射。

第五节 医学

1. 抗生素（2020北京外国语大学 名词解释）

抗生素指由微生物（包括细菌、真菌、放线菌属）产生的具有抑制其他类微生物生长、生存的一类次级代谢产物，以及用化学方法合成或半合成的类似化合物。人类发现的第一种抗生素——青霉素（盘尼西林），是由英国微生物学家亚历山大·弗莱明于1928年偶然发现的。发现并应用抗生素是人类的一大医学革命。但随着抗生素在临床上的广泛使用，人类很快便出现了耐药性，不仅使抗生素的使用出现了危机，而且“超级耐药菌”的出现使人类的健康又一次受到了严重的威胁。

该题考查医学名词。考生可从定义、发展历史、发现者、应用等方面作答。和经贸术语一样，医学名词也是每年的难点，原因在于其内容广泛，难以理解，背诵难度大，建议考生平时有意识地了解一些常见的相关词汇。

2. 青蒿素（2019北京外国语大学 名词解释）（2016南京大学 名词解释）

青蒿素提取自黄花蒿，是现今所有药物中起效最快的抗恶性疟原虫疟疾药。以青蒿素类药物为主的联合疗法是当下治疗疟疾最有效、最重要的手段。2015年10月，屠呦呦因创制新型抗疟药——青蒿素和双氢青蒿素——的贡献，与另外两位科学家获得了2015年诺贝尔生理学或医学奖。

该题考查医学类名词。考生可从药品特性、治疗病症、特点、效用等方面作答。平时要注意积累一些医学术语，尤其是与热点相关的术语。

3. 自闭症（2019广东外语外贸大学 名词解释）

自闭症，又称孤独症或孤独性障碍，是成长障碍性疾病的典型代表，是一种由脑部发育障碍导致的疾病，常见的特征有社会交往障碍、语言和非语言（动作）交流障碍，以及兴趣狭窄和重复刻板的行为方式。自闭症患者又被称为“星星的孩子”。

这是一条心理学名词，答题时的得分点包括病因、临床表现等。

4. 不妄作劳（2020西安外国语大学 名词解释）

不妄作劳指不要过分劳累，是中医提出的观点，强调适度消耗能量。

该题考查《中国文化读本》第十一章中的内容。考生可从内涵、出处等方面作答。本题直接来源于书本内容，书中的描述不多，答案可以简洁些。

5. 经络（2020 西安外国语大学　名词解释）

经络是一个中医用语，中医把人体中直行的部分叫经，横行的部分叫络，经络上下、左右、内外贯穿起来，将人体联结成一个整体。中医认为，人的生命靠经络内气血运行维持，人生病是经络不畅通造成的，治病的关键是疏通经络。针灸和推拿这两种中医治疗方式中最典型的诊治手段也是建立在经络学说的基础上的。

该题考查《中国文化读本》第十一章中的内容。考生可从定义、作用、地位等方面作答。除了经络，中医的针灸和推拿也是历年考查的重点，建议考生掌握相关知识。

6. 针灸（2019 西安外国语大学　名词解释）

针灸是中医的重要治疗方法，指根据病情对不同的穴位进针。它的神奇疗效已为世人所知，有些西医无法治疗的疑难病症，可通过中医的针灸疗法，疏通脉络，以达到减轻病症或者治愈疾病的功效。由于针灸治病不用开刀吃药，只是在病人身上的一定部位用细针刺入，简便易行，因此受到人们的欢迎。

该题考查《中国文化读本》第十一章中的内容。考生可从范畴、定义、功效等方面作答。除了针灸，中医的推拿和经络学说也是历年考查的重点，建议考生掌握相关知识。

7. 木乃伊（2018 西安外国语大学　名词解释）

古埃及人相信人死后，灵魂不会消亡，仍会附着在尸体或者雕塑上，继续在另一个世界存活，所以法老们死后均被制成木乃伊，以此作为对死者永生的企盼和深切的缅怀。古埃及人通过木乃伊的制作，积累了大量人体生理知识和解剖知识，促进了医学的发展。

该题考查《自然科学史十二讲》中的古埃及文明。考生可从起源、内容、作用、意义等方面作答。木乃伊的相关知识在此书中属于医学成就范畴，建议考生在回答意义和作用时结合医学。

8. “四诊”（2019 南京师范大学　名词解释）（2018 国际关系学院　名词解释）（2016 西安外国语大学　名词解释）（2017 天津外国语大学　名词解释）（2017 西南交通大学　名词解释）

“四诊”是中医诊断疾病时使用的四种方式，具体指望、闻、问、切。张景岳在《景岳全书》中提出唯有将四衣（四诊）有机结合，才能全面系统地了解病情。望诊指对人体全身和局部一切可视征象进行细致观察；闻诊指通过听觉和嗅觉了解人体发出的各种异常声音和气味；问诊指询问病人或陪诊者与疾病相关的各种情况；切诊指按压脉搏以及病人身体上的其他部位来了解疾病的体表反应或内在变化。四诊是最为直观、朴素的诊断方式，是阴阳五行、藏象经络理论在中医领域的运用，对中医的发展极为重要。

该题考查中医知识，答题时应涵盖定义、具体内容、内涵及影响等方面。备考时可拓展了解中医领域较为重要的著作、代表人物等相关知识。

9. 邪正（2019 南京师范大学 名词解释）

邪正属于中医药的范畴，邪即致病之气，正即抗病能力。邪气侵入人体后，人体的正气便与邪气相互斗争，致病邪气对人体的正气产生损害作用，人体的正气对致病邪气产生相应的对抗，并消除邪气的不良损伤作用。邪正的消长盛衰关系着疾病的发生、发展和转归，邪正斗争是疾病过程中的基本矛盾。

该题考查传统中医药方面的知识。考生如若不熟悉，可从字面意思、生活常识以及给出的背景材料进行推敲。该题的得分点包括范畴、两者的内涵、两者的作用以及两者的关系等。建议复习盛衰、虚实病机、疫气等相关词条。

10. 食疗（2019 南京师范大学 名词解释）

食疗属于中医理论的范畴，指利用食物来影响机体各方面的功能，是人获得健康或预防疾病的一种方法。食疗是中国人的传统习惯，文化源远流长。食疗是一种长远的养生行为，以前的人通过食疗调理身体，现在的人通过食疗减肥、护肤、护发，它是一种健康的健体之道。中医很早就认识到了食物的营养价值和预防、治疗疾病的作用。

该题考查中国传统医学，是考生熟悉的名词。该题的得分点包括食疗的定义、作用，以及食疗与传统文化的关系等。建议复习针灸、推拿、拔罐等相关词条。

11. 糖尿病（2017 宁波大学 名词解释）

糖尿病是一种由多种病因引起的以慢性高血糖为特征的代谢性疾病。其病因有遗传因素和环境因素；临床表现为多饮、多尿、多食和消瘦、疲乏无力等；治疗方法有药物治疗、运动治疗等；糖尿病无传染性。

该题考查医学术语，得分点包括糖尿病的含义、病因、临床表现及治疗方法等。

12. 有利于孕妇的元素（2020 上海大学 选择题）

产妇的分娩方式与其妊娠后期饮食中锌的含量有关。每天摄入的锌元素丰富，其自然分娩的概率较大，反之则只能借助产钳或剖宫产了。含锌食物的均衡是很重要的。

13. 屠呦呦（2019 湖南科技大学 名词解释）（2017 北京大学 名词解释）（2016 宁波大学 选择题）[1]

屠呦呦，中国首位诺贝尔医学奖获得者、药学家，1930 年 12 月 30 日出生于浙江宁波。2015 年 10 月，屠呦呦因发现青蒿素治疗疟疾的新疗法而获得诺贝尔生理学或医学奖，她是第一位获得诺贝尔科学奖项的中国本土科学家、第一位获得诺贝尔生理学或医学奖的华人科学家。

14. 中医药（2016 南京师范大学 名词解释）（2019 湖南科技大学 名词解释）

1 该校该年考查屠呦呦的籍贯。

中医药，中华民族各民族医药的统称，也叫汉医药，起源于汉族，由古代汉族学者创立，是汉族文化的组成部分。中医的基础理论是对人体生命活动和疾病变化规律的理论概括，主要包括阴阳、五行、运气、脏象、经络等学说。中医药的经典著作有《神农本草经》等。

15. 埃博拉病毒（2019 北京航空航天大学　名词解释）

埃博拉病毒，又称伊波拉病毒，是 1976 年在苏丹南部和刚果的埃博拉河地区被发现的一种丝状病毒。其致死率极高，达 50%~90%，生物安全等级为 4 级，主要传播途径是病人的血液、唾液、汗水和分泌物等。其感染症状一般为恶心、腹泻、呕吐、肤色改变、体内出血、体外出血、全身酸痛、发烧等，潜伏期为 2 至 21 天不等，但通常情况下只有 5 到 10 天。2016 年 12 月 23 日，世界卫生组织宣布加拿大公共卫生局研发的疫苗可以高效防护埃博拉病毒。

第六节　考古学

二重证据法（2020 北京外国语大学　名词解释）

二重证据法指用发掘的出土文物和史书的记载相互验证，1925 年由王国维提出，代表人物还有陈垣、胡适等。二重证据法被认为是 20 世纪中国考古学和考据学的重大革新，是一种十分重要的历史研究方法，在很大程度上影响了中国学术界。后来又有人在二重证据法的基础上发展出三重证据法。

该题考查考古学知识。考生可从时间、人物、定义、意义等方面作答。考古学是新出现的一个命题方向，往年鲜有涉及，提醒考生关注。

第七节　其他

1. 自然（2018 山东大学　名词解释）

自然指宇宙万物，或者说宇宙生物界和非生物界的总和，即整个物质世界和自然界。广义的自然指包括人类社会在内的整个客观物质世界。该物质世界是以自然的方式存在和变化着的。人的意识也是自然界长期发展的产物。物质世界具有系统性、复杂性和无穷的多样性。它既包括人类已知的物质世界，也包括人类未知的物质世界。狭义的自然指与人类社会相区别的物质世界，即自然科学所研究的无机界和有机界。

该题考查生态知识，得分点包括广义含义、狭义含义以及特点等。建议复习社会、生态等相关词条。

2. 雾霾（2020 东北师范大学 名词解释）（2016 北京语言大学 名词解释）（2016 广东外语外贸大学 名词解释）（2017 湖南师范大学 名词解释）

雾霾是雾和霾的组合词，它是特定气候条件与人类活动相互作用的结果。高密度人口的经济及社会活动必然会排放大量细颗粒物，一旦排放量超过大气循环能力和承载度，细颗粒物就会聚集，此时极易出现大范围的雾霾。霾对人体健康的危害更大，其中受影响最大的就是人的呼吸系统，造成的疾病主要是呼吸道疾病。

该题考查热点名词，得分点包括雾霾的含义、产生原因、危害等。

3. 温室效应（2020 东北师范大学 名词解释）（2017 北京外国语大学 名词解释）（2019 安徽师范大学 名词解释）

大气能使太阳短波辐射到达地面，但地表受热后向外放出的大量长波热辐射线却被大气吸收，地表与低层大气温度随即增高，故名为温室效应。自工业革命以来，大气的温室效应不断增强，其引发的一系列问题已引起了世界各国的关注。温室效应会导致全球变暖、海平面上升和土地沙漠化等严重问题。

该题考查热点名词，得分点包括温室效应的产生原因、造成的危害等。

4. 中国古代四大发明（2019 上海对外经贸大学 名词解释）（2019 安徽师范大学 名词解释）（2017 西南政法大学 名词解释）（2020 大连海事大学 名词解释）（2017 广东工业大学 名词解释）（2017 西南科技大学 名词解释）

中国古代四大发明指古代中国对世界具有很大影响的四种发明，即造纸术、指南针、火药和印刷术。此说法最早由英国汉学家李约瑟提出，并为后来很多中国的历史学家所继承。这四种发明对中国古代的政治、经济、文化的发展产生了巨大的推动作用，且这些发明经由各种途径传至西方，对世界文明的发展也产生了很大的影响。

该题考查四大发明。答题时需列出四大发明的具体所指、影响、历史意义等。

5. 天文学（2019 暨南大学 选择题）

天文学是自然科学中最早出现的学科，是研究宇宙空间天体、宇宙的结构和发展的学科。天文学的内容包括天体的构造、性质和运行规律等。天文学主要通过观测天体发射到地球的辐射，发现并测量它们的位置，探索它们的运动规律，研究它们的物理性质、化学组成、内部结构、能量来源及演化规律。天文学是一门古老的科学，自有人类文明史以来，天文学就有着重要的地位。

6. 流媒体（2018 西北大学 名词解释）（2019 东北师范大学 名词解释）

流媒体，又称流式媒体，是一种将媒体数据压缩，以“流”的方式分段传送的新技术。该技术具有较强的实时性，大大缩短了用户的等待时间，极大地方便了人们的工作及生活，在在线直播、视频点播、网络电台、远程医疗、远程教育、电子商务等方面应用广泛。具体可划分为声音流、视频流、文本流、图像流等。

该题考查自然科学类常识，这也是本年热词之一，考生可从基本定义、特点、应用、分类等方面作答。

7. 因特网（2018 西北大学 名词解释）

因特网，即互联网，是全球最大的开放性、联结性计算机网络。1969 年于美国问世，最早应用于军事需求，现已发展成为全球性数字媒体化的基础。具有不受空间限制、更新速度快、互动性高、用户量大、个性化等特点。

该题考查自然科学类常识。考生可从基本定义与起源、特点与构成、影响等方面作答。

8. 阿拉伯数字（2019 南京理工大学 选择题）

古代印度人发明了包括“0”在内的十个数字符号，还发明了现在通用的定位计数的十进位法。由于定位计数，同一个数字符号因其所在位置不同，就可以表示不同的数值。如果某一位没有数字，则在该位上写上“0”。“0”的应用，使十进位法臻于完善，意义重大。十个数字符号后来由阿拉伯人传入欧洲，被欧洲人误称为阿拉伯数字。由于采用计数的十进位法，加上阿拉伯数字本身笔画简单，写起来方便，看起来清楚，特别是用来笔算时，演算很便利。因此随着历史的发展，阿拉伯数字逐渐在各国流行起来，成为世界各国通用的数字。

9. 富兰克林（2017 华中科技大学 名词解释）（2019 南京大学 名词解释）（2018 暨南大学 选择题）[1]

富兰克林，全名为本杰明·富兰克林，是美国著名的政治家、科学家，同时也是记者、作家、慈善家，更是杰出的外交家及发明家。1706 年出生于美国马萨诸塞州波士顿。他是美国独立战争时重要的领导人之一，参与了多项重要文件的草拟，并曾出任美国驻法国大使，成功争取到法国支持美国独立。他曾经进行多项关于电的实验，并且发明了避雷针，还发明了双焦点眼镜、蛙鞋等。其代表作品有《穷理查年鉴》《富兰克林自传》。

该题考查外国名人，这是历年真题的高频考点，复习时需要重点掌握。对于人物的解释，应当包括人物国籍、职业身份、主要成就、代表作品、人物评价等。人物身处的时代、在历史发展过程中的作用、与人物相关的历史事件的相关词条也需要掌握。建议复习美国独立战争、《独立宣言》、美利坚合众国宪法等相关词条。

10. 超级计算机（2017 北京大学 名词解释）

超级计算机，又称巨型机，指能够执行一般个人电脑无法处理的大量资料与高速运算的电脑。超级计算机和普通计算机的构成组件基本相同，但是在性能和规模方面却有差异。超级计算机有两个主要特点：极大的数据存储容量和极快速的数据处理速度，因

1 该校该年考查现代避雷针的发明者。

此它可以在多个领域进行一些人们或者普通计算机无法进行的工作。

11. 马铃薯（2017 南京航空航天大学 选择题）

马铃薯，又称土豆，是全球第四大重要的粮食作物，仅次于小麦、稻谷和玉米。马铃薯由印第安人培植，对缓解世界粮食供应紧张、促进人口快速增长起了重要作用。其主要生产国有中国、俄罗斯、印度、乌克兰、美国等。中国是世界上马铃薯总产量最多的国家。

12. 玉米（2017 南京航空航天大学 选择题）

玉米，又称苞谷，是世界重要的粮食作物，在美国、中国、巴西和其他热带或温带地区广泛分布，由印第安人培植，对缓解世界粮食供应紧张、促进人口快速增长起了重要作用。

第九章 社会文化

第一节 书法

1. 王献之一笔书（2020 西安外国语大学 名词解释）

王献之一笔书是一种“笔势”“书势”，并非指一笔写成，笔迹不间断地连在一起，而是指一气相连，外在的笔迹是可以缺断的，但内在的气脉不能断。一笔书由王献之创制，他的作品《鸭头丸帖》是一笔书的经典之作。

该题考查《中国文化读本》第二十章中的内容。考生可从内涵、特点、主要人物、代表作等方面作答，命题老师在“书法”这一章的考查会比较细致，建议考生关注细节。

2. 墨猪（2020 西安外国语大学 名词解释）

墨猪是中国书法中的笔法，指由于墨太浓，笔力太弱，笔画太肥，臃肿的样子，就像一头“肥猪”。不同于一笔书，这种笔法没有把线条的活力展现出来，丧失了内在流动的气脉。

该题考查《中国文化读本》第二十章中的内容。考生可从内涵、名词由来、对比差异等方面作答。“墨猪”和“王献之一笔书”在《中国文化读本》中的位置接近，可见命题老师会按照顺序对知识点进行考查，在某种程度上给学生减负了。

3. 书法的“势”（2019 西安外国语大学 名词解释）

书法的“势”是一种内在的力量，书法在形式上，努力造成内在的不平衡，在不平衡中产生冲突，使力量最大化。“势”其实也是一种张力形式，将动未动，是最有张力的空间，有最大的“势”。

该题考查《中国文化读本》第二十章中的内容。这一章在介绍“势”时用了其他形象化的比喻，无须都摘抄下来，建议考生抓住重点，从内涵、特点等方面作答。命题老师在“书法”这一章的考查会比较细致，建议考生关注细节。

4. 颜真卿（2017 重庆邮电大学 名词解释）

颜真卿，唐代名臣、著名书法家，楷书四大家之一，字清臣，公元 709 年出生于京兆府万年县敦化坊（今陕西西安），祖籍琅玡临沂（今山东临沂），曾参与平定安史之乱。颜真卿书法精湛，擅长行、楷，自创“颜体”楷书，与赵孟頫、柳公权、欧阳询并称为

“楷书四大家”，又与柳公权并称为“颜柳”，著有诗集《庐陵集》《礼乐集》等。

5.《兰亭序》（2017 北京邮电大学 名词解释）

《兰亭序》是王羲之所写序文，又名《兰亭集序》，有“天下第一行书”之称。东晋穆帝永和九年（公元 353 年）三月三日，王羲之与名流高士谢安、孙绰等四十一人在山阴（今浙江绍兴）兰亭举行风雅集会，与会者临流赋诗，各抒雄心壮志，由王羲之写一序文来记录此次雅集，即《兰亭序》。

第二节　绘画、雕塑

1.《蒙娜丽莎》（2018 北京外国语大学 名词解释）

《蒙娜丽莎》是文艺复兴时期的画家达·芬奇所绘的肖像画，是其代表作，现收藏于法国卢浮宫博物馆。画中描绘了一位表情内敛、微带笑容的女士，她的笑容有时被称作“神秘的笑容”。该画作表现了女性典雅、恬静的典型形象，塑造了资本主义上升时期一位城市有产阶级的妇女形象；充分体现了 15、16 世纪意大利文艺复兴时期，新兴的资产阶级对其所拥有的富有生活的满足感与生命的活力；也体现了达·芬奇对现实生活细致入微的观察，及其对幸福生活、快乐人生的肯定与赞赏。

该题考查艺术作品。考生可从创作者、内容、特点、作品意义等方面作答。文艺复兴作为欧洲文化思想发展史上的一大事件，历来都是考查的重点，同样重要的历史事件还有宗教改革、启蒙运动等，建议考生积累相关知识。

2. 艺术三杰（2017 北京外国语大学 名词解释）（2017 西南交通大学 名词解释）

艺术三杰，又称美术三杰，指达·芬奇、米开朗琪罗和拉斐尔。达·芬奇以《蒙娜丽莎》和《最后的晚餐》等作品闻名中外。米开朗琪罗是雕塑家、画家、建筑师和诗人，他的代表作《大卫》雕像生动准确地表现了人体的健美和力量。拉斐尔是画家和建筑家，他笔下的众多圣母没有神圣的宗教色彩，而是人间温柔、典雅，充满人情和母爱的女性。

3.“同自然之妙有”（2020 西安外国语大学 名词解释）

“同自然之妙有”是唐代书画家在道家思想的影响下提出的，指书画艺术应该具有造化自然一样的性质，造化自然是最朴素的，它排斥人为，排斥文饰。这种“同自然之妙有”的追求，体现在山水画的创作中，就是以水墨代替青绿着色。水墨山水画的兴起和画家在道家思想影响下追求“同自然之妙有”的境界有必然的联系。

该题考查《中国文化读本》第二十一章中的内容。考生可从起源、释义、作用等方面作答。每章中涉及的古文句子一般都是命题点，建议考生多多积累书本上古文句子的相关知识。

4. 水墨画的无色世界（2019 西安外国语大学　名词解释）

用黑色的墨水在白色的纸、绢上作画，这是中国画家所钟情的“黑白世界”。黑白世界对于中国人来说是无色的世界，不是说它完全没有颜色，而是说它没有绚烂富丽的颜色。

该题考查《中国文化读本》第二十一章中的内容。考生可从内涵、特点等方面作答。该题考查的也是比较细致的知识点，建议考生关注这一章中的重要观点，如“同自然之妙有”等。

5. 丹青（2018 对外经济贸易大学　选择题）

“丹”指丹砂，“青”指青雘（huò），本是两种可作颜料的矿物。我国古代绘画常用朱红色和青色这两种颜色，丹青后来成为绘画艺术的代称。

6. 春社（2018 对外经济贸易大学　选择题）

“社”在古代指司土地之神，春社为春季祭祀土地神的日子，是最为古老的中国传统民俗节日之一，春社的日期一般为立春后的第五个戊日。后来因历法变动改用阴历定节期，定在二月初二。

7. 著名雕塑《大卫》（2018 对外经济贸易大学　选择题）

《大卫》是意大利雕塑家米开朗琪罗创作的大理石雕塑。《大卫》取材于《圣经》，牧羊少年大卫推翻了异族非利士人的统治，使以色列得到统一。非利士人入侵以色列，其中有一位武士，名叫哥利亚，身高八尺，头戴钢盔，身穿铠甲，力大无穷，在战场上所向披靡，使以色列人死伤无数。少年大卫到达前线，要求出战，以雪民族之耻。他率众走上战场，大声地痛骂哥利亚，接着甩出石头打昏了哥利亚，拔出利刃割下了哥利亚的头颅，挽救了以色列。

8. 浮世绘（2018、2019 山东大学　名词解释）

浮世绘指日本的风俗画、版画。它是日本德川时代（亦称江户时代）兴起的一种民间绘画。其题材大都取自民间风俗、市民生活的欢乐场面，衬以简单的背景。它的造型简练，色彩明艳，富有装饰效果。其常被认为是彩色印刷的木版画，但也有手绘的作品。在世界文化艺术中，它的影响遍及亚欧各地，在 19 世纪的欧洲，从古典主义到印象主义的各流派大师都受到这种画风的影响。因此，浮世绘具有很高的艺术价值。

该题考查文化艺术知识，得分点包括出现时间、地点、题材出处、特点、意义以及影响等。建议复习风俗画、版画等相关词条。

9. 中国传统绘画的美学原则（2018 武汉大学　选择题）

中国传统绘画的美学原则主要有如下几种：笔情墨趣，这是中国画最显著的特点，是文人的高雅情趣的反映；以大观小，注重细节的描摹并予以艺术的夸张；散点透视，全方位的描写，纵深的描写，立体化的描写；遗貌取神，就是写意风格，重神似而轻描摹。

10. 漫画（2019 南开大学 名词解释）

漫画是用夸张、比喻、象征等绘画手法所展示的图画作品来讽刺或歌颂生活和时事的艺术形式。起源于 16 世纪的日本，经过发展现已成为人们的普遍读物。漫画常用简单而夸张的手法构成幽默、诙谐的图画，直接或隐晦地表达作者对生活或世事的理解及态度，是一种含有讽刺或幽默的浪漫主义绘画。漫画具有较强的社会性，也有娱乐性较强的作品，往往还存在搞笑型漫画和人物创造型漫画。漫画经过漫长的发展过程后，具有专业的画面效果和欣赏价值，逐渐成为大众消费的文化读物。

该题考查社会文化基础知识，是历年真题的重要考点。该题的得分点包括定义、起源时间、地点、发展、表现方法、表达目的、主要特点等。建议复习动画、大众文化、亚文化等相关词条。

11.《最后的晚餐》（2020 东北师范大学 名词解释）（2017 暨南大学 名词解释）（2018 上海理工大学 名词解释）

《最后的晚餐》是意大利画家达·芬奇作于 1495 年至 1497 年的世界名画，取材于《新约全书》中犹大出卖耶稣的故事。画面上泰然自若的耶稣坐在正中，十二个使徒分为四组。除犹大颓然后仰、神色慌乱外，其余十一人各依其性格而表现出惊恐、愤怒、怀疑等神态。人物左右呼应，相互衬托，取得了多样与统一的艺术效果，是所有以此题材创作的作品中最著名的一幅。其被收藏于意大利米兰圣玛利亚感恩教堂。

该题考查艺术作品，这是各大高校考查的重点，考生须熟练掌握。该题的得分点包括作者、作品典故、地位等。建议复习达·芬奇、《蒙娜丽莎》、文艺复兴等相关词条。

12.《溪山行旅图》（2018 暨南大学 选择题）

《溪山行旅图》是北宋范宽创作的一幅绢本墨笔画，该画作描绘的是典型的北国景色，给人以气势雄强、巨峰壁立之感。《溪山行旅图》在明代以前的流传情况已无从可考，明初被收入宫中，后又流入民间。清初，又经收藏家梁清标之手，转入乾隆皇帝内府收藏。中华人民共和国成立前夕，该画作随故宫其他珍品被带至台湾，现藏于台北“故宫博物院”。

13. 后印象派艺术（2018 暨南大学 名词解释）

后印象派是从印象派发展而来的一种西方油画流派。在 19 世纪末，许多曾受到印象主义鼓舞的艺术家开始反对印象派，他们不满足于刻板、片面地追求光色，强调作品要抒发艺术家的自我感受和主观感情，于是开始尝试对色彩及形体表现性因素的自觉运用，后印象派从此诞生。后印象派代表人物有塞尚、高更及梵高等。后印象派更加强调构成关系，认为艺术形象要异于生活的物象，用作者的主观感情去改造客观物象，要表现出“主观化了的客观”。后印象派颠覆了西方客观再现的艺术传统，启迪了两大现代主义艺术潮流——强调结构秩序的抽象艺术与强调主观情感的表现主义。所以，在艺术史上，后印象派被称为西方现代艺术的起源，这种变革具有划时代的意义。

该题考查欧洲艺术概念，对大部分考生来说比较陌生，需要考生反复理解和记忆。该题的得分点包括时间、起源地、出现原因、特点、代表人物、历史意义等。建议复习印象派画派、超现实主义画派、抽象主义画派、古典主义画派等相关词条。

14. 书画同源（2018 暨南大学 名词解释）（2020 辽宁大学 名词解释）

书画同源指中国的传统书画联系密切。第一，二者有着共同的起源，最初的文字就是从图画发展而来的；第二，二者共同的工具为文房四宝；第三，二者皆为线性艺术；第四，二者你中有我，我中有你，难以分割，因此历来有“书画同源”之说。书与画皆重视尚意、写神与气韵，关注整体和谐。

该题考查中国传统文化的书法部分。作答时主要从书与画的共同点方面进行解释。

15. 米开朗琪罗（2018 西南交通大学 名词解释）（2016 湖南师范大学 名词解释）（2020 北京第二外国语学院 名词解释）（2017 暨南大学 名词解释）

米开朗琪罗是意大利文艺复兴时期伟大的绘画家、雕塑家、建筑师和诗人，文艺复兴时期雕塑艺术最高峰的代表，与拉斐尔和达·芬奇并称为“文艺复兴三杰”。他的代表作有《大卫》《创世纪》《最后的审判》等。他经历过人生坎坷和世态炎凉，这使他一生所留下的作品都带有戏剧般的效果、磅礴的气势和人类的悲壮。

该题考查米开朗琪罗，得分点包括米开朗琪罗的国籍、所处时代、历史地位、代表作、作品风格等。

16. 工笔画（2018 河南大学 名词解释）

工笔画，又称细笔画，是中国画技法类别的一种。工笔画是以精谨细腻的笔法描绘景物的中国画表现方式，与写意画对称，属于工整细致一类画法，如宋代的院体画、明代仇英的人物画等。水墨、浅绛、青绿、金碧、界画等艺术形式均可表现工笔画。

17. 达·芬奇（2020 北京第二外国语学院 名词解释）

达·芬奇是意大利文艺复兴时期的著名艺术家、工程师、科学家。他在绘画、雕塑、建筑、科学、音乐、地质学、天文学、植物学、古生物学等领域都有极高的成就，与米开朗琪罗、拉斐尔一起被称为“文艺复兴三杰”，被广泛认为是世界上有史以来最伟大的画家之一，对后世艺术的发展影响深远。他有天才的好奇心和极富创造力的想象力，代表作有《蒙娜丽莎》《最后的晚餐》等。

该题考查达·芬奇，得分点包括达·芬奇的国籍、成就、历史地位、代表作等。

18. 郭熙（2018 武汉大学 选择题）[1]

郭熙，北宋大画家，在山水画上的成就和贡献是十分突出的。他的山水画构图多变，巧于布置，提出的高、深、平之法与我国园林建筑风格相得益彰。他的作品清旷悠远，

1 该校该年考查郭熙的作品风格。

于平淡中见奇妙，幽深精湛，曲折而壮观；用墨既淡润又厚实，笔融俏利而含蓄；风格清逸而淡雅，有时则雄健又浑厚。他开创了宋代山水画的新风格，代表作有《早春图》。

19. 郑板桥（2020 上海对外经贸大学 名词解释）

郑板桥，原名郑燮，字克柔，号理庵，又号板桥，人称板桥先生，为“扬州八怪”的重要代表人物。郑板桥一生只画兰、竹、石。其诗、书、画，世称“三绝”，是清代比较有代表性的文人画家。其书隶体中掺入行楷，自称“六分半书”，著有《郑板桥集》。

该题考查名家生平，得分点包括所处朝代、地位、主要事迹、主要作品、历史贡献等。

20. “人不可有傲气，但不可无傲骨”（2016 宁波大学 选择题）（2019 上海大学 选择题）

该句出自《徐悲鸿学画的故事》，是国画大师徐悲鸿先生的座右铭，这句话的意思是：人不可以骄傲自负，但是一定要自信自强。徐悲鸿，汉族，原名徐寿康，江苏宜兴县屺亭镇人，为中国现代画家、美术教育家，1949 年后任中央美术学院院长。他擅长画人物、走兽、花鸟，主张现实主义，于传统尤推崇任伯年，强调国画改革融入西画技法，作画主张光线、造型，讲求对象的解剖结构、骨骼的准确把握，并强调作品的思想内涵，对当时的中国画坛影响甚大。其所作国画彩墨浑成，尤以奔马享名于世。

21. 梵高（2018 暨南大学 名词解释）

梵高是荷兰后印象派画家。梵高出生于新教牧师家庭，是后印象主义的先驱，并深深地影响了 20 世纪的艺术流派，尤其是野兽派与表现主义。梵高早期只以灰暗色系进行创作，直到他在巴黎遇见了印象派与新印象派，融入他们的鲜艳色彩与画风，创造了其独特的个人画风。梵高去世之后，梵高的作品，如《星夜》《向日葵》《有乌鸦的麦田》等，都跻身全球最著名、最珍贵的艺术作品行列。

该题考查欧洲艺术家，是大多数院校的高频考点，考生应熟练掌握。该题的得分点包括人物地位、人物背景、绘画风格、代表作等。建议复习《有乌鸦的麦田》《星夜》《向日葵》、印象派、拉斐尔、毕加索、莫奈等相关词条。

第三节 音乐、舞蹈

1. 鲍勃 · 迪伦（2017 北京外国语大学 名词解释）（2017 北京航空航天大学 名词解释）（2017 四川大学 名词解释）（2017 暨南大学 选择题）[1]

鲍勃 · 迪伦是美国摇滚乐、民谣男歌手，词曲创作人，作家，演员，画家，1941 年

---

1 该校该年考查鲍勃 · 迪伦的代表作《在风中飘荡》。

5 月 24 日出生于美国明尼苏达州。《在风中飘荡》是他的成名作，也是一首广为传唱的反战歌曲，激励着数代人反战，追求和平、正义和自由。该曲歌词共三段，提出战争、和平、自由和死亡等人生重大问题。

2. 胡舞（2020 西安外国语大学　名词解释）（2018 东华大学　名词解释）（2017 青岛大学　名词解释）（2017 北京语言大学　名词解释）

胡舞指西域歌舞。唐朝时，胡舞和胡乐相伴表演，其中最有名的是胡旋舞、胡腾舞、拓枝舞。许多著名诗人都曾在诗中描绘过胡舞，如白居易所写的“左旋右转不知疲，千匝万周无已时”。唐朝时期人们对于胡舞的喜爱也促进了西域歌舞的流行。

该题考查《中国文化读本》第十二章中的内容。考生可从定义、分类、意义等方面作答。唐朝时期是我国对外交流比较频繁的一个时代，本章涉及的西域相关知识，建议考生拓展了解一下。

3. 琴棋书画的“琴”（2020 西安外国语大学　名词解释）

琴棋书画的“琴”，又称古琴、七弦琴，是中国最古老的丝弦乐器。中国古代著名的琴曲有《梅花三弄》《高山流水》等。琴的美妙声音可以营造一个安顿心灵的空间，帮助人去除躁动、涤荡杂虑，达到心灵的平衡。

该题考查《中国文化读本》第十六章中的内容。考生可从定义、代表作品、作用等方面作答，建议考生私下积累其他三种的相关介绍，有可能是今后的考查点。

4. 以乐治国（2019 西安外国语大学　名词解释）

中国有以乐治国的传统。中国早期文化是一种礼乐文化，礼和乐相互配合，用于治理国家，保持社会的和谐安定，这是中国文化的一大特点。以乐治国体现了中国人建设和谐世界秩序的理念，音乐被当作实现这一理念的途径。

该题考查《中国文化读本》第十六章中的内容。考生可从定义、思想内涵等方面作答，本知识点在书中描述不多，建议考生背诵记忆。

5. 爵士乐（2018 对外经济贸易大学　选择题）

爵士乐于 19 世纪末 20 世纪初起源于美国，诞生于南部港口城市新奥尔良，音乐根基来自布鲁斯（Blues）和拉格泰姆（Ragtime）。爵士乐讲究即兴，是非洲黑人文化和欧洲白人文化的结合。

6. 信天游（2020 武汉大学　选择题）（2018 中山大学　名词解释）

信天游也叫顺天游，陕北民歌，是流传在中国西北广大地区的一种汉族民歌形式，其歌词是以七字格二二三式为基本句格式的上下句变文体，以浪漫主义的比兴手法见长。其特点包括形式自由灵活，每两句为一小节；押韵；调子自由，单纯易唱；每段常转韵，多用比兴叠字和衬字。

该题考查民歌，得分点包括定义、格式特点、常用手法等。

7. 歌舞伎（2020 东北师范大学　名词解释）

歌舞伎是日本民族表演艺术，起源于 17 世纪江户初期，是日本独有的一种戏剧，为非物质文化遗产。现代歌舞伎的特征是布景精致、舞台机关复杂，演员所穿的服装华美靓丽，深受日本人民喜爱。

该题考查日本文化，得分点包括歌舞伎的含义、开始时间、具体内容等。

8. 民歌《茉莉花》（2017 中山大学 选择题）

《茉莉花》是中国江苏民歌，距今已经传唱了百年。《茉莉花》原本名为《鲜花调》，是中国最早的《茉莉花》曲谱。直到抗日战争时期，才被修改成如今的《茉莉花》。此歌曲先后在香港回归政权交接仪式、雅典奥运会闭幕式、北京奥运会开幕式、南京青奥会开幕式等重大场合演出。它在中国以及国际上具有极高的知名度，被广为传颂，是中国文化的代表元素之一。因其特殊的地位和代表意义，该曲又被誉为“中国的第二国歌”。

9. 黑管（2018 暨南大学 选择题）

黑管，即单簧管，是一种音域宽广的簧片乐器。其根源可以追溯到号角和风笛，一般认为是从一种类似竖笛的单簧片乐器芦笛演变而来的。现代的单簧管是德国笛子制作人约翰·丹纳在 1690 年发明的，此后屡经改进，最终由德国长笛演奏家特奥巴尔德·波姆定型。莫扎特是第一位在交响乐中采用单簧管的作曲家，他觉得这是最接近人声的乐器。

10.《莎乐美》的作者（2018 暨南大学 选择题）

《莎乐美》是理查德·格奥尔格·施特劳斯谱曲的歌剧。1902 年，理查德·施特劳斯在柏林观看了王尔德《莎乐美》戏剧版本的演出后，次年便开始了该剧的创作。施特劳斯出生于 1864 年，人们一般以理查德·施特劳斯称呼他，来和以写圆舞曲著称的小约翰·施特劳斯所代表的施特劳斯家族相区分。他是德国浪漫派晚期最后一位伟大的作曲家，同时又是交响诗及标题音乐领域中最伟大的作曲家。

11.《胡笳十八拍》的作者（2018 暨南大学 选择题）

《胡笳十八拍》是汉末三国时期的才女蔡文姬（蔡琰）创作的古乐府琴曲歌辞，这首曲子反映的主题是“文姬归汉”，也是中国古代十大名曲之一。《胡笳十八拍》是古乐府琴曲歌辞，一章为一拍，共十八章，故有此名。蔡琰，字文姬，别字昭姬，汉末三国时期女性文学家，东汉文学家蔡邕之女，博学多才，擅长文学、音乐、书法。

12. 中国古代四大名琴（2018 上海大学 选择题）

中国古代四大名琴指齐桓公的号钟、楚庄王的绕梁、司马相如的绿绮和蔡邕的焦尾。绿绮是汉代著名文人司马相如的一把琴。司马相如原本家境贫寒，徒有四壁，但他的诗赋极有名气，梁王慕名请他作赋，以自己收藏的绿绮琴回赠。

13. 浪漫乐派（2018 辽宁大学 名词解释）

浪漫乐派是音乐派系之一，亦称浪漫主义音乐或浪漫派音乐，一般指 18 世纪末到 19 世纪初发始于德奥，后又散播到欧洲各国的一种音乐新风格。浪漫派的音乐家一般偏重于幻想的题材与着重抒发主观的内心感受，因而其突破了古典乐派某些形式的限制，使音乐创作获得了新的进展。代表人物有贝多芬、舒伯特、门德尔松、舒曼等。

该题考查西方文化部分的知识。作答时主要从该乐派的发源地、时间、创作特点、代表人物等方面入手。

14. 交响诗（2018 辽宁大学　名词解释）

交响诗，一种单乐章的标题音乐，是浪漫主义时期的一种单乐章管弦乐曲。交响诗通常注重诗意和哲理的表现。交响诗的形式多变，常根据奏鸣曲式的原则自由发挥，基于文学、绘画、历史故事和民间传说等构思而成。交响诗创始于 19 世纪中叶，其创始者是匈牙利"钢琴之王"李斯特，他把标题音乐和诗联系起来，称为交响诗。其代表作品有《山上听闻》《塔索》《前奏曲》等。

该题考查西方文化部分的知识。作答时主要从音乐特点、代表人物、代表作品等方面入手。

15. 柴可夫斯基（2017 辽宁大学　名词解释）（2016 重庆大学　名词解释）

柴可夫斯基，全名为彼得·伊里奇·柴可夫斯基，1840 年 5 月 7 日出生于伏特金斯克市，毕业于圣彼得堡音乐学院，俄罗斯浪漫乐派作曲家，是 19 世纪浪漫主义音乐的代表人物之一。他创作的音乐几乎涉及了所有的音乐体裁和形式，其中交响乐创作处于重要位置。

16. 摇滚乐（2018 西北大学　名词解释）（2017 北京邮电大学　名词解释）

摇滚乐是 20 世纪 50 年代的一种流行音乐形式，由美国歌手受到节奏布鲁斯、乡村音乐的影响发展而来。摇滚乐分支众多、形态复杂，主要具有旋律简洁、节奏强烈、风格简单的特点。著名摇滚歌手与乐队有鲍勃·迪伦、披头士乐队、滚石乐队等。

该题考查音乐常识。考生可从基本定义与起源、主要特点、历史影响与代表人物等方面作答。

17. 古典主义音乐（2018 北京邮电大学　选择题）

古典主义音乐指 18 世纪下半叶至 19 世纪初，形成于维也纳的一种乐派，亦称维也纳古典乐派，海顿、莫扎特和贝多芬被认为是古典风格作曲家中的三巨头。古典主义音乐的特点是理智和情感的高度统一，深刻的思想内容与完美的艺术形式的高度统一。

18. 贝多芬（2019 国际关系学院　名词解释）（2018 上海理工大学　名词解释）（2018 辽宁大学　名词解释）

贝多芬，德国作曲家和音乐家，是古典主义风格的集大成者，同时又是浪漫主义风格的开创者。他的创作构思宽广、形象宏伟、感情深邃、对比鲜明，对世界音乐的发展有着非常深远的影响，因此被尊称为"乐圣"。其代表作有交响曲《英雄交响曲》《命运交响曲》和钢琴小品《致爱丽丝》等。

该题考查西方文化部分的知识。作答时主要从人物的国籍、头衔、创作特点、成就、地位、代表作等方面入手。

19. 披头士（2016 华中师范大学 名词解释）（2018 重庆大学 名词解释）

披头士，又称甲壳虫乐队，是英国的一支摇滚乐队的名称。该乐队于 1960 年成立于英格兰利物浦市，乐队成员有约翰·列侬（1980 年逝世）、林戈·斯塔尔、保罗·麦卡特尼、乔治·哈里森（2001 年逝世），其音乐风格源自 20 世纪 50 年代的摇滚乐，并开拓了迷幻摇滚、流行摇滚等曲风。

第四节　歌剧、戏剧

1. 悉尼歌剧院（2019 广东外语外贸大学 名词解释）

悉尼歌剧院位于澳大利亚悉尼，是 20 世纪最具特色的建筑之一，也是世界著名的艺术表演中心、悉尼市的标志性建筑。歌剧院外形犹如三个贝壳，又像即将乘风出海的白色风帆。该剧院设计者为丹麦设计师约恩·乌松，建设工作从 1959 年开始，1973 年正式落成。

这是一条文化类名词，答题时的得分点包括位置、特点、地位等。

2. 唱念做打的“做”（2020 西安外国语大学 名词解释）

人们把京剧表演的基本手段概括为四个字：唱、念、做、打。“做”是其中之一，指演员利用形体动作来表现人物和情景。“做”包括身段、眼神、独舞、群舞等，其中有纯粹的舞蹈，但多数是把日常生活中的动作舞蹈化。“做”体现了京剧表现的形式美和技巧美。

该题考查《中国文化读本》第二十七章中的内容。考生可从来源、内涵、定义、意义等方面作答。京剧表演有四种基本手段，建议考生也重点关注其他三种，或许是今后考查的重点。

3. 喜剧（2019 山东大学 名词解释）

喜剧是戏剧的一种类型，也可称为笑剧或趣剧。喜剧运用夸张的手法，通过人物性格的刻画和诙谐的台词引发人们对丑恶和滑稽事物的嘲笑，以及对美好人生和理想的肯定。基于描写对象和写作手法的不同，喜剧可分为讽刺喜剧、抒情喜剧、荒诞喜剧和闹剧等形式。著名的喜剧大师有希腊时期的阿里斯托芬、英国的莎士比亚、俄国的果戈理等。

该题考查戏剧类别。考生可从定义、分类、代表人物等方面作答。戏剧的类型有很多，建议考生适当积累一些。

4. 悲剧（2017 山东大学 名词解释）

悲剧与喜剧相对应。狭义的悲剧指的是戏剧的一个类型，以剧中人物与现实之间不可调和的冲突和其悲惨结局为主要内容。悲剧主要是用来揭露现实生活的罪恶，从而引发观众的反思和悲愤，以此达到提高思想情操的目的。

该题考查文学常识。答题时主要从悲剧的定义、主要内容、目的等方面入手。

5. 京剧（2017 山东大学　名词解释）（2017、2018 上海对外经贸大学　名词解释）

京剧，曾称平剧，是中国五大戏曲剧种之一，腔调以西皮、二黄为主，用胡琴和锣鼓等伴奏，被视为中国国粹，是中国戏曲三鼎甲的“榜首”。2010 年，京剧被列入人类非物质文化遗产代表作名录。生、旦、净、丑是京剧角色的分行。生，指男子；旦，指女子；净，指性格刚烈或粗暴的男性；丑，指滑稽人物，鼻梁上抹白粉，称小丑、小花脸。作为成语时，生旦净丑则表示生活中形形色色的角色。

该题考查京剧。答题时需解释京剧的含义、影响以及京剧中涉及的一些细碎知识点，如角色分行等，可详尽展开解释。

6. 脸谱（2017 山东大学　名词解释）（2016 宁波大学　选择题）[1]

脸谱是中国传统戏曲演员脸上的绘画，用于舞台演出时的化妆造型艺术。演员用各种颜色在面部勾画线条，以此来突出人物的性格特征。所用的不同颜色代表了人物的不同性格特征，红色一般用来表示耿直、有血性，多用来表现正面角色；蓝色表示人物性格刚强、豪爽；黑色一般用来表示正直无私；白色常用来表现奸邪的反面角色；绿色一般用来表示勇猛、莽撞、暴躁的人物，有些占山为王的草寇类人物也勾画绿色脸谱；黄色一般用于彪悍残暴的人物。

该题考查中国传统文化知识。答题时主要从脸谱的定义、用途、不同颜色代表的不同性格等方面入手。

7. 地方剧种（2017 山东大学　名词解释）

地方剧种指凝结某一地域的民风习俗，具有鲜明的地域文化色彩、剧种风格以及独特的技术手段的戏曲剧种的通称，是流行于一定地区的表演形式。地方剧种传承了特定的历史文化传统。豫剧、越剧、黄梅戏都是有名的地方剧种。

该题考查中国传统文化知识。答题时要从地方剧种的定义、种类等方面入手。

8. 京剧四大名旦（2016 宁波大学　选择题）（2018 北京邮电大学　选择题）（2017 国际关系学院　名词解释）

我国京剧旦角这个行当，主要分为四大流派：梅派、程派、尚派和荀派，其创始人分别是梅兰芳、程砚秋、尚小云和荀慧生，即京剧界的“四大名旦”，其中梅兰芳居首。

9. 皮影戏（2017 北京航空航天大学　名词解释）

皮影戏是一种用兽皮或纸板做成的人物剪影来表演故事的传统民间戏剧，又名驴皮影、影子戏或灯影戏。据史书记载，皮影戏始于西汉，兴于唐朝，盛于清代，早在元

1　该校该年考查京剧脸谱中红色脸谱代表的含义。

代时期已传入西亚和欧洲。皮影戏表演时由表演者在白色幕布后面，一边操纵影人，一边用当地流行的曲调来讲述故事，同时伴以打击乐器和弦乐，流行范围极为广泛。2011年，皮影戏入选人类非物质文化遗产代表作名录。

10. 昆曲（2017 南京师范大学 名词解释）（2016 湘潭大学 名词解释）

昆曲，中国最古老的剧种之一，原名为昆山腔或昆腔，现也被称为昆剧，是中国传统文化艺术中的珍品，有百花园中的一朵“兰花”的美誉。昆曲源于14世纪中国江苏省苏州市昆山，糅合了唱念做打、舞蹈及武术等，以曲词典雅、行腔婉转、表演细腻著称，被誉为“百戏之主”，后经魏良辅等人的改良而走向世界。2001年，联合国教科文组织将昆曲列为人类口述和非物质文化遗产代表作。2006年，昆曲被列入第一批国家级非物质文化遗产名录。

11. 舞台艺术（2019 山东大学 名词解释）

舞台艺术广义上指在舞台上展示的技艺，包括舞蹈、戏剧（含戏曲）、曲艺、音乐、杂技等；狭义上专门用来指戏剧表演艺术，包括表演艺术、舞台美术、舞台音乐。表演是舞台艺术的核心，占据主导地位，演员需要演出特定情节，并利用个人表演将观众带入情境中；通过各种艺术形式，包括舞蹈、音乐等给人以美的享受。

该题考查艺术术语。考生可从定义、内容、特点等方面作答。值得注意的是，该题属于大概念，建议考生备考时关注其广义定义和狭义定义。

12. 斯坦尼斯拉夫斯基（2018 对外经济贸易大学 选择题）

斯坦尼斯拉夫斯基，1863年出生于莫斯科阿列克赛耶夫大街住宅，是俄国演员、导演、戏剧教育家、理论家，著有《演员自我修养》《我的艺术生活》等。其作品及戏剧表演体系对中国戏剧界产生了深远的影响。

第五节　电影

1. 蒙太奇（2020 东北师范大学 名词解释）（2019 湖南师范大学 名词解释）（2018 对外经济贸易大学 选择题）

蒙太奇是一种电影制作手法，指不同镜头拼接在一起时，会产生各个镜头单独存在时所不具有的特定含义。由画面剪辑和画面合成构成，不同镜头的组接比单个镜头所能产生的含义更为多样化。蒙太奇能够使影片自如地交替使用叙述的角度，且能通过镜头更迭运动的节奏，影响观众的心理。

该题考查摄影艺术手法，得分点包括蒙太奇的含义和作用等。

2.《湄公河行动》（2018 北京航空航天大学 名词解释）

《湄公河行动》是根据湄公河惨案改编的一部影片，讲述了一支行动小组为解开中国商船船员遇难所隐藏的阴谋，企图揪出运毒案件幕后黑手的故事。影片由林超贤编剧并执导，张涵予、彭于晏等主演，于2016年9月30日在中国上映，后密钥延期一个月，最终票房居2016年年度前十。

该题考查电影作品，得分点包括影片内容、导演、主演等。

3. 斯皮尔伯格（2018 重庆大学 名词解释）

斯皮尔伯格，全名为史蒂文·斯皮尔伯格，导演、编剧、电影制片人。斯皮尔伯格是犹太人，1946年12月18日出生于美国俄亥俄州辛辛那提市。他拍摄的影片曾多次获得电影类奖项提名，并凭借《辛德勒的名单》获得了第66届奥斯卡金像奖最佳导演奖，凭借《拯救大兵瑞恩》获得了第71届奥斯卡金像奖最佳导演奖。除了以上两部影片，他的主要作品还有《大白鲨》《夺宝奇兵》《E.T.》《侏罗纪公园》等。

4. 宝莱坞（2019 北京外国语大学 名词解释）

宝莱坞是印度孟买电影工业基地的别名，也被称作“印地语的影院”。印度人将好莱坞（Hollywood）的首字母“H”换成了本国电影之都孟买（Bombay）的首字母“B”，因此把好莱坞变成了宝莱坞（Bollywood）。尽管有些纯粹主义者对这个名字十分不满，但“宝莱坞”看上去还是会被继续沿用下去，甚至在牛津英语大词典中也已经有了自己的条目。宝莱坞对印度乃至整个印度次大陆、中东以及非洲和东南亚的一部分流行文化都有着重要的影响，并通过南亚的移民输出，传播到整个世界。

该题考查印度的电影基地。考生可从名称由来、功能、作用、影响等方面作答，注意要答到“宝莱坞”与“好莱坞”的关系，这是该题考查的重点。

第六节 宗教

1. 四大皆空中的“四大”（2019 北京外国语大学 名词解释）

四大皆空中的“四大”指风、地、水、火，这四种因素构成了我们这个婆娑世界。“风”以流动为性，生长万物；“地”以坚硬为性，支持万物；“水”以潮湿为性，收摄万物；“火”以温暖为性，成熟万物。

该题考查佛教用语。考生可从含义、具体内容、寓意等方面作答。佛教用语是北京外国语大学常常考查的知识点，曾考查过三大宗教及著名佛经翻译家等，考生要注意扩展知识。

2. 五功（2019 北京外国语大学 名词解释）

五功是伊斯兰教逊尼派所用的词汇，指信仰伊斯兰教的信徒须遵守的五项基本原则。

伊斯兰的五门功课要求穆斯林“念、礼、斋、课、朝”，即“证信、礼拜、斋戒、天课、朝觐”，旨在维系、坚定穆斯林的宗教信仰和宗教感情，表达对造物主安拉的虔信和敬畏，通过功修达到认主独一。中国穆斯林将“五功”称为“修持之道”，是“天命总纲、教道根本”。

该题考查伊斯兰教的相关知识。考生可从内涵、内容、作用、意义等方面作答。本题清楚地表明北京外国语大学百科考试的出题方向在往细致的方向发展，提醒考生关注细节。

3. 基督教改革后的三大宗派（2019 北京外国语大学 名词解释）

基督教改革后的三大宗派指天主教、东正教和基督新教。1054 年，东、西方教会因各种原因而分裂，西方教会被称为天主教，东方教会被称为东正教。在 16 世纪的宗教改革之后，一个新教从天主教中脱离出来，即基督新教，也就是现在常说的基督教。如今世界上主要的天主教国家或地区有梵蒂冈、法国、意大利、西班牙、德国南部等；主要的东正教国家有俄罗斯、白俄罗斯、乌克兰、南斯拉夫等；主要的基督新教国家或地区有英国、美国、德国北部等。

该题考查基督教的相关知识。考生可从内容、历史、特点、信奉国家等方面作答。建议考生对本知识点进行延伸，掌握宗教改革和三大宗派的详细知识，以防今后会对细节进行考查。

4. 什叶派（2018 北京外国语大学 名词解释）

什叶派，原意为“阿里的追随者”，与逊尼派并列为伊斯兰教的两大主要教派。什叶派是早期伊斯兰教的四大政治派别之一，也是伊斯兰教中教徒第二多的教派。什叶派以古兰经及圣训上记载的先知穆罕默德的言论为基础，也包括一些什叶派视为圣书的书籍。什叶派主要可以分为三派，即十二伊玛目派、伊斯玛仪派及五伊玛目派，其中最主要的是十二伊玛目派。

该题考查宗教知识。考生可从来源、地位、特点、派别等方面作答。该题考查得比较细致，对于一些考生来说可能是难点，不过北京外国语大学的命题还是有迹可循的，基本每年都会考查宗教知识，这提醒考生在备考中要深挖相关知识，防患于未然。

5. 逊尼派（2017 北京外国语大学 名词解释）

逊尼派中的“逊尼”是阿拉伯语的音译，原意为“遵守逊奈者”，与什叶派并列为伊斯兰教的两大主要教派。逊尼派在伊斯兰世界居于主导地位，人数最多，流传最广。逊尼派分为哈乃斐、马立克、沙斐仪和罕百里等教法学派。中国穆斯林大多属于逊尼派中的哈乃斐教法学派。

6.（禅宗）解会（2020 西安外国语大学 名词解释）

（禅宗）解会强调当下会得、当下开悟，自己心中的体会才是最根本的。通过当下的体验，切断外在的纠缠，直接面对世界，确立世界自身的意义。

该题考查《中国文化读本》第五章中的内容。本题给定了范围“禅宗”，故考生在答题时要围绕“禅宗”中“解会”的意思进行阐释，交代清楚内涵即可。

7. 三教九流中的“三教”（2020 北京第二外国语学院 名词解释）

三教九流中的“三教”指三大传统学术流派——儒教、道教、佛教。儒教指信奉孔子学说的学派，该学派崇尚等级制度和用三纲五常来维护统治的学说，主张“礼、乐、仁、义”，提倡“忠恕、中庸”之道，主张“德治、仁政”，重视伦常关系。西汉以后，儒教逐渐成为我国封建社会占统治地位的学说。道教是中国先秦时期诞生的一个思想派别，以老子、庄子为主要代表。道家以“道”为核心，认为天道“无为、道法自然”，提出了“无为而治、以柔克刚、刚柔并济”等观点，具有朴素的辩证法思想。佛教的诞生距今已有两千五百多年，是由古印度迦毗罗卫国王子乔达摩·悉达多所创。佛教信徒修习佛教的目的在于依照悉达多所悟到的修行方法，发现生命和宇宙的真相，最终超越生死和痛苦，断尽一切烦恼，得到解脱。

该题考查“三教”，得分点包括“三教”的具体所指、其学说的主要内容、代表人物以及历史意义等。

8. 新教（2020 北京外国语大学 名词解释）（2018 西北大学 名词解释）

新教，又称基督新教，是西方基督教中不属于天主教体系的宗派的统称，中文“新教”一词主要是对应和区别于宗教改革之前的“旧教”。新教源于 16 世纪神学家马丁·路德、加尔文等人所领导的宗教改革运动，与天主教、东正教并列为基督教三大分支。新教强调“因信称义”，认为人要得到上帝拯救，只能凭借信心而不是靠善行。新教以《圣经》为信仰的唯一依据。因历史发展的缘故，汉语圈普遍以“基督教”一词直接称呼新教，直称天主教会为“天主教”。

该题考查宗教。考生可从定义、成立时间、人物、教义等方面作答。该题体现了北京外国语大学百科考试近几年的命题在往细致化方向发展的趋势。建议考生在掌握大框架的基础上，也要有意识地深挖相关内容。

9. 清教（2019 南京大学 名词解释）（2019 西南政法大学 名词解释）

清教是新教中的一支，属于加尔文派，清教徒信奉加尔文主义。清教产生于 16 世纪后半期，源于拉丁文的 Purus，意为“清洁”。清教兴起于伊丽莎白一世时期。清教徒是要求清除英国天主教内保有仪式的改革派，认为任何教会或个人都不能成为传统权威的解释者和维护者，《圣经》是唯一的最高权威。

该题考查宗教知识，这是历年真题的重要考点。对于宗教词条，应当了解其历史时代，掌握宗教的主要信仰，理解宗教与文化的关系和在文化传播与历史发展中的重要作用。该题的得分点包括历史起源、主要信仰、影响及地位等。建议复习《圣经》、天主教、加尔文主义、宗教改革等相关词条。

10. 赛义德（2019 南京大学 名词解释）

赛义德是伊斯兰教的教职称谓。中国《元史》中又称之为赛典赤或赛以德。赛义德是阿拉伯语音译，原意为“首领；先生”。在伊斯兰教之前，该词是阿拉伯部落首领的称谓。在伊斯兰教中，该词是对先知穆罕默德之女法蒂玛与阿里所生的后裔的专称，意为“圣裔”，也是穆斯林男性专名。在什叶派的“圣训”中，赛义德还被列为圣徒。

该题考查宗教知识。考生要联系主流宗教掌握相关重要概念。该题的得分点包括基本释义、别称、宗教背景等。建议复习伊斯兰教、基督教等相关词条。

11. 欧洲三大主流教派（2016 暨南大学 选择题）

欧洲宗教改革时期产生的三大主流教派主要是指路德宗、加尔文宗和圣公会。路德宗是以马丁·路德的宗教思想为依据的各教会的统称。加尔文宗是以加尔文的宗教思想为依据的各派教会的统称。圣公会，也称“安立甘宗”，产生于 16 世纪欧洲宗教改革运动时期的英国，是英国的国教，主张中庸之道，定位在新、旧两教之间。

12. 基督教（2018 山东大学 名词解释）（2017 中山大学 名词解释）（2017 四川大学 名词解释）（2016、2018 广东工业大学 名词解释）（2019 北京外国语大学 名词解释）

基督教，原为犹太教一宗派，信奉上帝和救世主耶稣，亦称基督宗教。其包括天主教、东正教、新教三大教派以及一些较小的派别，以《旧约全书》《新约全书》为基本经典，合称《圣经》。公元 1 至 2 世纪开始流传于罗马帝国，4 世纪被称为国教，1054 年分裂为天主教和东正教，16 世纪又从中分裂出新教派，即新教。基督教信仰以耶稣基督为中心，以《圣经》为蓝本，其核心思想是福音。基督教与佛教、伊斯兰教并称为世界三大宗教，按其信仰人数和地域分布，为世界第一大宗教。

该题考查宗教文化知识，得分点包括定义、由来、派别、特点、地位等。建议复习《圣经》、佛教、伊斯兰教等相关词条。

13. 教士（2018 山东大学 名词解释）

教士一般指基督教会传教的神职人员。他们是坚定地信仰宗教，并且远行向不信仰宗教的人们传播宗教的修道者。虽然有些宗教很少到处传播自己的信仰，但大部分宗教使用传教士来扩散它的影响。一般传教士这个词是指基督教的宣教师。

该题考查宗教文化知识，得分点包括定义、作用以及影响等。建议复习基督教、教会等相关词条。

14. 佛教（2016 山东大学 名词解释）（2020 南开大学 名词解释）（2018 东华大学 名词解释）（2016 广东工业大学 名词解释）（2016 山东建筑大学 名词解释）（2019 山东科技大学 名词解释）（2016 中南林业科技大学 名词解释）（2019 南京理工大学 选择题）[1]

佛教是世界上最早的宗教，公元前 6 世纪由古印度的迦毗罗卫国王子乔达摩·悉达多（释迦牟尼）创立，最迟在秦始皇时期传入中国。佛教的教义宣扬“众生平等”，反对

1 该校该年考查佛教的教义。

婆罗门的特权地位。乔达摩·悉达多认为世间万物的发展都有因果缘由，人的生老病死都是苦，人必须消灭欲望，刻苦修行。佛教包含知错就改，随时改变错误的信仰。佛教的思维是不脱离实际的、发展的、辩证的。所以，佛教的特点为既思想自由，又理性科学。

该题考查宗教常识，得分点包括诞生时间、地点、传播时期、宗教信仰和思维、宗教特点等。建议复习基督教、伊斯兰教、天主教等相关词条。

15. 天主教（2020 宁波大学　名词解释）（2019 中山大学　名词解释）（2018 广东工业大学　名词解释）（2017 华中科技大学　名词解释）

天主教是基督教的宗派之一，是对天主教会（罗马公教会）发展的一系列基督教神学、哲学理论、礼仪传统、伦理纲常等信仰体系的总括，是基督教的最大宗派。其拉丁文本意为“普世的”，又译为“公教会”。天主教的中文名称源自明朝万历年间耶稣会将基督信仰传入中国，经当朝礼部尚书徐光启与利玛窦等耶稣会士讨论，取儒家古话“至高莫若天，至尊莫若主”，称其信仰的独一神灵为“天主”，故称“天主教”。

该题考查宗教相关知识。建议考生从含义、发展、名称由来等方面作答。基督教有不同的派别，建议考生掌握其他派别的相关知识，这有可能成为明年的命题方向。

16. 耶路撒冷（2017 中山大学　选择题）

耶路撒冷是基督教（含天主教、新教、东正教）、犹太教、伊斯兰教（含逊尼派、什叶派）三大宗教的圣地，位于巴勒斯坦中部，是古代宗教活动中心之一。耶路撒冷在希伯来语中意为“和平之城”，在阿拉伯语中叫“古茨”，意为“圣城”。其著名景点有哭墙、圣殿山、阿克萨清真寺、圣墓教堂、大卫城塔、死海等。

17. 菩萨（2018、2020 宁波大学　名词解释）

菩萨，全称为菩提萨埵，菩提指佛道，萨埵指众生。菩萨即为众生发心求入佛道。另一种解释说上求菩提，下化众生，故为菩萨。佛教中的四大菩萨指的是文殊菩萨、观音菩萨、普贤菩萨、地藏菩萨四位法力高深的菩萨。

该题考查佛教相关知识。考生可从含义、来源等方面作答。该题考查大概念“菩萨”，需要交代清楚这一名词的含义和由来，再简要补充一些诸如“四大菩萨”或者其他相关知识会更好。

18. 中国佛教协会（2019 宁波大学　名词解释）

中国佛教协会是中国各民族佛教徒联合的爱国团体和教务组织，由二十多位全国佛教界知名人士发起，于 1953 年在北京成立。该协会旨在为促进经济社会发展发挥积极作用。其主要任务是带领中国佛教徒遵守法律道德，促进社会发展。

该题考查宗教组织，得分点包括组织性质、发起人、成立时间、成立目的以及主要任务等。

19. 人间佛教（2019 宁波大学　名词解释）

“人间佛教”由太虚大师提出，其提出“人间佛教”的思想是倡导用佛教解决人生问题，指出佛教要为活人服务，并与世俗社会紧密联系，即成佛在人间，人成佛成，是为真现实。经过赵朴初居士等人的完善，爱国爱教也成为“人间佛教”的重要组成部分。

该题考查宗教术语，得分点包括提出人、思想内容、组成部分等。

20. 庄严国土（2019 宁波大学 名词解释）

庄严国土是佛教的一项重要理念。这里的“国土”有多重含义，既指佛国净土，又有自心净土与他方净土两意。佛教认为，创造人间净土、回归自心净土是根本目的。人人的自心清静了，整个世界就会变得无限美好，这是人们追求的目标。

该题考查佛教术语，得分点包括理念来源、含义、目的及追求的目标等。

21. 伊斯兰教（2017 四川大学 名词解释）（2019 湖南师范大学 名词解释）

伊斯兰教是世界性宗教之一，与佛教、基督教并称为世界三大宗教。7 世纪初于阿拉伯半岛兴起，由穆罕默德创传，迄今已有 1 400 多年的历史。《古兰经》是伊斯兰教的最高经典。伊斯兰由阿拉伯语音译而来，意为“顺从；和平”。信奉伊斯兰教的信徒统称为穆斯林（意为“顺从者”）。伊斯兰教主要传播于亚洲和非洲，以西亚、北非、中亚、南亚次大陆和东南亚最为盛行。20 世纪以来，该教在西欧、北美和南美也有不同程度的传播。截至 2018 年，全世界约有 16 亿信徒，一些国家也将伊斯兰教定为国教。

22. 犹太教（2017 四川大学 名词解释）（2016 哈尔滨工业大学 名词解释）

犹太教是世界三大一神信仰中最古老的宗教，深刻影响着犹太民族的生活方式及信仰，其主要诫命和教义来自《妥拉》（《圣经》前五卷）。广义上的妥拉指神启示给以色列人的真理；狭义上的妥拉指《旧约》的前五卷，也叫《摩西五经》，即《创世记》《出埃及记》《利未记》《民数记》和《申命记》。犹太教最重要的教义在于只有一位神，即无形且永恒的耶和华。

23.《圣经》（2017 四川大学 名词解释）（2016 四川师范大学 名词解释）（2018 山东建筑大学 名词解释）（2016 重庆大学 名词解释）（2018 上海理工大学 名词解释）（2017 北京大学 名词解释）

《圣经》是犹太教和基督教共同的宗教经典。犹太教奉行的《圣经》是《塔纳赫》（又称《希伯来圣经》），而基督教的《圣经》由《旧约》和《新约》两部分组成，又名《新旧约全书》。《圣经》是全球范围内发行量最大、译文种类最多的书，也是第一本被带入太空的书。

24. “钦定版”《圣经》（2018 对外经济贸易大学 选择题）

“钦定版”《圣经》（King James Version of the Bible，简称 KJV），是《圣经》的诸多英文版本之一，出版于 1611 年。由英王詹姆士一世下令翻译，又称英王钦定版、詹姆士王译本或英王詹姆士王译本等。钦定版《圣经》不仅影响了之后的英文版《圣经》，对英语文学也产生了很大影响，被认为是现代英语的基石。

25. 东正教（2018 广东工业大学 名词解释）（2017 华中科技大学 名词解释）

东正教，与天主教、新教并称为基督教三大流派，是强调自身正统性的宗徒继承教会。东正教源自希腊文明的救世主信仰根源，因罗马帝国东部一脉相承的拜占庭帝国和俄罗斯帝国的国家宗教闻名。截至 2014 年，全球东正教徒近 4 亿，在中国暂归为中国基督教，无独立宗教地位。

26.《摩西十诫》（2017 四川师范大学　名词解释）

《摩西十诫》，又称“十诫”。据《圣经》记载，十诫是上帝亲自刻在石碑上并在西奈山传达给摩西的十条规定，是上帝给以色列人的告诫，作为犹太人生活的准则，也是最初的法律条文。十诫在基督教神学中居于重要地位，对以色列人的生活有广泛的影响。

27.《古兰经》（2018 上海理工大学　名词解释）

《古兰经》是伊斯兰教唯一的根本经典。中国旧时译为《可兰经》《古尔阿尼》《宝命真经》等。伊斯兰教认为《古兰经》是神圣的语言，是伊斯兰教信仰和教义的最高准则，是伊斯兰教法的渊源和立法的首要依据，是穆斯林道德行为的重要准绳，也是伊斯兰教各学科和各派别学说赖以建立的理论基础。其主要内容包含信仰纲领和论争、宗教义务、伦理道德、教法律例以及传说人物故事等。

28. 利玛窦（2018、2020 宁波大学　名词解释）（2020 上海大学　选择题）

利玛窦是天主教耶稣会意大利籍神父、传教士、学者。明神宗万历十一年来到中国，明朝时颇受士大夫的敬重，被尊称为“泰西儒士”。他是天主教在华传教的开拓者之一，也是第一位阅读中国文学并对中国典籍进行钻研的西方学者。他把西方天文、数学、地理等方面的著作介绍给中国，又把中国的儒家和道家学说介绍给西方，开西学东渐之先河。他的著作不仅对中西交流做出了重要贡献，也对日本等其他国家认识西方文明产生了重要影响。

该题考查中西方交流史上的重要人物。考生可从国籍、地位、来华时间、贡献等方面作答。

第七节　节日风俗

1. 寒食节（2017 北京外国语大学　名词解释）

寒食节，又称冷节、禁火节、百五节，是中国的传统节日，时间是在每年公历清明节前一两日。人们在寒食节这一天只吃冷食，禁烟火，后来逐渐增加了祭扫、踏青、秋千等习俗，从春秋时期延续至今已有 2 600 多年的历史，曾被称为中国民间第一大祭日。

2. 世界地球日（2020 北京外国语大学　名词解释）

世界地球日，即每年的 4 月 22 日，是一个专为保护世界环境而设立的节日。最早的地球日活动是 1970 年于美国校园兴起的环保运动，1990 年这项活动从美国走向世界，从此，每年的 4 月 22 日成为全世界环保主义者的节日和环境保护宣传日。在这天，不同国籍的人们以不同的方式宣传和实践环境保护的观念。举办世界地球日活动有利于增强民众对于现有环境的保护意识，动员民众参与到环保运动中，鼓励人们践行绿色低碳生活，从而有力地推动世界环境保护事业的发展。

该题考查“世界日”。考生可从定义、发展历史、目的或意义等方面作答。各种“世界日”是每年的时政热点，建议考生积累相关知识。

3. 民俗（2018 山东大学 名词解释）

民俗，又称民间文化，指民间的风俗习惯，是一个国家或民族中广大人民群众所创造、享用和传承的生活文化。其涵盖各类民俗，如物质、社会、精神、语言等方面。民间文化不是一成不变的，既有可继承性，又有发展性，它在社会的每个阶段都会发展和变化，在变化中发展。

该题考查社会文化知识，得分点包括定义、内容、特点等。建议复习物质民俗、社会民俗、精神民俗等相关词条。

4. 杖朝之年（2018 暨南大学 选择题）

杖朝，代指八十岁，出自“八十杖于朝”（《礼记》），指姜子牙八十岁垂钓渭水遇文王的典故，常用来代指八十岁的人。

5. 耄耋之年（2018 暨南大学 选择题）

耄耋，泛指晚年。耄，八九十岁的年纪。耋，七八十岁的年纪。耄耋指八九十岁。《毛传》又云：“耋，老也，八十曰耋。”因此后人称八九十岁的老人为“耄耋”。

6. 光棍节（2020 南开大学 名词解释）（2016 首都经济贸易大学 名词解释）（2016 西南科技大学 名词解释）

“光棍”即“单身”，“光棍节”指每年的 11 月 11 日，也称“双十一”，是年轻群体中流行的以庆祝自己仍是单身一族的新兴娱乐性节日。由于这天的日期里有四个阿拉伯数字“1”，形似四根光滑的棍子，所以这天被定为“光棍节”。“光棍节”当天各大商家都会大力宣传打折促销，寓意脱光，告别单身。随着网络和电商平台的发展，逐渐形成了“光棍节文化”。

该题考查社会文化常识，考生应了解这类社会热门话题。该题的得分点包括含义、由来、影响和发展等。建议复习黑色星期五、剁手星期一、电商平台等相关词条。

7. 黑色星期五（2020 南开大学 名词解释）（2017 北京航空航天大学 名词解释）（2016 中南林业科技大学 名词解释）

黑色星期五指 11 月的最后一个星期五，在这一天美国商场会举办圣诞促销。感恩节后的这个星期五是美国人为准备圣诞节而进行大采购的第一天，美国的商场都会借此机会在年底进行最后一次大规模的促销。由于大量的打折和优惠活动，人们会在这天疯狂抢购，通常会给商家带来很大的盈利。美国商场一般以红笔记录赤字，以黑笔记录盈利，因此利润大增的这天被商家们称作黑色星期五。

该题考查社会文化常识，考生应当掌握外国社会文化的基本常识，并了解相关的名词解释。该题的得分点包括定义、日期、名称由来、影响及意义等。建议复习网络星期一、剁手星期一等相关词条。

8. 剁手星期一（2020 南开大学 名词解释）（2016 首都经济贸易大学 名词解释）

剁手星期一指黑色星期五之后的第一个星期一，是美国一年当中最火爆的购物日之一。许多商家会在网上商店提供相当大的折扣幅度吸引顾客。这一说法起源于 2005 年，由全美零售商联合会下属的网站首创，因为美国商家发现，越来越多的消费者选择在感恩节过后的周一上网购物。由于其英文名称 Cyber Monday 中的 Cyber 是希腊语里“剁手”的谐音，故被中国网友称为“剁手星期一”。

该题考查社会文化常识。该题的得分点包括定义、日期、名称由来、影响等。建议复习黑色星期五、双十一等相关词条。

9. 世界环境日（2018 中山大学 选择题）

世界环境日，一个国际性的节日，时间为每年的 6 月 5 日。随着环境污染与生态破坏的加剧，环境问题日益为国际社会所重视。1972 年 6 月 5 日，第一次人类环境会议在瑞典首都斯德哥尔摩举行，通过了著名的《人类环境宣言》及保护全球环境的行动计划。大会开幕日由此被定为“世界环境日”，它的确立体现了世界各国人民对环境问题的重视，表达了人类对美好环境的向往和追求。

10. 牧神节（2018 中山大学 选择题）

牧神节，罗马的一个古老节日，后来演变为情人节。每年的 2 月 15 日，罗马的年轻贵族会手持羊皮鞭，脱掉上衣在街道上奔跑。年轻妇女们会聚集在街道两旁，祈望羊皮鞭抽打到她们头上。人们相信这样会使她们更容易生儿育女。该节日流传到别的国家，年轻女子的名字被放置于盒子内，然后年轻男子上前抽取，抽中的一对男女会成为情人。

11. 世界无烟日（2019 暨南大学 选择题）

世界无烟日，由世界卫生组织提议设立的世界性节日，其目的是在全球范围内有效控烟，使人们尤其是我们的下一代免受烟草的危害。1987 年 11 月，世界卫生组织建议将每年的 4 月 7 日定为“世界无烟日”，并于 1988 年开始执行。后来，从 1989 年开始，世界无烟日改为每年的 5 月 31 日。

12. 中秋节（2018 北京邮电大学 选择题）

中秋节，又称团圆节，是中国民间的传统节日，与春节、清明节、端午节并称为中国四大传统节日。古文记载：“八月十五谓中秋，民间以月饼相送，取团圆之意。”中秋节有祭月、赏月、吃月饼、玩花灯、赏桂花、饮桂花酒等民俗。2006 年 5 月 20 日，国务院将其列入首批国家级非物质文化遗产名录。自2008年起中秋节被列为国家法定节假日。

13. 清明节（2017天津外国语大学 名词解释）

清明节，又称踏青节、行清节，二十四节气之一，是中华民族扫墓祭祖的肃穆节日，也是人们亲近自然、踏青游玩、享受春天乐趣的欢乐节日。清明节的时间一般是在公历4月5日前后。各地的庆祝方式略有不同，但一般都有扫墓祭祖和踏青郊游这两大礼俗。2006年5月20日，中华人民共和国文化部申报的清明节经国务院批准列入第一批国家级非物质文化遗产名录。

14. 七夕节（2017天津外国语大学 名词解释）（2019北京邮电大学 名词解释）

七夕节，中国的传统文化节日，又名乞巧节、七巧节等。七夕节的来历与中国民间流传的牛郎与织女的神话故事有关，体现的是已婚男女之间不离不弃、恪守承诺的爱情。节日的时间是农历七月初七，人们在这一天有祈福、拜织女、吃巧果、染指甲、结扎巧姑等活动。随着历史的推进，七夕节现在已经成为中国的情人节，也是一个提倡男女相亲的节日。2006年5月20日，七夕节被中国国务院列入第一批国家级非物质文化遗产名录。

15. 感恩节（2016华中农业大学 名词解释）（2018广西师范大学 名词解释）（2016湖南师范大学 名词解释）（2016中南林业科技大学 名词解释）

感恩节，又称火鸡节，是美国的一个传统节日。1620年，一些清教徒到达美洲，在印第安人的帮助下，这些移民获得了丰收，按照宗教的传统习俗，移民设定这一欢乐丰收的日子为感谢上帝的日子，同时也为了感谢印第安人的帮助，邀请他们一起庆祝。感恩节相当于中国的春节，是美国每家阖家欢乐的日子。起初，感恩节并没有固定的时间，均由美国各州自己临时举办。1863年，林肯总统规定感恩节为全国性的节日。1941年，美国国会正式将感恩节定在每年11月的第四个星期四。

16. 平安夜（2018广东工业大学 名词解释）

平安夜，基督教社会传统节日，又名圣诞夜，是为了纪念耶稣降生而设的一个节日，时间为每年公历12月24日，即圣诞节前夕，也是基督教会圣诞节日的一部分。教徒通常会在教堂内举行子夜弥撒或聚会等来表示圣诞日的开始，部分教会会举行烛光崇拜等仪式，也会有耶稣降生故事的话剧表演，同时还会有美味佳肴供教徒享用。

17. 万圣节（2017广东工业大学 名词解释）（2016湘潭大学 名词解释）

万圣节，又名西洋鬼节、褚圣节，是西方传统节日，时间是每年的11月1日，主要流行地区为天主教、圣公教和东正教教徒所在的地区，节日的意义主要是赞美秋天、祭祀亡魂、祈福平安，天主教也把这一节日定为弥撒日，所有的信徒均要到教堂参加弥撒，以此来缅怀已经逝世的所有圣人，同时祈祷已经逝世却还未升入天国的灵魂能够早日升天。在万圣节的前夜，小孩们也会扮演鬼怪，巡游各家各户索取糖果，南瓜派和南瓜子也是节日常见的零食。

18. 复活节（2017、2019广西师范大学 名词解释）

复活节，又称耶稣复活节、主复活节，是基督教徒的重要节日之一，时间为每年春分月圆之后的第一个星期日，是基督教为纪念耶稣被钉十字架死后第三日复活所设的节日。节日期间，人们会制作节日彩蛋等来做游戏，以此来纪念耶稣。天主教也称之为耶稣复活瞻礼。

19. 冬至（2018 长沙理工大学　名词解释）（2016 上海海事大学　名词解释）

冬至，又名冬节、亚岁，是二十四节气中的第 22 个节气，而且是最重要的节气之一，与夏至相对。冬至日一般是在阳历的 12 月 21 日至 12 月 23 日之间，由于冬至没有固定的日期，因此也被称为“活节”，与清明节相同。冬至是北半球一年中白昼最短的一天。冬至那天，中国各地有不同的风俗：北方地区主要以吃饺子为主，而南方地区则主要是吃汤圆。

20. 端午节（2017 宁夏大学　名词解释）

端午节，又名端阳节、龙舟节等，是中国四大传统节日之一，时间为农历五月初五。端午节最初是古代吴越地区（长江中下游及以南一带）崇拜龙图腾的部落举行的图腾祭祀节日，后因战国时期的楚国诗人屈原在该日抱石跳汨罗江自尽，所以也作为纪念屈原的节日，其他地区也有纪念伍子胥、介子推、曹娥等的说法。端午节当日有赛龙舟、吃粽子等活动。2006 年 5 月 20 日，国务院将其列入第一批国家级非物质文化遗产名录。2009 年 9 月 30 日，联合国教科文组织正式将端午节列入人类非物质文化遗产代表作名录。

21. 开斋节、圣纪节、盖德尔夜（2018 对外经济贸易大学　选择题）

开斋节与宰牲节为伊斯兰教的两大节日。节日中，家家户户炸馓子、油香之类的食品，赠送给他人。每个家庭应在节日开始前向穷人发放食物，开斋布施。圣纪节亦称圣忌节，是纪念先知穆罕默德复兴伊斯兰教的节日。盖德尔夜，是伊斯兰教历斋月的第 27 夜，引意为“前定、高贵之夜”。

第八节　语言文字

1. 印欧语系（2018、2020 北京外国语大学　名词解释）

世界上的语言大致分为四大语系，印欧语系是其中一种。印欧语系最早是由 18 世纪的英国人威廉·琼斯提出的一个语言学概念，他认为印度和欧洲的大部分语言都是从原始印欧语分化出来的，这些语言之间具有亲属关系和相似性。印欧语系是世界上第一大语系，拥有最多的母语人口，在世界上的影响力最大，地理分布跨度大、范围广。

该题考查语言学知识。考生可从范畴、提出人物、时间、特点等方面作答，建议考生积累四大语系的相关知识。

2. 楔形文字（2018 西安外国语大学　名词解释）

公元前 2800 年，在古代两河流域，文字以软泥为书写对象，用削尖的芦苇秆或动物的骨头做笔，在软泥上压刻书写，形成窄而浅的压痕，书写后的每一笔形似木楔，故称楔形文字。

该题考查《自然科学史十二讲》中的古代两河流域文明。考生可基于书本，从起源、工艺等方面准确作答。建议考生关注类似的知识点，如象形文字等。

3. 八股（2018 西安外国语大学 名词解释）

八股是中国明、清王朝及越南阮朝考试制度中所规定的一种特殊文体。八股文由破题、承题、起讲、入题、起股、中股、后股、束股八部分组成。题目必须用四书五经中的原文，考生行文命意、就题阐释、依注作解，不得擅自生发、独出新论，毫无独立思考的余地。由于八股文的题目、内容、格式都被过度限制，考生们只是按照题目的字义敷衍成文，因此扼杀了考生的创意，也扼杀了读书人的自由意志。

该题和《中国文化读本》的内容相关。考生可从时期、内容、特点、作用等方面作答。该题未考查参考书中的知识点，建议考生在关注书本之余，也要积累相关文化知识。

4. 隶书（2018 西安外国语大学 名词解释）

隶书是汉字中常见的一种庄重的字体风格，书写效果略微宽扁，横画长而直画短，呈长方形。隶书起源于秦朝，在东汉时期达到顶峰，书法界有“汉隶唐楷”之称。隶变是指汉字由小篆演变为隶书的过程，大约发生在秦汉之间，是汉字发展的转折点，对后世的汉字有很大的影响。

该题和《中国文化读本》第八章的内容相关，但并未直接考查书中的知识点。建议考生在关注书本之余，也要积累相关文化常识。

5. 拉丁语（2018 西安外国语大学 名词解释）

拉丁语是印欧语系的意大利语族语言，在古罗马被广泛使用，至少可追溯至罗马帝国的奥古斯都皇帝时期。英语和其他西方语言在创造新词的过程中，都曾受到拉丁语的影响。虽然现在拉丁语通常被认为是一种“死”语言，但仍有少数基督宗教神职人员及学者可以流利地使用拉丁语。

该题考查参考书之外的知识点。考生可从使用地区、历史发展、现代发展等方面作答。虽然拉丁语在现今社会很少被使用，但由于翻译学科的特点，建议考生还是要对拉丁语有所了解。

6. 所指（2018 南京大学 名词解释）

所指是由索绪尔提出的语言学概念，能指与所指是结构语言学的一对范畴。索绪尔把语言符号所表示的具体事物或抽象概念称为所指，也就是意指作用所要表达的意义。所指是语言的意义本身，因此在符号学中用来指所有符号的意义，即符号所代表的那种成分。所指不是指一种事物的实体，而是指该事物的内在本质。

该题考查语言学基础知识，这是历年真题的高频考点。该题的得分点包括释义、提出者、语言学中的内容和意义等。建议复习索绪尔、能指、语言学、符号学等相关词条。

7. 能指（2018 南京大学 名词解释）

能指起源于索绪尔的语言学理论，本来指语言符号的概念，与所指构成语言符号的整体。能指是语言文字的声音和形象，是意指作用中用以表示具体事物或抽象概念的语言符号。按照语言学家或者哲学家的划分，人们试图通过语言表达出来的东西叫"能指"。

该题考查语言学基础知识，这是历年真题的高频考点。考生要重点掌握所指和能指的区别——能指是语言文字的声音和形象；所指是语言的意义本身。例如，作为语言符号的"桌子"这个词是能指，作为具体事物的桌子是"桌子"这个语言符号的所指，同时也是这个语言符号的意义。该题的得分点包括释义、提出者、语言学中的内容和意义等。建议复习索绪尔、所指、语言学、符号学等相关词条。

8. 语言学（2018 南京大学 名词解释）（2019 扬州大学 选择题）[1]

语言学被普遍定义为对语言的一种科学化、系统化的理论研究。其主要研究对象是语言和文字，是客观存在的语言事实，包括现代语言和古代语言。语言学的探索范围较广，包括语言的性质、功能、结构、运用、历史发展以及与语言相关的问题。语言表达能够传递共同理解的信息，因此语言是人类最重要的交际工具。在不同语言的翻译方面，语言学理论对于笔译和口译分别有具体的指导，也有助于利用科技来进行机器翻译。语言学按其核心内容可分为许多分支学科，包括语音学、语义学、形态学、语用学等。主要学派有语言学学派、结构主义学派、语符学学派等。

该题考查语言学基础知识，这是历年真题的重要考点，考生在复习时需要重点掌握。该题的得分点包括含义、研究对象、研究范围、作用、分支学科、主要学派等，考生选取 4~5 点作答即可。建议复习索绪尔、符号学、结构主义等相关词条。

9. 结构主义（2018 南京大学 名词解释）

结构主义是一种方法论，发端于 19 世纪，由瑞士语言学家索绪尔创立，后又经过列维·斯特劳斯等人的发展与批判，已成为语言学中的重要概念，是目前最常用来分析语言、文化与社会的研究方法之一，也是当代世界的重要思潮。结构主义的应用领域有哲学、语言、社会、艺术。结构主义的方法有两个基本特征：对整体性的强调和对共时性的强调。

该题考查语言学基础知识，这是历年真题的重要考点，考生在复习时需要重点掌握。该题的得分点包括概念、创立者、代表人物、应用领域、方法特征、地位及影响等。建议复习索绪尔、列维·斯特劳斯、能指、所指、语言学、符号学等相关词条。

---

1 该校该年考查语言学的核心内容。

10. 甲骨学（2019 南京师范大学 名词解释）

甲骨学是研究甲骨文，探究甲骨文自身固有规律的学科，具有系统性和科学性的特点。以此为基础可窥视上古的历史、社会和习俗。甲骨学的代表人物有号称“甲骨四堂”的罗振玉、王国维、董作宾和郭沫若，他们都是著名的甲骨学研究大师。当今，甲骨学已成为一门世界性的学问，已发展成一门成熟的重要学科。

该题考查文字文化，大家比较熟悉的是甲骨文，可从甲骨文入手。该题的得分点包括定义、特点、代表人物、历史以及影响等。建议复习甲骨文、金文、隶书等。

11. 简牍学（2019 南京师范大学 名词解释）

简牍是书写用的竹木片，在纸张发明之前，简牍是中国文字书写的重要载体，而简牍学就是研究这一领域的学科。简牍学主要研究的是简牍的发展历史、出土情况、保护方法以及简牍对于当今社会的价值。王国维是简牍学领域的开拓者和奠基者之一。1970年，简牍学作为一门新兴学科被正式命名，之后该学科发展迅速，如今已成为当代之“显学”。它在研究古代历史、经济、文化以及军事等方面做出了重要贡献。

该题考查文字文化，考生熟悉度不高，答题具有一定的难度，可依据语段材料进行解答。该题的得分点包括研究对象、历史年代、作用以及意义等。建议复习王国维、甲骨学、敦煌学等。

12. 敦煌学（2019 南京师范大学 名词解释）

敦煌学指以敦煌遗书、敦煌石窟艺术、敦煌学理论为主，兼及敦煌史地为研究对象的一门科学，形成于 20 世纪 30 年代。敦煌学与徽州学和藏学齐名，是中国三大文化区域之一。它是研究、发掘、整理和保护中国敦煌地区文物、文献的综合性学科。敦煌地区发现、保存的丰富历史文献和文物是敦煌学研究的基础和对象。

该题考查的是石窟文化，敦煌莫高窟比较出名，大家都比较熟悉，考题不难，但基本常识需要牢固掌握。该题的得分点包括研究对象、形成时间、地点、历史意义和价值等。建议复习中国四大石窟、徽州学、藏学等。

13. 甲骨文（2020 东北师范大学 名词解释）（2019 南京师范大学 名词解释）（2018 中山大学 名词解释）（2017、2019 辽宁大学 名词解释）（2016 西安外国语大学 名词解释）（2019 安徽师范大学 名词解释）（2017 西南科技大学 名词解释）（2016 湘潭大学 名词解释）（2017 山东师范大学 名词解释）

甲骨文是中国的一种古老文字，主要指中国商朝晚期王室用于占卜记事而在龟甲或兽骨上镌刻的文字，又称契文、甲骨卜辞、殷墟文字，是目前能见到的最早的成熟汉字，具有对称、稳定的格局。现在的汉字就是从甲骨文演变而来的。甲骨文是中国及东亚已知最早的成体系的商代文字的一种载体。

该题考查中国古代文化知识，得分点包括特点、意义、用途等。

14. 社会方言（2017 中山大学 名词解释）

社会方言是一种语言的社会变体，与之对应的是地域方言。社会中的人群由于社会分工、交际场合及性别和年龄的差异而被划分为不同的语言集团。在一个语言集团内部，语言使用总是表现出一些不同于其他集团的特点。各种语言集团就是在全民语言的基础上产生的各有特点的语言变体。

该题考查语言学知识。该题的得分点包括定义、产生原因等。

15. 普通话（2017 中山大学 名词解释）

普通话是现代标准汉语的另一个称呼，以北京语音为标准音，以北方官话为基础方言，以典范的现代白话文著作为语法规范的通用语。汉语与普通话是两个概念，推广普通话并不是反对方言，而是要消除交流隔阂。

该题考查语言学知识。该题的得分点包括定义、和方言的关系等。

16. 汉字（2018 上海对外经贸大学 名词解释）

汉字，亦称中文字、中国字、国字，属于表意文字的词素音节文字，由汉族发明并改进，是世界上最古老的四大自源文字（两河流域的楔形文字、古埃及的圣书字、中国商朝的甲骨文、玛雅文字）之一，亦是其中唯一沿用至今的文字。汉字是用于书写汉语普通话及方言的文字，是中国的唯一官方文字，也是新加坡的官方文字之一，目前其确切历史可追溯到商朝的甲骨文。

该题考查汉字。答题时应详尽解释汉字的意义、别称、影响、历史意义等。

17. 英语与拉丁语、希腊语的关系（2019 扬州大学 选择题）

公元前 597 年，奥科斯丁将基督教带入英国，带来许许多多新思想和新风俗，也带来了拉丁语，随后拉丁词汇中大量的宗教术语被英语吸收，而拉丁语是罗马帝国时期的官方语言，曾受到过希腊语的影响。

18. 共时性（2019 扬州大学 选择题）

共时性，英文为 synchronic，是索绪尔提出的一个与“历时性”相对的概念。共时语言学研究语言在某个特定时期表现出的特点以及内在联系。

19. 历时性（2019 扬州大学 选择题）

历时性，英文为 diachronic，是索绪尔提出的一个与“共时性”相对的概念。历时语言学，与共时语言学相反，研究语言在整个历史长河中的变化，以及与其他时代语言特点的异同。

20. 假借（2018 南京航空航天大学 选择题）

假借是“六书”中的一种造字方法，指借用、凭借、借助，用已有的汉字去记录新词。使用假借的方法造词客观上造成了一些同音同形而异义的词，使人不易掌握。严格意义上讲，假借属于用字法，而不属于造字法。

21. 楷书四大家（2020 辽宁大学 名词解释）

楷书四大家是对书法史上以楷书著称的四位书法家的合称，也称四大楷书，分别指唐朝欧阳询（世称欧体）、颜真卿（世称颜体）、柳公权（世称柳体）和元代赵孟頫（世称赵体）。楷书四大家风格迥异，各自的特点十分鲜明，他们的作品在东亚书画史上产生了深远的影响，把中国书法艺术推向了一个历史高潮，为后世的书法写作奠定了坚实的基础。

该题考查中国传统文化的书法部分。对于这种合称类词条，作答时首先要写明该词条所包括的内容，然后说明其意义与影响等。

22. 仓颉造字（2020 南京理工大学 选择题）

仓颉造字，中国古代神话传说之一，仓颉造字的地方叫“凤凰衔书台”。该传说出自《淮南子·本经训》：“昔者仓颉作书，而天雨粟，鬼夜哭。”仓颉，复姓侯刚，号史皇氏，曾把流传于先民中的文字加以搜集、整理和使用，这些文字在创造汉字的过程中起了重要作用，为中华民族的繁衍和昌盛做出了不朽的功绩。但人们普遍认为汉字由仓颉一人创造只是传说，他可能是汉字的整理者，被后人尊为“造字圣人”。

23. 楷书（2018、2019 北京邮电大学 名词解释）

楷，又名正楷、真书、正书。这种汉字字体端正，是现代通行的汉字手写正体字。它由隶书逐渐演变而来，更趋简化，横平竖直。楷书始于汉末，通行至现代，其特点是规矩整齐，是字体中的楷模，所以称为楷书。楷体书法最为著名的四大书法家是唐代的欧阳询、颜真卿、柳公权和元代的赵孟頫。

该题考查中国书法名词，常出现在选择题和名词解释部分。该题的得分点包括定义、特点、演变过程、代表人物等。建议复习隶书、草书、行书等相关词条。

24. 象形文字（2017 西南科技大学 名词解释）（2016 湘潭大学 名词解释）

象形文字是一种最古老的字体，属于表意文字，由图画文字演化而来。埃及的象形文字、苏美尔文、古印度文以及中国的甲骨文都属于象形文字。象形文字写起来复杂，学习难度高，因此渐渐地被更容易学习和初步掌握的拼音文字取代。中国现在的汉字虽然保留了象形文字的特征，但是跟原来的样子相差甚远，所以不属于象形文字，而属于表意体系的语素文字。

25. 篆书（2017 西南科技大学 名词解释）

篆书，隶书之前的一种象形性较强的书体，形成于周代，是早期汉字的自然体现，笔法简单、笔画流畅。篆书分为大篆和小篆，大篆包括甲骨文、金文、籀文、石鼓文等；小篆则是秦国宰相李斯和秦始皇实施书同文采用的字体。李斯是小篆的鼻祖。

26. 乔姆斯基（2019 广东外语外贸大学 名词解释）

乔姆斯基是美国语言学家、哲学家、认识学家、逻辑学家、政治评论家。乔姆斯基是麻省理工学院语言学的荣誉退休教授，是转换生成语法理论的创始人。乔姆斯基的《句法结构》被认为是 20 世纪理论语言学研究上最伟大的贡献。

这是一条文化名人类名词，得分点包括人物简介、经历、代表作品、著作及地位等。

第九节 其他文化

1. 2018 年诺贝尔经济学奖两位科学家（2019 北京外国语大学 名词解释）

2018 年 10 月 8 日，瑞典皇家科学院宣布将 2018 年诺贝尔经济学奖授予保罗·罗默和威廉·诺德豪斯，以表彰二人在创新、气候和经济增长方面做出的杰出贡献。保罗·罗默，1955 年生于美国丹佛，现任纽约大学斯特恩商学院教授。威廉·诺德豪斯，1941 年生于美国阿尔伯克基，目前在耶鲁大学任经济学教授。保罗·罗默的贡献在于技术变革，他的研究展示了知识如何成为推动经济长期增长的动力，并奠定了现被称为“内生增长理论”的基础，解释了创意与其他商品不同，需要特定条件才能在市场中充分发挥作用。诺德豪斯的研究与气候变化密不可分，涉及社会与自然之间的相互作用，他创建了描述全球经济与气候相互作用的定量模型，整合了物理学、化学和经济学的理论与实践结果。

该题考查诺贝尔奖获奖者。考生可从奖项、获奖人、获奖原因等方面作答。建议考生关注诺贝尔奖的相关热点话题，北京外国语大学百科考试比较喜欢考查此点。

2. 黄道十二宫（2018 北京外国语大学 名词解释）

该概念起源于巴比伦占星术。巴比伦人注意到了与太阳同时升起的星星，在黎明之前，可以观察到靠近太阳位置的星星升起，这些星星以一个似乎规则的圆周来回运动。他们将这些星星分为十二组，并给其命名。“黄道十二宫”在占星学上大有用途，古人就以其出发，搭建起一整套复杂而庞大的占星学体系。在全世界，“黄道十二宫”的影响都十分广泛。

该题考查星象知识。考生可从起源、定义、用途等方面作答。此类词条单按照字面意思解释有可能会产生错误，这就要求考生事先了解该知识点，否则会严重失分。

3. 国学（2020 广东外语外贸大学 名词解释）

国学研究我国传统学术文化，包括哲学、史学、文学、考古学、中医学、语言文字学等方面的学问。国学博大精深、源远流长，融合了中华民族五千年的智慧，蕴含大量真理性、科学性内容。

这是一条文化类名词，答题时的得分点包括基本概念、特点等。

4. 美学（2019 暨南大学 名词解释）

美学是关于审美现象的综合性的人文科学，是将以艺术活动为典范的现实审美活动作为研究对象的学问，是一门以人类生存实践为出发点，通过集中审视社会性的审美关系和历史性的审美活动，对审美主客体、审美形态、审美经验、艺术存在和审美及审美教育等进行思考、解释和论述的学科。它以丰富的、现实的审美活动和集中体现审美活动的最典型和最高级的艺术活动为研究对象。美学展开的是对审美关系中主体与客体以及二者之间复杂内容的研究。

该题考查文学概念，几乎是暨南大学每年必考的内容，应重点背诵记忆。该题的得分点包括定义、研究对象、研究意义等。建议复习达达主义、美学研究对象、王国维、狄德罗等相关词条。

5. 普利策奖（2020 广东外语外贸大学 名词解释）（2017、2018 西南政法大学 名词解释）

普利策奖是美国为奖励在报纸、杂志等新闻报道领域和文学、音乐等创作领域的杰出表现所设的奖项，于 1917 年根据美国报业巨头约瑟夫·普利策的遗愿设立，由纽约哥伦比亚大学统筹，已经发展成为全球新闻界的一项最高荣誉，被誉为新闻界的“奥斯卡金像奖”。

这是一条文化类名词，得分点包括奖项内容、创始人、设立历史、地位等。

6. 人类发展指数（2020 广东外语外贸大学 名词解释）

人类发展指数是联合国开发计划署在《1990 年人文发展报告》中提出的用以衡量各国社会经济发展水平的指标，并依此将各国划分为极高、高、中、低四组。只有被列入“极高”组的国家才有可能成为发达国家。此标准的数值根据预期寿命、教育水平和生活质量计算得出，在世界范围内，各国之间可进行比较，是对传统 GDP 指标挑战的结果。

这是一条文化类名词，答题时的得分点包括定义、计算指标等。

7. 农业面源污染（2018 广东外语外贸大学 名词解释）

农业面源污染指在农业生产活动中，未经合理处置的溶解的或固体的污染物，在降水和径流冲刷的作用下，通过农田地表径流、农田排水和地下渗漏进入水体造成的污染。其主要形式有化肥污染、农药污染、农膜污染、秸秆燃烧污染等。农业面源污染量大面广，难以进行集中控制。可以通过发展生态农业、投入资金政策保障、科学合理使用化肥农药等加强污染防治。

这是一条环保类名词，得分点包括含义、主要形式、主要特点、防治措施等。

8. 高科技产业（2018 广东外语外贸大学 名词解释）

高科技产业指当前经济市场上使用高新技术的经济行业。人才和技术培养是发展高科技产业的关键。当前我国高技术产业的投资总量不大，比重较小，但快速增长的态势符合经济转型升级的要求。特别是在传统产业产能过剩、增长乏力的情况下，有利于培育新的经济增长点，减缓了传统产业下滑的影响。总的来看，随着高新技术产业平稳增长的势头进一步巩固，产业规模进一步扩大，高科技产业在为我国传统产业转型升级提供有力支撑的同时，也将进一步成长为支撑我国经济增长的新动能。

这是一条经济类名词，答题时的得分点包括含义、关键点、现状、作用等。

9. 活水的“活”（2020 西安外国语大学 名词解释）

活水指活性较佳的水。陆羽曾有“山水上、江水中、井水下”的妙论。“活”是中国品茶的门道，苏轼曾作“活水还须活火烹”的妙句，只有使用活水才能保留茶香，否则水煮数开，活水变老水，老水泡茶便无味。

该题考查《中国文化读本》第三十四章中的内容。考生可从定义、范畴、作用等方面作答。该题考查的知识非常细，建议考生在复习《中国文化读本》时一定要关注细节。

10. 唐装四要素（2020 西安外国语大学　名词解释）

唐装四要素：一是对襟，女式的多是斜襟，这样的处理既有民俗化的特征，又不失优雅的风韵；二是立领，唐装从上衣前中心开口，立式处理，突出人颈部的美感，又有落落大方的气度；三是连袖，袖子和衣服整体没有接缝，以平面裁剪为主，如女士唐装采用马蹄袖，宽宽大大，显得飘逸洒脱；四是盘扣，由布匹扭结而成，手工制作，彰显品位。

该题考查《中国文化读本》第三十一章中中国服饰的内容。该题考查得较为细致，建议考生答出“四要素”分别是什么，并简要介绍。此外，建议考生关注中国服饰的其他相关内容，如旗袍。

11. 旗袍（2019 西安外国语大学　名词解释）（2019 重庆邮电大学　名词解释）

旗袍是由上海人在 20 世纪 20 年代创造的服饰。旗袍是满族妇女的传统服装和中国南方服饰以及西洋晚礼服的融合，高领、紧身、无袖、两边高开衩，加上烫发、高跟鞋、玻璃丝袜、胸花，充分展现了女性的体态美和曲线美，同时也给人一种踏实、稳重、雅致的感觉。

该题考查《中国文化读本》第三十二章中中国服饰的内容。这一章的服饰部分重点介绍了唐装、旗袍和蜡染。建议考生也关注其他两部分，有可能成为今后的考查点。

12. 吠陀文化（2019 西安外国语大学　名词解释）

公元前 2000 年中叶，印欧语系的雅利安人南下，进入印度次大陆，开启吠陀文化。吠陀原意是“知识”，中国古人译为“明”。吠陀文化得名于流传至今的四部以吠陀为名的神话诗集。

该题考查《自然科学史十二讲》中的古印度文明。考生可从起源、解释、得名由来等方面作答。注意，在吠陀文化之前，还有一种哈拉巴文化，建议考生积累相关知识。

13.《九章算术》（2019 西安外国语大学　名词解释）

《九章算术》是中国古代数学的经典著作，讲述了 9 大类、246 个数学问题的解法，系统总结了战国、秦汉时期的数学成就。它是一本综合性历史著作，是当时最先进的应用数学，其出现标志着中国数学形成完整的体系。

该题考查《自然科学史十二讲》中中国古代的经典著作。考生可从地位、内容、作用等方面作答。这一部分涉及的作品比较多，建议考生掌握相关知识。

14. 神话自然观（2019 西安外国语大学　名词解释）

神话自然观有两个显著特征。一是人神同构，古希腊神话中的神是人神同构的，但与人类并不完全相同，这形成了其独有的有机自然观念；二是具备完备的诸神谱系，这实际是逻辑思维的一种原始形式，突出了秩序、规则的概念，是古希腊理性精神的主要来源之一。这两个特征反映了古希腊人特有的思维方式——思想的对象性和逻辑性。

该题考查《自然科学史十二讲》中古希腊的相关知识。考生可结合书本内容，从特征等方面作答。与之相对的还有“理性自然观”，有可能成为今后的考查重点，建议考生积累相关知识。

15. 第二次科技革命（2019 西安外国语大学 名词解释）

从电磁学革命到电力技术革命，被称为第二次科技革命，发生于 19 世纪中期到 20 世纪初，其革命中心是法国和德国。第二次科技革命将人类带入电力文明时代，推动了社会的进步和发展。

该题考查《自然科学史十二讲》中科技革命与未来的相关知识。考生可从时期、中心、意义等方面作答。建议考生积累三大工业革命的相关知识，并掌握每次革命带来的巨大变革。

16. 信息高速公路（2019 西安外国语大学 名词解释）

信息高速公路是 1993 年初提出的一种新型信息网络。信息高速公路是数字化大容量光纤通信网络，用以把政府机构、企业、学校、科研机构和家庭的计算机联网，能同时高速传送语言、文字、数字、图形、图像的通信网络。

该题考查《自然科学史十二讲》中科技革命与未来的相关知识。本题考点在书中描述不多，考生准确答出书本内容即可。信息技术的发展是这一章中考生需要关注的知识点，该知识点和时事热点科技话题结合得比较紧密，容易成为考点。

17. 汴梁（2018 西安外国语大学 名词解释）

汴梁（今河南开封）是北宋时期的都城，人口超过一百万，是当时世界上最大的城市，而且其商业繁荣程度胜过当年的长安。北宋时期，城市临街设店蔚然成风，在汴梁城内，街道两旁、沿河地道、人群聚居场所都分布着大量的商店，既促进了城市生活的繁荣，也展现了北宋都城的繁华景象。

该题考查《中国文化读本》第二十九章中的内容。这一章是通过《清明上河图》介绍汴梁城，内容分布得比较散，建议考生从中提炼主干，组成答案。这也是命题老师今年的考查方向之一：提炼、概括能力。

18. 祭天的“天”（2018 西安外国语大学 名词解释）

祭天的“天”与基督教的上帝有很大不同，它不是一个人格神，被祭祀的“天”虽然保留神性，但同时更是大自然的象征。中国人倾向于将“天”看作一种化生万物的自然力量。在中国文化的发展中，对天敬畏的思想一直没有改变，但天神崇拜的宗教性的一面日渐淡化，哲学家、思想家更愿意将天看作生生不息的创造源泉。

该题考查《中国文化读本》第六章中的内容。考生可从解释、地位、作用等方面作答。建议考生在答题时结合书本内容，提炼关键意思。

19. 养之不素则病生的“素”（2018 西安外国语大学　名词解释）

养之不素则病生的“素”是人生命的根本，也就是人生命的平衡态。中医是奉行中道的医学，和谐是防病治病所奉行的最高原则。

该题考查《中国文化读本》第十一章中的内容。该题考查较细，准确答出书本内容即可。此外，提醒考生关注这一章的其他古文句子。

20. “天知、神知、我知、子知”（2018 暨南大学　选择题）

“天知、神知、我知、子知”最早是汉代人杨震说的。有人给杨震送礼，杨震拒收，对方说无人知道，杨震便说：“天知，神知，我知，子知，何为无知？”意为“天知道，神知道，我知道，你知道，怎么说没人知道？”该句表现了杨震的清廉自律。

21. 禅宗（2016 西安外国语大学　名词解释）（2016 国际关系学院　名词解释）（2019 重庆邮电大学　名词解释）（2016 重庆大学　名词解释）（2019 北京林业大学　名词解释）

禅宗，又称佛心宗，是中国的佛教宗派，佛教主张修习禅定，因此得名。据传，其创始人为菩提达摩。禅宗的祖庭有河南少林寺、安徽岳西二祖寺、天柱山三祖寺、湖北黄梅四祖寺、五祖寺以及广东南华寺等。

22. 二手烟（2020 南京大学　名词解释）

二手烟，又称被动吸烟、环境烟草烟雾，指烟草产品燃烧端释放出的烟雾，包含数千种有害化学物质和数十种致癌物质。非自愿吸取其他吸烟者喷吐的烟雾的“强迫吸烟”或“间接吸烟”行为会对人体健康造成伤害，对少年儿童造成的危害尤为严重。它也是危害最广泛、最严重的室内空气污染，是全球重大死亡原因之一。现在在很多公共场所已建立吸烟区，划定出独立的吸烟场所，这是减少二手烟的有效途径。

该题考查社会文化基本常识，该题的得分点包括定义、有害物质、健康危害、受害群体、其他危害、应对措施等。建议复习电子烟、吸烟区等相关词条。

23. 阅兵（2020 南京大学　名词解释）（2016 中山大学　选择题）[1]

阅兵是对武装力量进行检阅的仪式。阅兵仪式历史久远，古代就有阅兵记录，如明朝的明成祖阅兵、清朝的乾隆阅兵等。现代阅兵通常在国家重大节日，迎送国宾和军队出征、凯旋、校阅、授旗、授奖、大型军事演习时举行，如开国大典阅兵、国庆阅兵、胜利日阅兵等。阅兵主要是为了庆祝、致敬，展示部队建设成就，也是为了让国家展示军威，鼓舞士气。自从中华人民共和国成立，阅兵就是国庆大典的一项极为重要的内容。从 1949 年至今，我国共举行了 15 次阅兵，时间分别是 1949 年、1950 年、1951 年、1952 年、1953 年、1954 年、1955 年、1956 年、1957 年、1958 年、1959 年、1984 年、1999 年、2009 年、2019 年。

1　该校该年考查没有举行阅兵仪式的年份。

该题考查国家文化常识，得分点包括定义、历史、活动内容、活动目的、活动意义等。相关时事为 2019 年 10 月 1 日，在北京天安门广场隆重举行了庆祝中华人民共和国成立 70 周年大会，庆祝大会后举行了盛大的阅兵式。

24. 女性主义（2020 南京大学 名词解释）

女性主义，又称女权主义、妇女解放、女性解放，指为结束性别主义、性剥削、性歧视和性压迫，促进性阶层平等而创立和发起的社会理论与政治运动。批判之外也着重于性别不平等的分析以及推动性底层的权利、利益与议题，包括生育权、教育权、性别歧视等。女性主义的目的在于了解不平等的本质并消除思想、观念、伦理等方面的不平等。女性主义运动是一个跨越阶级与种族界线的社会运动。

该题考查社会文化知识，这是历年真题的高频考点，南京大学 2018 年已考查过相关词条，考生应重点掌握此考点。考生在背诵词条时应了解其对社会的深远影响。该题的得分点包括别称、定义、目的、议题等。建议复习性别歧视、种族歧视、女权主义运动等相关词条

25. 女权主义运动（2018 南京大学 名词解释）

女权主义运动是由女权革命家领导的反对歧视女性，实现男女平等的社会运动。其目的是为妇女争取在政治、经济、文化、社会及家庭各个方面的平等权利，使她们获得应有的社会地位和权利，具有与男子同等的地位，并能按自己的意愿选择职业和生活方式。女权主义运动的主要成就是消除了几千年的男权制。

该题考查社会文化知识，这是历年真题的高频考点，考生要重点掌握。考生在背诵词条时应当了解女权主义运动对社会的深远影响。该题的得分点包括别称、定义、领导主体、目的等。建议复习女性主义、性别歧视、种族歧视等相关词条。

26. 年鉴（2019 南京大学 名词解释）

年鉴是按年度连续出版的资料性信息密集型工具书，主要内容是全面系统、准确地记述上年度事物运动、发展状况，汇辑一年内的重要时事、文献和统计资料。具有资料权威、反应及时、连续出版、功能齐全的特点。它博采众长，包括年表、图录、书目、索引、统计资料、指南等。

该题考查社会文化基础知识，考生应对其有基本了解。该题的得分点包括概念、主要内容、特点、类别等。

27. 东方主义（2019 南京大学 名词解释）

东方主义是研究东方各国的历史、文学、文化等学科的总称，是旧时西方对东方旧式文化的一种偏见性思维方式，具有贬义色彩。它是西方对东方控制下的各种文化再现，是围绕欧洲中心论产生的一整套针对东方的学术规则、思维方式、统治制度。代表人物萨义德在其著作《东方学》中清晰表达并宣扬了此观点。

该题考查文化知识，这是历年真题的高频考点，考生要重点掌握。该题的得分

点包括基本释义、性质、属性等。

28. 冬奥会（2019 南京大学　名词解释）（2017 北京大学　名词解释）（2017 中山大学　选择题）[1]

冬奥会，全称为冬季奥林匹克运动会，是国际奥林匹克委员会主办的世界性冬季项目运动会。冬季奥运会每隔 4 年举行一届，并与夏季奥林匹克运动会隔 2 年举行，按实际举行次数计算届数。该赛事的主要特征是在冰上和雪地进行冬季运动，如滑冰、滑雪等适合在冬季进行的项目。参与国分布在世界各地，包括欧洲、非洲、美洲、亚洲、大洋洲等。2018 年第 23 届冬季奥运会在韩国平昌举行。2015 年 7 月 31 日，北京获得 2022 年冬季奥运会主办权。

该题考查体育赛事常识，同时这也是考生应当关注的时事热点，是历年真题的重要考点。相关时事为第 24 届冬奥会将于 2022 年 2 月 4 日至 2022 年 2 月 20 日在中国北京市和河北省张家口市举行。该题的得分点包括全称、主办机构、赛事类型、举办周期、主要特征、参与国等。建议复习夏季奥运会、残奥会等相关词条。

29. 鸟巢（2019 南京大学　名词解释）

鸟巢指位于北京奥林匹克公园中心的大型体育场馆，曾举办过 2008 年北京夏季奥运会，并将作为 2022 年北京冬季奥运会的主体育场。现已成为国家标志性建筑和奥运遗产，奥运会后多用作北京市民参与体育活动及享受体育娱乐的场所。因为体育场的形态如同孕育生命的“巢”和摇篮，因此被称作“鸟巢”，寓意寄托着人类对未来的希望。

该题考查体育基础常识，得分点包括地点、参与赛事、主要作用、设计者、设计理念、设计特点、建筑地位等。建议复习奥运会、水立方等相关词条。

30. 水立方（2019 南京大学　名词解释）

水立方指位于北京奥林匹克公园内的大型游泳馆，曾作为 2008 年北京夏季奥运会的主游泳馆，是 2008 年北京夏季奥运会标志性建筑物之一。因为“水的立方”的设计方案而被称为“水立方”。水立方与鸟巢共同形成相对完整的北京历史文化名城形象。奥运会后成为具有国际先进水平的中心场所，成为北京市民游泳、运动、健身、休闲的场所。

该题考查体育基础常识，得分点包括地点、参与赛事、场馆用途、设计方案、设计特色、外界评价等。建议复习奥运会、鸟巢等相关词条。

31. 吉祥物（2019 南京大学　名词解释）

吉祥物，又称萌物，是人类原始文化的产物，是原始的人类在和大自然的斗争中形成的。人类以生存需要为中心，在发展过程中自然就形成趋吉避邪的本能。吉祥物通过属性延长、谐音取意、传说附会等途径演化而成。寿吉祥物有鹿、鹤、松树、桃子，子吉祥物有兔子、鸡、百合、石榴。奥运会、世界杯等国际赛事也分别有各自的赛事吉祥物。

1　该校该年考查 2018 年第 23 届冬季奥运会的举办地。

该题考查文化常识，这是历年真题的重要考点。相关时事：2022 年北京冬奥会吉祥物名为“冰墩墩”，形象来源于国宝大熊猫；冬残奥会吉祥物为“雪容融”，形象来源于中国传统文化符号大红灯笼。该题的得分点包括基本释义、历史来源、演化途径、主要观念等。建议复习 2022 年北京冬季奥运会、伦敦奥运会等相关词条。

32. 婴儿潮（2018 南京大学 名词解释）

婴儿潮指在某一时期及特定地区，出生率大幅度提升的现象。通常是因为农作物丰收、打赢战争及赢得体育竞赛等振奋人心的因素，或者是迷信的因素。这个词的首次出现是指美国第二次世界大战后的“4664”现象，即从 1946 年至 1964 年，这 18 年间人口高涨的现象。

该题考查社会文化知识，这是历年真题的重要考点。该题的得分点包括定义、出现原因、首次出现的缘由等。

33. 上海合作组织（2019 南京师范大学 名词解释）（2011、2017 南开大学 名词解释）

上海合作组织，简称上合组织（SCO），是中国、哈萨克斯坦、吉尔吉斯斯坦、俄罗斯、塔吉克斯坦、乌兹别克斯坦于 2001 年在中国上海宣布成立的永久性国际组织。上合组织对内遵循“互信、互利、平等、协商、尊重多样文明、谋求共同发展”的“上海精神”，对外奉行不结盟、不针对其他国家和地区及开放的原则。它是唯一一个在中国境内成立，以中国城市命名，总部设在中国境内的区域性国际组织。

该题考查组织机构名称，是 2013 年南京师范大学的真题，考生要重点掌握。该题的得分点包括英文缩写、成员国、原则、性质、意义和影响等。建议复习石油输出国组织、G20、UNESCO 等相关词条。

34. 文明体系（2018 南京师范大学 名词解释）

文明体系的形成是一个民族的历史积淀，美国政治学家塞缪尔·亨廷顿提出了八大文明体系，该观点记载于其著作《文明的冲突》中。他对文明体系进行划分的依据是宗教，他将文明分别划分为：基督教文明、伊斯兰文明、东正教文明、儒教文明、日本文明、拉美文明、佛教文明、非洲文明。不同文明体系的形成都离不开特定的地理环境、人口因素以及社会的发展状态。

该题考查历史文化，概念比较常见，但解释起来并不容易。考生可从形成原因、提出人物、类别、划分依据以及影响等方面进行解答。建议复习赎罪、佛教文明、《文明的冲突》等。

35. 叙事艺术（2019 山东大学 名词解释）

叙事艺术是一门研究叙事作品的艺术，叙事作品包括神话、民间故事、小说等类型。叙事艺术包括叙事手法和情节结构手法。叙事手法是指作者是如何叙述的，包括叙事视角、叙事人称、叙事方式；情节结构手法是作者在安排开端、发展、高潮、结局的过程中综合运用的各种技巧，比如线索、悬念、伏笔、对比、衬托等。

该题考查文学术语。考生可从定义、研究对象、类型等方面作答。山东大学会在试题中考查一些抽象概念，考生平常要注意积累。

36. 民族特点（2019 山东大学　名词解释）

民族特点，即各个民族在政治、经济、文化、风俗习惯等方面的特点。各民族生活区域内的自然环境、经济发展水平等形成了各民族独特的特点。中国有 56 个民族，为了更好地团结各族人民，党从中国国情出发，把马克思主义普遍原理和各民族的具体情况结合起来，更好地建设国家。

该题考查文化术语。考生可从定义、影响因素等方面作答。建议考生在答题时结合本国特点，使解释更加完整。

37. 文化遗产（2019 山东大学　名词解释）

文化遗产指具有历史、艺术、科学等文化保存价值，并经政府机构或国际组织认定的物品。在概念上可分为有形文化遗产和无形文化遗产。有形文化遗产包括历史文物、历史建筑、人类文化遗址等；无形文化遗产包括民间文学、表演艺术、手工制品、传统节日庆典等。文化遗产有利于保护文化的多样性，在不同文化的相互交流和协调中起着至关重要的作用。

该题考查文化术语。考生可从含义、类型、意义等方面作答。该题和下个词条属于同一范畴，考生可一起积累记忆。

38. 文物（2019 山东大学　名词解释）

文物指人类在社会生活中遗留下来的具有历史、艺术价值的事物，包括具有突出价值的建筑物、碑刻、雕塑、书籍、书法、绘画等和具有考古性质成分或结构的铭文、洞窟等。文物具有社会教育、历史借鉴、科学研究等方面的作用。

该题考查文化术语，考生可从定义、类型、作用等方面作答。该题和上个词条属于同一范畴，考生可一起积累记忆。

39. 学术研究（2019 山东大学　名词解释）

学术研究指通过借助已知的理论、知识、经验对科学问题进行假设、分析、探讨并得出结论，其结果力求符合事物的客观规律，在某种程度上达到对未知科学问题的揭示。随着现代科学技术的发展，学术研究更趋向于科学、规范和系统化，技术更为先进，手段更为多样化，成果更是丰盛浩繁，显示出人类社会及其科学文明的不断进步与发展。

该题考查文化术语。考生可从含义、发展、意义等方面作答。此外，这是一个较为专业的名词，在答题时注意语言的严谨性，忌随意。

40. 传统文化（2019 山东大学　名词解释）

传统文化是因文明演化而汇集成的一种反映民族特质和风貌的民族文化，是各民族历史上各种思想文化、观念形态的总体表征。世界各地、各民族都有自己的传统文化，中国的传统文化以儒家为内核，同时也受道教、佛教文化的影响，包括古文、民族音乐、民族戏剧、国画、书法等。传统文化既是民族振兴的精神动力，又是建设先进文化的重要基础。

该题考查文化术语。考生可从定义、特点、内容、意义等方面作答。该题考查的是大概念词汇，建议考生在答题时结合本国传统文化的相关知识。

41. 个人色彩（2018 山东大学 名词解释）

个人色彩指带有某个人的印记。比如某件制作品，作者有其自身的风格；某本书籍，作者也有其风格。个人色彩就是一个人不同于别人的个性鲜明的审美、价值观、世界观及言论。不同的人有不同的色彩，每种个人色彩都是独一无二的。

该题考查文化艺术知识，得分点包括定义、特点等。建议复习个人风格、主观色彩等相关词条。

42. 环保主义者（2018 山东大学 名词解释）

环保主义者指以环境保护主义作为行为准则或信仰的人。环境保护主义是 20 世纪 70 年代初在西方国家兴起的绿色运动的基础上产生的一种社会思潮，其核心思想是维持生态平衡（尤其是自然生态的原始面貌）是人类的职责和需要。他们认为人类的环境利益高于其他一切追求，诸如政治目标、经济效益等。这些人对环境保护事业做出了积极贡献。

该题考查生态知识，得分点包括定义、出现时期、思想、特点以及意义等。建议复习环境保护、绿色生态等相关词条。

43. 公共图书馆（2018 山东大学 名词解释）

公共图书馆指由国家中央或地方政府管理、资助和支持的，免费为社会公众服务的图书馆，是人类社会文明发展的产物。馆内提供非专业的图书（包括通俗读物、期刊和参考书籍）、公共信息、互联网的连接及图书馆教育，也会收集与当地特色有关的书籍和资讯，并提供社区活动的场所。其服务对象从儿童到成人，即所有的普通居民。

该题考查社会文化知识，得分点包括定义、特点、作用等。建议复习图书馆、公园等相关词条。

44. 青少年（2018 山东大学 名词解释）

青少年指在青春期年龄段的人，青春期是儿童转变为成人角色的过渡时期，即指年龄为 10 到 19 岁的人。年龄较小的青少年指的是 10 到 14 岁的孩子，而年龄较大的青少年指的是 15 到 19 岁的孩子，一般是指从上初中到高中毕业这个阶段。古时指年轻的男女，今指青年和少年。

该题考查生物生活知识，得分点包括定义、年龄段、特点等。建议复习幼年、童年、中年、老年等相关词条。

45. 生态（2018 山东大学 名词解释）

生态是源于古希腊的外来词，原指住所或者栖息地。而如今，关于其概念早已超出了它的本义。环境是与生态如影随形的。生态是指生物在一定的自然环境下生存和发展的状态，也指生物的生理特性和生活习性。也可以说，生态就是一切生物的生存状态，以及生物之间和生物与环境之间环环相扣的关系。目前，“生态”一词涉及的范畴越来越广，人们常常用“生态”来定义许多美好的事物，如健康的、美的、和谐的事物均可用“生态”来修饰。

该题考查生态知识，得分点包括来源、含义、特点等。建议复习生态系统、生态平衡等相关词条。

46. 电子计算机（2018 武汉大学 选择题）

电子计算机，俗称电脑，是第三次科技革命中最具有划时代意义，并得到迅速发展和广泛应用的科学技术。由于电子计算机技术的更新越来越快，应用功能越来越多，可以广泛应用于原子能开发利用、航天技术、遗传工程的研究之中；电子计算机技术渗透到社会生活的各个领域，并直接导致信息技术产业的出现。

47. 亚文化（2019 南开大学 名词解释）

亚文化，又称集体文化或副文化，是 1950 年由大卫·雷斯曼提出的，指与主文化相对应的那些非主流的、局部的文化现象，是属于某一区域或某个集体所特有的观念和生活方式。20 世纪 50 年代，第二次世界大战后出现了婴儿潮的现象，在西方世界，以青少年为主体的年轻文化逐渐受到重视。按照罗伯逊的分类方法，亚文化可以分为人种的亚文化、年龄的亚文化、生态学的亚文化等。亚文化拥有自己独特的价值与观念，它的影响力通常比主文化更大，直接影响人们生存的社会心理环境，显现人的特殊身份和气质。

该题考查文化基础知识，这是历年真题的高频考点，考生应重点掌握。该题的得分点包括定义、提出者、提出时间、文化起源、分类方法、影响及作用等。建议复习婴儿潮、大众文化、女权运动等相关词条。

48. 动画（2019 南开大学 名词解释）

动画是一种综合艺术，是集中表现绘画、摄影、音乐等众多艺术门类的一种表现形式。动画起源于 19 世纪上半叶的英国，兴盛于美国。1892 年，在巴黎葛莱凡蜡像馆，埃米尔·雷诺首次向观众放映光学影戏，标志着动画的正式诞生。中国动画起源于 20 世纪 20 年代。经过了百年的发展，动画的艺术魅力深受越来越多的人喜爱，动画产业也逐渐走向成熟。

该题考查社会文化基础知识，这是历年真题的重要考点。该题的得分点包括定义、起源时间、地点、诞生标志、发展和影响等。建议复习漫画、大众文化、亚文化等相关词条。

49. 清洁能源（2019 南开大学 名词解释）

清洁能源指不排放污染物的能源，包括核能和可再生能源。狭义的清洁能源是指可再生能源，这些能源消耗之后可以恢复、补充，很少产生污染。广义的清洁能源则包括在能源的生产及消费的过程中，选用对生态环境低污染或无污染的能源，如天然气、清洁煤和核能等。

该题考查生态环境知识，这是历年真题的高频考点，复习时需要重点掌握。该题的得分点包括定义、组成分类、狭义概念、广义概念等。建议复习可再生能源、温室气体、温室效应、气候变化等相关词条。

50. 环保主义（2019 南开大学　名词解释）

在政治言论斗争中，环保主义是一种倡导自然环境的保存、恢复和改善的意识形态，包括保护自然资源、污染防治和合理利用土地等行为。其主要思想是人与自然和谐相处，不给地球、环境造成更大的伤害。

该题考查社会文化常识，是历年真题的重要考点。该题的得分点包括定义、具体例子、主要思想等。建议复习环境保护、清洁能源、碳足迹等相关词条。

51. 亚马逊（2018 南开大学　名词解释）

亚马逊是美国最大的网络电子商务公司，由杰夫·贝佐斯于 1995 年创立，总部位于美国华盛顿州的西雅图，是最早开始经营网络电子商务的公司之一。其经营范围从一开始的书籍逐渐扩大到电子产品、家居产品等。它促进了电子商务行业的发展，现已成为全球第二大互联网企业、世界 500 强企业之一和全球商品品种最多的网上零售商。

该题考查社会文化常识，是历年真题的重要考点。电子商务是社会热门话题，考生应掌握相关词条。该题的得分点包括定义、创立者、成立时间、总部地点、经营范围、影响等。建议复习电子商务、网购、第三方支付等相关词条。

52. 应用软件（2018 南开大学　名词解释）

应用软件是和系统软件相对应的，针对不同领域的应用需求为用户提供的各种程序设计语言及其编制的应用程序。应用软件由应用软件包和用户程序构成。它的主要功能是拓宽计算机系统的应用领域，如网络通信、媒体播放、企业工作管理等。应用软件的主要分类有互联网软件、多媒体软件、商务软件等。

该题考查社会文化常识，是历年真题的重要考点。该题的得分点包括定义、构成、主要功能、应用领域、分类等。建议复习移动支付、第三方支付、电子商务等相关词条。

53. 诺贝尔文学奖（2018 南开大学　名词解释）（2016 暨南大学　名词解释）（2017 北京语言大学　名词解释）

诺贝尔文学奖是根据诺贝尔 1895 年的遗嘱，将奖金颁给在文学方面创作出具有理想倾向的最佳作品和一年来在文学方面对人类做出最大贡献的人。诺贝尔捐献全部财产设立基金，把每年的利息作为奖金。瑞典政府根据他的遗嘱建立了诺贝尔基金会，文学奖是把其基金的年利息按五等分授予的其中之一，该奖由瑞典文学院颁发。

该题考查社会文化知识，是历年真题的高频考点，考生应重点掌握。该题的得分点包括创立时间、提出者、表彰对象、创立由来、颁发单位等。诺贝尔奖其他领域获得者的人物背景也是需要掌握的。建议复习川端康成、莫言、詹姆斯·艾利森、本庶佑等相关词条。

54. 相声（2019 东北师范大学 名词解释）

相声，国家级非物质文化遗产之一，是一种民间的说唱曲艺形式，表现形式为说、学、逗、唱，主要采用口头形式表演，分为单口相声、对口相声和群口相声等。这种艺术形式源于华北，在京津冀地区流行，后来在全国以及海外得以普及。迄今为止，著名的相声演员有张寿臣、马三立、侯宝林、刘宝瑞、马季、姜昆、郭德纲、于谦和岳云鹏等。

55. WiFi（2018 东北师范大学 名词解释）

WiFi，全称为 Wireless Fidelity，是一种允许电子设备连接到一个无线局域网（WLAN）的技术。它最大的优点是传输速度较高，可与各种设备兼容。其连接到无线局域网时通常是有密码保护的，但也可以是开放的，这样就使得任何在 WLAN 范围内的设备都可以连接上。

该题考查计算机知识，专业性强，对考生来说较为陌生，需要多花时间记忆。该题的得分点包括定义、优点、使用特点等。建议复习路由器、4G、5G 等相关词条。

56. 帽子戏法（2018 东北师范大学 名词解释）

帽子戏法，本为魔术表演的一种，指演员从魔术帽中变出鸽子等物品（一般以三只为限），最早源于童话《爱丽丝漫游奇境记》。现用于足球领域，指一名球员在同一场比赛中连进三球，但不包括在决定比赛胜负的点球大战中的进球，意为像魔术师变戏法一样，让人惊奇和赞叹。另外，人们还用“帽子戏法”形容连续三次的成功。

该题考查体育领域术语，需要考生在平时有一定的积累。该题的得分点包括定义、来源、用法等。建议复习乌龙球、点球、梅开二度等相关词条。

57. 夏季奥林匹克运动会（2017 中山大学 选择题）[1]

夏季奥林匹克运动会，简称夏奥会，是国际奥林匹克委员会主办的世界性夏季项目运动会，每四年举行一次。2008 年在中国北京举办了第 29 届夏季奥林匹克运动会。2020 年 3 月 30 日，国际奥委会、东京奥组委、日本政府联合宣布，受新型冠状病毒性肺炎疫情影响而被迫推迟的第 32 届 2020 东京奥运会将于 2021 年 7 月 23 日至 8 月 8 日举行。

58. 唐装（2020 上海对外经贸大学 名词解释）

唐装指西式裁剪的具有马褂特点的一种服装，而不是唐朝的服装。唐装是 20 世纪形成的服装样式。它是在清代满人服装（主要是马褂）的基础上发展而来的，并融入了一些西方服装的元素，男女款式都有。唐装的四大要素是对襟、立领、连袖、盘扣。

该题考查中国服饰，得分点包括含义、形成时间、样式区别等。

59. 苏绣（2020 上海对外经贸大学 名词解释）

苏绣是汉族优秀的民族传统工艺之一，主要产生于苏州一带，现已遍布很多地区。

1 该校该年考查第 32 届夏季奥林匹克运动会的举办国。

苏绣有“以针作画、巧夺天工”的美名。清代是苏绣的全盛时期。刺绣是针线在织物上绣制的各种装饰图案的总称，是中国民间传统手工艺之一，在中国至少有两三千年的历史。刺绣又分为丝线刺绣和羽毛刺绣两种。中国刺绣主要有苏绣、湘绣、蜀绣和粤绣四大门类。

该题考查中国民间艺术，得分点包括含义、影响、发源地等。同时应解释刺绣的含义，并列出中国的四大刺绣种类，以完善回答。

60. 石库门（2020 上海对外经贸大学 名词解释）

石库门是一种融汇了西方文化和汉族传统民居特点的新型建筑，是最具上海特色的居民住宅。这种建筑大量吸收了江南地区汉族民居的式样，以石头做门框，以乌漆实心厚木做门扇，这种建筑因此得名“石库门”。

该题考查上海老建筑特色，得分点包括石库门的含义、样式等。

61. 二十四节气（2019 上海对外经贸大学 名词解释）（2020 暨南大学 选择题）[1]

二十四节气是干支历中表示自然节律变化以及确立“十二月建”的特定节令。二十四节气分别是：立春、雨水、惊蛰、春分、清明、谷雨、立夏、小满、芒种、夏至、小暑、大暑、立秋、处暑、白露、秋分、寒露、霜降、立冬、小雪、大雪、冬至、小寒、大寒。二十四节气是中华民族悠久历史文化的重要组成部分，凝聚着中华文明的历史文化精华，表达了人与自然宇宙之间独特的时间观念，蕴含着中华民族悠久的文化内涵和历史积淀。它指导着农业生产，影响着古人的衣食住行以及文化观念。

该题考查二十四节气，得分点包括含义、划定方法、历史意义、作用等。

62. 姓氏（2018 上海对外经贸大学 名词解释）

姓氏指表明家族的字。姓和氏本是区分开来的，姓起于女系，氏起于男系。后来说的姓氏，专指姓。姓氏是标示家族血缘关系的符号。中华古姓来源于图腾崇拜，也就是氏族徽号或标志。姓氏传承了中华文明，推动了国学发展。

该题考查姓氏。答题时需列出姓氏的含义、来源、历史影响等。

63. 避讳（2018 上海对外经贸大学 名词解释）

避讳指封建时代为了维护等级制度的尊严，在说话和写文章时遇到君主或尊亲的名字都不直接说出或写出的社会现象，用于表示尊重，避免利用名字进行人身攻击，从而冒犯君主或尊亲超然的地位。该词语出自《淮南子·要略》《颜氏家训·风操》《蒲剑集·屈原考》等。《公羊传·闵公元年》说：“春秋为尊者讳，为亲者讳，为贤者讳。”这是古代避讳的一条总原则。

该题考查避讳。答题时需指出避讳的具体含义、来源等。

64. 历法（2020 宁波大学 名词解释）（2017 国际关系学院 名词解释）

历法是用年、月、日等时间单位计算时间的方法。历法主要分为阳历、阴历和阴阳

---

1 该校该年考查二十四节气中的第六个节气——谷雨。

历三种。阳历即太阳历，历年为一个回归年，现在国际通用的公历（西历）即为阳历的一种；阴历亦称月亮历，或称太阴历，历年为 12 个朔望月，大月 30 天，小月 29 天，伊斯兰历即为阴历的一种；阴阳历的平均历年为一个回归年，历月为朔望月，因为 12 个朔望月与回归年相差太大，所以阴阳历中设置闰月，中国的农历就是阴阳历的一种。

该题考查天文术语。考生可从定义、分类及简要介绍等方面作答。该题属于比较难的知识点，概念较抽象，不易背诵，考生需要多下功夫。

65. 巴西奥运会（2017 宁波大学　名词解释）

巴西奥运会指第 31 届夏季奥林匹克运动会，举办地是巴西的里约热内卢，举办时间为 2016 年 8 月 5 日至 2016 年 8 月 21 日，主会场为马拉卡纳体育场；比赛项目有 28 个大项，306 个小项；口号是“一个新世界”；吉祥物为维尼休斯；参赛运动员共有 10 500 名。

该题考查国际运动赛事，得分点包括巴西奥运会的举办地、举办时间、会场、项目数、吉祥物、口号、参赛人数等。

66. 下半旗志哀（2016 宁波大学　选择题）（2018 暨南大学　选择题）

下半旗志哀，也称降半旗志哀，是国际上通用的志哀惯例，始于 1612 年的英国。当时，一艘船在执行搜寻任务时，船长被杀害，英国首次降半旗志哀，后来就变成国际通用礼节。所谓下半旗，并不是将国旗下降至旗杆的一半处，也不是直接把国旗升至旗杆的一半处，而是先将国旗升至杆顶，然后再将国旗下降到离杆顶约三分之一处。《中华人民共和国国旗法》第十六条规定，在直立的旗杆上升降国旗，应当徐徐升降。升起时，必须将国旗升至杆顶；降下时，不得使国旗落地。

67. 110 米栏（2020 暨南大学　选择题）

110 米栏，110 米跨栏的简称，是田径中的一种径赛项目，也是奥运会项目。110 米栏由 110 米直道和跑道上的 10 个跨栏组成，运动员要分别跨过这 10 个栏并首先冲到终点，才算获胜。

68. 空手道（2018 暨南大学　选择题）

空手道是日本传统格斗术结合琉球武术唐手形成的，起源于日本武道和琉球的唐手。空手道有三大禁忌，分别是：用脚；用肘；出击触及对方身体。

69. 围棋（2018 暨南大学　选择题）

围棋，一种策略型两人棋类游戏，源于中国。传说围棋是帝尧所作，春秋战国时期即有记载，隋唐时经朝鲜传入日本，流传到欧美各国。中国古时称“弈”，西方称“Go”。围棋共有 361 枚棋子，其中黑棋有 181 颗，白棋有 180 颗。围棋的棋盘其实有很多种，我们生活中最常见的棋盘就是由 19 条纵横线组成的，总共形成了 361 个交叉点，每一个交叉点对应一颗棋子。

70. 京师同文馆（2018 上海大学　名词解释）

京师同文馆是中国近代第一所新式学校，由洋务派于 1862 年创建。最初这是一所外国语专门学校，目的是培养清政府所需要的外事专业人才。之后陆续增设近代学科，包括算学、天文地理、矿学等，成为名副其实的近代学校，于 1902 年并入京师大学堂。

该题考查近代文化知识，难度较高。该题的得分点包括时间、性质、目的、教学内容、意义、影响、后续发展等。

71. 国别文化（2019 扬州大学 选择题）

国别文化是以国家为划分文化的社会依据，以国家特有的历史与国情为基础，有着鲜明的民族特色和地域特色的文化。中国文化属于国别文化，又称中华文化、华夏文化、炎黄文化。

72. 英国诺贝尔奖得主最多的五所院校（2019 扬州大学 选择题）

英国诺贝尔奖得主最多的五所院校分别是剑桥大学、牛津大学、伦敦大学学院、曼彻斯特大学和伦敦政治经济学院。

73. 素质教育（2018 南京航空航天大学 选择题）

素质教育是依据《教育法》规定的国家教育方针，着眼于受教育者及社会长远发展的要求，以面向全体学生、全面提高学生的基本素质为根本宗旨的教育。素质教育是中国教育的一个长期发展目标，以提高民族素质为宗旨，注重培养受教育者的态度、能力，促进他们在德智体美等方面生动、活泼、主动地发展。

74. 谦称（2017 南京航空航天大学 选择题）

谦称是表示谦虚的自称。古人称谓中，一般总是对自己用谦称，对别人和长辈用敬称，对平辈和晚辈可以相对随意些。古代君主自称孤、朕、寡人、不谷。一般人自称臣、仆、愚、蒙、不才、不佞、在下、下走、下官、鄙人等。女子自称一般用妾、奴等。对他人称自己的妻子一般用拙荆、贱内、内人、山荆，称自己的儿子用小儿、犬子、小犬，称女儿用息女、小女等。

75. 干支纪年法（2017 南京航空航天大学 选择题）（2019 上海大学 选择题）

干支纪年法是中国自古以来就一直使用的纪年方法。干支是十天干和十二地支的总称。十天干有：甲、乙、丙、丁、戊、己、庚、辛、壬、癸。十二地支有：子、丑、寅、卯、辰、巳、午、未、申、酉、戌、亥。把干支顺序相配正好六十为一周，周而复始，循环记录。按照顺序，以下为六十种排列：甲子、乙丑、丙寅、丁卯、戊辰、己巳、庚午、辛未、壬申、癸酉、甲戌、乙亥；丙子、丁丑、戊寅、己卯、庚辰、辛巳、壬午、癸未、甲申、乙酉、丙戌、丁亥；戊子、己丑、庚寅、辛卯、壬辰、癸巳、甲午、乙未、丙申、丁酉、戊戌、己亥；庚子、辛丑、壬寅、癸卯、甲辰、乙巳、丙午、丁未、戊申、己酉、庚戌、辛亥；壬子、癸丑、甲寅、乙卯、丙辰、丁巳、戊午、己未、庚申、辛酉、壬戌、癸亥。年份换算成干支纪年的计算公式：天干 =（年份-3）/10……余数，余数为几就数几个天干；地支 =（年份-3）/12……余数，同上。如 2013 年为（2013-3）/10……余数为 0，天干为癸；（2013-3）/12……余数为 6，地支为巳，所以 2013 年为癸巳年。

76. 天干（2018 国际关系学院 名词解释）

“天干”是中国古代人创立的独特历法天干地支中的一部分，犹如树之干，总共有十干，分别为甲、乙、丙、丁、戊、己、庚、辛、壬、癸。十天干与十二地支共同组成记录年、月、日、时的干支纪法，除了用于计时，还运用于医学、天文及地理等领域。天干地支是中国古代文化的一大创举，是中华文明留下的灿烂遗产，至今仍沿用于我们生活的众多方面。

该题考查中国古代文化概念，答题时应涵盖定义、内容、作用及意义等方面。备考时可拓展复习其他重要的文化概念。

77. 地支（2018 国际关系学院　名词解释）

“地支”是中国古代人创立的独特历法天干地支中的一部分，犹如树之枝，总共有十二地支，分别为子、丑、寅、卯、辰、巳、午、未、申、酉、戌、亥。十二地支与十天干共同组成记录年、月、日、时的干支纪法，除了用于计时，还运用于医学、天文及地理等领域。十二地支至今仍沿用于我们生活的众多方面，如与十二生肖相对应。天干地支是中国古代文化的一大创举，是中华文明留下的灿烂遗产。

该题考查中国古代文化概念，答题时应涵盖定义、内容、作用及意义等方面。备考时可拓展复习其他重要的文化概念。

78. 阴阳历（2019 辽宁大学　名词解释）

阴阳历在天文学中是指兼顾太阳、月亮与地球关系的一种历法，它既考虑太阳的活动，也考虑月亮的活动，根据地球绕太阳旋转的规律，把一年的十二个月分成二十四个节气。同时它以月亮的圆缺变化为依据，称月亏最甚之日为朔日（每月初一），月圆之日为望日（每月十五）。

该题考查中国古代传统文化的天文学成就，作答时应解释清楚阴阳历的定义，以及朔日、望日的定义等。

79. 四大书院（2020 南京理工大学　选择题）（2019 安徽师范大学　名词解释）（2018 暨南大学　选择题）

四大书院指应天府书院（今河南商丘）、岳麓书院（今湖南长沙）、白鹿洞书院（今江西九江）、嵩阳书院（今河南郑州）。但是，关于四大书院还有另一种说法，即当年湖南衡阳的石鼓书院因毁于日军战火，所以其本被选为四大书院之一，却与之失之交臂。1998 年 4 月 29 日，国家邮政局在商丘举行了“四大书院”邮票首发仪式。

80. 属相（2018 西北大学　名词解释）

属相，又叫十二生肖，是中国人生年的一种纪年法。属相由鼠、牛、虎、兔、龙、蛇、马、羊、猴、鸡、狗、猪这十二种动物组成，分别代表十二地支。随着历史发展与民间信仰的不断演化，属相已逐渐成为中华人民娱乐文化活动的象征。

该题考查社会文化常识。考生可从基本定义与别称、主要构成、历史影响等方面作答。

81. 斗拱（2018 西北大学　名词解释）

斗拱，又称枓栱，是中国建筑的一种特有结构。斗拱是由方形的斗与弓形的拱纵横交错层叠构成，起到承重、抗震、装饰性作用。在唐代发展后期，斗拱的使用权为皇帝所有，并逐渐成为中华古典建筑精神和气质的象征。

该题考查传统建筑知识。考生可从基本定义与别称、主要构成、历史影响等方面作答。

82. 语素（2018 北京邮电大学 选择题）

语素是构词单位，不能直接构成句子，即不能直接作任何句法成分，只有独立成词或组合成词，才有可能独立运用，如“建”和“设”都是语素，它们不能直接构成句子，只有组成“建设”等词语，才能构成句子。语素也不能切分成更小的语法单位，如“人”“沙发”，都不能切分。

83. 单纯词（2018 北京邮电大学 选择题）

单纯词是只含一个语素的词，如“徘徊”“吩咐”这种两个字合起来才有意义的词，或者单个的字，如“山”“水”等。

84. 补语（2018 北京邮电大学 选择题）

补语是动词或形容词后面的连带成分，一般用来补充说明动作、行为的结果、程度、趋向、可能、状态、数量等，例如：“少一些”“快了一些”“心安一点”“稍慢一点”，其中“一些”“一点”就是补语。

85. 基本词汇（2018、2019 北京邮电大学 名词解释）

基本词汇是生活中最日常的词汇，能够为使用这种语言的群体所共同理解和使用。基本词汇是语言词汇中的核心部分，是具有较长历史、与人们的日常生活相关且社会普遍使用的比较稳固的词汇。它是基本词的总汇，具有普遍性、常用性、稳固性、能产性的特点，是词汇中最主要的部分。

该题考查词汇学知识，这是名词解释现代汉语部分的常见考点。该题的得分点包括定义、特点、地位等。建议复习一般词汇、常用词汇、非常用词汇等相关词条。

86. 实词（2018 北京邮电大学 名词解释）

实词是汉语词类中的一种，与虚词相对，它是能单独作短语或句子的成分，能独立成句，表示人或事物及其动作、变化、性质、状态等具有实际意义的词，如名词、动词、形容词、数词、量词等。

该题考查词汇学知识。考生在作答时不容易下定义，建议平时反复记忆并练习。该题的得分点包括定义、主要分类等。建议复习虚词、助词、连词、副词等相关词条。

87. 嬉皮士（2020 北京航空航天大学 名词解释）

嬉皮士是从英文单词 Hippie 或 Hippy 音译过来的，指的是西方国家 20 世纪 60 至 70 年代涌现的一批反对西方宗教文化和当时政治的年轻人，他们用公社式和流浪式的生活来表达自己的理念。该词通过《旧金山纪事》的记者赫柏·凯恩得以普及，但到后来也被用于描述那些长头发、肮脏的吸毒者或作为对年轻的自由主义人士的侮辱。

88. 玛雅文化（2018 北京航空航天大学　名词解释）

玛雅文化是世界重要的古文化之一，于 5 000 年前出现在墨西哥和中美洲危地马拉的太平洋海岸。玛雅文化属于丛林文化，虽然处于新石器时代，但在天文学、数学、农业、艺术及文字等方面都有极高的成就。玛雅文化的突变式发展和突然消失至今仍是难解之谜，这使它成为令人着迷的古代文明之一。

该题考查西方文化，得分点包括玛雅文化的时间、地点、特点、地位等。考生还应关注其他诸如古巴比伦、古印度等古文明、古文化。

89. 物态文化层（2018 国际关系学院　名词解释）

物态文化层是文化结构的四大层次中最基础的一层，指人类物质生产活动及其产品的总和，包括一切可观、可感、可触、具有物质形态的文化事物，如交通、建筑、食物、服饰等。物态文化以满足人类的基本需求为目的，既是人类主观世界外化的产物，又承载着人类的价值，是社会文明程度与生产力水平最直接的体现。

该题考查文化结构的四大层次之一，答题时应涵盖定义、具体示例、目的、作用、内涵等。备考时可拓展了解文化结构的其他三大层次。

90. 制度文化层（2018 国家关系学院　名词解释）

制度文化层是文化结构的四大层次之一，指人类社会制定的所有行为准则与规范以及各种组织形式，包括政治、经济、文化、法律等领域的各种制度、实施制度的实体机构设施以及体现在制度中的人类主观心态等，大到国家法律，小到学校、公司的管理条例等。制度文化以处理社会关系为目的，其无处不在，渗透至各个角落。制度文化是一个国家、地区或机构等思想与价值的体现。

该题考查文化结构的四大层次之一，答题时应涵盖定义、具体示例、目的、作用、内涵等。备考时可拓展了解文化结构的其他三大层次。

91. 五方（2018 国际关系学院　名词解释）

“五方”是五行理论在空间上的体现，将空间划分为东、南、西、北、中五个方位，是五行理论的重要组成部分。五方在中医领域的运用极为重要，古人将五脏与五方、五行相联系，以此确定五脏的功能特点，阐述了人体与自然环境之间的关系。

该题考查中国古代文化知识，答题时应涵盖定义、内涵、作用及影响等方面。备考时可拓展复习五行理论中的其他概念及其相关内容。

92. 五官（2018 国际关系学院　名词解释）

“五官”指中医理论中的五种感觉器官，包括耳、目、鼻、唇、舌，与五脏相联系。鼻对应肺、目对应肝、唇对应脾、舌对应心、耳对应肾，中医可通过外在五官的气色变化诊断体内五脏的健康状况，此理论在中医领域有着重要地位，是五行学说在中医领域的重要运用。

该题考查中国古代文化知识，答题时应涵盖定义、内涵、作用及影响等方面。

备考时可拓展复习五行理论中的其他概念及其相关内容。

93. 太极拳（2019 重庆邮电大学 名词解释）

太极拳是中国武术中的一套以传统儒、道哲学中的太极、阴阳辩证理念为核心思想的拳法，讲究以静制动、以柔克刚、避实就虚、借力发力，给人一种缓慢、柔和、轻灵、刚柔相济的感觉，一般用于体操、表演、体育比赛等场合。传统的太极拳门派众多，关于其创始人是谁的问题始终没有定论。2006 年，政府批准其为第一批国家级非物质文化遗产。2020 年 12 月，联合国教科文组织将其列入世界级非物质文化遗产名录。

94. 四合院（2019 重庆邮电大学 名词解释）

四合院，也称四合房，是中国的一种传统合院式建筑，这种建筑格局为院子四周分别建有单体式建筑，将院子围在中间，因此得名。四合院在中国至少有 3 000 多年的历史，类型很多，以北京四合院为典型。在中国古代，这种建筑和格局往往体现了封建社会的尊卑等级思想以及阴阳五行学说。在现代的城市规划中，部分四合院被作为文物保护单位保存了下来，还有一些被拆除了。

95. 常春藤联盟（2016 首都经济贸易大学 名词解释）（2020 武汉大学 选择题）

常春藤联盟，也称常青藤联盟，现在一般指由美国七所大学和一所学院组成的高校联盟，原为这八所高校组成的体育赛事联盟。这八所院校分别为哈佛大学、宾夕法尼亚大学、耶鲁大学、普林斯顿大学、哥伦比亚大学、达特茅斯学院、布朗大学及康奈尔大学。这八所院校都是私立大学，但是也和公立大学一样接受联邦政府和私人的资助和捐赠。

96. 五禽戏（2018 华中师范大学 名词解释）

五禽戏是中国的一种传统健身方法，其创编者为东汉的华佗。华佗是在《庄子》“二禽戏”（“熊经鸟伸”）的基础上创编的“五禽戏”。“五禽”指的是虎、鹿、熊、猿、鸟。2006 年，华佗的五禽戏被政府批准为省级非物质文化遗产项目；2011 年又被国务院命名为第三批国家级非物质文化遗产项目。2018 年 12 月，教育部公布江苏师范大学为五禽戏中华优秀传统文化的传承基地。

97. 图腾（2018 西南交通大学 名词解释）

“图腾”一词源于印第安语“totem”，意为“它的亲属或它的标记”，后来作为原始部落氏族的徽号或象征，用以表达本部落对自然或祖先、保护神的信仰。不同国家和地区的人有不同的图腾崇拜，如中国人的图腾一般为龙，而俄罗斯人的图腾为熊。

98. 岁寒三友（2018 西南交通大学 名词解释）（2019 上海财经大学 名词解释）

岁寒三友指松、竹、梅三种植物。因这三种植物在寒冬时节仍可保持顽强的生命力而得名。它们是中国传统文化中高尚人格的象征，也可比喻忠贞的友谊，传到日本后又加上了长寿的意义。

该题考查岁寒三友。答题时需列出岁寒三友具体所指的植物、得名原因、象征含义、历史意义等。

99. 全聚德（2019 北京邮电大学　名词解释）

全聚德是餐饮服务业的一个中华老字号品牌，成立于 1864 年，总部位于北京，创始人是杨全仁。全聚德烤鸭是其品牌的特色菜，中外闻名，其菜系集“全鸭席”和 400 多道特色菜品于一体，深受各国政府官员、社会各界人士以及国内外游客的喜爱，被誉为“中华第一吃”。周恩来总理曾经多次将全聚德的“全鸭席”选为国宴。

100. 国际布克奖（2018 西南科技大学　名词解释）

布克奖是世界文坛影响力最大的文学奖项之一，被认为是当代英语小说界的最高奖项。该奖项从 1969 年开始颁发，每年颁发一次。刚开始只有英国、爱尔兰及英联邦国家的英文原创作家才有资格参与评选，从 2014 年开始，世界上所有用英语写作的作家都可以参与布克奖的评选。国际布克奖，也称布克国际文学奖，是对布克奖的补充。布克国际文学奖面对世界各国的作家，每两年颁发一次，奖金为 6 万英镑。2011 年，王安忆和苏童成为首次获得国际布克奖提名的中国作家。2013 年，阎连科获得国际布克文学奖提名。

101. 碳足迹（2018 对外经济贸易大学　选择题）

碳足迹，英文为 carbon footprint，表示一个人或者团体的“碳耗用量”，即企业机构、活动、产品或个人引起的温室气体排放的集合。“碳”就是石油、煤炭、木材等由碳元素构成的自然资源。“碳”耗用得越多，导致地球暖化的“元凶”二氧化碳也就产出得越多，碳足迹就越大；反之，碳足迹就越小。

102. 詹姆斯·艾利森（2019 南开大学　名词解释）

詹姆斯·艾利森，美国著名的免疫学家，出生于美国得克萨斯州。艾利森主要对 T 细胞进行研究，并致力于促进癌症的免疫治疗。2018 年詹姆斯·艾利森和本庶佑因在发现负性免疫调节治疗癌症的疗法方面做出贡献，共同荣获诺贝尔生理学或医学奖。

该题考查社会文化常识，主要考查诺贝尔奖获得者的人物知识。考生应当关注重要奖项的相关时事，了解获奖者的基本情况、主要贡献等。该题的得分点包括国籍、职业、研究领域、主要成就等。建议复习本庶佑、诺贝尔生理学或医学奖、诺贝尔文学奖等相关词条。

103. 本庶佑（2019 南开大学　名词解释）

本庶佑，日本著名的免疫学家，出生于日本京都府京都市。2013 年，本庶佑根据 1992 年发现的 T 细胞抑制受体 PD-1 开创了癌症免疫疗法。由于在发现负性免疫调节治疗癌症的疗法方面做出重要贡献，2018 年他与詹姆斯·艾利森共同获得诺贝尔生理学或医学奖。

该题考查社会文化常识，主要考查诺贝尔奖获得者的人物知识。该题的得分点包括国籍、职业、研究领域、主要成就等。建议复习詹姆斯·艾利森、诺贝尔生理学或医学奖、诺贝尔文学奖等相关词条。

104. 诺贝尔和平奖（2017 北京邮电大学 名词解释）

诺贝尔和平奖是根据 1895 年诺贝尔的遗嘱而设立的五个诺贝尔奖项之一，旨在表彰那些为促进国家和民族间团结友好、取消或裁减军备以及为和平会议的组织和宣传尽到最大努力或做出最大贡献的人。该奖项每年评选并颁发一次，奖励内容为一枚金牌、一份证书及一笔奖金，颁奖典礼于每年的 12 月 10 日在挪威首都奥斯陆举行。1901 年 12 月 10 日，也就是诺贝尔逝世 5 周年的纪念日，首次颁发了诺贝尔和平奖。

105. 犀利（2018 南京航空航天大学 选择题）

“犀利”一词用来形容物体如犀牛角般坚固锐利，后来引申为言论、文笔、感觉、眼光等尖锐的意思。

106. 流言（2018 南京航空航天大学 选择题）

流言指众人流传或没有根据的说法，多用于指在背后议论、诬蔑或挑拨的话。该词出自《礼记·儒行》中的“过言不再，流言不极”。

107. 歉疚（2018 南京航空航天大学 选择题）

歉疚指觉得对不住别人，对自己的过失感到内疚不安。

108. 踯躅（2018 南京航空航天大学 选择题）

踯躅，同踟蹰，多用于形容心里犹豫徘徊，要走不走的样子。

109. 讽刺（2019 山东大学 名词解释）

讽刺是一种文学手法，常采用夸张或反讽等方式，用于暴露对象的矛盾或缺点，从而产生幽默的效果。讽刺小说有法国拉伯雷的《巨人传》、英国斯威夫特的《格列佛游记》、西班牙塞万提斯的《堂吉诃德》等。现代中国讽刺小说名篇有鲁迅的《阿 Q 正传》、老舍的《骆驼祥子》、钱钟书的《围城》等。

该题考查文学手法。考生可从含义、代表作等方面作答。这类文学手法需要考生重点关注，要重视日常积累。

110. 俳句（2018 南京大学 名词解释）

俳句是日本的一种古典短诗，产生于 15 世纪，以连歌及俳谐两种诗歌形式出现。由十七字音组成，首句五音，次句七音，末句五音。俳句要求严格，受“季语”的限制。俳句是由中国古代汉诗的绝句发展而来，同时在日本以每日小诗的形式发展。

该题考查文学基本常识，这是历年真题的重要考点，考生在复习时需要重点掌握。该题的得分点包括释义、产生时间、起源形式、组成形式、发展过程等。建议复习绝句、词牌等相关词条。

111. 幽默（2019 山东大学 名词解释）

幽默，意为滑稽、诙谐。此词出自林语堂在《晨报》副刊上所撰的文章，自英文“humor”一词音译而来，指使人感到好笑、高兴、滑稽的行为举动或语言，与“风趣”含义相近。与此同时，幽默和讽刺一样，也是一种文学手法，作者通过运用这种手法，让文章既使人忍俊不禁，又使人深思不已。

该题考查词语解释，建议考生在答题时结合文本内容从定义、来源、意思等方面作答，不要局限于解释该词本身。

112. 穷而后工（2018 对外经济贸易大学　选择题）

该词出自欧阳修的《梅圣俞诗集序》。工：美好、精致；穷：穷苦；殆：极尽。旧时认为文人越是穷困不得志，诗文就写得越好，故而称为“穷而后工”。

113.《牡丹亭》与《罗密欧与朱丽叶》的异曲同工之妙（2020 武汉大学　选择题）

汤显祖和莎士比亚堪称世界戏剧史的两座高峰，在十六世纪晚期和十七世纪初同时出现在东半球的中国和西半球的英国。《牡丹亭》与《罗密欧与朱丽叶》分别是其代表作，两部作品在故事内容和反封建主题上都是相似的。

114. 情节（2019 山东大学　名词解释）

情节是作品中整个叙事的变化过程，由一系列展现作品人物性格、人物之间关系以及人物和环境之间关系的具体事件构成，主要包括开头、发展、高潮、结尾等部分。情节是一切书写的和口述的叙事所必有的因素，没有情节，叙事是不可想象的。

该题考查文学术语。考生可从定义、内容、地位等方面作答。山东大学与其他大学的考查侧重点不同，会考查这类文学的相关知识，建议考生重视积累。

第十章 翻译知识

第一节 中国翻译知识

1. 严复（2018 西安外国语大学 名词解释）（2018 中南大学 名词解释）（2016 华中师范大学 名词解释）（2018 上海海事大学 名词解释）（2019 广西师范大学 名词解释）（2016 湖南师范大学 名词解释）

严复是中国近代启蒙思想家、翻译家。严复翻译了《天演论》，把西方科学和政治理论系统地介绍到中国。他的译著在当时影响巨大，是中国 20 世纪最重要的启蒙译著之一。他提出的“信、达、雅”的翻译标准对后世的翻译工作产生了深远影响。

该题考查重要翻译家。考生可从身份、作品、思想、影响力等方面作答。严复作为中国翻译史上的大家，是考生需要掌握的知识点，其“信、达、雅”的翻译标准更是考生需要积累的内容。

2. “五不翻”（2020 武汉大学 选择题）

“五不翻”由四大佛经翻译家之一的玄奘提出，指的是佛经由梵文翻译成汉文时，在五种情况下，应该采用“不翻”原则，即“音译”原则。这五项原则依次为：秘密故不翻、含多义故不翻、此无故不翻、顺古故不翻、生善故不翻。“秘密故不翻”指具有神秘色彩的词语不用意译，而应采用音译。“含多义故不翻”指具有多种含义的词语不用意译。“此无故不翻”指目的语文化中没有的词语不用意译。“顺古故不翻”指对以前已经存在并广泛使用的约定俗成的音译词语不用意译，而应遵循习惯沿袭其原有的音译。“生善故不翻”指有些词语用音译能令人生尊重之念，否则容易被等闲视之，所以对这类词语不用意译，而应采用音译。

3. 傅雷（2019 东北师范大学 名词解释）（2016 北京外国语大学 名词解释）（2016 中南大学 名词解释）（2018 山东科技大学 名词解释）（2018 武汉大学 选择题）[1]

傅雷，字怒安，号怒庵，1908 年 4 月 7 日出生于原江苏省南汇县下沙乡（今上海市浦东新区航头镇），中国著名翻译家、作家、教育家、美术评论家，中国民主促进会的重要组织者之一。他早年曾留学于法国巴黎大学，翻译了大量巴尔扎克、罗曼·罗兰、伏

1 该校该年考查傅雷“白话文‘一无规矩、二无体制’”的论述。

尔泰等名家的法文著作，20 世纪 60 年代被法国巴尔扎克研究会吸收为会员，著有《傅雷家书》《梦中》《回忆的一幕》等，其译著有《约翰·克利斯朵夫》《夏倍上校》等。傅雷在翻译的语言问题上做出了一系列精彩的论述，认为白话文“一无规矩、二无体制”。

4. 许渊冲（2018 东北师范大学 名词解释）（2018 首都师范大学 名词解释）

许渊冲是我国当代杰出的翻译家，其译作涵盖中、英、法等多种语种，多为中国古诗英译，形成韵体译诗的方法与理论，被誉为“诗译英法唯一人”。其主要译作有《诗经》《楚辞》《李白诗选》《西厢记》《红与黑》《包法利夫人》《追忆似水年华》等中外名著。2014 年，许渊冲荣获国际翻译界最高奖项之一的“北极光”杰出文学翻译奖，系首位获此殊荣的亚洲翻译家。

该题考查翻译名家，是初试中考查翻译理论的高校的常见出题点。该题的得分点包括人物概况、主要作品、成就等。建议复习林语堂、杨绛、杨宪益等相关词条。

5. “五失本三不易”（2018、2019 上海大学 选择题）[1]

“五失本三不易”原出自前秦道安。“五失本”指允许译文在语法修辞和体裁结构上同原本有所差别，以适应中国人的语言习惯和文风，具体是：（1）汉语文法结构与原文不同；（2）汉语比原文有较多修饰；（3）汉译多略去原文重复之语句；（4）汉译多略去原文夹注引起混乱之处；（5）汉译多略去原文两事承接处重复之部分。“三不易”要求译籍所传旨趣能适应不同时代、国家习俗和民众需要，而又不失佛教的本意和原旨。

6. 辜鸿铭（2018 中南大学 名词解释）

辜鸿铭，字汤生，号立诚，1857 年 7 月 18 日出生于马来西亚槟城州，著名学者、翻译家，学贯中西，号称“清末怪杰”，精通英、法、德、拉丁、希腊、马来西亚等 9 种语言，获得 13 个博士学位，是清朝时代精通西洋科学、语言以及东方华学的中国第一人。他翻译了“四书”中的《论语》《中庸》和《大学》，并著有《中国的牛津行动》（原名《清流传》）和《中国人的精神》（原名《春秋大义》）等英文书。西方人曾流传一句话：到中国可以不看三大殿，不可不看辜鸿铭。

7. 林纾（2018 中南大学 名词解释）（2019 四川大学 名词解释）（2016 河南大学 名词解释）

林纾，字琴南，号畏庐，1852 年 11 月 8 日出生于福建闽县（今福州市），近代文学家，早年曾从同县薛锡极读欧阳修文及杜甫诗，后读同县李宗言家所藏书三四万卷，博学强记，有狂生的称号。他曾创办“苍霞精舍”（今福建工程学院），著有《畏庐文集》诗集、春觉斋题画跋、小说笔记及古文翻译《茶花女》和《迦因小传》等。

8. 林语堂（2019 首都经济贸易大学 名词解释）

林语堂，中国现代著名作家、学者、翻译家、语言学家、新道家代表人物，1895 年

---

1 该校 2018、2019 两年均考查“五失本三不易”的提出者。

10 月 10 日出生于福建龙溪。他早年曾留学美国、德国，毕业于哈佛大学，获得哈佛大学文学硕士、莱比锡大学语言学博士。回国后任教于清华大学、北京大学、厦门大学。曾创办《论语》《人间世》《宇宙风》等刊物，著有小说《京华烟云》《啼笑皆非》，散文和杂文文集《人生的盛宴》《生活的艺术》以及译著《东坡诗文选》《浮生六记》等。1967 年受聘为香港中文大学教授，主持编撰《林语堂当代汉英词典》。

9. 朱生豪（2017 北京大学 名词解释）

朱生豪，1912 年 2 月 2 日出生于浙江嘉兴，著名翻译家，曾就读于杭州之江大学中国文学系和英语系。1933 年大学毕业后，在上海世界书局任英文编辑，曾参与《英汉四用辞典》的编纂工作，同时还在报刊上发表散文、小品文等。其译著有《仲夏夜之梦》《威尼斯商人》《第十二夜》等。1936 年春他着手翻译《莎士比亚戏剧全集》，是中国翻译莎士比亚作品较早的人之一，其译文风格与质量均别具一格，为国内外莎士比亚研究者所公认。

10. 梁实秋（2017 北京大学 名词解释）

梁实秋，中国现当代著名散文家、学者、文学批评家、翻译家。1903 年 1 月 6 日出生于北京，祖籍浙江杭县（今杭州），1923 年 8 月赴美留学，获哈佛大学文学硕士学位。1926 年回国后，他先后任教于国立东南大学（今东南大学）、国立青岛大学（今中国海洋大学、山东大学共同前身）并任外文系主任，曾与鲁迅等左翼作家笔战不断。其散文集创造了中国现代散文著作出版的最高纪录，著有《雅舍小品》《槐园梦忆》《英国文学史》等，其译著有《莎士比亚全集》，是国内第一个研究莎士比亚的权威。

11. 鉴真（2020 南开大学 名词解释）

鉴真，唐朝僧人，著名医学家、翻译家，出生于江苏扬州，是日本佛教南山律宗的开山祖师。鉴真曾东渡日本，担任扬州大明寺主持，修建唐招提寺，促进了大唐文化的传播与交流。鉴真在中、日两国都享有很高的声誉。

该题考查宗教人物常识，是历年真题的重要考点。该题的得分点包括身份、主要成就、影响、地位等。建议复习唐招提寺、奈良等相关词条。

12. 鸠摩罗什（2017 首都经济贸易大学 名词解释）

鸠摩罗什，又译鸠摩罗什婆、鸠摩罗耆婆，略称罗什，东晋十六国时期后秦高僧，中国汉传佛教四大佛经翻译家之一。其译著有《大品般若经》《中论》《大智度论》《妙法莲华经》等。

13. 草婴（2017 东北师范大学 名词解释）

草婴，原名盛峻峰，俄罗斯文学翻译家，是中国第一个翻译肖洛霍夫作品的翻译家，有“中国资深翻译家”“俄罗斯荣誉作家”等称号。1987 年获得苏联最高文学奖——“高尔基文学奖”。草婴翻译过莱蒙托夫、卡塔耶夫、尼古拉耶娃等人的作品，并曾以一己之力完成了《托尔斯泰小说全集》的翻译工作，在中国读者中产生了巨大影响。

14. 四大译经家（2018 北京外国语大学 名词解释）（2018 武汉大学 选择题）

四大译经家指鸠摩罗什、真谛、玄奘、不空四大佛经翻译家。这四位佛经翻译家中，鸠摩罗什、真谛、不空是东来弘传佛法的外国佛学大师。玄奘则是西行求法的中国高僧。虽然他们所处的时代不同，经历不同，但他们都以毕生的精力从事译经事业，都在他们各自的时代取得了辉煌的成就，并在中国的翻译史上留下了光辉的篇章。

该题考查佛经翻译家。考生可从涉及人物、人物介绍、翻译成就等方面作答。在中国的翻译史中，佛经翻译是浓墨重彩的一笔，建议考生掌握主要的佛经翻译家及其思想和作品，比如玄奘、鸠摩罗什等。

第二节 西方翻译知识

1. 机器翻译（2019 南京师范大学 名词解释）（2019 中南大学 名词解释）（2019 山东科技大学 名词解释）

机器翻译是利用计算机把一种自然源语言转变为另一种自然目标语言的过程，一般指自然语言之间句子和全文的翻译。它是自然语言处理的一个分支，与计算语言学和自然语言理解之间存在着密不可分的关系。机器翻译运用语言学原理，机器自动识别语法，调用存储的词库，自动进行对应翻译，但因语法、句法、词法会发生变化，所以难免会出现错误。

该题考查语言翻译类名词，翻译硕士专业的考生对于这个名词并不陌生，难度较小；此外，考生在复习大作文时也可以关注下机器翻译，应全面了解其相关知识。该题的得分点包括内容、领域、发展状况以及利弊等。建议复习计算机辅助翻译、算法、深度学习等相关词条。

2. 语料库（2019 南京师范大学 名词解释）

语料库指经科学取样和加工的大规模电子文本库，是语料库语言学研究的基础资源，也是经验主义语言研究方法的主要资源，需要经过加工才能成为有用的资源。它可以应用于词典编纂、语言教学、传统语言研究、自然语言处理等方面。语料库有多种类型，确定类型的主要依据是它的研究目的和用途。

该题考查语言翻译类名词，有一定的难度，若考试时实在不会，可充分利用语段材料，从字面意思和背景信息着手解释。该题的得分点包括内容、作用、适用领域和类型等。建议复习译后编辑、计算机辅助翻译、符号学等相关词条。

3. 目标语（2019 南京师范大学 名词解释）

目标语是外语翻译专业术语，它是指一个人正在学习的一种非母语语言，即被译成的语言。目标语相对应的是源语。目标语在计算机语言领域内也常常作为一种机器语言，在用一种计算机语言翻译另外一种计算机语言写成的文件时，被翻译成的计算机语言也可称作目标语。

该题考查语言翻译类名词，难度较小。该题的得分点包括内涵、相对应的语言（在无话可说时，可解释其对立面，丰富内容）以及作用等。建议复习源语、归化、异化等相关词条。

4. 翻译的文化学派（2020 武汉大学 选择题）

翻译的文化学派是西方翻译理论学派的一个重要分支。自 20 世纪 80 年代以来，翻译研究领域发生了一个显著的变化，即随着交际理论逐渐渗透进翻译理论，翻译研究的重点从语言的转换转移到了文化的转换上，也就是更注重文本以外的研究。这种从对纯文本的研究转向对文本之外的研究催生出了翻译研究领域的一个新学派——翻译的文化学派。该学派的代表人物有巴斯内特、勒费弗尔以及韦努蒂。

5. 语际翻译（2018 东北师范大学 名词解释）

语际翻译指两种（或多种）语言在它们共同构成的跨语言语境中进行的意义交流。语际翻译关注的是如何在更为广阔的领域和跨文化天地中实现异质语言的相互对接和转换——以意义为标尺，以交流为目的的语符转换。语际翻译有地域性倾向。

该题考查翻译学知识，解释起来较为费劲，需要考生多加记忆。该题的得分点包括定义、特征、性质等。建议复习语内翻译、符际翻译、交际翻译等相关词条。

6. 异化翻译（2018 东北师范大学 名词解释）

异化翻译是由美国著名翻译理论学家劳伦斯·韦努蒂提出的。异化翻译是指在翻译上迁就外来文化的语言特点，吸纳外语表达方式，要求译者向作者靠拢，采取作者所使用的源语表达方式来传达原文的内容，即以源语文化为归宿。使用异化策略的目的在于考虑民族文化的差异性，保存和反映异域民族特征和语言风格特色，为译文读者保留异国情调。

该题考查翻译学知识，在翻译学理论中属于基本常识。该题的得分点包括提出者、定义、目的等。建议复习归化翻译、直译、意译等相关词条。

7. 翻译目的论（2020 上海大学 名词解释）

翻译目的论，英文是 Skopos theory，是将 Skopos 概念运用于翻译的理论，Skopos 是希腊语，意为“目的”。汉斯·弗米尔（Hans Vermeer）提出了目的论，将翻译研究从原文中心论的束缚中摆脱出来。该理论认为翻译是以原文为基础的有目的和有结果的行为。弗米尔认为原文只是为目标受众提供部分或全部信息的源泉，可见原文在目的论中的地位明显低于其在对等论中的地位。也就是说，译文取决于翻译的目的。翻译目的论的三大基本原则是目的原则、连贯性原则、忠实性原则。目的论摆脱了以原文为翻译标准的传统，丰富了翻译理论，使翻译研究不再局限于研究语言本身，而可以从翻译以外的因素去研究翻译，给译界提供了一种新的翻译思路。目的论允许译者对原文本进行一定程度的改写，可是却没有指明改写的程度，赋予了译者太大的自主性，容易导致断章取义、译文失真。

该题考查翻译理论知识。翻译理论名词解释是历年真题常考查的内容，复习时需要掌握一些基本常识，如谁提出了这个理论，理论主要说的是什么，理论包含的基本原则，理论的优缺点等。该题的得分点包括理论家、内容、基本原则、优势、劣势等。建议复习交际翻译、语义翻译、文本类型理论、功能对等等相关词条。

8. 交际翻译（2019 上海大学 名词解释）

交际翻译是英国翻译理论家纽马克（Newmark）提出的两种翻译模式（语义翻译和交际翻译）之一，交际翻译的关注点是目的语读者，旨在尽量为这些读者排除阅读或交际上的困难与障碍，使交际顺利进行，而不仅仅是忠实地复制原文文字。交际翻译强调以目的语读者为中心，一定程度上将译者从原文的束缚中解放出来，但是交际翻译允许译者对原文本进行改写，在一定程度上失去了译文的忠实性原则。

该题考查翻译理论知识。翻译理论名词解释是历年真题常考查的内容，复习时需要掌握一些基本常识，如谁提出了这个理论、理论主要说的是什么、理论包含的基本原则、理论的优缺点等。该题的得分点包括理论家、内容、基本原则、优势、劣势等。建议复习目的论、语义翻译、文本类型理论、功能对等等相关词条。

9. 尼兰贾纳（2018 武汉大学 选择题）

尼兰贾纳是印度班加罗尔文化与社会研究中心的资深研究员，发表的作品有《流动印度：女性，音乐与移民在印度与特立尼达》《为翻译定位：历史，后结构主义与殖民语境》等。其批判西方中心主义翻译观的观点包括：忽视了不同语言权利不平等的现象；概念存在缺陷；建立起了一套殖民统治的概念范畴和意向。在《寻找翻译的方位》一书中，尼兰贾纳探讨了后殖民语境中语言翻译的问题，揭示了后殖民主宰与传统表征之间不可通约的共谋关系，对当今翻译研究领域的传统观念发起了挑战。

10. 不可译性（2017 中山大学 名词解释）

不可译性指由于语言的语音系统、文字结构和修辞方法的不同，无法在另一种语言中找到对等语，所以在把源语译成目的语的过程中会造成一定的意义损失，这就是不可译性。不可译性可以分为语言上的不可译性和文化上的不可译性，与可译性相对应。

该题考查翻译术语。该题的得分点包括定义、导致原因、划分等。

第十一章　热词、新词加其他

第一节　热词、新词

1. 表情包（2018 北京外国语大学　名词解释）

表情包是在社交软件或社交网站兴起后形成的一种流行文化，通常以时下流行的名人、语录、漫画、影视截图为素材，配上一系列相匹配的文字，用以表达特定的情感。1982 年 9 月 19 日，史考特・法尔曼率先于卡内基梅隆大学的计算机科学 BBS 上使用了“:-)”及“:- (”的文字符号，是颜文字出现于网络世界的开端，也被认为是表情符号的鼻祖。

该题考查流行词汇。考生可从定义、内涵、创造者、历史由来等方面作答。近几年各大高校试题中也逐渐涉及当下年轻人使用的流行语，比如给力、佛系、斜杠青年等，考生在休闲娱乐之际，也可以学习一下。

2.《巴黎协定》（2017 广东外语外贸大学　名词解释）（2017、2019 南开大学　名词解释）（2018 西南交通大学　名词解释）

《巴黎协定》是各国为 2020 年后全球应对气候变化行动做出安排而制定的长期目标协定。该协定在 2015 年巴黎气候变化大会上通过，2016 年在纽约签署后正式生效。一些国家领导人和国际机构高管发表讲话或声明，对这一协定的诞生表示支持。它是继《联合国气候变化框架公约》和《京都议定书》之后，第三个人类历史上应对气候变化的里程碑式的国际法律文本。

该题考查国际协定知识，是历年真题的高频考点，复习时需要重点掌握。相关时事为 2017 年 6 月 1 日，美国总统唐纳德・特朗普在华盛顿宣布，美国将退出应对全球气候变化的《巴黎协定》。建议复习生态文明、温室效应、环保主义、《京都议定书》《联合国气候变化框架公约》等相关词条。

3. 斗彩（瓷器）（2020 西安外国语大学　名词解释）

斗彩（瓷器）创制于明代的成化时期。斗彩要经过两次彩画过程，烧制之前，在白色的胎质上绘以青花轮廓线；绘制之后，再在第一次所绘的画面上，以红、黄、绿、紫等色填彩。斗彩是釉上彩和釉下彩的结合，使得釉上彩和釉下彩相映相争，盎然成趣。

该题考查《中国文化读本》第二十五章中的内容。考生可从时期、工艺、特点等方面作答。该题考查得比较细致，本章还涉及其他瓷器类型的介绍，可作为考生关注的重点。

4. 叠山（2020 西安外国语大学　名词解释）

叠山指假山的堆积。假山虽然不是真山，却将真山的意味凝练其中，甚至超过真山的美。园林中缺乏假山就算不上真正的中式园林。类比来看，中国园林中的假山就好比西方庄园别墅中的雕塑，不过假山在中式园林中的地位超过西方园林中的雕塑。

该题考查《中国文化读本》第二十六章中江南园林的内容。考生可从含义、地位、中西方园林的比较等方面作答。中式园林的布局有很多讲究，建议考生关注相关细节内容。

5. 望（园林）（2020 西安外国语大学　名词解释）

望（园林）在园林中特别重要，用以呈现中式园林小中见大的特点。“望”指要使游览者可以望出园去，从小空间望到大空间，望到一个新的境界。中国园林中的窗、亭、台、楼、阁都是为了“望”，以此来丰富游览者对于空间美的享受

该题考查《中国文化读本》第二十六章中江南园林的内容。考生可从来源、特点、作用、应用等方面作答。

6. 中欧班列（2020 西安外国语大学　名词解释）

中欧班列指按照固定车次、线路、班期和全程运行时刻开行，往来于中国与欧洲以及“一带一路”沿线各国的集装箱国际铁路联运班列。中国政府和中国国家铁路集团与中亚和欧洲各国铁路系统协作，开行从中国西安、苏州、义乌、深圳盐田港、郑州、成都等地到达伦敦、汉堡等地的国际联运列车，以此来加强与欧洲国家之间的商业贸易联系。

该题考查时事热点。考生可从定义、途径国家和城市、意义等方面作答。

7. 丝绸（2019 西安外国语大学　名词解释）

丝绸是用蚕吐出的丝制成的丝织品，是古代中国对世界最重要的贡献之一。历史上，欧洲人对于中国的了解有两个关键物品，其中之一就是丝绸。古罗马人称中国为塞里斯，即丝国。丝绸传到欧洲后，备受追捧。丝绸的魔力促进了中外贸易的交流、发展，推动建立了“丝绸之路”，加强了中西方的贸易往来。

该题考查《中国文化读本》第十章中的内容。考生可从定义、历史发展、作用、意义等方面作答。由于近几年国家“一带一路”倡议的广泛推行，使得“丝绸之路”的相关知识成为各大高校考查的知识点，建议考生多关注。

8. “互联网 +”（2016 西安外国语大学　名词解释）（2016 山东科技大学　名词解释）（2017 桂林电子科技大学　名词解释）（2016 武汉科技大学　名词解释）（2020 天津大学　名词解释）（2016 西南大学　名词解释）（2016、2017 北京邮电大学　名词解释）

“互联网+”是一种新的经济形态，具体指充分发挥互联网在生产要素配置中的优化和集成作用，把互联网的创新成果与经济、社会各领域进行融合，提升全社会的生产力和创新力，从而形成更为广泛的以互联网为基础设施和实现工具的经济发展新形态。本质上，“互联网+”就是将互联网和传统产业结合起来，激发传统产业的活力。该词于2012年11月由易观国际的于扬首次提出。

9. “嫦娥四号”（2020 北京第二外国语学院 名词解释）

“嫦娥四号”指“嫦娥四号”探测器，简称“四号星”，是“嫦娥三号”的备份星，于2018年12月8日在西昌卫星发射中心发射。“嫦娥四号”分为着陆器和巡视器两部分，巡视器被命名为“玉兔二号”。其中，“嫦娥四号”的主要任务是着陆月球表面，继续更深层次、更加全面地探测月球地质、资源等方面的信息，完善月球的档案资料，从而进一步促进我国航天事业的发展。

该题考查社会热点词汇，得分点包括“嫦娥四号”的具体含义、发射时间、发射地点、组成部分、所执行的主要任务等。

10. “玉兔二号”（2020 北京第二外国语学院 名词解释）

“玉兔二号”是“嫦娥四号”的任务月球车，于2019年1月3日22时22分与“嫦娥四号”着陆器成功分离，驶抵月球背面，首次实现月球背面着陆，成为中国航天事业发展过程中的又一座里程碑。“玉兔二号”开启了中国人走向深空探索宇宙奥秘的时代，标志着中国进入具有深空探测能力的国家行列。

该题考查社会热点词汇，得分点包括“玉兔二号”的含义、执行任务、历史意义等。

11. 数字鸿沟（2019 北京第二外国语学院 名词解释）

数字鸿沟，又称信息鸿沟，指的是在全球数字化、信息化的过程中，由于信息和网络技术在不同国家、区域、产业、社会阶层之间的发展和应用不平衡，所造成的信息落差、信息不对称和知识阻断现象。数字鸿沟主要体现在两个方面：一是信息技术和产品拥有方面的差距；二是信息技术和产品使用效果方面的差距。

12. 复兴号（2019 北京第二外国语学院 名词解释）（2018 南开大学 名词解释）

复兴号指复兴号电力动车组，是中国自主研发并具有完全自主知识产权的标准动车组。由中国铁路总公司牵头组织，于2012年开启研制。“复兴号”不仅达到了世界先进水平，而且CR400系列的部分车次是世界上运营时速最高的动车组列车。“复兴号”于2017年在京沪高铁正式双向首发，2018年首次投入运营。它的成功研制和投入运用对中国全面、系统地掌握高铁核心技术具有重要的战略意义，加快了我国高铁“走出去”的进程。

该题考查科技知识，这是历年真题的高频考点。新四大发明的相关词条是社会热门话题，考生应重点掌握。该题的得分点包括定义、研发时间、研发团队、地位、发展历程、意义和作用等。建议复习和谐号、高铁、支付宝、共享单车、网购等相关词条。

13. 电子烟（2020 南京大学　名词解释）

电子烟是一种模仿卷烟的电子产品。这种产品的特点是外观、烟雾、味道和感觉与烟卷一样，主要通过雾化等手段，将尼古丁等变成蒸汽后，让用户吸食。目前使用电子烟的人群主要以年轻人为主。电子烟有害公共健康，对青少年和非吸烟者危害巨大，因此已被世界卫生组织和各国强力管制。

该题考查社会文化基本常识。社会热点话题是高频考点。南京大学历年真题考查社会热门话题中经常出现的名词，考生要重点关注。相关时事为 2019 年中央广播电视总台 3·15 晚会曝光了长时间吸食电子烟对青少年的危害，这引起了社会的广泛关注，考生需要重点掌握。该题的得分点包括定义、产品特点、产品性质及原理、使用人群现状、使用危害、应对措施等。

14. 网约车（2017 南京大学　名词解释）

网约车，网络预约出租汽车经营服务的简称，是《中国语言生活状况报告（2016）》公布的十大新词之一。具体来讲，网约车指的是在用互联网技术构建的服务平台上，将符合特定条件的车辆和驾驶人员的信息录入，通过整合供需信息来提供非巡游的汽车出租服务的经营活动。

15. 新能源汽车（2017 南京大学　名词解释）（2018、2019 北京邮电大学　名词解释）（2018 中南大学　名词解释）（2017 广东工业大学　名词解释）（2016 北京语言大学　名词解释）

新能源汽车指主要动力来源不单纯依赖内燃机的车型。新能源汽车最大的特点是采用了电动机提供动力，给电动机供电的设备是电池，给电池充电的方式可以是太阳能、化学能，甚至是核能。目前市面上的新能源汽车大体可以分为插电式混合动力汽车和纯电动汽车。其中，与混合动力汽车相比，纯电动汽车的大规模推广看起来前途更加光明。纯电动汽车近乎零排放，而且其价格便宜、使用成本低，在价格上已经能与传统汽车相媲美。

该题考查交通知识，这属于热词系列，建议考生在备考时重点记忆。该题的得分点包括定义、特点、主要类型、发展及影响等。建议复习清洁能源、可再生能源、混合动力汽车等相关词条。

16. 5G（2018 南京师范大学　名词解释）（2018 中南大学　名词解释）（2018 西南科技大学　名词解释）

5G，即第五代移动通信网络，英文为 5th Generation Mobile Networks，是 4G 之后面向移动通信需求而发展的新一代移动通信系统。5G 将具有更高的性能，在传输速率和资源利用率等方面都优于 4G 网络，系统的安全性和用户的体验感也将得到显著的提升。5G 可用于无人驾驶和远程手术，将极大地改变人类的生活方式。

该题考查科技，是热议的话题，也是热门考点，复习时要重点掌握。该题的得分点包括性质、性能、优势以及影响等。建议复习 3D 打印技术、5G 商用牌照、低延迟等相关词条。

17. 物联网（2018 南京师范大学 名词解释）（2018 北京邮电大学 名词解释）（2017 北京航空航天大学 名词解释）（2018 重庆邮电大学 名词解释）（2017 首都经济贸易大学 名词解释）（2019 华中师范大学 名词解释）（2018 广东工业大学 名词解释）（2016 西南科技大学 名词解释）

物联网起源于传媒领域，是新一代信息技术的重要组成部分。顾名思义，物联网就是万物相连的互联网。它是通过射频识别技术、全球定位系统、红外感应器等信息传感设备，按约定的协议，把物品与互联网连接起来，进行信息交换和通信，以实现智能化识别、定位、跟踪、监控和管理的一种网络。物联网用途广泛，遍及智能交通、环境保护、政府工作、公共安全、平安家居、工业监测、环境监测、个人健康、水系监测、食品溯源和情报搜集等多个领域。

该题考查信息技术知识，这是近几年百科考试的热点，考生需加强记忆。该题的得分点包括定义、关键技术、主要用途、涉及领域等。建议复习互联网、人工智能、云技术、大数据等相关词条。

18. 大众创业，万众创新（2016 南京师范大学 名词解释）（2019 山东大学 名词解释）[1]

“大众创业”中的“创”指创立，“业”指家业、成就，即中国的大众在中国改革提供的政策优势下创立自己的家业，积累财富和资产。“万众创新”指万千草根创新创业，这里的“创新”指的是技术创新、体制创新、管理创新、模式创新等。“大众创业”和“万众创新”一起被称为“双创”，出自 2014 年 9 月夏季达沃斯论坛上李克强总理的讲话，他提出，要在 960 万平方公里的土地上掀起“大众创业”“草根创业”的新浪潮，形成“万众创新”“人人创新”的新势态。

该题考查热点词汇。考生可从定义、解释、来源、发展等方面作答。

19. 北爱尔兰问题（2018 对外经济贸易大学 选择题）

20 世纪 60 年代后期至 90 年代，北爱尔兰问题（北爱问题）一直困扰着英国，该问题指的是 30 年来在北爱尔兰的民族主义者（主要是罗马天主教徒）社区和联合主义者（主要是新教徒）社区的成员之间不断重复发生的激烈暴力冲突。冲突是由北爱尔兰在联合王国内的争议性地位与对占少数的民族派社区的统治，以及占多数的联合派对民族派的歧视导致的。

20. “墨子号”（2018 对外经济贸易大学 选择题）

2016 年，我国在酒泉卫星发射中心用长征二号丁运载火箭成功将世界首颗量子科学

1 该校该年考查“大众创业”。

实验卫星（简称“墨子号”）发射升空，这使我国在世界上首次实现卫星和地面之间的量子通信，构建天地一体化的量子保密通信与科学实验体系。

21. 区域全面经济伙伴关系协定（RCEP）（2020 武汉大学　选择题）[1]

区域全面经济伙伴关系协定，英文简称为 RCEP，是于 2012 年由东盟发起，由中国、日本、韩国、澳大利亚、新西兰和东盟十国共 15 方成员制定的协定。2019 年 11 月 4 日，在泰国召开的第三次区域全面经济伙伴关系协定领导人会议发表联合声明，宣布 RCEP 除印度以外的 15 个成员国结束全部文本谈判及实质上所有市场准入谈判，并将致力于确保于 2020 年签署协定。

22. 科创板（2020 武汉大学　选择题）[2]

科创板，英文是 The Science and Technology Innovation Board 或 STAR Market，由国家主席习近平于 2018 年 11 月 5 日在首届中国国际进口博览会开幕式上宣布设立，是独立于现有主板市场的新设板块，其设立地点是上海证券交易所。

23. 格丽塔·图恩伯格（2020 武汉大学　选择题）

格丽塔·图恩伯格是一个 16 岁的瑞典女孩，因在应对全球变暖方面做出了贡献，曾被提名诺贝尔和平奖。

24. 亚马逊雨林（2020 武汉大学　选择题）

亚马逊（也称亚马孙）雨林位于南美洲，总面积约为 550 万平方千米，占世界雨林总面积的一半。这片雨林横跨 8 个南美国家，其中 60% 位于巴西境内。2019 年，亚马逊森林火灾频发，其中，巴西、秘鲁与玻利维亚交界处的亚马逊地区为火灾的重灾区。

25. 十九届四中全会（2020 武汉大学　选择题）

2019 年 10 月 29 日至 31 日召开的党的十九届四中全会第一次系统地描绘了中国特色社会主义制度的图谱，由 13 个部分组成，其中，党的领导制度是国家的根本领导制度，统领和贯穿其他 12 个部分的制度。

26. G20 峰会（2020 南开大学　名词解释）（2017 中山大学　选择题）[3]

G20 峰会是一个由原八国集团以及其余十二个重要经济体组成的国际经济合作论坛。1999 年在德国柏林成立，是属于布雷顿森林体系框架内的非正式对话机制。其目的是研究和解决工业化的发达国家和新兴市场国家之间的问题，促进国际金融合作，推动经济持续增长。G20 峰会的成员国包括阿根廷、澳大利亚、巴西、加拿大、中国、法国、德国、印度、印度尼西亚、意大利、日本、韩国、墨西哥、俄罗斯、沙特阿拉伯、南非、土耳其、英国、美国以及欧盟。G20 峰会的召开对世界经济的稳定和发展具有重要意义和影响。

1　该校该年考查区域全面经济伙伴关系协定的英文简写 RCEP。

2　该校该年考查科创板的英文。

3　该校该年考查 G20 的成员国。

该题考查国际组织基础知识，这是历年真题的高频考点，考生应重点掌握。相关时事为 2020 年 3 月 26 日，二十国集团领导人应对新型冠状病毒性肺炎特别峰会开始举行，中国国家主席习近平在北京出席。该题的得分点包括定义、成立时间、地点、背景、会议目的、主体对象、影响和作用等。建议复习布雷顿森林体系、欧盟等相关词条。

27. APEC 峰会（2019 南开大学 名词解释）

APEC 峰会指亚太经济合作组织召开的领导人非正式会议。作为成立于 1989 年的亚洲—太平洋地区级别最高、影响最大的区域性经济组织，自 1993 年起，亚太经济合作组织领导人非正式会议共举行了近三十次。APEC 峰会为推动区域贸易投资自由化、加强成员国之间经济技术合作等方面发挥了不可替代的作用，是亚太各地区之间促进经济成长、合作、贸易、投资的论坛。

该题考查国际组织基础知识，这是历年真题的高频考点，南开大学 2015 年的汉语写作与百科知识试题中已经考过此词条，复习时需要重点掌握。该题的得分点包括定义、成立时间、会议发展、目的及作用等。建议复习 G20 峰会、金砖国家峰会、上海合作组织峰会等相关词条。

28. 金砖国家峰会（2019 南开大学 名词解释）

金砖国家峰会是由巴西、俄罗斯、印度、中国和南非五个金砖国家召开的会议。由于这五个国家的英文首字母与英语单词的砖“BRICS”类似，因此它们被称为“金砖国家”。首届金砖国家峰会在 2009 年召开。金砖国家峰会使“金砖国家”合作机制逐渐形成，作为全球新兴经济体代表的金砖国家的国际影响力也日益增强。

该题考查国际组织基础知识，这是历年真题的高频考点，复习时需要重点掌握。该题的得分点包括定义、首届召开时间、影响及作用等。建议复习 G20 峰会、APEC 峰会、上海合作组织峰会等相关词条。

29. 和谐号（2018 南开大学 名词解释）

和谐号指和谐号电力动车组，是由中国中车、清华大学等于 2004 年借鉴和引进德国、日本等国的高速动车组技术后创新生产出的高速动车组。和谐号电力动车组于 2007 年上线并投入运营。和谐号的成功研制和投入运用，标志着我国铁路客运装备达到了世界先进水平，对我国铁路全面实施自主创新战略具有重要意义。

该题考查科技知识，这是历年真题的高频考点。新四大发明的相关词条是社会热门话题，考生应重点掌握。该题的得分点包括定义、引进时间、运营时间、影响和意义等。建议复习复兴号、高铁、支付宝、共享单车、网购等相关词条。

30. 数据传输（2019 宁波大学 名词解释）

数据传输指数据从一个地方传送到另一个地方的通信过程。“复兴号”的网络控制系统首次引入了高速以太网数据传输和网络维护，传输带宽由 1 兆级提升到了 100 兆级。采用远程数据传输，可在地面实时获取车辆信息，提升地面同步监测、远程维护的能力。

该题考查科技术语，得分点包括定义及作用等。

31. 洪荒之力（2018 北京邮电大学　名词解释）

传说天地初开之时，曾经有过一次大洪水，几乎毁灭了整个世界，因此天地初开之时被称为洪荒。“洪荒之力”指的是如同在洪荒世界之时足以毁灭世界的力量。在 2016 年里约奥运会上，我国选手傅园慧在赛后接受采访时说：“我已经用了洪荒之力了。”并配以滑稽的表情和动作，该词便快速走红网络，之后“控制不了体内的洪荒之力了”也成了火遍全国的网络用语。该词入选《咬文嚼字》公布的“2016 年十大流行语”之列。

该题考查网络热词，这是考生在备考时需分类复习的重点。该题的得分点包括定义、走红原因、现代影响等。建议复习傅园慧、“我好方”“萌”等相关词条。

32. 4G（2018 北京邮电大学　名词解释）

4G 是第四代通信技术的简称，是集 3G 与 WLAN 于一体，并能够传输高质量视频图像的技术。它的图像传输质量与高清晰度电视不相上下，能够满足几乎所有用户对于无线服务的要求。在价格方面，4G 与固定宽带网络不相上下，而且计费方式更加灵活机动，用户完全可以根据自身的需求定制所需的服务。此外，4G 可以在数字用户线路和有线电视调制解调器没有覆盖的地方部署，然后再扩展到整个地区。很明显，4G 有着不可比拟的优越性。

该题考查信息技术知识，这是近几年百科考试的热点。该题的得分点包括定义、关键技术、现实应用、主要优势等。建议复习 5G、WIFI、3G 等相关词条。

33. 共享单车（2018 北京邮电大学　名词解释）（2018 北京航空航天大学　名词解释）

共享单车指由企业和政府合作提供的，分布在城市大街小巷的自行车，例如校园、地铁站点、公交站点、居民区、商业区等。它致力于提供单车共享服务，经营模式为分时租赁，是共享经济的一种新形态。因其符合低碳出行的理念，所以引起了越来越多的人的关注。常见的共享单车品牌有美团单车、哈罗单车等。

该题考查交通相关知识，这也属于网络热词系列，是百科考试的高频考点。该题的得分点包括定义、经营模式、影响、主要品牌等。建议复习共享经济、扫码支付、网购等相关词条。

34. USB（2018、2019 北京邮电大学　名词解释）

USB，即 Universal Serial Bus，中文名称为通用串行总线，是 PC 领域广为应用的新型接口技术，用于规范电脑与外部设备的连接和通信。1994 年年底，英特尔、康柏、IBM、微软等多家公司联合提出该概念。除了像显卡这种需要极高数据量和一些实时性要求特别高的控制设备，几乎所有的 PC 外设都可以移植到 USB 上来。USB 具有信息传输速度极快、使用方便、兼容性良好等优点。目前计算机等智能设备主要通过网络和 USB 与外界进行数据交互。

该题考查信息技术知识，得分点包括定义、提出者、适用范围、特点等。建议

复习闪存卡、读卡器、OTG技术等相关词条。

35. 分时租赁（2018宁波大学 名词解释）

分时租赁是租车行业新兴的一种租车模式，指按小时或天计算，提供汽车的随取即用租赁服务，消费者可以按个人的用车需求和用车时间预订租车的小时数，其收费按小时来计算。采用分时租赁模式的有共享单车、共享充电宝、共享汽车等。

该题考查分时租赁的相关知识，得分点包括定义、常见类型等。

36. 共享经济（2018宁波大学 名词解释）

共享经济是一种将闲置的资源共享，使物品使用权暂时转移，提高资源利用率，并从中获得一定报酬的新型经济模式。其本质是整合线下的闲散物品、劳动力、教育医疗资源等。常见的共享经济形式有共享单车、共享充电宝、共享汽车等。

该题考查共享经济的相关知识，得分点包括定义、本质等。

37. 低碳（2018宁波大学 名词解释）

低碳指较低（更低）的温室气体（以二氧化碳为主）排放。由于二氧化碳排放量大，地球臭氧层遭受巨大破坏。推崇低碳生活是为了应对日益严重的气候问题，减少二氧化碳的排放，保护生态环境和人类安全。

该题考查低碳的相关知识，得分点包括定义、目的、背景等。

38. 公共服务区（2018宁波大学 名词解释）

公共服务是使公民某种具体的直接需求得到满足的服务，如衣、食、住、行、生产、发展和娱乐的需求。公共服务区即提供公共服务的区域。

该题考查公共服务区的相关知识，得分点包括定义、内容等。

39. 城市热岛效应（2020北京航空航天大学 名词解释）

城市热岛效应指城市化的发展导致城市中的气温比外围郊区高的现象。从近地面地图上看，城市就像一个高于海面的岛屿，因此被形象地叫作城市热岛。影响城市热岛效应形成的主要因素有城市下垫面、人工热源、空气污染、水气影响、绿地减少、人口迁徙等。

40. 区块链（2020北京航空航天大学 名词解释）（2019华东政法大学 名词解释）（2020武汉大学 选择题）[1]

区块链是2008年兴起的一个信息技术领域的概念，由中本聪首次提出，从应用的视角可将这个概念简单视为一个分布式的共享账本和数据库。区块链有四个基础特征：不可篡改；不可复制的唯一性；智能合约；去中心自组织或社区化。此外，区块链不只是技术，它还会给经济、管理、社会层面带来变化，可能改变人类的交易方式。

41. 抖音（2020北京航空航天大学 名词解释）

抖音是一款由今日头条孵化的短视频软件，创始人是张一鸣，于2016年9月20日

1 该校该年考查区块链的特性。

上线，是一款面向全年龄段的音乐短视频社交软件。该平台提供各种类型的歌曲，供用户在平台上自主选择，用户可以在选完歌曲后，拍摄并创作自己的音乐短视频，也可以观看其他用户拍摄的短视频，平台会在分析用户数据的基础上，推送符合其喜好的作品。

42. 月宫一号（2018 北京航空航天大学　名词解释）

月宫一号是北京航空航天大学建立的人工闭合生态系统的实验装置，包括“人—植物—动物—微生物”四个环节，通过植物的生长释放氧气，为宇航员提供食物，再通过代谢为植物提供养料。该装置可满足实验人员的全部气体、水和食物的需要，为人类移居月球做准备。

该题考查科技术语，得分点包括含义、工作原理、意义等。考生还可以关注北京航空航天大学开展的其他实验。

43. 数字家庭（2018 北京航空航天大学　名词解释）

数字家庭指以计算机技术和网络技术为基础，实现家用电器之间的数据和信息交换，使人们足不出户就可以更加方便快捷地获取信息，从而极大地提高家庭环境的舒适性和娱乐性。数字家庭是智能化家庭的一个体现。

该题考查科技术语，得分点包括含义、意义等。

44. 智慧城市（2019 山东财经大学　名词解释）（2019 中南大学　名词解释）（2018 华中师范大学　名词解释）

智慧城市这一概念最初源于 IBM 提出的“智慧地球”的理念，指的是将新一代的各种信息技术和创新概念运用到城市的各行各业，所打造的一种城市信息化高级形态。这种城市形态将有助于提高城镇化水平，实现城市的动态和精细化管理，提升城市管理的效果，改善市民的生活质量。

45. 北斗导航（2019 中南大学　名词解释）

北斗导航一般情况下指的是北斗卫星导航系统，是中国自主建设并独立运行的全球卫星导航系统，也是继美国 GPS 和俄罗斯 GLONASS 之后的第三个比较成熟的卫星导航系统，可以在全球范围内全天候为用户提供精准、可靠的定位、导航和授时服务。其定位精度可达分米甚至厘米级别，测速精度为 0.2 米 / 秒，授时精度达 10 纳秒。2020 年 7 月 31 日，北斗三号全球卫星导航系统正式开通。

46. 微博（2018 中南大学　名词解释）（2018 广东工业大学　名词解释）

微博，也称微型博客，是一种社交媒体、网络平台，该平台允许用户通过个人电脑、手机等终端发布文字、图片、视频等多种内容，实现信息的互动和及时分享。最初也是最著名的微博是美国的 Twitter，中国第一家带微博色彩的社交网络是于 2007 年 5 月由王兴创建的。自 2009 年 7 月起，大批微博新产品开始涌现，其中包括 8 月份门户网站新浪推出的“新浪微博”内测版，自此微博在国内主流的上网人群中走红。2014 年 3 月 27 日新浪微博宣布改名为“微博”。我们现在所说的“微博”一般情况下默认指的是新浪微博。

47. 支付宝（2018 中南大学 名词解释）（2019 大连外国语大学 名词解释）

支付宝是国内的一个第三方支付平台，于 2003 年由淘宝网首次推出。2004 年，支付宝从淘宝网独立出来，开始向更多的合作方提供支付服务，发展成中国最大的第三方支付平台。其公司总部最初设在杭州，后于 2015 年搬迁至上海浦东。支付宝现在已经发展成为融合支付、生活服务、政务服务、理财、保险、社交、公益等多个场景与行业的开放性平台。

48. Twitter（推特）（2017 首都经济贸易大学 名词解释）

Twitter（推特）是美国一家致力于为移动社交网络和微博客提供服务的公司，于 2006 年 3 月 21 日由杰克·多西及其共同创始人埃文·威廉姆斯和比兹·斯通联合创立，总部设在美国加州旧金山。Twitter 可以让其用户更新不超过 140 个字符的消息（中文、日文和韩文已提高上限至 280 个字符），这些消息被称作“推文”，Twitter 也因此被形容成“互联网的短信服务”。

49. Facebook（2017 首都经济贸易大学 名词解释）

Facebook，中文一般称脸书或脸谱网，是一个世界排名领先的照片分享站点。该公司成立于 2004 年 2 月 4 日，总部设在美国加利福尼亚州，主要创始人是马克·扎克伯格。2012 年 5 月 18 日，Facebook 正式在纳斯达克证券交易所上市。Facebook 在 2012 年和 2014 年相继完成了对 Instagram 和 WhatsApp 的收购。

50. 朋友圈（2016 首都经济贸易大学 名词解释）（2018 广东工业大学 名词解释）

朋友圈是腾讯公司微信应用软件中的一个社交功能，在 2012 年 4 月 19 日微信 4.0 版本更新时上线。朋友圈功能允许用户在微信上发布文字、图片，分享文章链接或音乐链接等，还可以对好友进行评论、点赞等。

51. “新四大发明”（2019 西南政法大学 名词解释）

“新四大发明”是 2017 年诞生的一个网络流行词，具体指高速铁路、扫码支付、共享单车和网络购物。2017 年 5 月，北京外国语大学丝绸之路研究院向留学生发起了一项民间调查，让来自“一带一路”沿线的 20 个国家的青年评选出他们心中的中国“新四大发明”，以上四项就是他们评选出的结果。实际上，那四项中没有一项是中国发明的，只是中国在其推广应用方面领先，因此得以误传。

52. 专属经济区（2019 华中师范大学 名词解释）（2018 湖南师范大学 名词解释）

专属经济区，又称经济海域，指从测算领海基线量起 200 海里、在领海以外并且邻近领海的一个区域。关于该概念的规定，1982 年联合国在第三次海洋法会议上有详细说明。在某沿海国的专属经济区内，该沿海国对其自然资源享有主权权利以及其他管辖权，其他国家则享有航行、飞越自由等，但是这种自由应适当顾及沿海国的权利和义务，而且要遵守沿海国按照《联合国海洋法公约》的规定及其他国际法规则所制定的法律和规章。

53. 自媒体（2019 华中师范大学　名词解释）

自媒体，英文为“We Media”，是一种普通大众通过网络等渠道发布他们本身的事实和新闻的途径。目前使用得比较多的自媒体平台有微博、微信公众号、门户网站、电商平台、直播、短视频等。自媒体的内容往往呈现个性化和碎片化的特点，但是现阶段对于自媒体的具体内容还没有比较完善的法律规范，因此其存在良莠不齐、可信度低的问题。

54. 信息技术（2018 广东工业大学　名词解释）（2017 湘潭大学　名词解释）（2016 北京邮电大学　名词解释）

信息技术，英文为 Information Technology，通常缩写为 IT，是用于管理、处理信息和数据所采用的各种技术的总称。凡是能扩展人的信息功能、协助人们更有效地进行信息处理的技术都可以称作信息技术。它主要是应用计算机科学和通信技术来设计、开发、安装和实施信息系统及应用软件，通常也被称作信息和通信技术，主要包括传感技术、计算机与智能技术、通信技术和控制术等。

55. 芯片（2018 广东工业大学　名词解释）

芯片，半导体元件产品的统称，又称微电路、集成电路（简称 IC）、微芯片，主要是指内含集成电路的硅片，体积很小，通常作为计算机或其他电子设备的一部分组件，由光刻机来进行生产制造。芯片在电子学中是一种将电路（主要包括半导体设备、被动组件等）小型化的方式，并通常制造在半导体晶圆表面上。

56. 打车软件（2018 广东工业大学　名词解释）

打车软件，一种智能手机应用软件，如 Uber（优步）、滴滴打车等。通过打车软件，乘客可以进行注册、登录、约车、评价等操作，而且可以很方便、快捷地通过手机查找打车信息，并且与接单的司机进行实时沟通，了解进程；出租车司机同样可以根据用户提供的路线自行选择是否接受此订单，实现用户与司机之间的信息同步，从而大大地提高了打车的效率。

57. 苹果公司（2017 广东工业大学　名词解释）

苹果公司，一家美国高科技公司，由史蒂夫·乔布斯、斯蒂夫·沃兹尼亚克和罗·韦恩等人于 1976 年 4 月 1 日创立，并将其命名为美国苹果电脑公司。2007 年 1 月 9 日，更名为苹果公司，其总部设在加利福尼亚州，主营业务为生产电脑硬件、电脑软件、消费电子产品等。苹果公司于 1980 年 12 月 12 日公开招股上市，2014 年超越谷歌，成为世界最具价值的品牌。

58. 微软（2017 广东工业大学　名词解释）

微软，英文为 Microsoft，微软公司是世界 PC 软件开发的先导，于 1975 年 4 月 4 日由比尔·盖茨和保罗·艾伦创立，总部位于美国华盛顿州雷德蒙德市。其经营范围涵盖了操作系统、办公软件、手机、平板、游戏机等多个领域。2020 年 12 月 17 日，世界品牌实验室研究编制的2020年度“世界品牌500强”排行榜揭晓，微软排名第三位。

59. 谷歌（2017广东工业大学 名词解释）

谷歌，英文为Google，是一家美国的跨国科技企业，致力于云计算、互联网搜索和广告技术等领域，开发并提供大量基于互联网的产品及服务。该公司于1998年9月4日由拉里·佩奇和谢尔盖·布林共同创立，总部设在美国加利福尼亚州。2004年8月19日，谷歌在纳斯达克上市，2005年在中国设立了研发中心，2018年其员工数达到将近10万。

60. 百度（2018重庆邮电大学 名词解释）（2019大连外国语大学 名词解释）

百度，一种搜索引擎，由李彦宏、徐勇两人于2000年1月在北京中关村创立，是目前全球最大的中文搜索引擎、中文网站。“百度”这一公司名称源自中国古代宋朝词人辛弃疾《青玉案》中的诗句“众里寻他千百度”，意味着百度公司对于中文信息检索技术的执着追求，而“熊掌”标识的想法来源于“猎人巡迹熊爪”的刺激，与李彦宏博士的“分析搜索技术”非常相似。百度公司的总部位于中国北京，于2005年8月5日在纳斯达克上市。发展至今，百度已经成为中国最受欢迎、影响力最大的中文网站。

61. 安卓（2017广东工业大学 名词解释）

安卓，英文为Android，是智能手机或者平板电脑等移动终端设备的操作系统，是现在最流行的系统之一，创始人是安迪·鲁宾。Android的本义指的是“机器人”，2007年11月5日Google宣布其基于Linux平台的开源手机操作系统名为Android，该平台由操作系统、中间件、用户界面和应用软件组成。最初版本的安卓系统于2008年9月23日上线，截至2019年，已更新至第10代。

62. 海绵城市（2018山东建筑大学 名词解释）（2018西南交通大学 名词解释）

海绵城市指城市像海绵一样，能在适应环境变化和应对自然灾害等方面有良好的“弹性”，在下雨时能够吸水、蓄水、渗水、净水，在需要时又能够将储蓄的水“释放”并加以利用。海绵城市的建设能够在确保城市的防水防涝安全的基础上，最大限度地实现雨水在城市的积存、渗透和净化，促进雨水资源的利用，保护生态环境。

63. 双一流（2018广西师范大学 名词解释）

“双一流”是世界一流大学和一流学科的简称。“双一流”是继“211工程”和“985工程”之后中国高等教育领域实施的又一国家战略，对于提升我国的教育综合实力和国际竞争力有切实的帮助。2017年9月21日，教育部、财政部和发改委联合发布了《关于公布世界一流大学和一流学科建设高校及建设学科名单的通知》，公布了“双一流”高校和学科的名单，首批“双一流”建设高校共137所，“双一流”建设学科共465个。

64. 网红（2019安徽大学 名词解释）

网红是网络红人的简称，指在网络上走红的人。通常情况下，一些人会由于某个事件、行为而受到网民们的关注或者由于长期输出大众感兴趣的专业知识而走红于网络。

这些人的产生往往不是自发的，而是在如今比较发达的网络环境下，一些网络推手、传统媒体和受众心理需求等一方或多方共同作用的结果。现在网红文化盛行，这些网络红人应担负起更多的社会责任，不能把社会价值观带偏。

65. 工匠精神（2019 同济大学 名词解释）（2017 北京邮电大学 名词解释）

工匠精神是一种职业精神，其基本内涵包括敬业、精益、专注、创新等。这一概念最早出自著名企业家、教育家聂圣哲，他培养出了一批一流的木匠。李克强总理在 2016 年的政府工作报告中也引用了这个词。如今，工匠精神在企业管理中也有重要的学习价值。

66. 钓鱼网站（2017 上海理工大学 名词解释）

钓鱼网站，互联网上的一种诈骗方式，指通常情况下伪装成银行或电子商务机构，窃取用户提交的银行账号、密码等私密信息的一种网站，可以用电脑管家等进行查杀。另外，中国的金融机构、电子商务网站以及域名注册服务机构还组成了反钓鱼网站联盟，其成员单位包括中国银行、工商银行、建设银行、华夏银行、农业银行、光大银行、银河证券、淘宝、腾讯、支付宝等几十家金融机构和电子商务网站，以及中国万网、中企动力、厦门中资源、厦门华商盛世、阿里巴巴等国内主要的域名注册服务机构。

67. 灰犀牛事件（2019 北京邮电大学 名词解释）

灰犀牛事件通常指因过于常见导致人们习以为常的风险，用于比喻发生概率大且影响巨大的潜在危机。“灰犀牛”这一概念与“黑天鹅”相对，黑天鹅事件通常指发生概率极小，但影响却巨大的风险。高房价和高杠杆是我国典型的两只“灰犀牛”。

68. 域名（2019 黑龙江大学 名词解释）

域名是因特网上某计算机或计算机机组的名称，通常由一串用点（.）分隔的字符组成，在数据传输时可用于标识计算机的电子方位。该概念最早由保罗·莫卡派乔斯（Paul Mockapetris）于 1983 年发明。域名的一串字符中最右边的那个词被称为顶级域名，常见的顶级域名包括 .cn、.com、.edu、.top、.gov 等。域名可分为国内域名和国际域名，具有独一无二、不可重复的特点。世界上第一个域名由 Symbolics 公司在 1985 年 1 月注册。

69. App（2018 黑龙江大学 名词解释）

App，Application 的缩写，中文译为应用程序，通常指的是智能手机可安装的第三方应用程序。目前比较著名且常用的应用商店有苹果系统的 App Store 和安卓系统的 Google Play Store 等。App 通常被分为两种：个人用户 App 和企业级 App。2016 年 8 月 1 日，国家互联网信息办公室发布的《移动互联网应用程序信息服务管理规定》开始正式实施，用户需进行实名认证之后才可使用 App。

70. 人权（2017 宁波大学 名词解释）

人权指一个人应享有的人身自由和各种民主权利。它的主要含义为：每个人都应该受到合乎人权的对待，不分种族、性别、国籍、族裔、语言、宗教或任何其他身份地位。

人权包括生命和自由的权利、不受奴役和酷刑的权利、意见和言论自由的权利、获得工作和教育的权利以及其他更多权利。

该题考查政治概念，得分点包括人权的含义、人权所包含的内容等。

71. 机器学习（2020 广东外语外贸大学 名词解释）

机器学习是人工智能的一个分支。它专门研究计算机怎样模拟或实现人类的学习行为，使计算机具有人的学习能力以便实现人工智能。机器学习是实现人工智能的一个途径，即以机器学习为手段解决人工智能中的问题。

这是一条科技类名词，答题时的得分点包括定义、内容、作用等。

72. 云计算（2019、2020 广东外语外贸大学 名词解释）（2018 北京航空航天大学 名词解释）（2018 中南大学 名词解释）（2018 广东工业大学 名词解释）（2018 山东师范大学 名词解释）

云计算是分布式计算的一种，云是网络、互联网的一种比喻说法。云计算指的是通过网络“云”将巨大的数据计算处理程序分解成无数个小程序，然后通过多部服务器组成的系统，经搜寻、处理、分析得到结果并返回给用户。云计算可以在很短的时间内（几秒钟）完成对数以万计的数据的处理，从而形成强大的网络服务能力。

这是一条科技类名词，答题时的得分点包括概念、特点、优势等。

73. 3D 打印（2019 广东外语外贸大学 名词解释）

3D 打印又称增材制造、积层制造，可指任何打印三维物体的过程，是以数据模型为基础，将材料逐层堆积，制造出实物的新兴制造技术。3D 打印通常是通过使用数字技术材料打印机来实现的，打印出来的三维物体可以拥有任何形状和几何特征，被应用于各领域的模具制造、工业设计模型、产品制造等。3D 打印被视为引领新一轮科技革命和产业变革的核心技术之一，发展前景广阔，但价格高，不具备规模经济性。

这是一条科技类名词，答题时的得分点包括定义、原理、应用、发展、局限性等。

74. 智能革命（2020 西安外国语大学 名词解释）

智能革命，也可以称作第四次产业革命，体现在智能机器的制造及其广泛应用能使人的智能和机器智能的潜力爆发出来，从而促进社会智能化。人工智能为我们带来了更多的智能化应用，提高了我们的生产效率，有可能从根本上改变我们的生活方式和经济结构。

该题考查《自然科学史十二讲》第十一章高科技时代中的第三节电子信息时代的内容。考生可从定义、特征、作用等方面作答。这部分内容容易和热点话题接轨，考查的可能性更大，建议考生重点关注这章的内容。

75. 微电子技术（2020 西安外国语大学 名词解释）

微电子技术是微小型电子元器件与电路的研制、生产及用它们实现电子系统功能的技术领域。微电子技术是随着集成电路的发展而发展起来的一门新兴技术。在信息化时代，微电子技术给人类生产、生活都带来了极大的影响。

该题考查《自然科学史十二讲》第十一章高科技时代中的第三节电子信息时代的内容。考生可从定义、发展、作用等方面作答。建议考生关注集成电路，这与本题的“微电子技术”密切相关，有可能成为今后的考查重点。

76. 高铁（2019 南京大学 名词解释）（2017 宁波大学 名词解释）

高铁指基础设施设计速度标准高、可供火车在轨道上安全高速行驶的铁路，列车运行速度在 200km/h 以上。高铁的出现在世界铁路史中有着划时代的意义，它极大地提高了铁路系统的运行速度，促进了社会经济的发展。

该题考查社会基础常识，这是历年真题的重要考点。需要注意的是，中国高铁是另一个不同的词条，解释内容不同。考生也要背诵此类与中国发展相关的热门词条的解释。该题的得分点包括全称、定义、高铁标准、中国高铁发展情况等。建议复习中国高铁、扫码支付、共享单车、网购等相关词条。

77. 剁手党（2019 南京大学 名词解释）

剁手党是一个网络热词，专指沉溺于网络购物的人群，以女生居多。这类人群的特点是喜爱浏览各大购物网站，热衷于搜索比价、精打细算地购物。但结果往往是购买大量没有实用价值的物品，造成大量时间、金钱的浪费，是非理智消费的表现。这类人在冷静之后会意识到问题所在，甚至有痛定思痛、剁手明志的冲动，但购物瘾一犯又会忘记之前的反思，仍然冲动消费，因此被称为“剁手党”。

该题考查社会文化常识，这属于网络热词范畴。该题的得分点包括含义、主要人群、群体特点、类型、社会评价等。建议复习网购、电商平台等相关词条。

78. 无人机（2019 南京大学 名词解释）

无人机指无人驾驶飞机，英文缩写为 UAV。无人机产生于 20 世纪 20 年代，是利用无线电遥控设备和自备的程序控制装置操纵的或由车载计算机自主操作的不载人飞机。与有人驾驶飞机相比，无人机具有应用方便、时效性强的优点，因此可以代替人工做危险的任务，主要用途是航拍、测绘、灾难救援、观察野生动物、监控传染病等。随着无人机技术的发展，其应用领域也在不断扩大。

该题考查科技基础知识，得分点包括全称、基本含义、优点、主要用途、应用领域等。建议复习无人驾驶汽车、人工智能等相关词条。

79. 刷脸（2019 南京大学 名词解释）

刷脸指基于人脸生物特征或脸部特征信息进行身份鉴定或认证的技术。其最大的特征是能避免个人信息泄露，并采用非接触的方式进行识别。它的发展优势在于非接触、识别速度快、准确率高，因此主要应用于公安、安全、海关、金融等领域，并随之出现了智慧社区、智慧安防、智慧校园等新发展。

该题考查科技常识，这是历年真题的重要考点。该题的得分点包括基本释义、原理、技术特征、发展优势、应用范围等。建议复习生物识别、人脸识别、人工智能等相关词条。

80. 人工智能（2018 南京大学 名词解释）（2019 北京第二外国语学院 名词解释）（2019 重庆邮电大学 名词解释）（2018 河南师范大学 名词解释）（2018 中南大学 名词解释）（2018 西南科技大学 名词解释）（2019 山东科技大学 名词解释）（2018 桂林电子科技大学 名词解释）（2018 西南交通大学 名词解释）

人工智能，英文缩写为 AI，是计算机科学的一个分支中的新技术科学，它主要研究、开发用于模拟、延伸和扩展人的智能的理论、方法、技术及应用系统。它企图了解智能的实质，并生产出一种新的能以人类智能相似的方式做出反应的智能机器。该领域的研究包括机器人、语言识别、图像识别、自然语言处理和专家系统等。

该题考查科技知识，这也是社会热门话题和历年真题的高频考点，考生要重点掌握。相关时事为韩国围棋九段棋手李世石、中国围棋九段棋手柯洁分别与人工智能围棋程序“阿尔法围棋”（AlphaGo）开展两场比赛，比赛结果均为 AlphaGo 获胜，这引起了社会的广泛关注。该题的得分点包括定义、研究目的、应用领域等。建议复习生物识别、语言识别、深度学习等相关词条。

81. 人机对话（2018 南京大学 名词解释）

人机对话是计算机的一种工作方式。计算机将运行情况及时输出，而人对计算机输入命令或数据，形成“人机对话”。在此过程中操作人员可以观察和了解计算机的运行情况，并进行干预和控制。大多数计算机操作系统、应用软件都具有这个功能，以便操作人员或用户使用。

该题考查科技知识，这是历年真题的重要考点，也是社会热门话题中的热词，考生要重点掌握。该题的得分点包括定义、运行过程、特征优点、应用领域等。建议复习人工智能、深度学习等相关词条。

82. 阿尔法围棋（2018 南京大学 名词解释）（2018 对外经济贸易大学 选择题）（2017 中国传媒大学 名词解释）

阿尔法围棋，英文名为 AlphaGo，是由谷歌开发的围棋机器人。在围棋人机大战中，它分别战胜过韩国围棋九段棋手李世石、中国围棋九段棋手柯洁，是第一个击败人类职业围棋选手、战胜世界围棋冠军的人工智能机器人。其主要工作原理是深度学习。围棋界公认阿尔法围棋的棋力已经超过人类职业围棋的顶尖水平。

该题考查科技知识。人工智能的相关话题是社会热门话题，是近几年真题的高频考点，考生要重点掌握。该题的得分点包括定义、涉及事件、工作原理等。建议复习人工智能、深度学习等相关词条。

83. 人脸识别（2018 南京大学 名词解释）（2018 南开大学 名词解释）

人脸识别是基于人的脸部特征信息进行身份识别的一种生物识别技术。它通过计算机语言编写人脸图像识别程序，首先用摄像机或摄像头读取被识别对象的人脸图像，然后自动提取被识别对象的特征与人脸库图像进行比对检测，得到识别结果。它最大的特征是采用非接触的方式进行识别，能避免个人信息被泄露。由于人脸识别具有非接触、识别速度快、准确率高的优势，因而被广泛使用于公安、安全、海关、金融等领域。

该题考查科技知识，这是历年真题的高频考点。人脸识别也是社会热门话题中的新词，考生要重点掌握。该题的得分点包括释义、别称、应用领域、特征等。建议复习人工智能、生物识别、刷脸等相关词条。

84. 深度学习（2018 南京大学　名词解释）（2019 南京师范大学　名词解释）

深度学习是对人工神经网络的研究。它是机器学习领域中的一个新的研究方向，完善了机器学习技术并使得人工智能相关技术取得了很大进步。深度学习的最终目标是让机器能够像人一样具有分析学习能力，能够模仿视听和思考等人类的活动，能够识别文字、图像和声音等数据，从而解决复杂的模式识别难题。目前已经在很多领域都取得了成果，包括机器学习、机器翻译、自然语言处理等。

该题考查科技知识，这是历年真题的重要考点。该题的得分点包括含义、特点、目标、应用领域、发展成果等。建议复习人工智能、机器翻译、自然语言处理等相关词条。

85. “黑科技”（2018 南京师范大学　名词解释）（2020 南京大学　名词解释）

“黑科技”，即人类现有的知识水平和世界观所无法理解的科学技术，超出了人们的研究和认知范围，但这并不代表它们不存在。黑科技是个外来语，该词来自日本的动漫《全金属狂潮》。黑科技在某种程度上改变了人们的生活方式，现实生活中有许多丰富人们生活的黑科技，比如讯飞语记、时光相册、袋鼠遥控等。

该题考查科技，是热门话题和考点，考生需要重点掌握。该题的得分点包括来源、功能、性质以及影响等。建议复习云计算、区块链、人工智能等相关词条。

86. 物物互联（2018 南京师范大学　名词解释）

物物互联，即将人、流程、数据和事物结合在一起使得网络变得更加相关，更有价值。物物互联将信息转化为行动，给企业、个人和国家创造新的功能，并带来更加丰富的体验和前所未有的经济发展机遇。它依赖于网络的力量，在物物互联中，网络的价值与联网的用户数成正比，深深地改变了人们的生活和推动了世界的发展。

该题考查科技，根据字面意思加上平时的积累，很容易就能写出答案，该词与“物联网”有一定关联，考生复习时要重点掌握。该题的得分点包括内容、工作原理、作用和影响等。建议复习物联网、“互联网 +”、跨境电商等相关词条。

87. 大数据（2018 南京师范大学　名词解释）（2019 北京第二外国语学院　名词解释）（2020 西北大学　名词解释）（2018 重庆邮电大学　名词解释）（2019 山东财经大学　名词解释）（2016 中南大学　名词解释）（2018 贵州财经大学　名词解释）（2019 安徽大学　名词解释）（2016 武汉科技大学　名词解释）

大数据，即巨量资料，是需要新处理模式才能具有更强的决策力、洞察力和流程优化能力的海量、高增长率和多样化的信息资产。大数据的五大特点为大量、高速、多样、低价值密度、真实性。其用法倾向于预测分析、用户行为分析或高级数据分析方法的使用，主要适用于人工智能、云计算、物联网、“互联网 +”。

该题考查科技，是大家熟悉的名词，难度较小，但话题比较热门，不排除再考的可能，考生应重点掌握。该题的得分点包括内容、特点、用法和使用领域等。建议复习区块链、新零售、工业 4.0 等相关词条。

88. VR 技术（2020 南开大学　名词解释）（2019 西北大学　名词解释）（2017 重庆大学　名词解释）（2018 西南交通大学　名词解释）

VR 技术指虚拟现实技术，是近年来出现的高新技术，也称灵境技术。虚拟现实技术是利用电脑模拟产生一个三维空间的虚拟世界，给使用者提供关于视觉、听觉、触觉等感官的模拟，让使用者如同身临其境一般，可以及时地、没有限制地观察三维空间内的事物。虚拟现实技术可应用在影视娱乐、教育、医学等领域。

该题考查科技常识，是历年真题的高频考点，考生应重点掌握。该题的得分点包括基本含义、应用方法、优势、应用领域等。建议复习人肉搜索、生物识别、人工智能等相关词条。

89. 二维码（2018 南开大学　名词解释）（2020 东北师范大学　名词解释）

二维码是按一定规律在二维方向（平面）上分布的、黑白相间的某种特定几何图形，它通过比特流概念中的计算机代码编制“0”“1”来记录数据符号信息。二维码的主要特点是信息量大、易识别、成本低，通过图像输入或光电扫描设备，可实现自动识读信息处理，主要作用是记载信息。二维码主要应用在商业活动、网络链接、信息读取等方面。

该题考查科技常识，是历年真题的重要考点，考生应重点掌握。该题的得分点包括定义、主要特点、主要作用、应用范围、营销方式等。建议复习生物识别、人脸识别、第三方支付等相关词条。

第二节　其他

1. 安理会常任理事国（2019 北京外国语大学　名词解释）（2017 山东大学　名词解释）

安理会常任理事国指联合国安全理事会中的五个常任理事国，包括中国、俄罗斯、英国、法国、美国。这些国家也是第二次世界大战期间同盟国中的五大国。常任理事国各自拥有对联合国安全理事会决议草案的一票否决权，这是为了保障五个常任理事国的权益而设立的。自联合国成立以来，安理会常任理事国在维护世界和平、解决地区冲突方面发挥了重大作用。

该题考查联合国的相关组织。考生可从定义、宗旨、地位、作用等方面作答。注意各类国际组织或机构，如儿童基金会、世贸组织、世卫组织等，这些一般是北京外国语大学百科考试考查的重点。

2. 国际规则（2018 山东大学　名词解释）

国际规则指在国家相互交往过程中形成的，以国家之间的关系为主要调整对象的具有约束力的原则、规则和规章制度的总称。它是适应国际社会的需要而产生的，是国际关系发展的产物。国际规则是实现国际社会稳定发展的前提和基础。国际规则不是一成不变的，而是不断丰富、发展、完善的。国际关系最为重要的就是国际规则，各国要共同合作，遵守原则，共同应对和解决国际问题。

该题考查国际政治知识，得分点包括定义、特点、存在的原因、作用以及影响等。建议复习国际交往、和平共处五项原则等相关词条。

3. UNICEF（2018 北京外国语大学　名词解释）

UNICEF 是联合国儿童基金会的英文简称。联合国儿童基金会是联合国的一个专门机构，于 1946 年 12 月 11 日在联合国大会上成立，总部设于美国纽约，其工作是对发展中国家的母亲和孩子进行长期的人道主义和发展援助。联合国儿童基金会曾于 1965 年获得诺贝尔和平奖。作为一个志愿性的基金机构，联合国儿童基金会依靠政府和私人的捐助运营。它的项目着重于提高社区服务水平，以保障儿童的健康。

该题考查联合国的相关机构。考生可从定义、成立时间、总部位置、宗旨、发展、作用等方面作答。注意各类国际组织或机构，如儿童基金会、世贸组织、世卫组织等一般是北京外国语大学考查的重点。

4. 奥林匹克格言（2018 北京外国语大学　名词解释）

奥林匹克格言，又称奥林匹克口号或奥林匹克座右铭，是奥林匹克运动口号之一。内容是“更快、更高、更强”，由亨利 · 马丁 · 迪东提出。“更快、更高、更强”充分表达了奥运健将们不畏艰险、勇往直前的拼搏精神。

该题考查国际赛事基础知识。考生可从定义、内容、提出者、意义等方面作答。如果考试年份是奥运会开办的年份，那么百科考试的题目中很可能会涉及相关知识，考生需要注意。

5. 温室气体（2017 广东外语外贸大学　名词解释）（2019 南开大学　名词解释）（2018 东北师范大学　名词解释）（2016 四川大学　名词解释）

温室气体指存在于大气中能吸收和释放红外线辐射，使地球表面变得更暖的一些气体，即大气中会引起温室效应的气体，如二氧化碳、臭氧、一氧化二氮、甲烷等。人类大规模排放这些温室气体是引起全球变暖等气候变化的重要原因。

该题考查生态环境知识，是历年真题的高频考点，考生应重点掌握。该题的得分点包括定义、主要气体、主要危害等。建议复习温室效应、环保主义、气候变化、《京都议定书》《联合国气候变化框架公约》等相关词条。

6. 牛顿（2018 西安外国语大学 名词解释）

牛顿是英国著名的物理学家，著有《自然哲学的数学原理》《光学》。他总结了前人天体力学和地面力学的成就，系统地提出了力学概念、运动三大定律和万有引力定律，从而使力学成为一个完整的理论体系，即牛顿力学或经典力学体系。这标志着经典力学的成熟，同时为自然科学打下了基础，宣告了近代科学革命的成就。

该题考查《自然科学史十二讲》第四章中的内容。考生可从成就、理论、作用等方面作答。由于该题考点是书中的知识点，因此建议考生答题时优先回答牛顿在科学方面的成就。

7. 阿波罗（2017 西安外国语大学 名词解释）（2020 北京第二外国语学院 名词解释）（2018 上海理工大学 名词解释）

阿波罗是希腊神话中的光明之神，后用名于阿波罗计划，又称阿波罗工程，是美国为实现载人登月飞行和对月球的实地考察，为载人行星飞行和探测做技术准备而组织实施的一系列载人登月飞行任务。阿波罗于 1972 年 12 月成功登月，是世界航天史上具有划时代意义的一项成就，阿波罗计划促进了人类航天事业的发展。

该题考查阿波罗，得分点包括阿波罗计划的含义、目的、历史意义、具体时间等。

8. 审查（2020 南京大学 名词解释）

审查指审核、调查，是对某项事情或情况进行核实、核查。通常会有特定的机构或组织对特定对象进行审查，对某项事情或情况审核并对其进行客观评价，予以反馈。审查结果以报告的形式呈现。

该题考查对基本词语的理解，得分点包括定义、解析等，考生应根据不同语境给出背景解释以作补充。

9. 维和部队（2020 南京大学 名词解释）

维和部队，全称为联合国维持和平部队，又称 UN、蓝盔部队，是成立于 1956 年苏伊士危机之际的一支跨国界的特种部队。维和部队具有非强制性和中立性的主要特征，经常在非洲、美洲等地开展维和行动，主要被委派到国际上有冲突的地区，作用是阻止局部冲突扩大。

该题考查国际组织基本知识。这是历年真题的重要考点，考生要重点掌握。该题的得分点包括全称、别名、成立时间、主要特征、维和地区、重要作用等。建议复习联合国、维和行动、联合国安理会等相关词条。

10. 联合国安理会（2020 南京大学 名词解释）

联合国安理会，全称是联合国安全理事会，成立于 1946 年，是联合国下属的主要机构之一。安理会的宗旨任务是维护国际和平与安全，实现国际争端的和平解决。安理会的职能权力具有权威性，是唯一有权采取军事行动的联合国机构。安理会有 15 个理事国，其中五大常任理事国有安理会否决权。

该题考查国际组织基本知识，这是历年真题的高频考点。考生需要重点掌握国际组织及国际会议，特别是联合国的下属机构。该题的得分点包括成立时间、所属机构及组成、宗旨任务、权力责任等。建议复习联合国、联合国大会、《联合国宪章》等相关词条。

11. 种族（2019 南京大学 名词解释）

种族是一个生物学概念，又称人种，是在体质形态上具有某些共同遗传特征的人群。四大人种是指东亚人种、高加索人种、尼格罗人种、澳洲人种。各个文化对种族的理解不尽相同。传统种族和其他人类现象之间联系密切，包括人类的行为、智力、文化道德水平等。

该题考查基本常识。考生在写此类相关词条时，可以与延伸文化词条结合背诵，如背诵种族的名词解释时应当联想到种族主义的名词解释。该题的得分点包括基本概念、分类、与人类现象的关系等。建议复习种族隔离、种族主义等相关词条。

12. 劳动力（2019 山东大学 名词解释）

劳动力广义上指全部人口；狭义上指工作人群，通常指在一间公司、各个行业工作的人，多指体力劳动者、工人，通常不包括雇佣者（老板）和管理层。在我国，劳动人口的年龄规定为男性在 16 岁到 60 岁之间，女性在 16 岁到 55 岁之间。

该题考查经济学名词，建议考生从广义和狭义两个方面回答，同时补充一些相关知识，如年龄层、社会阶层等。

13. 精神追求（2019 山东大学 名词解释）

精神追求是人内心最渴望、最在意的东西，相当于人的精神支柱，是人生的一种信仰，是人一生追求的目标。精神上的享受同物质追求是两条不同的线路，精神追求把物质上的东西看得很淡，对物质要求很低，只要满足一日三餐的温饱就可以。

该题考查心理学术语，考生可从其意思及其与“物质追求”的对比等方面作答。

14. 民间形式（2019 山东大学 名词解释）

民间形式，起源于民间，是劳动者为满足自己的生活和审美需求而创造的，包括民间工艺美术、民间音乐、民间舞蹈和戏曲等多种形式。以民间形式创作的作品充分反映了民间社会大众的审美需求和心理需要。

该题考查文学形式。这一术语比较抽象，考生可从概念、起源、意义等方面作答。当然也可适度结合文本内容，这样答案才会更加完善。

15. 载体（2019 山东大学 名词解释）

载体在不同领域中有不同的含义。在交通运输和军事领域，指各种运载工具；在化学领域，指在化学反应过程中的催化剂或中间生成物；在生物学领域，指疾病的携带者和传播者；在本段，指物质、讯息和文化等的运载物。

该题考查词语解释。该词在不同领域有不同的意思，考生可全面答题，列举其常见的意思。注意要结合本段内容指出该名词在本段的意思，这是重要得分点。

16. 李嘉诚（2018 南开大学 名词解释）

李嘉诚，中国香港著名实业家、慈善家，出生于广东潮州，是香港首富，也是长江集团的创办人。其主要成就有连续 15 年为华人首富，成立了李嘉诚基金会。他曾收购英国第二大移动电信运营商 O2。李嘉诚被评为“世界最具影响力十大华商人物”之一。

该题考查社会文化人物知识，是历年真题的重要考点。该题的得分点包括国籍、职业、主要成就、地位、人物评价等。建议复习马云、阿里巴巴集团等相关词条。

17. 世博会（2020 东北师范大学 名词解释）

世博会是由主办国举办的在各个方面产生深远影响的一项国际性博览活动，涉及文化、产业、科技等方面的成果。英国于 1851 年在水晶宫举办的万国工业博览会是最早的世博会。世博会促进了国与国之间的文化交流、经济进步以及人员流动。

该题考查重要国际活动，得分点包括世博会的含义、开始时间、历史意义等。

18. 软实力（2019 东北师范大学 名词解释）（2016 河南大学 名词解释）

软实力是相对于国内生产总值、城市基础设施等硬实力而言的一个概念，指的是非物化要素构成的实力。该概念于 1990 年首先由哈佛大学肯尼迪政府学院教授约瑟夫·奈（Joseph Nye）提出并做出阐释，从此成为一个使用频率极高的专有名词。该概念早期指的是国家层面的文化、价值观和社会制度等无形的因素，是国家综合国力的重要组成部分，而后被引入企业层面，指企业的企业文化、管理制度、创新能力、品牌影响力和知名度等看不见但确实存在的实力。

19. 马太效应（2019 东北师范大学 名词解释）（2017 西北大学 名词解释）（2018 中南大学 名词解释）（2016 湘潭大学 名词解释）（2019 天津大学 名词解释）

马太效应，英文为 Matthew Effect，指强者越来越强，弱者越来越弱的两极分化现象。该词出自圣经《新约·马太福音》中的一则寓言故事，现在在教育、社会心理学、科学及金融等领域应用广泛。该理论的主要缺陷是缺乏辩证思维，只关注事物的短期发展趋势，不能用于事物长期发展趋势的分析，不具备普遍真理性。

20. 诺贝尔经济学奖（2020 宁波大学 名词解释）

诺贝尔经济学奖是表彰经济学领域杰出研究者的奖项，被广泛认为是经济学的最高奖项。诺贝尔经济学奖不属于诺贝尔遗嘱中所提到的五大奖项之一，而是由瑞典银行在 1968 年为纪念诺贝尔而增设的。获奖者由瑞典皇家科学院评选，其评选标准与诺贝尔奖其他奖项是相同的。2020 年诺贝尔经济学奖得主是两位来自美国的经济学家保罗·米尔格龙和罗伯特·威尔逊。

该题考查诺贝尔经济学奖。考生可以从含义、意义、设立及获奖者等方面作答。

有关诺贝尔奖的知识一直是各大高校考查的重点内容，提醒考生在备考时，需关注诺贝尔奖最新的相关消息并积累。考查最多的是诺贝尔文学奖，其次是诺贝尔经济学奖。

21. 中国铁路总公司（2019 宁波大学　名词解释）

中国铁路总公司是经国务院批准、依据《中华人民共和国公司法》设立、由中央管理的国有独资公司。经国务院批准，公司由财政部代表国务院履行出资人职责。它以铁路客货运输为主业，实行多元化经营，自觉接受行政监管和公众监督，旨在保证运输安全，提升服务质量，提高经济效益，增强市场竞争力。

该题考查中国重要企业，得分点包括含义、主要任务、设立目的、出资人等。

22. 京沪高铁（2019 宁波大学　名词解释）

京沪高铁，全称为京沪高速铁路，连接了北京与上海，是“八纵八横”高速铁路主通道之一，于 2008 年 4 月 18 日正式开工，2011 年 6 月 30 日全线正式通车。这条铁路的起点为北京南站，终点为上海虹桥站，通行里程为 1 318 千米，最高速度可达 380 千米 / 小时。高铁的开通，加快了两大经济区的联系，同时使内陆地区与沿海地区的联系更为紧密。

该题考查京沪高铁，得分点包括具体含义、开工时间、时速、连接城市及意义等。

23. 国际品牌（2019 宁波大学　名词解释）

国际品牌指在国际市场上有着高知名度的高质量品牌。一般是指该品牌历史悠久，影响力大，有的在本国有着几十年甚至上百年的历史，经常能引领业界的发展方向，有支撑该品牌的知识。

该题考查经济术语，得分点包括含义、特点及影响等。

24. 实时监测（2019 宁波大学　名词解释）

实时监测指“复兴号”所采用的先进安全保障技术。利用该技术可设置智能化感知系统，建立强大的安全监测系统。“复兴号”全车部署了 2 500 余项监测点，能够对轴承温度、冷却系统温度、制动系统状态、客室环境进行全方位实时监测。

该题考查科技术语，得分点包括具体含义及作用等。

25. 国道（2020 暨南大学　选择题）

国道是国家干线公路的简称，我国目前共有 70 条国道，根据其地理走向分为三类。第一类是以北京为中心，做扇面辐射的公路，共 12 条，约 1.4 万千米；第二类是中国版图之内南北走向的公路，共 28 条，约 3.9 万千米；第三类是东西走向的公路，共 30 条，约 5.3 万千米。为区分这三类国道，每条公路干线常采用三位阿拉伯数字作为编号来表示。编号三位数中的第一位数字代表国道类别：1×× 代表第一类以北京为中心的放射性国道；2×× 代表第二类南北走向的国道；3×× 代表第三类东西走向的国道。

26. QS 标志（2020 暨南大学 选择题）

QS 标志由“质量安全”的英文（Quality Safety）首字母 QS 和“质量安全”的中文字样组成。标志的主色为蓝色，字母“Q”与“质量安全”四个中文字样为蓝色，字母“S”为白色。QS 标志是我国的质量安全认证标志。获得食品质量安全生产许可证的企业，其生产加工的食品经出厂检验合格后，在其出厂销售之前，必须在最小销售单元的食品包装上标注由国家统一制定的食品质量安全生产许可证编号并加印或者加贴食品质量安全市场准入标志“QS”。加贴（印）“QS”标志意味着食品符合质量安全的基本要求。

27. 路透社（2020 暨南大学 名词解释）

路透社是英国创办的最早的通讯社，1850 年创立于德国亚琛，1851 年迁到英国伦敦。其创办人是保罗·朱利叶斯·路透。初创时，它仅是一家提供商界情报的小公司，现在已发展成世界上最大的国际性多媒体新闻通讯社，向世界上各种媒体、网站和其他用户，不分昼夜地提供文字、图片、图表及音频、视频新闻。路透社的主要业务分为两大类：一是向报社、电台提供时事新闻；二是向银行、经纪人和工商企业提供经济消息。路透社素来以快速的新闻报道被世界各地的报刊广为采用而闻名于世。另外，它的经济和体育新闻在世界上占有重要地位。

该题考查新闻社，在百科考试的选择题和名词解释中都出现过，需要与其他新闻社名称进行辨别记忆。该题的得分点包括创立时间、创办人、业务范围、影响力等。建议复习西方四大通讯社、美联社、合众国际社、法新社等相关词条。

28. ×86（2019 暨南大学 选择题）

×86 指一系列基于 Intel 8086 且向后兼容的 CPU 指令集架构。CPU 是中央处理器，电脑的中心，其他设备都是围绕这个中心来设计的。CPU 通过主板和外界相连接，比如显卡、声卡、硬盘、光驱等都是通过主板和 CPU 进行数据交换的。用一句话来概括，CPU 就是电脑的核心。×86 代表的就是计算机 CPU 的型号和级别。

29. 狄德罗（2017 暨南大学 选择题）

狄德罗是法国启蒙思想家、唯物主义哲学家、作家、近现代百科全书的奠基者。以他为首的法国百科全书派于 1751 年至 1772 年编纂出版了《百科全书，或科学、艺术和手工艺分类字典》。

30. 国际法庭（2020 上海大学 选择题）

国际法庭，又称国际法院，位于荷兰海牙，是联合国的司法裁决机构，根据《国际法院规约》于 1946 年 2 月成立。国际法院的主要功能是对各国所提交的案件做出仲裁，或在联合国大会及联合国安理会的请求下提供咨询性司法建议。

31. O 型血（2020 上海大学 选择题）

O 型血，常见血型的一种，指血液中既不含 A 抗原也不含 B 抗原的血型，这种血型被称为“万能输血者”。来自肯尼亚、马里、英国和美国的专家对非洲儿童进行调查后发现，O 型血的人在感染疟疾之后，症状最不容易恶化。专家称，这一发现为人类征服疟疾迈出了坚实的一步。据报道，O 型血的儿童与其他血型的儿童相比，出现昏迷和贫血等疟疾恶化症状的概率少 2/3。

32. 成年人的恒牙颗数（2020 上海大学 选择题）

人类的恒牙共有 32 颗，其中最后萌出的 4 颗第三大臼齿，因为萌出在智能成长后的 16 到 24 岁，所以又有智能齿之称，简称智齿。因此，理论上成年人应该有 32 颗牙齿，左右对称，每半边上下两排各有 2 颗切牙、1 颗尖牙、2 颗前磨牙和 3 颗磨牙，排在最后面的 4 颗磨牙叫智齿，很多成人一辈子都不会长智齿，只拥有 28 颗牙齿，有的人会长出 1 颗、2 颗、3 颗，甚至 4 颗智齿，所以成人牙齿的正常数量应该是 28 至 32 颗。

33.18K 金（2020 上海大学 选择题）

18K 金指黄金含量为 75% 的合金。K 金的计算方式是将纯黄金分为 24 份，24K 金即足金，18K 金即金含量为 18/24 的合金，其余 25% 为其他贵金属，包括铂、镍、银、钯金等。

34. 睡觉的最佳朝向（2019 上海大学 选择题）

研究表明，睡觉时最为健康的朝向是头朝北，脚朝南。采取这种睡向时人体内的气血运行方向与地球磁力线方向一致，容易使气血畅通、代谢率降低、能量消耗减少，一觉醒来自然觉得身心爽快。

35. 奶油所含热量（2019 上海大学 选择题）

奶油是从牛奶、羊奶中提取的黄色或白色脂肪性半固体食品，其主要成分是脂肪和蛋白质。每 100 克奶油中约含 879 大卡的能量，比相同重量的牛肉、苹果等所含的热量都高。

36. 红十字（2018 上海大学 选择题）

红十字，作为救护团体（即红十字会）的识别标志，始于 1863 年 10 月，采用白底红十字的臂章作为伤兵救护团体志愿人员的识别标志。随后的《日内瓦公约》对之更予具体化，明文指出红十字标志系掉转瑞士国旗的颜色而成。之所以这样做，是因为对红十字会的发祥地瑞士表示敬意。

37. 综合国力（2020 辽宁大学 名词解释）

综合国力是衡量一个国家基本国力和基本资源的最重要的指标，也是衡量一个国家的经济、政治、军事、文化、科技、教育、人力资源等实力的综合性指标。国家战略资源可划分为 8 类资源和 23 个指标，这些指标的总和构成了综合国力。综合国力的发展是一个全面的过程，不是一蹴而就的，其根本在于国力资源的强劲，需要科技、人力、资本这些高级生产要素的不断提升。

该题考查时政部分。作答时主要从综合国力的定义、主要构成、提升方法等方面入手。考生在复习时要多关注时事政治，可以从公众号和新闻中总结这一年的热点词汇。时政部分出题范围较广，需要考生多多关注。

38. 中等收入国家（2020 辽宁大学 名词解释）

世界银行按照人均国民总收入把世界各国经济发展水平进行分组，共分为四组，即低收入国家、中等偏下收入国家、中等偏上收入国家和高收入国家，其划分标准会随着经济的发展不断进行调整。中等偏下收入国家和中等偏上收入国家合称为中等收入国家。中国目前已经属于中等偏上收入国家。

该题考查时政部分。作答时主要从中等收入国家的定义、分类、我国目前所属的类别等方面入手。

39. 空间站（2019 辽宁大学 名词解释）

空间站，又称太空站、航天站，是一种在近地轨道长时间运行，可供多名航天员巡访、长期工作和生活的载人航天器。空间站分为单模块空间站和多模块空间站两种。空间站的特点是体积比较大、结构复杂，在轨道飞行时间较长，有多种功能，可展开多种太空科研项目。空间站不具备返回地球的能力。

该题考查时政方面的内容，作答时主要从空间站的定义、分类、特点等方面入手。在复习这部分内容时要多关注时事政治，可以从公众号和新闻中总结这一年的热点词汇。时政部分出题范围较广，需要考生多多关注。

40. 二八定律（2020 西北大学 名词解释）

二八定律，也称帕累托定律、80/20 定律，是由意大利的经济学家帕累托在总结 19 世纪英国人的财富和收益模式时发现的。该定律认为，在任何事物组合中，最重要的部分只占约 20%，其余的 80% 虽然占的比重较大，但内容却是次要的，例如：世界上 20% 的人拥有 80% 的社会财富。该概念被广泛应用于社会学及企业管理等学科领域。

41.《福布斯》（2017 西北大学 名词解释）（2016 西南科技大学 名词解释）

《福布斯》，英文名为 Forbes，是由贝蒂·查尔斯·福布斯于 1917 年创办的商业杂志。其总部设在纽约，每两周发行一期，以金融、投资、工业和营销等主题的原创文章著称。该杂志与《商业周刊》《财富》和《经济学人》齐名，是财经界的四大杂志之一，因其提供的排行榜而广为人知，其中最著名的是福布斯富豪排行榜。福布斯有十种不同语言的刊本，读者遍布全球。

42. 绿茶（2018 北京邮电大学 名词解释）

绿茶是中国的主要茶类之一，是一种非发酵茶。它由鲜茶叶经杀青、揉捻、干燥等工序制成。叶色青绿，水沏茶汁清香爽口，稍带苦涩味，回味甜，主要品种有碧螺春、西湖龙井、峨眉山茶等。常饮绿茶能防癌、降脂和减肥，对吸烟者也可减轻其受到的尼古丁伤害。

该题考查饮品常识，这对于考生来说是比较熟悉的，但在答题时需要注意分层作答。该题的得分点包括定义、制作工艺、品质特性、主要品种、价值功效等。建议复习红茶、乌龙茶、普洱茶、《茶经》等相关词条。

43. 榫卯结构（2018 北京邮电大学　名词解释）

榫卯结构，即榫卯接合，指榫头插入榫眼或榫槽的结构，是中国古代建筑中利用构件的凹凸把各个部件连接起来的做法，具有形体构造的“关节”作用。凸出部分叫榫（或榫头），凹进部分叫卯（或榫眼、榫槽），榫和卯咬合，起到连接作用。榫卯结构是中国古典建筑与传统家具的基本接合方式，也是现代框架式的主要接合方式。代表建筑有故宫、天坛、大观园、山西悬空寺、应县木塔等。

该题考查建筑学常识，这对于大部分考生来说是较为陌生的，建议多花时间理解记忆。该题的得分点包括定义、结构特点、影响、代表建筑等。建议复习榫眼、斗拱、穿斗式结构等相关词条。

44. ISO（2018 北京邮电大学　名词解释）

ISO，全称是 International Organization for Standardization，是国际标准化组织的英语简称。ISO 来源于希腊语 ISOS，即 EQUAL，有平等之意。国际标准化组织是世界上最大的非政府性标准化专门机构，在国际标准化中占主导地位。ISO 的主要活动是制定国际标准，协调世界范围内的标准化工作，组织各成员国和技术委员会进行情报交流，以及与其他国际性组织进行合作，共同研究有关标准化问题。

该题考查组织机构的相关知识。作答时最好把缩写的英文全称呈现出来。该题的得分点包括缩写全称、名称来源、组织地位、影响、功能等。建议复习 IEC、IMF、UN、OPEC 等相关词条。

45. 非物质文化遗产（2019 四川大学　名词解释）

非物质文化遗产是由联合国教科文组织根据《保护非物质文化遗产公约》所定义的，指被各群体、团体或个人视为文化遗产的各种社会实践、观念表达、表现形式、知识体系和技能及其有关的工具、实物、工艺品和文化场所等。公约定义的“非物质文化遗产”包括口头传统和表现形式，表演艺术，社会实践、仪式、节庆活动，有关自然界和宇宙的知识和实践，传统手工艺等。

46. 木桶理论（2019 四川大学　名词解释）

木桶理论，也称木桶定律，由美国管理学家彼得提出，讲的是一个水桶能装下多少水并不取决于其最长的那块木板，而取决于其最短的那块木板，如要使木桶的盛水量增加，只有换掉短板或将其加长才可以，也就是说对于任何一个组织，构成组织的各个部分往往都是优劣不齐的，而劣势部分往往决定整个组织的水平。因此，整个社会与我们每个人都应该思考一下自己的“短板”，并尽早将其补足。

47. 诺贝尔奖（2019 湖南科技大学　名词解释）（2017 湘潭大学　名词解释）（2016 西南大学　名词解释）（2020 上海大学　选择题）[1]

1　该校该年考查首次颁发诺贝尔奖的年份。

诺贝尔奖是根据瑞典化学家、工程家、发明家、企业家阿尔弗雷德·贝恩哈德·诺贝尔的遗嘱，将其部分遗产作为基金于1895年创立的奖项。诺贝尔奖设置的主要奖项有化学奖、物理学奖、生理学或医学奖、文学奖、和平奖、经济学奖。由于诺贝尔是于1896年12月10日逝世的，所以颁奖仪式均在每年的12月10日举行，目的是纪念这位为人类进步和文明做出重大贡献的科学家。该奖项于1901年，即诺贝尔逝世5周年时首次颁发。

48. 黄标车（2018 中国科学院大学 名词解释）

黄标车是在新车定型时，按尾气排放量对其污染环境的程度做的鉴定和分类，指尾气排放水平低于国Ⅰ排放标准的汽油车，或尾气排放水平低于国Ⅲ排放标准的柴油车。通俗来讲，黄标车指的就是排放量大、污染程度高、排放稳定性差的车辆。环保部门给这些车辆一般会发黄色环保标志，故称“黄标车”。

49. 挤出效应（2018 中国科学院大学 名词解释）

挤出效应是一个宏观经济学名词，指的是政府为了平衡财政预算赤字，采用发行政府债券的财政手段向公众借款所引起的市场利率上升、私人消费和投资相应降低的效果。挤出效应大小的影响因素包括支出乘数的大小、投资需求对利率变动的敏感程度、货币需求对产出水平的敏感程度、货币需求对利率变动的敏感程度等。这四个因素中，支出乘数的大小、货币需求对产出水平的敏感程度以及投资需求对利率变动的敏感程度与挤出效应成正比，货币需求对利率变动的敏感程度与挤出效应成反比。

50. 节能减排（2016 北京语言大学 名词解释）（2019 华东政法大学 名词解释）

节能减排一词出自国家“十一五”规划纲要，有广义和狭义之分。狭义上讲，节能减排指的是节约能源，减少对环境有害物质的排放；广义上讲，节能减排指的是节约物质和能量资源，降低废弃物和对环境有害物质（三废、噪声等）的排放量。近年来，我国经济发展迅速，但付出的资源和环境代价也是极其重大的，因此“节约资源”已经成为我国的一项基本国策。企业和个人都需要从实际出发，开展全民节能减排行动。

51. 归纳法（2018 中山大学 名词解释）

归纳法，又称归纳推理，是在认识事物的过程中所使用的思维方法，是以一系列经验事物或知识素材为依据，寻找出其服从的基本规律或共同规律，并假设同类事物中的其他事物也服从这些规律，从而将这些规律作为预测同类其他事物的基本原理的一种认知方法。归纳法与演绎法相对应。

该题考查逻辑学知识，得分点包括定义、流程等。